中国社会科学院老学者文库

语言的韵律与语音的变化

曹剑芬◎著

中国社会科学出版社

图书在版编目（CIP）数据

语言的韵律与语音的变化／曹剑芬著．—北京：中国社会科学出版社，2016.6

（中国社会科学院老学者文库）

ISBN 978－7－5161－8222－2

Ⅰ．①语…　Ⅱ．①曹…　Ⅲ．①汉语—语音—研究　Ⅳ．①H11

中国版本图书馆 CIP 数据核字(2016)第 109509 号

出 版 人　赵剑英
责任编辑　张　林
责任校对　董晓月
责任印制　戴　宽

出　　版　中国社会科学出版社
社　　址　北京鼓楼西大街甲 158 号
邮　　编　100720
网　　址　http://www.csspw.cn
发 行 部　010－84083685
门 市 部　010－84029450
经　　销　新华书店及其他书店

印刷装订　三河市君旺印务有限公司
版　　次　2016 年 6 月第 1 版
印　　次　2016 年 6 月第 1 次印刷

开　　本　710×1000　1/16
印　　张　40.5
插　　页　2
字　　数　528 千字
定　　价　148.00 元

凡购买中国社会科学出版社图书，如有质量问题请与本社营销中心联系调换
电话：010－84083683

目　　录

第二编　语音学知识和理论在言语工程和语言教学方面的应用研究

第三编　关于语音随机变化的生成机制及交际意义的理论探讨

第四编　语音历史演变的现代语音学分析

前　言

自1998年退休已十又七载矣，然至今退而未休，在各级领导和学界同仁们的关怀鼓励和支持下，继续从事现代语音学的理论研究及其在相关领域的应用研究。应该说，这主要是跟这个学科领域的特殊性和前沿性有关：一方面，这个学科文理交叉，采用科学实验手段，以揭示人类自然言语的产生和感知机制为战略目标，因而相对比较冷门；另一方面，这个领域的研究跟现代信息社会各方面（譬如，现代通信工程中迅速发展的计算机语音输入和输出，二语教学中的语音偏误及韵律失调的矫正，等等）对语音学的迫切需求息息相关，因而一下子又变得热门起来。作为较早涉足这个领域的探索者之一，深深感到这个学科的任重而道远。客观（虽然无形）的压力和起码的责任感令人无法停止学习新知识和探索新问题的脚步。因此，不得不放弃“含饴弄孙，安享天伦之乐”的寻常晚年生活模式，而去奋力追随这个领域的时代脉搏，勉力耕耘，希望能为现代语音学的理论建设及其在相关领域的应用尽自己的绵薄之力。

我这个人做事有点像人们形容的“熊瞎子掰棒子”，掰一个扔一个，既不善于事前规划，也不善于事后的整理和总结。回顾起来，我这些年来的研究课题都是应客观需要而产生，受具体任务的推动而展开。因此，每每做完一个课题，其结果在某个学术会议上作过报告，或者所写的论文在某个刊物上发表了，往往也就抛到脑后、无暇顾及了。

然而，在频繁的学术交流或外出讲学的过程中，发现不少有兴趣的同行或学生常常向我索要那些拓荒之作（因为大都散见于不同专业学术会议的论文集里或发表在跨学科的刊物上，不易查找），或者跟我探讨其中的相关问题。这才意识到，尽管我的这些研究成果都还很粗糙，疏忽谬误之处肯定不在少数。但是，对于相关研究和应用领域的初涉者来说，也许可以从中大致窥见语音学探索过程中某个阶段、某些方面的前进足迹，了解现代语音学与言语工程学（尤其是计算机的语音合成和自动识别等智能化研究方面）结合的历史背景和发展历程，感受语言教学和研究对语音学知识和理论的迫切需要。同时，对于那些有兴趣做进一步探讨的人们来说，多少也能从中获得点滴启发，从而推动学术讨论和促进学科建设。有鉴于此，觉得还是有必要把散见于各处的研究成果汇集成书，并作了些许增删和修订，以便需要的读者查检。而于我个人，正好可以借此获得更多的听取意见、检讨不足和修正谬误的机会。

本书共收论文和研究报告 35 篇，主要是 2004 年以来的研究成果，也酌量收录少数 2004 年之前与本书主题相关、但尚未收录过的论文[①]。内容主要集中在以下几个方面。

第一部分，汉语的韵律及一般语音学理论探索。

这部分成果主要论述汉语语音的节奏、轻重和语调等韵律结构问题。并结合汉语语调和轻重音研究，挖掘和发扬先辈著名学者的学术精髓，以推动和促进韵律研究的深化，提高韵律研究的水平。

韵律学研究在国外很早就开展了；在我国，比较系统的韵律学研究，尤其韵律结构研究基本上是从 20 世纪 80 年代末才开始。

---

① 2004 年之前的研究成果大都已经收录在《语音研究与探索》（商务印书馆 2007 年版）一书中。

当时正值汉语的文—语合成亟须解决增进自然度的问题，需要语音学提供相关的理论和数据支持。于是，汉语韵律学及韵律结构研究就在这种科学背景下应运而生，而我就是在此情况下被迫上阵的。记得当时我还不知韵律结构为何物，只是奉命去探索语音的时域特性（timing）问题，几乎是白手起家，既缺乏中文参考资料，也很难获得外文参考资料。不得不从对汉语普通话音节的时长测量和分析开始，一步步地摸索音节内部和音节之间的时长分布规律，观察它们跟自然话语结构的内在关系。在此基础上，尝试提出了汉语节奏的基本单元和韵律的层级结构概念，并详细阐述了它们的声学语音学表现，努力为当时言语工程上的韵律切分和停、延的设置提供理论和实践的依据。此后，相关概念和研究思路便迅速扩展开去，客观上也对韵律学及韵律结构研究在我国的兴起和蓬勃发展起了一定的助推作用。同时，在此过程中发现，节奏、轻重和语调具有统一的层级结构基础和相互关联的客观语音基础。这才有了我关于节奏、轻重和语调等一系列的后续研究。首先，尝试通过对汉语普通话语音的实验分析，发掘先贤语调理论的精髓，针对汉语的特点，揭示声调跟语调并存叠加关系的内在本质。其次，结合节奏和轻重对话语语调输出的影响，阐述了语调的层次结构及其音高表现模式。力图为语音处理上的汉语语调建模和二语教学上纠正洋腔洋调提供依据和参考。

第二部分，语音学知识和理论在言语工程和语言教学等方面的应用研究。

这部分成果主要论述怎样应用语音学知识和理论解决言语工程中语音处理上令人头疼的语音多变问题，以及二语教学及其科研中怎样应用语音学理论或者通过实验分析，纠正语音偏误和洋腔洋调或“Chinglish”之类的土腔土调问题。

这部分研究都是应现实的急需而做的原始的尝试，基本上都是拓荒性质的急就章，比较粗糙。同时，由于本人专业素养的局限，不少工作都是有赖于合作者的贡献才得以出炉的。借此机会，对我的合作者（恕不一一列举，具体参见论文之题注）一并表示谢诚。

第三部分，关于语音随机变化的生成机制及交际意义的理论探索。

这部分研究主要论述局部与全局两个不同层面上语音随机变化的不同性质及其相互关系。局部的语音变化发生在邻接音段之间，是由协同发音机制决定的，而全局性的语音变化发生在不同层次韵律单元边界上和韵律凸显处，主要是由话语总体的语义和语用表达需要决定的适应性调节变化；前者主要表现为音段的连接变化，后者主要表现为超音段的适应性发音增强与减缩。同时，这两种变化并非完全独立，而是彼此关联、相互制约的，那就是：局部的连接变化必须适应全局性调节的需要，而全局性的调节变化必须通过局部变化实施。这种既密切相关、又彼此制约的关系充分说明，尽管导致语音随机变化的具体动因和表现不一样，但都出于适应有效交际的需要。因此，尽管变化是随机的，表现是错综复杂的，但却并非杂乱无章，而是有规律可循的。

语音的变化无处不在，不可避免；关键是如何去认识和驾驭。音系学的研究注重相对宏观的规则归纳，一般语音学的研究又往往失之过于具体，缺乏全局视野。长期以来，人—机语音通讯，尤其是语音的自动识别一直为语音的复杂多变所困惑。然而，在一个语言集团内部，一个词或一句话由不同人说出来，或者由同一人在不同时间、以不同方式或者在不同语境下说出来，尽管其具体声学实现千变万化，然而，听话的人却总是能够感知为相同的词或话语。于是，人们相信，在语音信号中必定存在物理声学上的 invariance。这个概念是 Stevens 于 1972 年在介绍量子理论时首先提出的，但始终未有理想答案。

我受此启发和推动，采取宏观与微观相结合的路子，既从语音产生和感知的自然机制的角度，又从语音作为交际工具和思维载体的社会特性角度，论证了人们以为的“声学不变性”，实质上是对一个语言里由约定俗成的音—义联结关系决定的“不变的音系学认知”，其实就是同一语言集团的说话人跟听话人对于每一个词都拥有的、共享的语音行为规则，那就是一个语言相对不变的语音结构规则。因此，尽管具体的语音声学细节千变万化，但都是在共享的语音行为规则范围内运行。循着这个原则，就可从绝对的声学变化中找到相对关系上的不变性。也就是说，语音的变化、包括变化方向和方式都是有规律的，只要关系和条件一定（譬如由某种语义和语用表达决定的某个韵律层级边界），就可大致预测具体的语音变化（譬如那个边界前后音节的声学实现）。

第四部分，语音历史演变的现代语音学探讨。

这部分研究主要通过现代科学实验方法与传统语言学理论相结合的途径，立足于对现代方言中活的语音材料的实验分析，从自然语音产生和感知的客观机制的角度，对汉语声母与声调的古今演变关系等语言学领域长期存在的有争议的问题进行理论探讨。力图根据比较系统的实验结果，澄清一些单凭口耳听辨方法难以判断的语言实际，并进而探索汉语声母与声调古今演变的内在关系以及演变发展的动因、方向和规律。

之所以尝试采用现代实验方法研究语音的历史演变问题，主要出于这样的基本认识：一方面，语音的历史变化是人类语言演变发展的一部分，研究现代语音，不可能割断历史；另一方面，现代科学实验方法无论多么先进，毕竟是种研究手段，关键是要用来揭示研究对象的本质，解决相关学科领域的理论问题。

我在这方面的研究开始于 20 世纪 80 年代，语料基础和基本观点出自本人对中古全浊声母在现代吴语十几个次方言中的读音所做的调查研究和实验分析。当初，由于这个领域对实验研究还不太熟悉，所以我的论文发表以后颇受质疑，甚至被视为离经叛道。然而，在国外却颇受欢迎，我在 UCLA 以此为基础的扩展研究论文，不但在国际知名刊物 Journal of Phonetics 上发表，甚至在美国俄亥俄大学和澳大利亚墨尔本大学等处作为相关的教材来用，而且迅速被国际著名语音学家的著作收录（譬如：Peter Ladefoged，The Sounds of World's Languages，*Language Arts & Disciplines*，1995；William J. Hardcastle，John Laver，The Handbook of Phonetic Sciences，*Language Arts & Disciplines*，1999；Zhiming Bao，The Structure of Tone，*Language Arts & Disciplines*，1999 以及 Granm Thurgood and Randy Lapolla，The Sino－Tibetan Languages，History，2003）。

本来准备回国后继续扩展这方面的探索，但因为研究室需要我研究普通话的韵律特性，因而一下子停顿了 30 多年。但是，随着实验研究在我国的逐渐普及，我的基本观点不但得到越来越多同行的认可和验证，而且还常有同行戏说我的观点已经成为他们引用的“经典”。而这里列出的、30 年后的这部分研究，都是应最近语言学相关专门学术会议（例如海峡两岸传统语言学研讨会、实验方言学论坛、国际吴语方言学术研讨会以及汉语方言古全浊声母的今读类型与历史层次研讨会，等等）的特别邀请而作，从颇受关注的客观反映来看，说明我的这种路子也许是比较符合客观需要的。需要说明的是，这几篇论文或报告的内容只是因审视的角度或具体的探讨目的而有所不同，而作为讨论基础的实验依据多半是一样的，因而难免有局部内容的重复，特此说明，敬请读者谅解。

2015 年 2 月 17 日

第　一　编

汉语的韵律及一般语音学理论探索

汉语语调研究中的若干问题[①]

摘要 本文讨论汉语语调结构研究问题，旨在促进语调研究向纵深发展。主要论题：(1) 汉语语调结构研究的难点；(2) 相关理论；(3) 汉语语调结构研究中的若干疑问；(4) 攻克难点的关键。

1 汉语语调研究的现状

在现代语音学研究领域，无论中外，语调的研究备受关注，绝大多数论著都会涉及这个论题，而且争议最多，理论模型众多。汉语语调研究也不例外，不但论著多，而且研究队伍迅速扩大。这并不奇怪，因为语调的研究意义重大，不仅可以综合反映中国现代语音学的水平，而且对语言教学及言语工程中的应用至关重要。至于争议多、理论模型多，这是一般学科领域迅速发展的普遍现象，自不必多说。

1.1 硕果累累，人才辈出

现代意义上的汉语语调研究，如果从 20 世纪 20 年代赵元任算起，已经经历了将近一个世纪的历程。建国 60 年来，汉语语调

---

① 原载《第九届中国语音学学术会议论文集》，天津，2010 年。

研究经历了一个曲折的发展过程，其间虽屡遭劫难，但研究的“香火”未断。“文化大革命”结束以后，尤其是改革开放以来，以吴宗济先生为代表的研究，极大地推动了汉语语调研究的发展，硕果累累，人才辈出。

60 年来，尤其是最近 30 年来，汉语语调研究取得了突破性的进展，主要表现在以下三个方面：（1）从局部的句调研究发展到全局性的篇章语调研究；（2）从普通话语调研究扩展到方言乃至民族语言的语调研究；（3）从单个语言的语调分析扩展到不同语言之间或方言之间的比较研究。

总之，汉语语调研究的长足进步及其发展速度是有目共睹的。由于本文旨在探讨存在问题，恕不在此详述具体成果。

1.2 矛盾与问题

大好形势背后隐含的矛盾与问题也很突出，因而在很大程度上制约着研究水平的提高，使得高水平的创新之作相对较少。加上研究中术语概念的多元与交叉以及研究视角的多元与交叉，必然导致研究结论及理论模型的多元与交叉。有时，众说纷纭，让人莫衷一是。特别是对于某些初涉语调研究的年轻人来说，当他们面对一个陌生语言或方言的时候，就难免束手无策。因此，语调研究发展到今天，到了应该梳理一下思路、以利再战的时候了。

语调研究的水平是反映一个国家或一个民族语言的语音学研究水平的缩影，因为语调的研究几乎需要运用语音学，乃至语言学领域的全部知识和技能。西方语言的语调研究历史较长，特别是在英语、法语等语调语言里，早就建立了系统的语调理论，其历史就像汉语的声调理论一样悠久。相比之下，汉语的语调研究还很不成熟。仅以普通话的语调研究为例，虽然已经经历了将近一个世纪的探索，却至今未能形成相对一致的理论体系。因此，我们既有必要、也有条件来做些思考，看看制约研究水平提高的症结究竟何在，找找制约认识深化的死扣儿何在。这就是本文试图探讨的主要问题。

1.2.1 术语概念亟待厘清

科学研究当然不是概念游戏。但是，术语概念不清，无论对于个人或团队，都不利于研究工作的展开和对考察对象认识的深化；而对于学科领域，不但不利于彼此的交流切磋，而且必然会制约总体研究水平的提高。当然，术语概念是在研究过程中逐渐成熟和完善的，本身就需要一个过程，因此，这绝非一日之功。只不过，既然是形势逼人，总应逐步做起来。如今，一些汉语方言或民族语言的实验研究也已先后开展，有的甚至连基本的语音系统尚未掌握，便一步跨进语调研究的行列了。面对如此错综复杂的局面，其面临的困难可想而知，总不该再让大家摸索一个世纪吧。

1.2.2 主攻方向亟待明确

中国的语言资源极其丰富多彩，即使粗放式的耙一遍，恐怕也不是你我这三两辈人能够把中国话的语调研究做完的。从这个意义上说，如今的语音学工作者也许不会有“失业”的担心，尽可以在这片广漠的沃土上粗放地耕耘下去；何况，这样的工作也确实很有必要。然而，从 20 世纪 20 年代初赵元任、刘复等开创中国现代语音学，到 20 世纪七八十年代以来以吴宗济先生等为代表的奠基性研究，到今天在座的各位中国现代语音学继承人的辛勤耕耘，尽管不乏有分量的创新之作；但就多数而言，恕我直言，还是失之粗疏，当然包括我自己在内。如今，我们大家既站在发展的前沿，又面临发展的转折关头。作为继承者，历史的使命让我们别无选择，既要继承优秀的传统，又要继往开来，我们责无旁贷，必须开拓创新。因此，不应满足于有题目可做，或者忙于应付具体应用方面的急需，而应该适当地增加一些精耕细作，有计划有步骤、有分工有合作地为语音学的充实与提高做些比较深入的探索。为此，首先就要在盘点和梳理现有成果的基础上，找准制约学科水平提高、需要着力探索的主要目标。

从当前面临的比较显著的问题来看，语调结构问题首当其冲。主要是：只抓语句首、尾特征够不够？怎样看待语句内部非终端成分的错综复杂的音高运动表现？在笔者看来，语句中部短语音高运动的复杂多变，正是问题的症结所在。解剖并认清这个部分音高运动的规律，是汉语语调深层结构探索的关键。

2　如何看待汉语的语调结构?

2.1 关于语调结构的一般理论

语调研究的历史悠久，理论众多，跟这里的讨论关系密切的论述主要有以下几种。

（1）调群理论：是以 Halliday 为首的英国语调研究的传统学派首先提出的，将“调群”作为语调单位，它的重要特征是必须含有一个调核，还可附带调冠、调头和调尾成分。

（2）AM 自主音段节律音系学理论：最初是由 Pierrehumbert 创立的，该理论把语调曲拱分析为音高重音和边界调。

（3）Fujisaki 模型：其理论核心是短语调和短语重音。

2.2 关于汉语语调结构的主要理论

（1）赵元任关于汉语语调结构特性的论述；

（2）吴宗济的相关论述；

（3）沈炯的相关论述；

（4）许毅的相关论述——TA 理论模型。

任何理论的运用都很重要，关键在于怎样运用。我以为，以下两条原则是最重要的：第一，从汉语实际出发，吸取借鉴各种理论的适用部分；第二，要解决汉语语调难题，重点恐怕还在于开发汉语自己的理论宝库。

为此，首先就需要大致梳理一下头绪，澄清一些有关汉语语调结构的疑问。

2.3 当前汉语语调结构研究中的若干问题

2.3.1 音高重音问题

2.3.1.1 什么是“音高重音”（pitch accent）？是否“汉语的每个韵律词上都有音高重音”？

首先，请看 AM 理论的相关要点[1]：（1）每个语调曲拱有一个或多个音高重音组成，每个音高重音与词内一个重音音节相联系；（2）音高重音跟焦点联系，来自凸显，凸显的分布受韵律结构制约。假如说上述第一个要点还不足以解惑的话，那么至少第二个要点已经明确地告诉我们，音高重音既然跟焦点相联系，而且受韵律结构制约。那么，显然就不可能“每个韵律词上都有音高重音”；否则，就等于没有焦点。

其次，相关论述如 Ladd 也曾明确指出，英语音高重音大多只出现在凸显词上[2]。

由上可见，AM 理论中的 pitch accent 是跟传达焦点信息相关的语句重音，而不是一般辞典上所说的那种词重音（即跟“力度重音”stress accent 相对的 pitch accent“乐调重音”）。因此，假如应用 AM 理论考察汉语“音高重音”的话，那它也必定是语句重音，既然如此，那就不可能每个韵律词上都有“音高重音”。

2.3.1.2 关键在于对 accent 的理解

其实，之所以会把 AM 理论中的语句重音误解为每个韵律词上都有的重音，问题还是出在对 accent 一词的理解上。Accent 有好几个义项，跟我们这里的讨论相关的起码有两个不同的义项：一是重音（名词）；一是重读、突出（动词）。显然，AM 理论中的 pitch accent 是指语句中跟焦点相关的音高突出或突变现象。

对于音高的变化，我们并不陌生，只不过具有声调语言背景的人，总是首先把它跟声调或变调相联系；而对于跟重音相关的音高突出的关注，则主要是在晚近实验研究兴起以后的事。相反，对于非声调语言来说，人们往往首先把它跟重音相联系。所以，根据 AM 理论的语言背景，把 pitch accent 称为“音高重音”是很自然的事情；而对于汉语来说，pitch accent 实际上就是原来大家熟悉的语句重音的音高突出。

2.3.2 边界调问题

什么是边界调（boundary tone）？其功能是不是仅限于传递疑问/陈述语气信息？其种类是不是仅限于“H% 与 L%”？

首先，boundary tone 起源于生成音系学的分析[3]，指语调中“落在调群的最后一个音节上的特殊类型的音调”。AM 理论的边界调是指置于语调短语组构成分边界的音调。它们有断言、提问、续说等功能。

至于边界调的种类，生成音系学“已经认可的两种边界调分别标记成 H% 和 L%”。AM 理论的边界调也是 H% 与 L% 两种。而根据一些具体语言、例如德语的相关研究[4]，“所有的边界调，不是终端性（terminality）的就是非终端性的。低边界调（陈述）总是被认为终端性的，而非－低边界调则既可能是终端性的（疑问），也可能是非终端性的。……边界调不是只有两类，而是存在三类”。此外，Renato 等[5]对阿根廷西班牙语的考察结果也表明，下降的音高运动主要跟“结束性”短语相关，而若干上升的以及“不完全下降”的音高运动是跟“持续性”短语相关的。而且，这个模型已经经过感知检验。

Speech Internet Dictionary[6]对边界调的解释更为详尽明确：边界调既可能跟中间短语的开头或结尾边界有关（符号为 L－ 和 H－），也可能跟语调短语的开头或结尾边界有关（符号为 H% 和 L%）。这就说明，首先，边界调有四种：除了代表疑问和陈述语气对比的 H% 与 L%，还有跟中间短语边界有关的 NON－L（L－）或 NON－H（H－）。后两者既可跟语调短语的 H% 或 L% 构成层次对比，又可构成短语的待续与结束的终端性对比。

同时，根据笔者的考察结果[7]，汉语普通话的边界调至少也有三种：除了 H%，L%，还有标示话语未完待续信息的 NON－L，它跟语调短语末尾的结束信息构成终端性对比。

由上可见，事实已经很清楚，显然不应该仅仅以“传达（陈述或疑问）语气”来定位边界调，因为那只是边界调的功能之一。

2.3.3 轻声音节能否承载边界调?

（1）轻声和轻音在语调表达上的作用

赵元任关于汉语中性语调的论述首先提到的就是轻音字的音高性质[8]。因为它们是在词或语句里头改变声调的最要紧的例子。并强调指出：“字念重的时候不过把声调的范围加大跟时间拉长，并不改变它的性质，而轻音字可就完全失去它的固有的阴阳赏去的声调，它的音高性质就完全跟着它的环境而定了”。

林焘先生[9]论述对外汉语教学时也曾指出，如果对轻音注意不够，即使每个音节都读得很准，听起来必然仍旧是不够流利顺畅。只做到了“字正”，并没有达到“腔圆”。这正是对“洋腔洋调”现象的最精辟的诊断。

实验分析表明[10]，自然话语里各个音节发音力度变化很大，有的十分饱满，大多数则明显减缩成为轻音。由于语流轻音不仅涉及相关音节声、韵、调的全面弱化，而且通过它与重读音节或边界音节发音增强的反差，直接对话语的韵律结构作出贡献。它们不但使重音更加突显，而且使话语结构层次更加分明。所以，计算机语音合成系统中假如只注意一般的重音设置，而缺乏对语流轻音的适当处理，就必然导致合成语音韵律结构上的某种失调。这也充分证明，轻音对于语调的影响是不可忽视的。

（2）边界调的承载实体

轻声音节能否承载边界调，实质上就是句末语调信息的承载实体究竟是最后一个音节还是最后一个重读（或‘有调’）音节？

首先，从语法的角度看，汉语里存在着大量的轻音，特别是那些使用频率极高的结构轻音，如，的、吗、呢、了、着、过，等等。它们的出现总是指示着一定层次的结构边界[11]。在语法上向来被看作重要的界标，也是当今人们特别关注的韵律切分的重要边界标志之一。这就从另一侧面说明了轻音音节同样能够承载边界调。

此外，我们的相关实验结果发现，重音和轻音的音高实现也都是通过并存叠加的方式实施的。特别要指出的是，轻声词在语句中重读时同样也是一方面表现为整词音阶的抬高，另一方面是整词音域的扩大，从而导致词内的轻、重对比的加大；反之则反是。既然轻声音节能够承载轻重音，为什么不可能承载边界调呢？事实上，系统的听辨实验已经表明，汉语的句末音节，无论重读或轻声，是边界调的载调单位[12]。

2.3.4“功能语调”跟“情感语调”问题

何谓“功能语调”？未曾查找它的最早出处及其定义，但从各种引述的内容来看，基本都是指跟提示陈述、疑问或感叹等句型相关的语调类型。那么，这种所谓“功能语调”跟“情感语调”究竟是什么关系？

首先，顾名思义，“功能语调”必定跟语调的功能相关。根据《语音学和音系学词典》，语调用于标示语法边界，提示句子类型，传达说话人的态度。因此，如果要说功能的话，以上三项都是语调的功能。为什么单单要把提示句子类型这一功能作为对语调进行分类的标准呢？何况，要说功能，若从句法上看，语调只是用于区分不同语气或句型的手段之一；而从语音学的角度看，区分和表达肯定、否定或喜怒哀乐等情感态度，才是语调的主要功能。

其次，再从自然话语的实际语音表现来看，传达情感态度的语调又何尝不是采用陈述、疑问或感叹等基本语调形式呢。尽管情感语言的语调表达往往更为夸张，但不也离不开对这些基本形式的综合运用吗？因此，所谓“功能语调”这个术语本身就值得商榷。同时，它跟“情感语调”根本不属于一个概念体系，不可能构成相应的范畴分类。

不知道“功能语调”跟“情感语调”的区分是何时开始的，至少从前的文献里很少见到。赵元任先生曾经指出：“要做有系统的研究非得有两种功夫，一方面调查出来各种成素所有可能的变化，在同一种语调之下列举这种腔调能表示些什么口气（因为同一种腔调往往不止表示一种口气或情态），这是以体式（form）为纲，以功用（function，即功能）为目的做法。……另一方面，就是把话里所有口气的种类做出系统来，在每种口气之下，列举可以表示它的语调（因为同一种口气往往不止有一种可以表示它的语调），这是以功用为纲，以体式为目的做法”[13]。这就是说，要么以语调形式为纲，看看每一种形式（例如疑问语调）都能表达哪些情态；要么就以语调的功能为纲，看看每一种功能（如表达喜怒情态）都能采用哪些语调形式。总之，语调的功能跟语调的形式不能混为一谈。因此，把“情感语调”跟所谓“功能语调”对举，显然不妥。

3　应当注重开发自己的宝库

3.1 汉语语调结构特性之关键所在

3.3.1 赵元任的相关论述及其对我们的启示

赵元任早在20世纪二三十年代关于“中性语调”跟“口气语调”（也叫“表情语调/情感语调”）的精辟论述，不仅仅是对语调的分类，而且是对一般语调结构的普遍性分析。他说得很清楚，“中性语调”是“一切语调的起码货。假如说话的人没有任何感情、态度，或是特殊意味的表示，它也有两种语调变化：一种是字与字相连所发生的变化，一种是因字音的轻重而发生的声调上的变化”。这里所说的“起码货”，意思是最最基本的东西，是“口气语调”形成的基础。

更为重要的是，他指出“中性语调”是一处一个样子，而“口气语调”不大因地而变，是几乎全国一样，甚至跟外国语言也有好些相同的地方。平常耳朵里听到的任何一种语言的实际语调，是那一处地方比较特别的“中性语调”加上南北中外差不多的“口气语调”的代数和。请各位注意，赵先生在这里实际上早已为我们揭示了语调深层结构的秘密，我们耳朵里听到的南北中外语言的实际语调差别之所以那么大，主要是因为各个语言或方言的“中性语调”是“一处一个样子”的缘故。这就道出了汉语语调结构研究之关键。然而，以往我们对于这个关键之点的关注和认识显然还很不够。

说到这里，我觉得此前我们多少有点误入歧途，对关键问题认识不足、重视不够，反倒被那“不大因地而变”的共性搅得晕头转向，而且也还没有完全认识清楚。试看，最近几十年国人的努力，多半消耗在了对耳朵里听到的实际语调、即赵先生所说的总语调的囫囵吞枣地探索上，不是忽略了对“一处一个样子”的那个部分的进一步深入分析就是忽略了对“不大因地而变”的那个部分的生成机制的探索；或者是虽然注意到了，但并没有真正抓住问题的要害。譬如说，尽管大家都在认真地探讨汉语声调跟语调的关系或者重音跟语调的关系，但却远远没有抓住问题的关键和问题的全部。坦率地说，此前的种种考察，除了吴宗济先生的探索以外，无论是持哪种观点的，多数都还没真正触及“一处一个样子”的那个部分的核心问题。我自己就是个典型例子，一直把注意力主要集中在（1）什么是话语语调的基本模式？它是怎样形成的？（2）具有区别词义功能的声调是怎样跟话语的总体语调有机结合的[14、15]？现在看来，这充其量也就是对语调共性部分生成机制的起码认识和对汉语特性部分跟共性部分怎样有机结合的初步探索。尽管当时已经意识到语句中部的音高运动的复杂性可能是个关键，但还是回避了对它们深层机制的探索。这固然因为当时还顾不上，更主要的还是想不出怎样去分析和揭示这些复杂现象的办法。

3.3.2 吴宗济的相关探索及其对我们的启示

除了赵元任先生以外，对于汉语语调结构的系统探索要算吴宗济先生最早了。对于吴先生的相关论述，大家已经非常熟悉，这里不再赘述。只想特别提醒几点，一是他的连锁变调理论，一是他对基本语调单元之间一系列连接规则的探索和归纳，还有他对三字变调组的中字阳平变化的微观分析和论述[16、17、18]，值得我们再好好咀嚼消化，这必将有助于我们对汉语语调独特部分的进一步探索。

3.3.3 沈炯的相关探索及其对我们的启示

沈炯先生的语调理论大家也不陌生，尤其是经常光顾北大中文论坛的同仁对其更加熟悉。就从我们目下关注的语句中部音高运动问题的角度来看，特别应该注意他对声调和语调两个不同音高运动体系的分析[19]，以及他结合调群理论，从汉语实际出发探索汉语语调结构，并据此归纳出的各种语调类型[20]。尤其是这些研究所反映出的思路更是值得大家借鉴。

3.3.4 许毅的相关探索及其对我们的启示

许毅的TA（目标逼近）模型反映出他基于声调语言、特别是汉语语调深层结构的独特的探索视角[21]。TA模型的核心在于对言语生成过程的生物学制约及由交际功能决定的语言学制约机制的解释，因此，非常适合于对汉语语调的特别之处的考察。

3.4 怎样着手攻克语调结构研究之难题

3.4.1 理论怎样与汉语实际结合

目前汉语语调结构研究之难点在于如何破解语句中部的短语音高运动表现的复杂多变，而解决这个难题的症结在于怎样揭示那种“一处一个样子”部分的特性及其语境变化规律。这可能不是已有的认识（譬如对普通话变调、轻声）或仅仅依靠现存的某个理论模型单独能够解决的。或许需要从汉语实际出发综合吸收和应用各种理论。譬如说，吸取“音高重音”/“短语重音”理论，寻找语句中部短语重音分布及其随机变化规律，以及相应轻音出现及其随机变化规律；吸取“调核”及“短语调”的理论，寻找语句中部的短语调基本模式及其随机变化规律；吸取TA模型的相关理论，深入揭示语句中部错综复杂的短语调的形成机制，等等。

3.4.2 若干探索要点

（1）归纳和完善中性语调的基本模式

就普通话而言，对变调模式的研究已经相当充分，因此，探索的重点应当是轻重音（尤其是轻音）分布的基本模式；对于汉语方言来说，除了变调和轻重音以外，也许还需要补充各自可能存在的特殊成分。

（2）加强对中性语调要素变化规律的探索

如赵元任所说，“最要紧的就是抓好音程跟时间的放大或缩小”规律。不但要考察语句首、尾音程跟时间的放大或缩小规律，尤其要探索语句内部的音程跟时间的放大或缩小规律。因为汉语中性语调的特别之处不仅仅在于变调和轻重音本身，更主要的在于这些变调和轻重音模式遵循怎样的语境变化规律。同时，不仅仅单纯注意音高起落，还应该把音高运动跟时间有机地结合起来考察。

（3）加强对局部与全局整合变化的研究

假如只注意语句首、尾特征或共性特征，等于只看了比较普遍的、相对简单的部分，而没有真正深入触及代表汉语语调特性的特别之处。现在我们已经知道，这个特别之处不仅仅在于变调和轻音本身，更主要的在于它们怎样跟南北中外差不多的“口气语调”融合的机制。其中，除了大家已经普遍注意到的局部声调跟全局语调并存叠加的代数和关系以外，声调、节奏和重音三者都是语调结构中的同时并存因素，它们彼此之间的并存叠加关系也都需要深入研究。在这方面，吴宗济的探索已经为我们开创了典范，关键是怎样继往开来，深入下去。

参考文献

[1] Pierrehumbert, J., 1980. The Phonology and Phonetics of English Intonation. PhD Thesis: MIT.

[2] Ladd, D., 1996. *Intonation Phonology*. Cambridge, Cambridge University Press.

[3] R. L. 特拉斯克编：《语音学和音系学词典》，语文出版社 2000 年版。

[4] Katrin Schneider, 2009. German boundary tones show categorical perception

and a perceptual magnet effect when presented in different contexts. *Proc. Of Interspeech* 2009, Sept. 6 – 10., 2009, Brighton, U. K.

[5] Renato, J., Alvarez, L., Caballero., 1997. Boundary Tones Pitch and Ending Movements in Argentine Spanish. *ESCA Workshop on Prosody.*

[6] *Speech Internet Dictionary*, *Web.*

[7] 曹剑芬:《普通话节奏的声学语音学特性》,《现代语音学论文集》,金城出版社 1998 年版。

[8] 赵元任:《国语语调》,《赵元任语言学论文集》,商务印书馆 2002 年版。

[9] 林焘:《汉语韵律特征和语音教学》,1989 年在世界华文教学研讨会上的发言。

[10] 曹剑芬:《发音增强与减缩:语言学动因及语音学机理》,《中国语音学报》2006 年第 1 期。

[11] 林焘:《现代汉语轻音和句法结构的关系》,《中国语文》1962 年 7 月号。

[12] 陈虎:《英汉语调音系对比研究》,河南大学出版社 2006 年版。

[13] 赵元任:《北平语调的研究》,《赵元任语言学论文集》,商务印书馆 2002 年版。

[14] 曹剑芬:《汉语声调与语调的关系》,《中国语文》2002 年第 3 期。

[15] Cao, Jianfen 2004. Intonation Structure of Spoken Chinese: Universality and Specificity. *From Traditional Phonology to Modern Speech Processing.* Foreign Language Teaching and Research Press, Beijing.

[16] 吴宗济:《普通话语句中的声调变化》,《中国语文》1980 年第 6 期,又见《吴宗济语言学论文集》第 141—161 页。

[17] 吴宗济:《普通话三字组变调规律》,《中国语言学报》1984 年第 2 期,又见《吴宗济语言学论文集》第 162—189 页。

[18] 曹剑芬:《吴宗济先生的学术思想及其理论体系》,《暨南学报》2009 年第 6 期。

[19] 沈炯:《北京话声调的音域和语调》,林焘、王理嘉编《北京语音实验录》,北京大学出版社 1985 年版。

[20] 沈炯:《汉语语调构造和语调类型》,《方言》1994 年第 4 期。

[21] Xu, Y. 2007. Target approximation as core mechanism of speech production and perception, Invited lecture given at Institute of Linguistics of CASS.

汉语语调结构复杂性的语音学和音系学分析[①]

摘要 一个语言里语调的基频曲拱特点主要取决于重音凸显和短语结构的语音实现。对于声调语言来说，共同的核心问题之一就是，各个声调的音高运动究竟是怎样调节变化、以适应和实现一定韵律域内的重音凸显和短语结构的表达需要的。就汉语普通话而言，中间短语内部的声调、尤其是上声声调的音高运动行为又是导致表层语调结构复杂性的关键，至今众说纷纭。为此，本文试图通过对普通话中间短语内上声基频曲拱的解剖，分析普通话语调结构复杂性的语音学和音系学基础。初步考察结果显示，中间短语内基频曲拱的随机变化，不仅取决于各个调类的曲拱特征区别，而且跟各自固有的音区特征区别密切相关；普通话上声调的音高实现便是一个典型。它的低音区特征，作为其底层音系目标的本质特点，不但直接影响其在重音凸显和短语结构中的音高运动范围，而且决定了它不同于其他调类的音高突出方向。因此，即使不考虑更大范围语境因素的影响，短

---

① 原载 Proc. of PCC2012（《2012 年中国语音学学术会议论文集》，5 月 18—20 日，上海）。

语的基频曲拱也会因为相邻声调间的彼此影响和相互制约而产生相当大的随机变化。正是这种音系特点及其独特的音高调节方式导致了语调表层基频曲拱的复杂表现。同时，相关的比较分析发现，声调在语流中的音高调节方式及其复杂程度还跟一个语言的音系特点诸如声调类型学特点或有无词重音等有关。

1　引言

1.1 汉语的语调结构究竟复杂在哪里？

说到导致汉语语调复杂性的要素，大家首先想到的自然是声调和重音，而且主要关注相关的音高运动问题，它们是构成汉语中性语调[1]的基础。在中国的语音学界和言语工程学界，早就不乏对汉语语调结构复杂性的探索，包括对声调跟语调关系的探索以及对话语重音凸显的一系列研究。从赵元任开始的，沈炯等学者进一步深入的关于调冠、调头、调核及调尾结构的分析，以吴宗济为首的一大批学者以各级变调规则为基础的详尽阐述，特别是近些年来不少学者对焦点重音的比较集中的研究，都大大地提高了对汉语语调结构复杂性的认识。但是，由于话语表层的音高输出、特别是话语中间短语内音节的音高上限（即高音点）表现异常复杂，往往突破高音下倾线的范围，因而普遍反映无法抓住这方面的变化规律。

那么，中间短语内的音高运动究竟特殊在哪里、复杂在哪里？说到这点，大家关注最多的、也是最熟悉的肯定是跟赵元任先生最早提出的变调和轻声相关的音高运动问题。然而，我们对于汉语的这些个性方面可能还远没有真正认识清楚。中间短语是语调结构的一个重要层级，然而，对于反映中间短语音高运动的连续的基频曲拱，却很难定量地加以描写。如上所述，通常看到的音高表现，是各个声调从底层向表层转换的最低层面到最高层面之间的多层、多次转换累积的结果，早已不是我们熟知的变调或轻声的一般模式所能准确描写的了。从自然话语的情况来看，中间短语部分复杂表现的关键，主要在于焦点与非焦点词之间的音高组合关系，这里既涉及音系学的底层构架，又涉及语音学的表层实现。重音是焦点表达的语音形式，重读情况下的声调一般表现为音阶的抬高和音域的扩大。在普通话里，这主要是通过高音点的抬高实现的；不过，上声除外，它的音高运动行为相当复杂，尤其是在中间短语内部。许多相关研究曾对上声问题作过专门的探讨，但众说不一，这就需要进一步的考察。

1.2 需要进一步考察的重点

1.2.1 关于重音音高凸显的一般看法

早在20世纪八九十年代，沈炯关于汉语语调的双线模型就比较集中地阐述了汉语重音的音高凸显问题，指出重音凸显的特征是高音线音高值的明显提升和紧接着的非重读部分高音线的骤落(sudden drop)[2]。此后的一系列相关实验研究也发现，跟重音相关的音高变化主要体现为总体音阈（pitch threshold）的突出和音域（pitch range）的扩大。譬如，王蓓等认为，高音点的提高是重读音节的主要征兆，而低音点的运动跟重音凸显没有太大关系，而且受低音下倾线的限制[3]。可是，曹剑芬等的研究[4]以及郑波的实验研究结果[5]都表明，上声跟阴平、阳平和去声情况下的音高突出不同，它主要表现为音阈（即高、低音点的上、下限threshold）的下沉或音域的扩大。因而认为，由句子重音的调节而导致的音节音高突出方式会受制于声调的音区特性，这是一种音系学制约的表现。然而，学界对这个问题存在不同的看法。于是，便引发了对于上声重音音高实现问题的一系列专门的探讨。

1.2.2 关于上声重音音高凸显问题的讨论

关于上声重音音高凸显问题讨论，主要涉及以下两个方面的疑问：第一，上声的重音突显究竟能否通过自身音高的调节来实现？第二，上声的重音突显究竟是跟高音点提升还是低音点的下落相关？

首先，权英实在她的《普通话句子重音的语调体现》一文中提出，上声强重音的一个组合特征是抬高前面音节的音高[6]。接着，凌锋的实验研究表明，上声强重音主要是通过压低后面第二个非轻声音节的高音点，改变周围音节音高特征的组合关系来实现[7]。此后，陈玉东的实验研究进一步明确指出，上声本调作重音时的凸显一般无法通过自身音高的调节来实现（尽管也会有通过降低低音点的方式来强调重音的情况存在，但这一现象还不具有显著意义），它只能依靠其前后位置音节的高音点的相对凸显来实现[8]。

然而，此前的这些研究有两个方面的倾向可能影响其考察结果，一是只用高音点是否提升作为衡量标准，二是只关注上声重读的音高表现，而忽略了上声音高在语流中的一般运动规律。此外，自然话语中的重读是跟其他多重因素影响同时并存的，而此前的相关研究中所用的语料，多半是专门设计的、用以典型的焦点与非焦点对比的实验语句，这跟自然话语中的实际情况可能存在一定的系统差异。为此，本研究试图通过对比较接近自然话语的朗读语篇语料的分析，从解剖中间短语里的上声音高运动的一般行为入手，通过对自然语句本身包含的重读与非重读上声音高运动的比较，进一步考察它的音高凸显方式，以及它在形成错综复杂的短语基频曲拱方面的影响。本节仅仅报告局部的考察结果。

2 普通话上声重音音高凸显方式考察

作为预测试，首先采用 Praat 对多人朗读语篇语音库[9]中某个语篇的全部朗读语料进行声学分析。通过对男、女两人的全部上声基频曲拱的粗略考察，获得了如下初步印象：语流中的上声似乎多半是既有起始高音点的抬高，又有低音点的下落，而收尾高音点只是偶尔出现。在这里，高音点的抬高与低音点的下落看来都是事实，而且在两个发音人语料中的表现基本一致。这里的关键是，它们究竟是上声音高在语流中的一般特性还是重读时的特殊表现？如何衡量这些起点音高和收尾音高跟它的底层音高目标之间的关系？这里就涉及上声调低降升的感知问题，这个感知上的升尾究竟来自何方？

为了进一步确认上述表现是否具有普遍性，一方面把考察对象增加到男、女各两个人的语料；同时为了便于较为深入地解读这些复杂现象，这里缩小了考察范围，从该语篇中抽取了两个片段，对其中的上声音高运动行为进行分析解剖。

2.1 实验语料

本研究考察的语料由两组小句构成。第一组是：

可以用极简单的事例加以说明

它是“世间的问题，原来极复杂的，可以用极简单的事例加以说明”中的一个小句，共包含 4 个上声音节，其中“可”由于变调已读如阳平，所以这里的考察对象只有“可以”的“以”（以 a）、“简”和“加以”的“以”（以 b）。根据听觉印象，“简”重读，“以 a”和“以 b”非重读。

第二组测试语料是一个长句，由四个小句构成：

现代经济学是这样表述的，制度至关紧要，制度是人选择的，是交易的结果

这段话语有“表”、“紧”、“选”和“果”四个上声音节，尽管它们都处于小句的常规重读部分，但具体重读的程度有所区别。根据听觉印象，“紧”和“选”较重，而“表”和“果”较轻。

2.2 实验方法

为了考察上声在短语任何位置上的音高实现，这里为不同位置上音节的高、低音点和音阶（pitch register，这里用音高高度 pitch height 代表）的度量设置了一种大致规整的参考基准，以便尽可能避免底层音高下倾因素的影响。各个位置上的参考基准可从如下计算获得：

$$F0r = f0h.b - (f0h.b - f0h.e) / (syll.n - 1) * (ta.n - 1)$$

其中 $f0h.b$ 和 $f0h.e$ 分别为短语首、末音节的音高高度基频值，$syll.n$ 代表短语内的音节数目，$ta.n$ 代表被测音节在短语内的序号，通过此法就可以计算出跟每个测试音节对应的基频参考值 $F0r$。然后，以此为基准，计算每个被测音节的实测基频值跟相应位置参考基准值的差异，用以衡量各该音节的高、低音点运动和音阶运动偏离参考基准的方向和程度。

2.3 实验结果

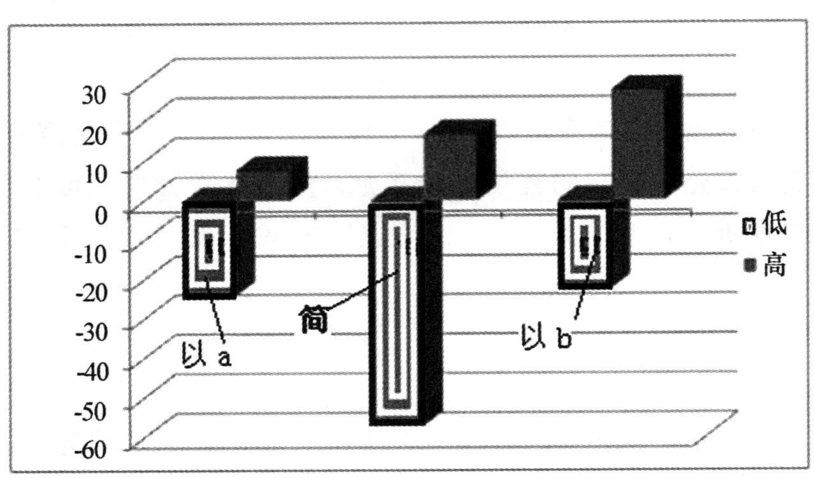

图 1　重读与非重上声高、低音点偏离参考值比较

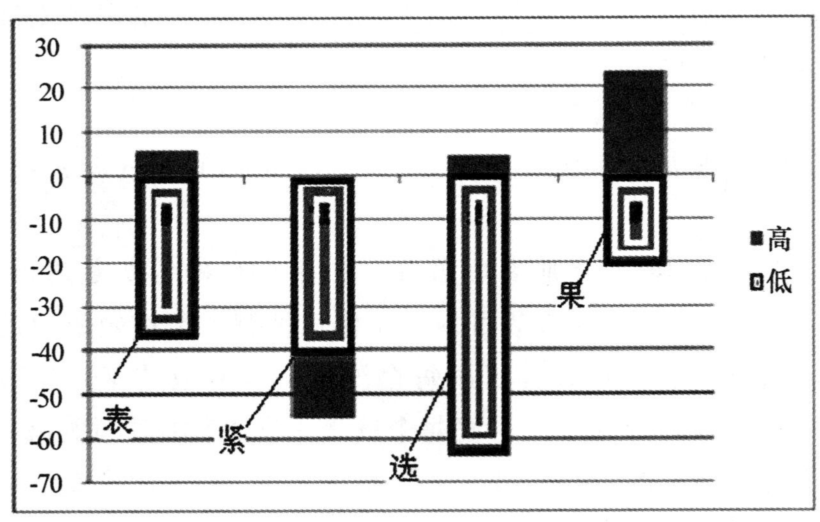

图 2　语句内不同重度上声高、低音点偏离参考值比较

图 1 显示的是第一组测试结果，从这组结果来看，重读的

“简”的高音点偏离值略高于非重读的“以 a”，但却显著地低于非重读的“以 b”，这说明上声重读时，其高音点并不总是抬高的。可是，“简”的低音点的偏离值却显著地低于这两个非重读的“以”。而且，四个话者的表现一致。这说明上声重读时，其低音点总是压得更低。

图 2 出示的是第二组语料的各小句内不同重度上声的高、低音点偏离参考基准的情况比较。可以看到，所有的上声，不管轻重地位有何不同，它们的低音点无一例外地低于参考基准值，而且重读程度越高，低音点的向下偏离越明显。而高音点则没有一致的趋势，也看不出跟重读程度有什么内在的关联。这跟在图 1 中看到的情况是一致的。

其实，无论重读与否，上声的音阶总体趋势都是低于参考基准值，这可以从表 1 出示的这几个上声音节的音阶偏离参考标尺的数据看出，说明这是上声音高实现的一般特点。但是，重读与非重读的上声音阶之间存在着显著的差异：“简”的音阶（不管男女）一律明显低于两个“以”的音阶。这表明，上声声调的音高凸显方式确实跟其余几个声调不同，它的音阶不是向上突出，而是向下突出。

表 1　　重读与非重读上声音阶偏离参考值（Hz）比较

	女	男
简	**-30.55**	**-14.065**
以 a	-15.95	10.34
以 b	-1.525	-0.65

3　讨论和结论

3.1 关于上声底层音高目标问题的讨论

传统语音学把普通话上声的音值定为214，但现代语音学的实验研究结果早就对此提出了质疑。早在20世纪80年代初，吴宗济就发现，上声在连调中的特征就是低。他据实验结果画出的上声连调调形基本都是低平[10]。沈炯的研究也确认“上声基调核心段是低音区平调。”“上声基调还可能有中音区尾音特征，但只在单说或停顿前它才以声调尾音形式出现，以对偶关系支撑上声低音特征”[11]。此后，曹文的感知研究[12]和石锋的研究[13]也都认为，普通话上声的本质是低平调，214的升尾属于边界成分，调头的降和调尾的升，都是次要的。

而从本研究的初步结果来看，一方面进一步确认了上声基调的核心是低音区特征，另一方面却发现，调尾高音点是时隐时现，且无明显规律。它的出现常常不是发生在重读情况下，也不一定出现在语句末尾。因此，关于上声的214调值仍然是个值得探讨的问题。

3.2 如何看待重读上声高音点的抬高和低音点的下沉

本研究获得的数据除了进一步确认了此前研究发现的音域扩大的一般趋势以外，还发现重读情况下上声高音点的相对提升。这可能是音域扩大的一个重要来源。可是，这就面临一个新的问题，那就是：如何看待这种高音点的提升现象？它究竟是来源于前邻声调末尾的同化作用，还是反映出它对前邻声调的逆异化效应。

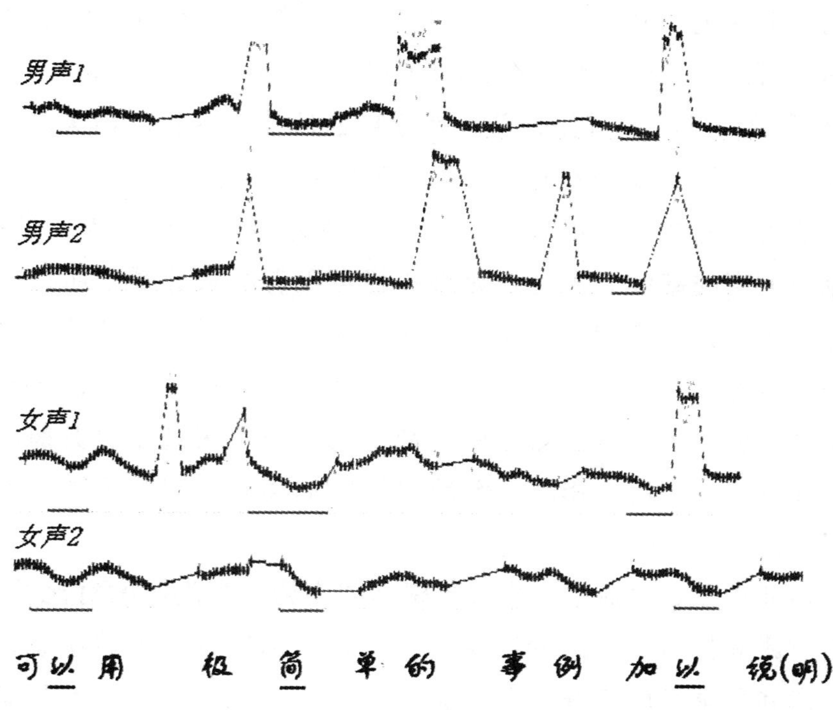

图 3　语流中上声音高运动的一般表现举例

图 3 是小句“可以用极简单的事例加以说（明）”的音高运动轨迹，具体如图中有下划线对应的部分所示。我们不妨仔细解剖一下其中各个上声（除句首“可”已变阳平之外）的基频曲拱。(1)“可以用”的“以”：首先，男女都一样，其首、尾基频都是承前启后，跟前、后声调的基频顺势连接；其次，它虽然非重读，但除了男声 2 外，其余三人“以”的基频曲拱都显示出降升调的模式。（2）“简单的”的“简”：首先，男女都一样，其首、尾基频也都是承前启后；其次，尽管它是重读的，但四个人的基频曲拱除了女 1 的具有比较明显的降升以外，基本上都不是完整的降升调模式，尤其男 2 的基本上就是个低平调。这可能跟个人处理此处重读的方式不同有关。因为“简”前面的“极”实际上也处于同一重读范域之内，有的人、譬如男 1 就把“极”读

得比“简单的”还要重些；而有的人、譬如女 1 则特别加重“简单的”，因此，其基频曲拱明显有降升，而且调长明显加长。(3)“加以”的“以”：首先，首、尾基频也是承前启后；其次，基频曲拱因人而异，以降为主，只有女声 1 的呈现降升模式。

统观这三个上声的情况，可以归纳为如下几个要点：第一，语流中上声的基频曲拱是否完整跟轻重没有必然关系，而且因人而异。第二，上声跟其他声调一样，无论是否重读，其首、尾音高都是跟前后声调的音高顺势牵延。第三，最重要的是，比起两个非重读的“以”来，重读的“简”似乎没有表现出提升前、后声调高音点的作用；相反，倒是“简”的高音点都被不同程度地抬高了。

由此可见，语流中上声音高跟相邻声调音高之间的对比关系，是由它跟其他声调之间的底层音区特征区别决定的自然状态，这在重读和非重读的情况下同样都存在。因此说明，这并不是间接地通过提升或抑制前、后声调的高音点来衬托其重读的方式。至于相邻声调的音高究竟对重读的上声起了怎样的作用，或许可以从许毅的相关理论得到启示。

根据许毅的理论[14]，第一，一个声调的底层目标是保持不变的，而它实际的音高曲拱则取决于一个音节的起始基频。第二，每个声调的底层音高目标总是在接近它所在音节的末尾得以实现。因此，它在不同声调环境中的音高曲拱的表层实现是不同的。譬如，当普通话的一个高调（阴平）分别后随高、升、低和降调（阴、阳、上、去）的时候，后接声调的起始音高都很高，而且彼此很接近，如图 4 上部虚线圈内情况所示。然后逐渐分开、并趋向各自的音高目标。这说明前邻声调会对后接声调产生明显的顺同化作用。

第三，每个声调趋向其目标的音高运动是从音节的起头开始，到音节的末尾结束，这种改变基频、从而逐渐趋近其音高目标的

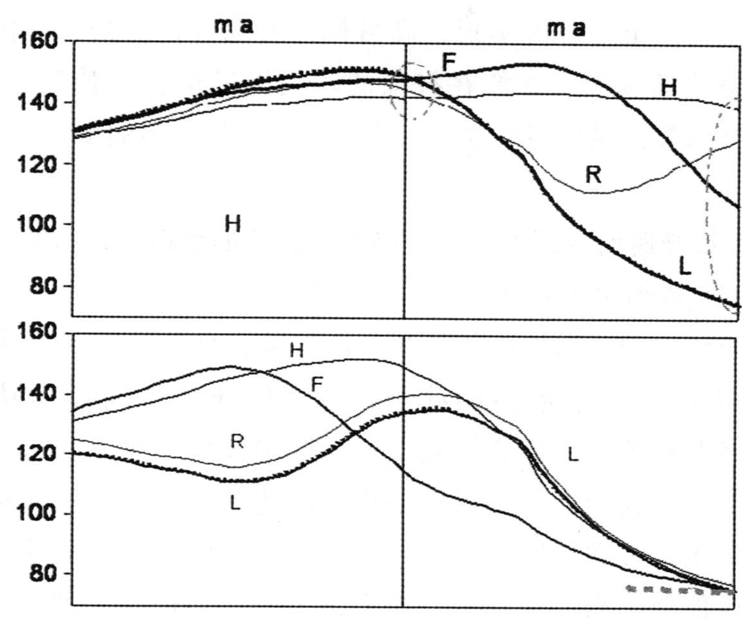

图4　相邻声调之间的音高关系图解（摘引自 xu，1997）

过程必定需要时间。因此，声调连读时彼此之间不可避免地会出现基频曲拱的过渡状态，涉及的声调不同，过渡状态就不同。譬如，当上声分别前接阴、阳、上、去调的时候，这个上声不仅起点音高不一样，而且过渡状态也各不相同，如图4下部情况所示。这个事实充分说明，主要是前邻声调的末尾音高抬高了后接上声的起始音高，而不是上声抬高或压低了前邻声调的末尾音高。也就是说，在这个过程中，主要是自前向后的顺同化效应，而不是自后向前的逆异化作用，尽管两者都存在。因此，上声音节起点音高的这种提升应该看作其跟前邻音节末尾音高自然过渡的结果。假如从这个角度看，那么，不管是否重读，上声起点基频的具体高度都会取决于前邻声调结尾处的基频高低，这是一种自然状态。唯一不同的就是，重读上声情况下的基频曲拱会更加陡峭。因为它底层音高的低目标是既定的，重读情况下的实现应该更加充分，但由于起点基频被抬高了，要达到它的底层目标所需的路程就更长；可是，一个音节内实现音高目标的时间又是有限的，因而必须采用更快的速度，才能在有限的时间里尽快实现其底层目标，所以，其基频曲拱就更加陡峭，看起来有点像大写的L。

3.3 从普通话声调的类型学特点看上声的音高运动行为

3.3.1 语调结构与声调类型学特性的关系

一个语言的语调结构必定涉及各个局部的声调和/或重音。声调跟语调虽然属于不同的载信系统，但却通过同样的功能载体——各个音节声调的音高运动——同步实施。然而，这个功能载体又是因语言而异的。同样是载荷陈述跟疑问的语调区别，语调语言里主要考虑末尾边界调的高低；而声调语言还必须考虑边界音节内部的音高滑动模式，即声调调形。同样的道理，声调跟重音也属于不同的载信系统，却也通过同样的功能载体同步实施。功能载体虽相同，载信方式却是因语言而异的。譬如说，同样是载荷语句的焦点信息，重音语言主要关注音高凸显的韵律域范围（宽焦点还是窄焦点）和凸显的量级（音域范围的展缩）；而声调语言还必定涉及相关部分音节内部的音高滑动模式及其与相邻音节声调之间的音高组合关系。

即使就声调语言而言，也因各自在类型学（typology）上的差异而具有不同的载信方式。声调语言的声调类型主要分为曲拱型（contour）和层级型（register/level，也叫平调型、静态 static 调型或等级 stepping 调型）两个大类（R. L. 特拉斯克编《语音学和音系学词典》中译本，语文出版社 2000 年版）。从现代音系学的观点来看，不同类型声调的底层音高结构不同。曲拱声调包含不止一个音区音高目标，因而必然具有从一个目标向另一个目标的升降滑动。同一语言或方言内不同调类的区分既涉及音区等级的区别，也就是调级（register，参见 Maddieson，1978）的区别，又涉及从起始到收尾目标之间音高的动态滑移。普通话的声调属于这种类型，阴、阳、上、去四声通常被描写为高平、中升、低降升和高降四种不同音区目标之间的音系组合。而层级声调的底层音系目标基本上是单一的、静态的，不同声调的区分主要以音区的等级差异为准。粤语的声调基本上属于这种类型，9 个声调中就有 6 个都是平调，彼此以音区的高、中、低区分。不过，根据 Maddieson 的调查研究，曲拱型声调系统内至少会出现一个平调，而层级型声调系统内也会出现至少一个曲拱调[15]。

3.3.2 声调类型对声调音高实现的影响

仅就手头掌握的材料来看，声调的类型学特点很可能会直接影响其音高实现的方式。譬如说，同样是低音区声调，普通话的上声的音高突出方式跟其余几个声调的不同；而粤语尽管也有好几个低音区特征的声调，但是，根据 Gu Wentao，Lee Tan 的研究，这些低调的重音凸显方式跟其余调类是一致的——都表现为音区的抬高。他们发现，在重读焦点的效应方面，尽管普通话与粤语这两种方言里存在着某些共同特性（例如，较高的音高目标上的效应更大），但性质上却是相反的：普通话在三个领域里显示出不对称的效应，那就是，焦点 - 前的 F0 范围保持不变/完整无缺，焦点处 F0 范围的扩展以及焦点 - 后 F0 范围的抑制；可在粤语里却表现为对称的效应，那就是，F0 值在所有这三个领域里都被提升了[16]。

粤语跟普通话这两个方言里低调的表层语音实现方式的不同，显然跟它们各自声调系统的底层音系结构类型区别有关。普通话声调属于曲拱型，但是，如前所述，它的上声本质上是个低平调，相对于其余几个调类而言，低音区特征是它的标记性（marked）形式，它是决定表层音高实现的主宰因素，首、尾高音点的有无和量级差异只是个辅助因素。相反，粤语声调属于层级型，调级的高低是默认特征，低音区特征只是它的无标记（default）形式；而且，粤语缺乏词重音，连像普通话那样不典型的词重音形式都不存在。所以，尽管在这两个方言里都有低调，但它们在重读情况下的音高凸显方式却各不相同。

3.3 结论

从本研究的考察结果，可以得出如下几点结论：

（1）普通话上声重音凸显的典型特点是它的音阶下落，而且主要通过其低音点的进一步下降来实现。这是一种显著区别于其余三个声调的音高凸显方式。这种独特方式，本质上是由它底层的低音区音系特征决定的。这个事实充分证明，跟其他几个声调一样，上声的重音凸显也是通过它自身的音高调节实现的，只不过它的凸显方向和方式跟其他几个声调不同。这表明，无论是向上的音高突出还是向下的音高突出，都对重音凸显具有自己的作用。以往大多数研究重音凸显的注意力都集中在高音点的运动行为，而忽略了低音点的运动特点。这就是为什么人们认为普通话的上声对于重音凸显没有多大贡献的缘故。

（2）上声跟相邻声调的音高对比关系，是由各自的底层音系目标决定的自然状态，无论是否重读，这都是客观存在。只是在重读情况下这种对比会变得更加突出，这是由于重读上声低音点的进一步下降，使它跟其他声调高音点的显著提升形成了更加鲜明的对比。

（3）粤语跟普通话低调的音高实现方式的对比情况表明，声调的类型学区别对于声调音高实现的影响，不仅会表现在声调类型不同的方言之间，而且还出现在同一声调语言内部具有类型学差异的不同声调范畴（tonal category）之间，普通话上声调类跟其余几个调类音高凸显方式的不同就是一例。这就是汉语语调结构的复杂之所在。对于方言分支极其丰富复杂的汉语语调而言，如果说必定存在一些语言的共性特点（诸如一般的韵律短语调模式、边界调特征，等等）的话，那么语句中间短语的个性特征可能更为重要，因为它是构成汉语各方言分支语调特点的核心所在，也是破解汉语复杂的语调结构的关键。所以，结合声调的类型学特点来考察声调在语流中的音高变化行为，不但可以找到解开普通话复杂的语调结构之谜的钥匙，还可能对认识汉语各方言的语调结构特性具有一定的参考价值，而且应该有助于不同汉语方言的语音合成的建模。

参考文献

[1] 赵元任：《北平语调的研究》，《赵元任语言学论文集》，商务印书馆2002年版。

[2] 沈炯：《汉语语调结构和类型》，《方言》1994年第4期。

[3] Wang, Bei, et al. "The pitch movement of word stress in Chinese". Proc. of ICSLP' 2000, Beijing, Oct. 17 - 20. 2000.

[4] Cao, Jianfen, et al. Strategy and tactics on the enhancement of naturalness in Chinese TTS, Proc. Of ISCSLP' 2000. 13 - 15 Oct. 2000.

[5] 郑波：《汉语语句韵律特征与句法、语义关系的实验研究》，2001年中国科学院心理研究所博士学位论文。

[6] 权英实：《普通话句子重音的语调体现》，2001年北京大学博士论文。

[7] 凌峰：《普通话上声强重音的声学表现》，2003年北京大学硕士论文。

[8] 陈玉栋：《普通话上声重音的音高组合方式》，《语言科学》2005年第4期。

[9] 朗读语篇语音库（ASCCD），中国社会科学院语言研究所语音研究室。

[10] 吴宗济：《普通话语句中的声调变化》，《中国语言学报》1984年第2期。

[11] 沈炯：《汉语音高载信系统模型》，《中国语言学的新拓展》，香港城市大学出版社1999年版。

[12] 曹文：《汉语平调的声调感知研究》，《中国语文》2010年第6期。

[13] 石锋、冉启斌：《普通话上声的本质是低平调》，《中国语文》2011年

第 6 期。

[14] Xu, Yi. Target approximation as core mechanism of speech production and perception, Invited lecture given at Institute of Linguistics of CASS, 1997.

[15] Maddieson, Ian. Universals of tone. In Greenberg ed. *Universals of Human Language*. Stamford Univ. Press, 1978.

[16] Gu Wentao, Lee Tan. Effects of tone and emphatic focus on F0 contours of Cantonese speech – a comparison with Standard Chinese. 《中国语音学报》第 2 辑，商务印书馆 2009 年版。

吴宗济学术思想与理论体系简析[①]

摘要 著名语音学家、中国实验语音学的奠基人、已逾百岁的吴宗济先生，对中国语言学、特别是现代语音学的发展做出了杰出的贡献，在国内外语音学界备受尊敬。吴先生的学术思想主要体现在以下几个方面：(1) 在国内首次系统地采用声学和生理测量的方法，通过对汉语普通话元音、辅音及声调的系统实验分析，揭示了汉语元音、辅音和声调的客观生理和声学特性，推动了实验语音学在中国的发展；(2) 首开中国协同发音研究的先河，通过对普通话不送气塞音和擦音音节内部及音节之间辅-元、元-辅音之间的协同发音考察，归纳出相关的声学模式，从发音生理上解释了汉语语音顺向或逆向的同化现象。同时，还运用协同发音原理解释汉语的连读变调现象；(3) 采用乐律上的“半音”作为研究和处理字调与句调的度量单位，并提出了从赫兹标度换算为半音程标度的原理和方法；(4) 继承和拓展了赵元任先生的语调思想，揭示了汉语语句中的必然变调规律

① 此文应《暨南大学学报》特约而作，原载《暨南大学学报》2010 年第 6 期。此处略有删节。

和或然变调规律，在进一步阐述声调和语调关系的基础上，发现短语调群在不同语气语调中遵从“移调规则”，解决了赵元任当年“暂时没有想出好法子”的难题，建立了从中性语调到感情语调的转换模型，并在此基础上为语音合成制定了相应的韵律标注系统和合成规则。(5) 开创了汉语篇章韵律的探索，他以愤怒兼命令的感情句为例，对情感语调和篇章韵律的声学表现进行了考察；同时，还巧妙地吸收和融会贯通自然话语跟诗文、乐律及书法、绘画等艺术表达手段的某些共通性，进一步深入剖析了汉语篇章韵律的特点。

1　生平简介（略）

2　学术生涯与音路历程（略）

3　学术思想与理论体系

吴宗济先生学术思想的精粹，主要体现在对汉语元、辅音及音节的论述、协同发音理论、声调与语调思想、篇章韵律思想以及韵律处理模型等几个方面。

3.1 关于汉语元音、辅音及音节的生理和声学特性的论述

吴先生关于汉语元音、辅音及音节的生理和声学特性的论述，集中反映在以下几部专著之中。

他与周殿福先生合著的《普通话发音图谱》一书，系统描述和介绍了普通话语音的发音生理，并给出了全部辅音、元音发音

器官的 X 光照相、腭位照相和口形照相的综合图，是国内系统论述普通话语音生理特性的第一部专著。该书不仅为进一步的语音生理特性研究打下了坚实的基础，而且为发音生理教学和语音矫治等应用领域提供了翔实的资料。

他主编的《汉语普通话单音节语图册》，使用了当时国际上最新的语图仪记录分析了男女两人的发音，做出了普通话全部四声的单音节语图约三千幅，给出了音色、音高、音强、音长的声学参量，并附有六万字的总说明。是国内系统论述普通话语音声学特性的第一部专著。该书不仅为进一步的语音声学特性研究打下了坚实的基础，而且为普通话语音处理领域提供了最初的理论根据和声学参数。

他与林茂灿共同主编的《实验语音学概要》一书，在介绍当时语音实验的最新方法和原理的基础上，结合相关研究成果，从实验的角度全面讨论了元音、辅音、声调、音节和音联、轻重音及区别特征等方面的有关问题。这是国内第一部全面介绍实验语音学的专著，成为当时语音学和语音信号处理、言语工程学及言语病理学等专业研究生的热门参考书，曾经荣获 1991 年国家教委直属出版系统学术著作优秀奖。

3.2 关于汉语协同发音的理论

在中国语音学界，吴宗济先生首开汉语协同发音研究的先河。

通过对普通话 CVCV 型双音节结构系统地声学分析和测量，他重点考察了普通话不送气塞音和清擦音跟相邻元音之间的协同发音现象。

根据测得的元音共振峰目标值、辅音的 VOT 值、辅音的能量集中区和过渡音征等声学特征变量，他发现，就塞音音节组合而言，在音节内部，塞音跟后接元音之间主要是辅音受后接元音的同化作用；在音节之间，前音节元音常受后音节起首辅音的逆向协同发音作用，具体随辅音的发音部位而定。就清擦音音节组合而言，根据辅音与元音发音体的状态不同，清擦音的协同发音大约可分三类：（1）同体同位的协同发音；（2）异体的协同发音；（3）同体异位的协同发音。

同时，他还运用协同发音原理解释连读变调现象，论述了字组中前音节被后音节同化后，前字调尾和后字调头音高特征的“顺势相连”和“平滑过渡”规律，提出了音节间语音学变调的“跳板规则”。并以此拓展了赵元任关于三字组中首字为阴平或阳平时、次字阳平会变成阴平的理论，指出这里的次字阳平除了会变成阴平以外，还会变为类似去声的高降调，条件是：在双单格结构中，后字为阴平或去声（即高起的声调）时，中字阳平会变成高平，而当后字为阳平或上声（即低起的声调）时，则会变成高降。这个发现，不但充分揭示了普通话语流中阳平调型表现似乎不太稳定的根源，而且为进一步探索连续话语中的声调变化规律打下了良好的基础。

基于上述协同发音理论，他不但为语音合成中音节之间过渡段的处理提供了理论指导，还为语音合成系统的音段处理设计了规正方案。

3.3 关于汉语的声调与语调思想

20 世纪初期，刘复、赵元任两位语言学大师，开始用实验语音学方法对声调进行研究，主要采用浪纹计测算声调频率。赵元任先生在系统阐述汉语语调的定义、语调的类型以及语调和字调的关系的基础上，提出了“汉语的语调实际是词的或固有的字调和语调本身的代数和”是“小波浪加大波浪”的著名理论。

吴宗济先生师从赵元任先生，80 年代开始从事普通话的变调研究，并继承和大大拓展了赵元任先生的汉语语调思想，不但对赵先生提出的“橡皮条效应”以及“小波浪和大波浪”的关系进行具体的量化，而且从语法、语音和音系三个层面考察语调的变化模式，提出了包括单字调、连调、变调、移调等必然变调规律和语气情态篇章语调的或然变调规律。

吴先生语调思想的精髓主要体现在以下几个方面。

3.3.1 “必然变调”与“或然变调”

“必然变调”加“或然变调”是吴宗济先生语调思想的核心。

通常，汉语语调的“表层调形”复杂多样，以往的语音学家也曾试图把它们的调形曲拱归纳为有限的几种语气类型或模式，少则 13 种（Chao，Y. R.，1968. A Grammar of Spoken Chinese. Univ. of California Press），多则 45 种（Jing，S.，1992. Th e attitudes and intonation in Mandarin. Zhongguo Yuwen，No. 2），相关的文献数以百计，但结论却大相径庭。

吴先生认为，汉语不同于西方的非声调语言，要认识汉语的语调特点，必须首先厘清语句中的声调变化。于是，便另辟蹊径，不走一般的归纳整体模型的途径，而是先从普通话的二字、三字和四字的连读变调入手，分析探索汉语语调的结构特点。

通过对普通话二字组、三字组和四字组连读变调的深入细致的实验分析，他发现，语句中的声调变化错综复杂，有的是“必然”的，是由发音生理、语法结构以及音系因素决定的“必然变调”；有的是“或然”的，是随语气及篇章等因素而定的“或然变调”。由于连续语言中的句子大都由若干短语或小句组成，一个句子的句调，不但混合着各种语音的、语法的和音系的必然变调，同时还融入了语气情态、轻重、节奏等的影响所引起的或然变调。这就使得汉语语调的“表层调形”五花八门，很难归纳出整体的模型和规则。因此，必须首先分清“表里调形”，从错综复杂的“表层调形”中“分滤”出哪些是语音、语法和音系因素决定的声调变化，怎样变化；哪些是语气情态因素引起的声调变化，怎样变化。

在实验分析的基础上，他归纳出了汉语单字调和短语变调的若干相对稳定的模式，基本调型（Basic Contour），包括：单音节调型——“字调”（Tone）；多音节调型——“短语连读变调”（Phrasal Tone – Sandhi）和取决于语气、轻重和节奏的“短语”连读调型（Phrasal Contour）。普通话的语调就是由这些基本调型组成。其中，“必然变调”的短语调形，即通常所说的连读变调模式，是句调中的“基本单元”，是构成语句语调的“底层调形”；而“句调”、即通常所说的语调，则是由这些基本单元通过“或然变调”组合而成的“表层调形”。因此，他认为，普通话的句调实际上是单字调、多字连读变调与句子语气变调的混合体。

3.3.2 字调与语调的关系

吴先生不但继承了赵元任先生关于字调和语调是“小波浪和大波浪”的“代数和”的著名理论，阐述了汉语声调与语调的关系，而且还进一步解析了单字调、多字连读变调怎样与句子语气变调叠加而成整句语调的原理。

他的实验分析进一步证实，汉语字调和语调的变化各有自己的规律。多字连读的“必然变调”主要是调形的变化，而跟语气语调相关的“或然变调”主要是基音音阶的迁移。因为字调是表义的，语句中的字调（包括词调）的调形变化必须遵循一定的“必然变调”规律，以确保其词义区别功能；而语调是表情的，主要通过调阶迁移来实现，是随语气情态的表达需要而定的“或然变调”。语句中的字调或词调“小波浪”，就是通过它们的调阶被语调“大波浪”托起或压低而“叠加”成表层的语调。

同时，他拓展了赵元任先生的语调思想，对赵先生提出的“橡皮条效应”以及“小波浪和大波浪”的“代数和关系”关系进行了具体的量化。语句中的字调在调阶受语调“大波浪”调节的同时，其调域的宽窄也随轻重或节奏的变化而会被扩展或压缩。不过，究竟怎样展缩？不同语调展缩多少？在赵先生那时的条件下还难以解决。而吴先生通过深入细致的实验证明，语句中的调域大小虽然因人而异、因语气而异，但是，其规则是可以预知的。他创建了把基频频率转换为半音的方法，提出了实现从“底层调形”到“表层调形”的一系列转换规则。

3.3.3 从频率值到半音值的转换方法

众所周知，自然话语中声调和语调的绝对音高和频率范围，不但因人而异，而且因为语气情态的变化，即使同一个人话语中的绝对音高和频率范围也会引起巨大的差异。这是存在于汉语语调研究中的一大障碍，更是困扰语音处理的巨大难题。实际上，这就是怎样认识和量化处理“橡皮条效应”和“代数和关系”的问题。

吴先生基于赵先生关于“四声调值之间的关系，不是线性的绝对值，而是对数的相对值，也就是音乐性的旋律值”的理论以及他不用频率、而用十二平均律的半音音程来记调的方法，结合乐律原理，提出了从基频频率到半音音值的转换方法。因为不同语气的语句中的基调变化多端，若以频率赫兹值为标度衡量其移动等级，差别会很大；如果把赫兹标度换算为乐律的音程或半音程标度，语句中各短语移调后，基调虽有了变动，而调域宽度的音程是相等的。因此，这个方法的提出，不仅使得客观声学参量的描述更加符合人的听觉感知特性，而且为语音学者和言语工程学者度量和处理语句中的声调变化提供了有效的量化手段。更主要的是，这种转换方法的提出和应用，为进一步探索自然言语中从“底层调形”到“表层调形”的实现方式打下了良好的基础。

3.3.4 句中短语调域及音阶移动的“移调规则”

探索自然言语中从“底层调形”到“表层调形”的实现方

式，实质上就是探讨怎样从赵元任所说的中性语调到感情语调的转换原理。

连续话语中的语句，除了短语内部的“必然变调”，还有来自语气（例如疑问、祈使）变化和语境（例如逻辑或感情重音）影响而产生的“或然变调”。因此，实际话语中句子的“表层调形”已经偏离“底层调形”甚远。仅从复杂多变的表层表象很难认清“底层调形”是怎样实现为“表层调形”的。为此，吴先生采取了抽丝剥茧的办法，层层深入，揭示出“调位守恒”、“移调”、“变域”、“韵律互补”等一系列规则。解决了赵元任当年“暂时没有想出好法子”的难题。

首先，通过对不同语境中选取的具有不同语气语句的深入分析，他发现了不同短语调群的调域基本守恒的特性。具体地说，从对句中基本调群单元的调域和音阶的集中分析结果来看，自然语句中有些短语调群的调形曲线虽然会随着语句表达的变化而上升或下降，但是其调形模式却与正常状态下的差不多。尤其是把基频的绝对频率值转换成乐律的半音标度以后，所有调群的调域相互之间非常一致。

其次，从对语调的基本单元及其组合形式的具体分析发现，调群的调形曲线的上升或下降主要是音阶运动引起的。这就意味着，句子中短语的调形可以在不同的音阶条件下实现而不失其一致性。就像乐曲中乐句的旋律可以用不同的基调来演奏却仍然保持着主旋律那样，言语中某个调域内的任一短语调形或调位都可以在另一个调域中使用，其音阶虽然随着不同语气的语调而改变，但其区别词义的功能并不改变。由此他认为，言语中的局部调形的调域和音阶的变化，犹如乐曲旋律的“移调”或“转调”（change key），自然言语中从“底层调形”到“表层调形”的实现也是遵从“移调规则”的。因此，在语音处理上，他主张采用乐律上的“移调”原理来量化语句中短语调域和音阶（即调阶）

的变化。此外，还发现，由于实现过程中还涉及由轻重和节奏变化引起的调域的扩展或收缩。所以，在移调的同时，还会产生“韵律互补”和规律性的“变域”。

基于上述发现，吴先生还建立了从中性语调到感情语调的转换模型。通过移调处理，就可以从一个平叙句的短语调形生成出各种具有不同语气的基本调群，从而实现从中性语调到感情语调的转换。

3.3.5 “跳板规则”、“多米诺规则”和“极化规则”

在对语句的“底层调形”到“表层调形”的分析过程中，吴先生还注意到，语句中的声调变化除了遵从“移调规则”以外，还遵从另外一些影响基本单元内部变调以及因语气变化引起短语调形抬高或降低的外加规则。例如，短语在句子中，由于连音的依存与制约而产生“必然变调”，其变化方式和规律可以归纳为“跳板规则”、“多米诺规则”和“极化规则”。

“跳板规则”是从音节间语音学变调的过渡分析中归纳得出的。它是由“语音学”的协同发音决定的一种必然变调规则。譬如，以三字组的变调为例，次字的调形夹在首字的调尾与末字的调头中间，前后被同化而成为过渡调。这种过渡调就像两头搭在船舷与岸边的一块跳板，正如跳板的斜度会随着潮汐的起落而改变一样，这种过渡调的斜度也会随着首字调尾与末字调头的不同而改变。这一规则适用于所有音节间语音学变调的过渡分析。

“多米诺规则”（Domino Rule）是取决于语法结构的直接成分优先变调规则。在对三字以上字组的变调分析中他发现，有时，同样是四字组，但变调模式却不同。究其原因，跟它们的底层语法结构的不同有关。根据其底层结构（并列结构除外），总是先从其中的二字直接成分形成一级连读变调，然后，再跟其余的字调发生同化或异化，构成二级变调。字数愈多，层级就愈多。

"极化规则"（Polarization Rule）是指"音系学"的历时音系的极化变调。例如，普通话里两上相连，第一个上声不按一般的协同发音的逆同化规律变为"半上"，而是按音系学的"逆异化"规律变成同阳平相似的调型。

3.4 关于篇章韵律的论述

吴宗济先生在实验研究中发现，语句的韵律不单和"语音"、"语法"、"音系"有关，更和"语义"、"语用"的环境有关。因此，不能离开语言环境而孤立地去分析句子的韵律。所以，在上述研究的基础上，他以愤怒兼命令的感情句为例，对情感语调和篇章韵律的声学表现进行了探索。他发现篇章中短语的移调程度和扩域程度受到语体的制约，而服从篇章韵律的规则，表达逻辑重音和感情重音的任务，已基本上由代词、副词承担，而使名词和形容词的韵律变量相当降低了。

他的实验结果还表明，声调、重音和时长是构成语音韵律的三项特征，三者之中最起作用的是声调，其变化规律也最繁。重音的物理量主要是声音的强度，但听感上的强弱，却在于三者的相互搭配所起的作用。有两种现象是过去不大注意的，但却与语音的自然度有关。一是声音的延长也能代替声调的提高而起加重语气的作用；二是音量加重（用力）时，音调就必然会同时升高。二者的关系是密切的，但不能逆转，提高声调就不一定要加强音量。

此外，吴先生还对篇章韵律跟书法、绘画等等其他艺术表达手段的共同特性加以探索。通过多方面的观察分析，他认为，能够高度自然表达思想的媒体：在书法为"草书"，尤其是"狂草"；在画法为"水墨"，尤其是"写意"；在话法则为口语，尤其是表情的语调（广义的语调就是"韵律"，也即"高低"、"轻重"和"长短"三种特征的综合）。

例如，在《“书话同源”——试论草书书法与语调规则的关系》一文中，探讨了草书运笔与文字的语法结构的关系，发现草书的书法跟汉语声调变化的规律，在语法关系上几乎完全一致。

从诸家草书中，他把草书的“书法”和言语的“话法”的关系总结为三条规则：

（1）草书（特别是狂草）中凡遇到语法上的“直接成分”（词或短语），少则两字，多则整句（只要不受纸张轮廓的限制），基本上都用连绵或映带的笔法；而且上下字相接时的字形过渡，主要是逆向的同化。（即上字尾笔多半为了“俯就”下字的起笔而变形、移位，并加上一段过渡的笔画；但下字的间架基本保持稳态，只是为了“仰接”过渡段而使起笔有了一些变化。所谓“一字之末，成次字之首”。）

（2）狂草运笔中，凡是遇有“逻辑”上或“感情”上需要强调或弱化某些短语或词句时，就常用“跌宕”或“错综”的笔法来表达。即强调时将字形放大，或再将行款作倾斜或出格的移动；弱化时把间架缩小，或把点画简化。

（3）上述规则在两字连接时，下字的点画和间架基本上是稳定的。但如遇有多字须要一气连接时，中间的字形就有可能因承上启下，而把点画间架用轻笔加以简化或变形。

而草书的这些规则无不与话语语调变化规则相通。所以，他把草书的连写运笔规则和语调的连读变调规则的共通性作了高度概括，对照总结为：

	草书	语调
“执”：	字形的深浅长短	调型的高低升降
“使”：	走势的纵横牵掣	过渡的同化异化
“转”：	连笔的钩环盘纡	连调的断续蜿蜒
“用”：	气韵的点画向背	韵律的轻重疾徐

3.5 关于语音学在语言教学和言语科技工程中的应用研究

吴宗济先生一向注重语音学理论研究与语言教学和言语科学技术研究的有机结合，尤其是近十多年来，特别致力于语音学理论在语音合成中的应用研究。

在语言教学方面，他与赵金铭等合编的《现代汉语语音概要》，在介绍语音学的基础知识和现代汉语语音系统的同时，充分融进了他在汉语语音变化及声调变化方面的最新研究成果，是一部适用于中外学生学习，尤其是对外汉语教学的优秀教材。

在语音学用于言语工程中的应用研究方面，他更是呕心沥血，针对语音处理需要以及汉语的语音特点，同时吸收和继承了中国音韵学的精华，亲自为语音合成设计了一系列的音段和超音段的处理规则和模型。例如，基于他的协同发音理论，不但为语音合成中音节之间过渡段的处理提供了理论指导，而且还提出了处理中的规正方案。按照普通话单字可能的元音和辅音字首和字尾，两字连读后可构成 297 种辅—元或元—辅之间的过渡状态。若每种状态都给出模式，必将造成处理上的困难。而根据协同发音原理和相关的实验，他把相似或相近的声学模式加以归类和精简，最后只要用 11 种过渡模式，就能应用于全部 297 种组合了。他提出的这个规正方案对合成系统有很大的简化作用，已被多处引用。又如，根据汉语单字调和短语变调特点，比照音乐的乐理，他制定出汉语因语气变化而引起的短语调抬高或降低的移调处理规则以及短语调之间相互联结的跳板规则和多米诺规则等外加规则，并进而为改进合成普通话口语的自然度设计了全面的韵律处理规则和模型。这些处理规则和模型已被相关方面如中国科技大学及清华大学应用于语音合成系统的设计和改进，取得了良好的效果。

4　独特的治学理念

吴先生在语音学领域的开创性和奠基性贡献不是偶然的。他先后读过市政工程、化学系和中文系，干过进出口工作，涉猎音乐、电影等多方面的实践经验，还有中西语言学的知识背景和实践经验的有机结合。这种文理结合的理论功底和多学科的训练素养，加上他特别丰富的人生阅历、广博的知识背景和深厚的学术积淀，铸就了他学术研究的雄厚基础，也形成了独特的治学理念。使他在研究工作中不拘一格，勇于创新；在考察和处理各种复杂语音现象的时候，能够高屋建瓴，思路开阔。正因如此，他才能够担当起对赵元任理论继往开来和发扬光大的历史重任，成为中国现代语音学的奠基人。

4.1 古今中外有机结合

吴先生从事语音研究，既不是单凭口耳之功，也不是单凭语音实验的数据；既不固守汉语语言学和语音学的传统，也不盲目套用国外的现成理论；而是立足于汉语的实际，通过客观的实验和数据分析，吸收古今中外语言学和语音学的精华，运用科学的语言学和语音学理论指导，探讨和解决汉语语言学和语音学的理论问题。例如，他研究汉语的语调，一方面积极吸收国外先进理论和方法，但并不简单套用那些基于印欧语言的语调模式，而是立足于汉语作为声调语言的实际，从二、三、四等多字组连读变调的基本单元切入，考察其变化规律，归纳出语句中的声调变化模式，作为语调的底层模型，然后再从语句中分滤出语气的变调；另一方面，充分挖掘汉语传统音韵学中的相关论述，积极吸取其精华，来为今天的语音研究服务。例如，他发现，中古音韵学中反映出来的语音变化的相对规律，几乎可以与现代音系学的“区别特征”理论相媲美；传统音韵学中对于声调的分类方法和汉语语音学对某些音变的描述大都与西方非声调语言不同，而反映出汉语语音自有的特点。因此，他曾多处征引了古代文献中关于汉语声调本质的重要记述，用于说明他提出的一系列新方法的概念渊源及其理论依据，进而探索汉语的语调模式及其特点。

4.2 相关领域的知识兼收并蓄、融会贯通

吴先生曾谦虚地说：“我的毛病是，从年轻时就东抓抓，西抓抓，浅尝辄止。不过，抓的东西多了，碰巧也抓住了有用的东西。”事实上，正因为能够博览，才能够“抓住有用的东西”。为了对自然言语的机制进行透彻的领悟和解释，吴先生常常广征博引相关领域的知识。不过，那并不是一般意义上的引证，而是兼收并蓄、融会贯通。他巧妙地运用语音与传统的诗文用字、音乐节奏、书画笔法等表达手段方面某些相通的道理，来分析认识错综复杂的语音现象，揭示自然语音的运行机制。例如，他充分运用语音与乐律的相通之处来解释汉语的声调与语调的复杂关系；针对语言声调的乐律性及其感知特性，借助语音跟音乐的相通之处，采用音乐上的半音程代替以赫兹计量的频率来计量和处理音高变化，使得声调和语调的描写更加符合听觉上的音调变化；同时，借用音乐上的转调法则来处理语句中的短语调的变化，从而实现从平叙句的短语调模型生成各种具有不同语气的基本调群。又如，在阐述协同发音原理时，他借助书法的“意在笔先”的理念，生动形象地揭示了语音产生中“意在声先”的提前计划机制，从而突破了一般的语音描写和解释的局限，深化了对语音产生机理和语音变化的客观规律的认识。

4.3 基础理论研究与现代科技实践密切结合

吴宗济先生做学问，一向坚持学以致用，服务社会，他非常注重基础理论与现代科技实践的结合，尤其注重语音学跟自然语言处理以及通信工程的结合。记得“文化大革命”之后刚刚恢复研究工作的第一次出差，就是带领研究室的同事到四机部参加对语音编码器的语音问题的诊断工作，并由此探索我们研究室的研究方向；特别是先后跟中国科学院声学研究所的语言声学研究、自动化研究所的自然语音处理研究的不断协作和交流，为语音研究室确立了正确的研究路线，奠定了健康发展的基础。不但使得研究室的课题更加切合客观实际的需要，而且在基础理论方面填补了不少空白。同时，还领导研究室研制了第一个普通话语音规则合成系统，作为应用和检验基础理论研究结果的平台。尤其是后期，更是直接加盟中国科技大学计算机系的自然语音处理课题，担任国家 863 智能计算机成果转化基地顾问。他的加盟不但促进了该基地语音合成系统的改进，而且培养了不少优秀的学生，同时，还为语言研究所语音研究室与中国科技大学后来的进一步合作奠定了良好的基础。

4.4“有教无类”、无私奉献

吴先生做学问，总是亲自从事实验分析，从获得的第一手资料和结果中研究探索语音的客观特性和变化规律。与此同时，他一方面积极组织研究室同仁集体研究、共同提高，尤其注意在研究实践中提高年轻人的科研水平，还倾力培养学生，扩大语音学队伍。他培养学生有两个特点，第一，不拘一格，不论是所内所外还是国内国外，但凡有人请教，必定热情接待；无论是理论上的求教还是学术资料的求索，吴先生必定倾其所有。他常说，“不怕你们学，就怕你们不学”。第二，真正贯彻理论与实践相结合的教学方法，结合研究任务施教。在这方面，我是深有体会的。记得我刚踏进语音实验大门的时候，他一方面手把手地教我操作语图仪、做腭位照相，教我识读语图、辨识语音的 X 光照片……使我茅塞顿开，得以通过声学和生理实验的手段，认识许多扑朔迷离的语音现象；另一方面，第一时间就把我“扔”到了 *Speech Chain* 原著的汪洋大海之中，结果让我既收获了语音学的基础理论，扩大了眼界，又习得了基本的英语技能；同时，一开始就让我跟着他在语音学理论与言语工程应用相结合的实践中摸爬滚打，从而把我引上了一条正确的研究与探索之路，使我得以从揭示言语产生和感知机理的高度考察音段和超音段特性，不断加深对自然言语本质的认识。正是这种“有教无类”式的施教风范、无私的奉献精神和理论与实践相结合的教学方法，为语音学界和言语工程界培养了一大批优秀人才，许多学生已经成长为国内外语言学界和语音学界以及言语工程界的佼佼者。

5　简要评述

在汉语语调研究方面，是赵元任先生首先揭开了汉语语调不同于英语等西方语言语调的面纱，而吴宗济先生正是循着赵先生的学术理念，实实在在通过对声调和连读变调到句调的系统扎实的实验研究，带领中国语言学界走出了那条要么简单地生搬硬套植根于西方语言的语调模式、要么认为“汉语没有语调”的死胡同。这种观念上的转变和行动上的实施实质上无异于一场革命。因此，其开创性和奠基性是显而易见的。

关于汉语的声调和语调理论及其在语音合成中应用的韵律模型是吴先生学术思想的核心。如果说赵先生的声调和语调理论本质上还是定性描述的话，那么，吴先生对汉语语调的探索已经是定性和定量兼备了，他所建立的一些处理规则和应用韵律模型已被相关方面如中国科技大学及清华大学应用于语音合成系统的设计和改进。这些规则和模型所发挥的作用堪与赵元任先生发明五度制的贡献相比。吴先生的研究大大推动了汉语语调的研究，提升了汉语语调理论水平、乃至中国现代语音学的理论水平。正因为如此，吴先生不仅是中国语音学界的泰斗，而且享誉国际语音学界。如果说，是赵元任、刘复等先辈在中国土地上播下了科学语音学的种子，那么，正是吴先生的不懈努力和卓越贡献，使中国几经劫难的科学语音学的“香火”得以继续，并引领这个学科坚持走基础理论研究与实际应用紧密结合之路，不但迎来了中国语音学蓬勃发展的春天，而且丰富了世界语音学的宝库。正如美国著名语音学家 J. Ohala 教授曾经指出的那样，吴先生的研究提升了国际上对汉语声调、辅音和元音以及韵律的理解，不愧是新兴一代追求科学地认识言语的语音学家的楷模。

作为我国实验语音学的奠基人，吴宗济先生德高望重，成就卓著，但始终谦虚谨慎，严于律己。他的座右铭是：“但愿文章能寿世，不求闻达以骄人”。他的影响已经涉及几代人，桃李满天下，朋友遍四海。在庆祝吴老九十五华诞及百岁华诞之际，不但国内的数百名同行专家、学者和学生济济一堂，还有数十位国际语音学界或言语工程学界的知名学者著文祝贺和前来参加庆典。2009 年 9 月 10 日那天，吴先生的几十名在京学生又从各自的工作岗位聚到一处，“四世同堂”，跟吴先生一起共同欢庆教师佳节。

如今，吴先生已经 101 高龄，不但笔耕不辍，而且仍然意气风发、满怀信心地向着更新更高的目标进军，实践着他“未作‘吾衰’叹，宁甘‘伏枥养’”的铿锵誓言，真正达到了“老骥伏枥，志在千里”的崇高境界。

参考文献

吴宗济:《普通话发音图谱》，商务印书馆 1963 年版。

吴宗济:《汉语普通话单音节语图册》，中国社会科学出版社 1986 年版。

吴宗济:《实验语音学概要》，高等教育出版社 1989 年版。

吴宗济:《现代汉语语音概要》，华语教学出版社 1991 年版。

吴宗济:《吴宗济语言学论文集》，商务印书馆 2004 年版。

Pitch Prominence and Tonal Typology for Low Register Tone in Mandarin[①]

（汉语低音区声调的音高凸显方式与声调类型学区别）

Abstract This paper tries to explore the relationship between pitch prominence and tonal typology by examining pitch behavior of the 3rd tone, a low register tone, in different accent contexts under Mandarin Chinese. The primary results obtained so far show that, pitch level of the 3rd tone is obviously lowered in focal condition, which is mainly manifested by lowering the L – point value of its F0, rather than raising the H – point value. This peculiar prominence pattern is not only reverse to the general model that well established as the H raising effect in many languages of the world, but also remarkably diverse from

① 原载 Tal2012 论文集，2012 年 5 月 27 – 29 日，南京。

the case of low register tone in Cantonese, another Chinese dialect typologically different from Mandarin. Considering on this deviation and referring to similar findings reported in other languages, we propose that implementational strategy of pitch prominence in certain language may be restricted by not only phonological contrast, but also typological distinction.

摘要 本文通过考察汉语普通话的低音区声调——第三声——在不同轻重语境下的音高运动行为，探讨音高凸显方式跟声调类型学区别的关系。初步考察结果表明，在焦点重音位置上，第三声的音高凸显，是通过显著地降低基频的低音点来压低整个声调的音高水平，而不是像其他三个声调那样通过显著地提升基频的高音点来抬高音高水平。这种独特的音高凸显方式，不但跟世界上许多语言里一般熟知的升高效应相悖，而且跟汉语广东话里另一种类型低音区声调的音高凸显方式显著有别。鉴于这种偏离现象在世界上其他一些语言里也有报道，我们认为，某个语言里音高凸显的实现方式不但受该语言声调的音系对立的约束，而且会受语言声调的类型学区别的制约。

1 Introduction

As one of the prosodic means for the focus expression, pitch prominence has been well established as the H raising effect in focal condition. It was reported not only in intonation languages, but also in tone languages. However, some reversed fashions have been found recently. For example, Genzel, S. and Kügler, F. [1] reported a reversed manner of pitch prominence in Hindi, where the effect for the L tones results in a pitch span change by lowering L tones, raising H tones, or both, and the tonal distinctions are made sharper. That makes Hindi an interesting case in terms of prosodic typology concerning the expression of focus. In addition, similar case was also reported for Akan[2], in which a significantly lower realization of both H and L tones under corrective focus in *ex situ* and *in situ* focus constructions was found, it is contrary to the prediction that High and Low tones are raised in *ex situ* focus constructions. These results thus contradict with the view of the effort code that predicts a positive correlation of more effort resulting in higher F0 targets.

Actually, this phenomenon was found in Mandarin Chinese some decades ago. For example, based on the clear experimental evidence for the lowering of F0 minimum in the L as well as the R tone, Xu, Y. [3] pointed out that focus expands in Mandarin rather than just raises the tonal pitch range, though the conclusion was challenged by other studies, such as Wang et al [4]. Almost at the same time, several relevant studies[5,6,7] also reported that the manner of pitch movement for the focus expansions in Mandarin is largely depends on tonal categories. Specifically, pitch prominence in focal condition is realized as an obvious lifting on pitch level and expansion on pitch range, which is mainly satisfied by raising the F0 value of its high point (hereafter H - point, i. e., the top point) in general. However, it is except in the case of the 3rd tone (hereafter T3), where the prominence is not realized by raising of pitch level, but lowering it instead, and is mainly satisfied by lowering the F0 value of its low point (hereafter L-point, i. e. , the bottom point), which is obviously deviated from that of T1, T2 or T4.

Referring to the contradictory findings above, a consideration raised here is whether the difference on implementational strategy is related to their distinction in prosodic typology, such as tone language vs. intonation language, contour tone vs. register tone, and so on.

As a preliminary study, the present paper tries to discuss this relationship based on an investigation in the T3 case in Mandarin, and a brief comparison between Mandarin and Cantonese will be referred as well.

2 Pitch prominence for T3 in Mandarin

Many studies have reported the peculiarity on pitch prominence of T3, but the conclusions are inconsistent up to date. The main arguments are mainly referred to: (1) whether or not the prominence of T3 can be manifested through pitch regulation in itself? (2) If yes, then how is it done, by lifting of F0 H-point, or Lowering L-point? There are at least two different viewpoints.

One of them suggests that pitch level of T3 drops, as opposed to the case of other tones, and it is mainly manifested by L-point lowering, instead of H-point raising of its F0, as mentioned above in[5,6,7], because T3 has a distinctive feature of low register[5,8]. In addition, it seems to have been proved by a quantitative analysis and synthesis of focus in Mandarin[9], in which the tone commands', that referring to focus, result in a higher pitch for tones 1, 2 and 4, but causes a lower and full pitch for the case of tone 3.

Another viewpoint suggests that focus information in T3 case is implemented by adjusting F0 H-point of the neighboring tones, so as to foil the focal information of T3[10,11,12]. For example, Chen[12] claimed that pitch prominence of T3 can not be implemented through pitch regulation of itself, although some cases do show a L-point depressing of the F0, it is mostly manifested through raising F0 H-point of its neighboring tones', especially through the following ones'. Consequently, the exact strategy of pitch prominence in T3 case remains unclear up to date.

According to the situation described above, there are some factors may affect the consistency of results in the previous investigations. First, only the H raising effect was employed as the scale of pitch prominence, but regardless of the role of L-point behavior. Secondly, the register feature of T3 was usually ignored, and a general distinction on F0 movement between T3 and other tones was often left out; thus, the F0 behavior observed in focal case might be a mere mixture only. In addition, as the focal accentuation in natural speech is always co-occurred with other factors such as phrasing, intonation and so forth, thus, the F0 manifestation must reflect those influences synchronically. On the other hand, the majority of experimental materials tested in previous studies were designed for the comparison between typical focus and non-focus cases, and deliberately preventing other factors' effects. In this case, systematic differences between observed results and real situation are inevitable.

To explore the strategy on pitch prominent of T3 in real

speech, the present study was conducted in two steps. At first, a preparatory test was conducted, through which all T3 distributed naturally in a set of discourse corpora were tested, involving both accented and un - accented tokens, so that to observe F0 movement behavior in general. After that, a further study was carried out, where the attention was paid to the comparison among the tokens with different focal degrees. For this purpose, the range of test materials was narrowed into two sets of clauses and sentences, but the speakers were extended from 1 male and 1 female to 2 males and 2 females, so that to validate whether the phenomenon observed from above preparatory test is a reflection of general rule or not.

2.1 Preliminary test

2.1.1 Test Materials

Heretofore, the speech materials used for studies on prosodic prominence were deliberately designed for the comparing between typically focused vs. non - focused instances. However, in real speech, the influences resulted from multi - factors are unavoidable, so any results obtained from designed materials should be proved by natural speech. This study tries to employ new test materials and methods to unfold as precisely as possible the real situation that occurred in natural speech.

Speech materials used for preparatory test include 1 male and 1 female speakers' utterances, which were extracted from the ASCCD discourse corpus read aloud by multi - speakers. The set of materials consist of 4 paragraphs, containing a total 290 syllables, among which 44 are with T3. In order to observe T3's F0 movement behavior in general, all the tokens, including accented and un - accented cases, were included in the test.

2.1.2 Observed result

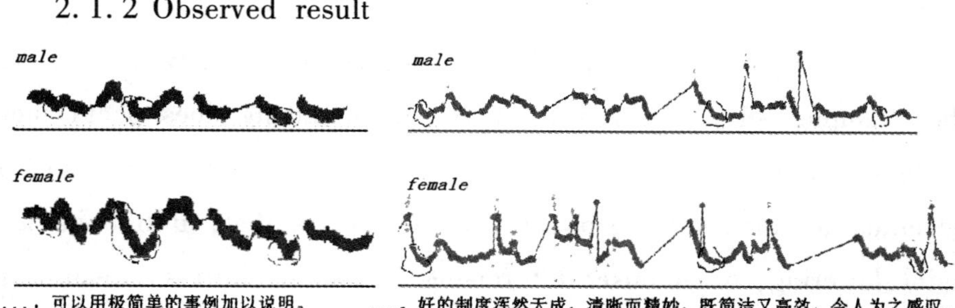

Fig. 1: Examples of T3's F0 curve in Mandarin discourse

From this part of observation, some preliminary results can be summarized as follows:

(1) Figure 1 gives an example of the pitch curves among the test utterances, where the pitch curve of each T3 is marked by an irregular circle. If comparing with the unaccented case, the most peculiar point of accented T3 is an obvous expansion of pitch range and lowering of pitch level, and that tendency is accordant in different speakers' speech. For instance, as shown in the left part of Figure 1, as a function of sentence focus, the pitch curve of the accented 简/jian/obviously stands out of the two unaccented tokens of 以/yi/, specifically, its pitch range is larger than that of the un - accented 以/yi/, and the pitch level is lowered and closer to that of the 以/yi/, which is near the end of the utterance. Apparently, it is a resultant of a more typical manifestation on its phonological target than those of the two tokens of 以/yi/s, with its L - point sharply driven down and obviously broken through the declination trend for the whole utterance. In addition, a more typical example can be found from the right part of Fig. 1, where the 好/hao/ is lo-

cated at the beginning of the sentence, but its pitch level and the L – point of F0 is lowered obviously due to its accented status in certain context.

(2) At the same time, from the curves of F0 movement, likes the examples shown in Fig. 1, a H – point raising does occur more or less at the onset of the T3 in most cases, no matter the token is accented or unaccented. However, it is obvious that, unlike its L – point lowering, such onset F0 raising is not an intrinsic feature in itself, but is induced from some external effect, because its onset target is underlying low (i. e., 2 of 214, according to the 5 levels of tone marker system of Chinese). In terms of Yi Xu's TA model[13], this effect is carried out from the offset F0 of its preceding tone due to co – articulation effect. In the fact, the specific height of onset F0 does depend on the offset F0 of the preceding tone. This fact indicates that, such onset F0 raising is not related to pitch prominence.

(3) When compared with its well – known variation of pitch contour (i. e., 21 or 211), a relative typical contour (i. e., 214) appears occasionally in various cases, but is not limited in the pre – pause position as suggested in some studies. Moreover, it seems irrespective of its accented status, either accented or un – accented cases are involved, though it is more abrupt in focal condition. For instance, as can be seen from the upper part of Fig. 1, the contour shape of the two un – accented 以/yi/ is similar to that of the accented 简/jian/.

2. 2 A constrictive investigation

2. 2. 1 Test Materials

T3 examined in this section occurrs in two sets of clauses as follows.

Set 1：（世间的问题，原来极复杂的），可以用极简单的事例加以说明。

（*Originally very complicated problem in the world*），*can be illuminated by using quite simple instance*

Set 2：现代经济学是这样表述的：制度至关紧要，制度是人选择的，是交易的结果。

（*It is described in such a way in modern economics*：*institution is most crucial*，*institution is chosen by people*，*and is the result of bargaining*）

The material in set 1 is a clause within a sentence. There are totally four T3 syllables in the clause，namely，可/ke/，以/yi/（hereafter yi – a），简/jian/ and another 以/yi/（hereafter yi – b），since the 可/ke/ has become a 2nd tone due to tone sandhi，thus，only three T3s（as marked with underline）to be examined. Perceptually，/jian/ is accented whereas /yi – a/ and /yi – b/ are unaccented in this clause. Because the word 简单的（*simple*），where /jian/ sits on，is in a narrow focus position，which is elicited from the background of 世间的问题，原来极复杂的（*Originally very complicated problem in the world*）and is semantically opposite to the word 复杂的（*complicated*）.

The material in set 2 is a complex sentence consisting of 4 clauses，which includes totally 4 T3 syllables，i. e.，表/biao/，紧/jin/，选/xuan/ and 果/guo/. They are all located at a broad focal area in each clause respectively. Relatively speaking，their accent degree should be in order of /xuan/ > /jin/ > /biao/ > /guo/

according to their grammatical position in the clause. In the fact, this cline has been proved by perceived impression.

2.2.2 Methods

Pitch prominence in natural speech is relatively compared to those of non-prominent parts within certain prosodic domain. However, it must be influenced by other prosodic factors at the same time, such as phrasing and underlying declination due to physiological mechanism. In order to examine pitch manifestation of T3 at any position, and try to eliminate the influence from pitch declination, we set a reference scale to normalize the measured F0 as the equivalent of perceived pitch measurements. The scale is defined as the following equation:

$$F0r = f0h.\,b - (f0h.\,b - f0h.\,e) / (syll.\,n - 1)^{*}(ta.\,n - 1)$$

Here $F0r$ represents the pitch value (Hz) of the reference scale corresponding to certain position of the tone in test, $f0h.\,b$ is the pitch height (i.e., pitch level) of the beginning syllable and $f0h.\,e$ is that of the ending syllable of certain clause, $syll.\,n$ is the number of total syllables in the clause and $ta.\,n$ is the order number of the tone in test. Both the direction and magnitude of pitch deviation for each test tone can be obtained by calculating the difference between measured value and reference value. If the calculated deviation is a minus value, it means the pitch of the test tone is lower than the reference scale. On the contrary, if the result is in a positive value, then it means the pitch of the test tone is higher than the reference scale.

The pitch data were measured as the raw F0 values in Hz at first, and then transformed into a log scale in semitone (St.), so that the acoustic parameters can be made as close as possible to the pitch perception.

2.2.3 Test results

The data obtained from test 1 are summarized in Fig. 2 and Table 2.

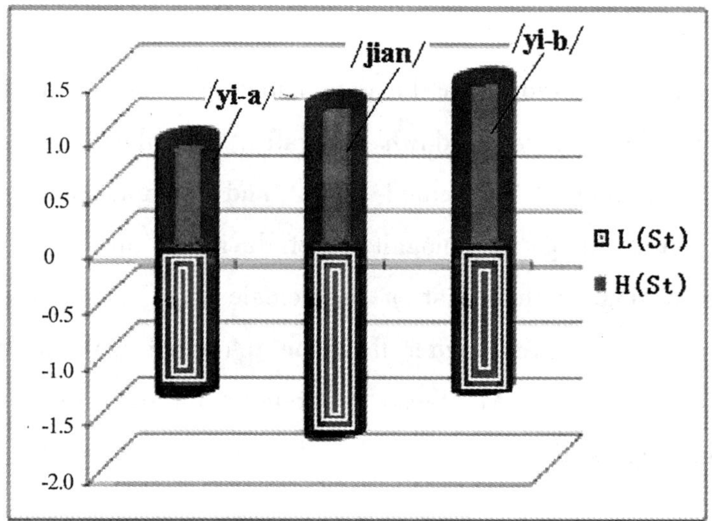

Fig. 2: Illustration on the H – and L – point (St.) deviated to the reference scale in accented and unaccented T3

First, from Fig. 2 we can see that the deviation on H – point (shown as the dark column) of the accented /jian/ is not much higher than that of the unaccented /yi – a/, and even lower than that of the unaccented /yi – b/. On the other hand, however, its L – point (shown as the colored column) is significantly lower than that of /yi – a/ or /yi – b/. And such a regular phenomenon presents identically in all of the 4 speakers' utterances.

Table1: Pitch level (St.) deviated from reference scale in accented and unaccented T3

	f	m
jian	**-1.485**	**-1.148**
Yi-a	-1.203	1.014
Yi-b	-0.183	-0.187

Secondly, according to the data listed in Table1, pitch level of T3 in the clause is drop down generally, and there exists obvious difference between the accented /jian/ and the unaccented /yi – a/ and /yi – b/, though the magnitude of deviation in the male speakers case is smaller than that of the female ones', and the data of male speakers are even higher than the reference scale in the unaccented /yi – a/ case. All these differences indicate that a sharply pitch lowering is the key point for the prominence of T3 in utterance.

The result from test 2 is summarized in Table 2, which gives an additional comparison among the T3s that with different accent degrees in the sentence. From the data listed in the table, we can see that, T3's L – point is all deviated downward from reference scale regardless of their accent degrees, but the magnitude regularly depends on their accent degrees. On the other hand, the H – point exhibits a rather irregular situation and has no clear relation to their accent degrees. It may be why some people consider T3 has no clear contribution to prosodic prominence[12,14], since people's attention were generally concentrated on the behavior of H – point, while ignorng that of L – point.

Table 2: H – and L – point value (st.) deviated from referencescale of T3 with different degree of accentuation

	biao	jin	xuan	guo
L-point	-1.572	-1.625	-1.807	-1.33
H-point	0.771	-1.118	0.64	-1.38

The results obtained in this section indicate that the impression gained from the preparatory test is valid.

2.3 Summary on pitch prominence pattern of T3

The data obtained here have confirmed our previous suggestion, that is, when T3 is in focal position, its pitch level is drops, as opposed to the case of other tones, and it is mainly manifested by lowering the L – point of F0, rather than raising the H – point. Perhaps, it is another strategy to deliver focal information due to its low register feature.

These facts demonstrate clearly that, pitch prominence in T3 is also implemented by pitch regulation in itself, not depending on the H – point raising of the neighboring tones, though its implementation manner is different from that of other tones.

3 Discussion

3.1 Pitch prominence and language Typology

3.1.1 Different strategy on pitch prominence

From the results obtained in this investigation, and referring to some related findings in other languages, the strategy on focus expression is not only related to the distinction between intonation language and tone language, but also related to the typological difference between tone languages, and even related to the register distinction among the tones in the same language.

In the case of the tone languages, pitch prominence is mainly implemented by raising pitch level and expanding pitch range, but reversed strategy has been found in several languages as mentioned at the beginning of this paper. It is likely determined by their typological distinction.

3.1.2 Typology of tone language

Typologically, there are two basic types of tone system: contour tone and register tone (i. e. , level tone, static tone, or stepping tone)[15]; however, they are not absolutely distinguished. According to Maddieson, I.[16], there is at least one level tone within the contour type system, and vice versa. Therefore, the unique ones usually become marked features if combined with phonological contrast in certain language, and the strategy difference on pitch prominence may be related to such marked features. Difference on prominence pattern of the L register tone existing between Mandarin and Cantonese can be served as the evidence.

3.2 A Brief comparison between Mandarin and Cantonese

3.2.1 Different manner on pitch prominence of the L tone

Mandarin and Cantonese are two well-known dialects of Chinese, both having L register tone in their tone systems. However, referring to focus expression, the behavior of F0 movement is different from each other. Apart from the sharp F0 lowering ocurring in T3 of Mandarin, the L tone of Cantonese is exhibit as F0 raising in focal condition[17]. To explore the working mechanism, a typological comparison between the two dialects was taken.

3.2.2 Typological comparison between Mandarin and Cantonese

Typologically, the tone system of Mandarin belongs to the contour type, T3 is one of the level tones within the system in the fact, though it is phonologically represented as low-falling-rising (214) tone. Because in most cases of natural speech, T3 is phonetically realized as low-falling (21) or low-level (211 or 11)[18,19,20,21], which is characterized as level tone with a distinctive feature of L register, it is obviously distinguished from the H register of T1, T2 and T4. Relatively speaking, for the tone system of Mandarin, contour distinction combined with H register is a default feature, while level combined with L register is a marked one.

On the other hand, according to the Dictionary of Cantonese[18], among the 9 tone system of this dialect, 6 are level tones without pitch rising or falling, whereas the other 3 are just with slight pitch undulate. The 6 level tones were usually represented as 3 long tones of 55, 33, 22 and 3 short ones of $\underline{55}$, $\underline{33}$, $\underline{22}$ respectively. Thereby, the tone system of Cantonese seems to belong to the register type, and it is obvious that level and L register in Cantonese is a default feature, rather than a marked one as the case in Mandarin. Hence, the disaccord of prominence pattern between them is probably resulted from their typological distinction.

3.3 Preliminary conclusion

3.3.1 Pitch prominence and tonal typology

The primary results obtained so far show that, pitch manifestation of individual tones in real speech not only depends on their intrinsic distinction of contour feature, but is also determined by register distinction. The case of T3 in Mandarin Chinese is a good example. As the essence of underlying phonological target, the effect from its low register feature is not limited only to the manifestation of pitch range in focal condition, but also directly determins the direction and manner of pitch prominence in this case.

Accordingly, we would claim that the strategy on focus expression in a language is determined by various typological distinctions, including the types of intonation language vs. tone language, contour tone vs. register tone, as well as default feature vs. marked feature within the same language.

Moreover, from a brief comparison conducted between Mandarin and Cantonese, and referring to some related opinion claims concerning other languages, the direction and manner of pitch prominence for certain tone in natural speech are closely related to either of phonological features or typological characteristics.

3.3.2 Pitch prominence and articulatory effort

Focal accentuation is often expressed by pitch prominence,

which is usually regarded as a more articulatory effort and resulting in higher value of F0 manifestation. However, the data obtained so far indicate that greater effort does not necessarily result in a higher F0. Since pitch prominence is essentially a perceived impression based on a greater contrast to that of the unaccented constituents, both of F0 value raising or lowering are valid to form such a contrast. The peculiar prominent pattern of T3 in Mandarin is a good evidence, because its L register target shows a sharp contrastive F0 difference with neighboring constituents in a natural fashion, which is determined by phonological constraints of the language, no matter in accented or unaccented condition. The only difference between accented and unaccented T3 is that, its F0 lowering, especially the L – point lowering, will become much sharper, so that to make a stronger contrast in perception.

In conclusion, the specific direction (raising or lowering) of F0 movement for the focal expression in certain language is restricted by various factors, particularly by the phonological contrast and typological distinction. These confirm the view that there is no positive correlation between more effort and higher F0 manifestation[1].

References

[1] Genzel, S. and Kügler, F. The prosodic expression of contrast in Hindi. *Proc. Of Speech Prosody 2010* Chicago, IL, USA May 10 – 14, 2010.

[2] Kgler, F. and Genzel, S. On the Prosodic Expression of Pragmatic Prominence: The Case of Pitch Register Lowering in Akan. *Language & Speech 2011.*

[3] Xu, Y. Effects of tone and focus on the formation and alignment of f0 contours. *Journal of Phonetics* 27, 55 – 105, 1999.

[4] Wang, Bei, et al. The pitch movement of word stress in Chinese. *Proc. of ICSLP 2000*, Beijing, Oct. 17 - 20, 2000.

[5] Cao, Jianfen, et al. Strategy and tactics on the enhancement of naturalness in Chinese TTS, *Proc. Of ISCSLP' 2000*. 13 - 15 Oct. 2000.

[6] Cao, Jianfen. Chinese prosody and a proposed phonetic model, *Proceedings of Sino - French Symposium on Speech and Language Processing*, Beijing, Oct. 16, 2000.

[7] Zheng, B. Experimental investigation on the relationship between prosodic characteristics and the syntax and semantics in Chinese. A Doctoral Dissertation of Psychological Institute at Chinese Academy, 2001.

[8] Duanmu, San. *The Phonology of Standard Chinese*. Oxford University Press Inc., New York, 2000, 2007.

[9] Chen, G. - P. et al. Quantitative analysis and synthesis of focus in Mandarin. *Proc. Of Tal' 2004*, Beijing, China, 2004.

[10] Quan, Yingshi. The Intonation Embodiment of Mandarin Chinese. A Doctoral Dissertation of Peking University, 2001.

[11] Ling, Feng. Acoustic Manifestation of Strongly accented 3rd tone of Mandarin Chinese. A Master Dissertation of Peking University, 2003.

[12] Chen, Yudong. The manner of tonal combination for accented 3rd tone in Mandarin. *Language Sciences*, No. 4, 2005.

[13] Xu, Y., Contextual tonal variations in Mandarin. *Journal of Phonetics* 25, 1997.

[14] Jia, Y., Xiong, Z. and A. Li. The effect on pitch implement from focal accent in Mandarin, *Journal of Chinese Phonetics*, No. 1, 2008.

[15] Trask, R. L. *A Dictionary of Phonetics and Phonology*. Routledge, 11 New Fetter Lane, London, 1996.

[16] Maddieson, Ian. Universals of tone. In Greenberg ed. *Universals of Human Language*. Stamford Univ. Press, 1978.

[17] Gu Wentao, Lee Tan. Effects of tone and emphatic focus on F0 contours of Cantonese speech - a comparison with Standard Chinese. *Journal of Chinese Phonetics*. Vol. 2, Commercial Press, Beijing, 2009.

[18] Li, Rong. *A Dictionary of Cantonese*. Jiangsu Educational Press, Nanjing, 1998.

[19] Chao, Yuen – Ren. "Fanqie yu ba zhong" (Eight types of Fanqie languages), *Bulletin of the Institute of History and Philology*, Academia Sinica, 2. 3: 312 – 54, 1931.

[20] Chao, Yuen – Ren. *A Grammar of Spoken Chinese*. Berkeley and Los Angeles: University of California Press, 1968.

[21] Wu, Zongji. Tonal variation in sentential context of Mandarin Chinese, *Journal of Chinese Linguistics*, No. 2, 1984.

赵元任语调思想探微[①]

摘要 赵元任先生首开汉语语调结构研究之先河，他跳出了传统语调观的局限，提出了“耳朵听到的总语调（resultant）是由‘中性语调’与‘比较的普通一点的口气语调’构成的总和”这个精辟见解。并以“代数和”关系和“橡皮带”效应的生动比喻，深入透彻地阐明了汉语语调的精髓。本文在概览赵元任语调学说的基础上，试图通过重点解读什么是“比较的普通一点的口气语调”，进一步深入领悟赵元任语调思想的精要。笔者认为，要正确理解中性语调跟口气语调的叠加，有两点特别值得注意：（1）赵先生在不同论著中阐述代数和关系时，所举实例虽不一样，但却反复多次特别采用表达暂顿与结束的逻辑性对比口气的语调升降，即“上半句提起调，下半句结束调”来解析，而不是用人们熟知的表达句末疑问跟陈述对比口气的语调升降来说明。其要旨就在于着力解析和阐明人们一般不大注意的语调内部结构及其层次特性，让人们认识，语调对声调音高的影响并不是孤立的、离散的现象，而是在一定的调群结构骨架内实施的系统调节行为。因此，声调跟语调的并存

① 原载《中国语音学报》第四辑，中国社会科学出版社 2014 年版。

关系并不限于某些局部的音高事件，仅仅依靠句末边界调的对比不足以全面反映汉语语调结构的真实面貌。(2)“橡皮带”效应着重解释声调跟语调这两个不同的音高运动体系如何实施并存叠加的原理和方式。它所要比喻的，不只是表达疑问、陈述语气或焦点重读时的声调音域变化，更主要的是因各种情态表达而产生的不同方式的音域和时间的缩放，涉及轻重、快慢以及嗓音音质等在内的整个超音段的韵律调节。由此可见，语调的建模、尤其是情态语调的建模，必须做全局性的统筹考虑，才能获得切近自然语言的效果。

Abstract Professor Chao is the earliest one who initiated the study of intonation structure in China. He broke through the limitation of traditional intonation idea, and established an incisive opinion that, perceived resultant is a summation composed of "neutral intonation" and "relatively general mood intonation". The theory was expounded intensively through the well - known "algebraic sum" relation and "elastic" effect in - depth. The present study is aim at to unscramble the keystone of the "mood intonation" based on a survey to Chao's theory. We noticed that there are two aspects should to pay particular attention on: (1) whenever explain the "algebraic sum" relation in his various literatures, Chao always point out that, the basic skeleton of mood intonation is "raising in former half and falling in latter half of the sentence", and the problem occurred during foreign people speak Chinese is just use such a common pattern but ignore Chinese tonal patterns. Obviously, what Chao insisted time and again to tell us is that, general intonation has its internal and hierarchical structure, as the typical model, it is represented by the logical contrast between the intonation patterns of suspensive clause and conclusive clause, and realized by pitch register distinction of raising vs. falling occurred between non – terminal boundary and terminal ones, instead of that existed between question and statement only at sentence terminal. It indicates that sentence boundary tone alone does not enough to cover the structural information of intonation. And (2), what the imagery of "elastic" effect is not only limited in the variation of pitch range due to the focus expression or the mood contrast between question and statement, but more related to the variations both in pitch and duration caused by all prosodic factors, including stress, rhythm and voice quality and so forth. All these mentioned above indicate that, Chao's intention is try to highlight the interior and hierarchical identity of intonation structure, instead of just some local pitch variations, since in the fact, the influence from intonation to local tone is not isolated and discrete, but a systematic adjustment globally. Accordingly, ideal modeling of intonation should take all factors into consideration.

前　言

赵元任先生首开现代汉语语调系统研究之先河，第一个阐明了声调与语调的关系，这不但为正确认识和掌握汉语语调奠定了坚实的理论基础，也为其他语言，尤其是众多声调语言的语调研究提供了极好的理论支持。

赵元任先生学贯中西，他的语调思想虽然形成于 20 世纪之初，但却深深地植根于汉语的语言实际。不但吸取和融合了当时世界上最先进的语调理论，而且紧紧围绕汉语作为声调语言的特点，通过全面观察和比较分析，统观汉、外语言语调之共性与个性特点，深入透彻地阐明了汉语语调的精髓。这就是为什么他的语调思想至今仍然辉煌无比、独领风骚的根本原因！

赵元任语调思想之无比辉煌，就在于，他早在将近一个世纪之前，就用极其生动的比喻，不但言简意赅地阐明了汉语语调的关键问题，而且揭示了不同语言语调结构的一般原理。他的许多创见不但指引着国内汉语语调研究的方向，而且早已为国际语言学界所公认和遵循。赵元任先生不愧为国际级语言学大师，他的语调学说是中国，乃至世界语言学的瑰宝。在中国语言学界，系统研究和继承赵元任语调理论的，要首推吴宗济先生。吴先生的一系列研究成果，以及在他影响下其他许多学者开展的种种探索，极大地推动了汉语语调研究的发展。遗憾的是，由于我们这些晚辈后学的失之肤浅，以至于对大师早已阐明的一些问题至今却仍然认识不清；对吴先生当时指出应该进一步探索的问题，也未引起足够的重视。这充分说明，我们对大师语调思想的学习和认识还远不够全面、不够深入。

诚然，大师的语调思想是如此博大精深，以吾辈之肤浅功底，一时恐难全面正确地掌握。今天，我们在此纪念赵元任先生诞辰 120 周年，希望通过学术探讨，力求全面正确地认识赵先生语调理论之精要，以便更好地继承和发扬光大。

笔者以为，要想正确认识和掌握赵元任先生语调理论的精髓，首先要学习赵先生做学问的科学原则和严谨态度。就像他早就提倡的那样，“中国语音学的研究必须放在科学的基础上。首先，它应该是历史的（包括中国的和西方的）……其次，它必须是经验的。清晰的观察和统计的研究必能提供判断和评论传统观念的基础。第三，它应该是分析的……应该熟悉一般生理的和实验的语音学……运用能准确描写所命名的概念的术语……使用能最适合我们所研究的语音的标音系统。”（《中国的语言问题》，1916）。语调的研究也不例外，不但要了解一般语言语调的共性特点，积极吸收不同语言语调研究的丰富营养，而且必须立足于汉语的语言实际，从解析汉语的语调结构入手，才能正确认识和掌握汉语语调的根本性质。学习赵元任先生的语调理论，目的在于发扬光大，以促进现代语调研究的发展。因此，在学习和发扬赵元任语调理论的时候，应力戒先入为主，以免因断章取义而导致片面理解。

为此，本研究从概览赵元任语调学说的相关论述入手，结合汉语实际，力求全面、客观地阐述赵先生语调思想的基本精神。可以肯定的是，我的某些理解和认识也必定难免主观片面，诚恳欢迎广大同仁批评指正；唯其如是，才能促进现代语调研究的健康发展。

1　赵元任语调学说概览

自 20 世纪 20 年代开始直至 80 年代的半个多世纪里，赵元任先生多次从不同角度对汉语语调作了详尽透彻的描述。他关于总语调的音高运动是声调、中性语调和口气语调三种因素代数和的精辟见解，第一次揭开了汉语语调扑朔迷离的神秘面纱，开创了汉语语调结构的科学研究。学界普遍认为，“代数和”关系和“橡皮带”效应两大观点，浓缩了赵先生语调理论的主要精髓。可是，对“代数和”关系及“橡皮带”效应究竟怎样理解，学界至今仍然存在一些不同看法。为了避免可能出现的理解上的片面性，这里首先简要介绍一下赵元任跟语调相关的主要论述，以便对“代数和”关系和“橡皮带”效应的理论背景有个大概的了解。

1.1 关于字调、语调的音高特性及声调五度值的论述

1922—1930年，先后在《中国言语字调的实验研究方法》《语音的物理成素》《现代吴语的研究》和《一套标调的字母》等论著中，论述了字调和语调的音高特性及声调五度值的原理。这些早期的论述是理解“代数和”关系及“橡皮带”效应的基础，对认识声调跟语调怎样并存叠加至关重要。

1.2 关于构成总语调音高运动的三种因素及其代数和关系的论述

1929—1959年，先后在《北平语调的研究》《国语语调》《汉语的字调跟语调》《英语语调与汉语对应语调初探》以及《语言问题》和《汉语口语语法》的相关部分，详尽地论述了总语调音高运动的三种因素——声调、中性语调和口气语调，以及三种因素之间的代数和关系。这部分是赵先生语调思想的集中体现，这些论述是理解汉语语调结构的基础，对认识汉语语调的本质特点至关重要。

1.3 关于语调形式跟语调功能的关系的论述

1929年和1933年，先后在《北平语调的研究》《英语语调与汉语对应语调初探》和《汉语的字调跟语调》等论著的相关部分，反复论述了语调的“体式”与“功用”的关系。指出同样的情态可以用不同的语调形式表达，同样的语调形式也可用以表达不同的情态。同时，通过详细阐述汉语边界声调的形式，说明语调的形式跟语调的功能并不是简单的一对一的、而可能是多对多的关系。这不但对我们理解语调与情感表达的关系十分重要，而且对理解边界调的不同类型及其功能尤为重要；在研究语调的方法和原则方面，也具有重要的指导意义。

1.4 关于汉语语调跟欧美语调形式异同的论述

1932 年和 1959 年，先后在《英语语调与汉语对应语调初探》和《语言问题》中详细描述了英语语调形式和汉语语调形式，指出两个语言语调调群结构及其调节方式的异同。不但对理解边界调的不同类型及其功能至关重要，而且也是对欧美人学习汉语时的洋腔洋调问题最精辟的理论解剖。

1.5 关于调群调节的某些特殊形式和两种叠加方式的论述

1932—1959 年，先后在《英语语调与汉语对应语调初探》、《汉语的字调跟语调》和《语言问题》等论著中，论述了调群调节的一般方式和情感表达时可能出现的“后续叠加”方式。这对理解汉语语调形式、即一般的调阶调节和特殊的调形升降与情感表达的关系至关重要。

1.6 关于汉语节奏的基本思想

1975 年，在《汉语词的概念及其结构和节奏》一文中，通过对汉语口语中节奏成分在词和短语的构成和使用中所起的作用的讨论，概括论述了关于汉语节奏的基本思想。还特别提到汉语中的音节词便于组成一种“易于抓在一个思维跨度中的方便的单位”，这正是现在大家熟知的、跟思维跨度（7 +/ -2 个音节）相当的韵律短语，这是一种更大的、方便表情达意的节奏单位，也就是语调变化赖以实施的基本单位。所以，对理解汉语的调群结构以及不同口气对调群的调节具有重要作用。

2　赵元任语调学说探微

为促进和深化对赵元任语调学说的理解和认识，特别是对他所说的“代数和”关系及“橡皮带”效应究竟怎样理解，在此提出一些个人学习心得，以求教于大方。

从目前的相关研究讨论来看，这个问题起码涉及以下几个方面：（1）声调跟语调关系的本质，什么缘由注定了这种本质关系？为什么是“代数和”关系？（2）“代数和”叠加是怎样的加法？（3）怎样理解声调跟语调的叠加？关键在于首先理解口气语调跟中性语调的关系——“加数”与“被加数”的关系，前提是要搞清楚“加数”与“被加数”的基本特点。重点在于怎样认识那个不大因地而变的“加数”，这里至少涉及：什么是“比较的普通一点的口气语调”？为什么赵元任总是用表达暂顿口气与结束口气的语调升降对比来阐述声调跟语调之间的代数和关系？语调“大波浪”究竟是怎样的音高波动？（4）关于口气语调和表情语调。（5）什么是“连续叠加”，汉语里有没有“连续叠加”？（6）“橡皮带”效应究竟比喻什么？

2.1 怎样理解声调跟语调的“代数和”关系？

2.1.1 *声调跟语调关系之本质*

要理解“代数和”关系，首先要理解它们的关系为什么是代数和关系？这就得从声调跟语调的本质说起。关于声调跟语调的性质，请注意赵元任的三句话：

（1）声调跟语调两者都是以声音的高低的变化为主要因子。

（2）言语的基本音高同时间所生的函数关系就成言语的腔调（intonation），没有一国语言没有特别的腔调（《语音的物理成素》，1924 年）。

（3）声调是一个音节里头的音高在时间上的函数。不是每个语言都有声调，可是没有语言没有抑扬顿挫的腔调（《语言问题》，1959）。

这三句话起码告诉我们，声调跟语调属于两个相互独立的音高运动体系，但毕竟共用同一个载体，这就决定了声调的音高运动跟这个声调所在位置和地位决定的语调音高运动的同时并存关系；而且，两者都是音高同时间所生的函数关系，这就决定了两者必须同时叠加（simultaneous addition）、也可能叠加的代数和关系。

由此可见，一是两者同时并存的事实（同一载体、同时承载两个不同体系音高运动），二是两者共同的性质（音高同时间所生的函数关系），注定了它们相互关系的本质就是必需并存叠加，而且具有并存叠加的实施基础。

2.1.2 声调跟语调的“代数和”叠加是怎样的加法？

说到“代数和”关系，似乎很简单；但用来比喻声调跟语调的并存叠加关系，却又很不简单。

赵元任先生说过：句子中的“声调实际上是两个因素的代数和，或者说是两个因素的合成，一个因素是本字调，一个是句调本身。”（《汉语的字调跟语调》）他在《汉语口语语法》中论及这种关系时说：“可将音节的声调跟句子的语调比作小波浪跨在大波浪上面。实际结果是两种波浪的代数和。正加正数值增大，正加负则减少”。在《语言问题》（1959）中还特别解释道：“怎么叫代数和呐？因为代数里有正有负，正的加正的越加越大，负的加负的越加越负；正的加负的他就相消了，看是哪一个多一点儿，它就望哪一边儿”。起初，对于这样的比喻，觉得不太好理解，特别是当声调的升降跟语调的升降不一致的时候，那就是“正的加负的他就相消了”，这么一来，岂不就抹煞了声调的调形区别啦？

因此，曾有学者认为这个比喻不恰当。

后来，吴宗济先生一针见血地指出，赵元任所说的语调升降是指基调（key）的升降，而不是调形的升降（吴宗济，1996）。吴先生在这里用的是音乐上的术语，因为笔者不懂音乐，所以起初还是不太明白。但是，受吴先生的启发，笔者便尝试通过分析声调和语调生成的客观物理过程及其相互作用，去解析和认识赵元任所说的代数和原理，那就是在《汉语声调与语调的关系》（曹剑芬，2002）一文中对于这种并存叠加关系的理解。

其实，早在1956年，赵元任在台湾大学所做的《语言问题》讲演中，就明确指出，声调的升降是一个音节内部的变化，是调形，就是contour；而语调是整个儿语句的乐调或是旋律，它的升降是调阶的高低，所谓叫register。

遗憾的是，由于种种原因，或者没有机会读到赵元任的著作，或者并没有认真研读他的相关论述，因而直到近些年来，广大语音学者才真正读懂赵先生说的“代数和”叠加原理，认识到这种叠加是指声调音阶跟语调调阶的相加，而不是调形的相加。

根据赵先生的相关论述，汉语各局部声调的音高运动跟全局句调的音高运动并存叠加的结构模式，可大致图解如图1所示。图中的实线代表字调变化模式，即不同声调的调形升降，当它们进入语句时，就通过音阶的调节随着句调的调阶而升降起落。链线代表句调变化模式，即句子内部调阶的大致走势，也就是韵律短语或语调短语的调阶起伏，其中悬念子句（待续短语）跟结束子句（结束短语）的差别，就在于末尾音节的音阶高低差异：前者是在一般短语调调阶走势基础上的音阶提升，譬如其中第三和第四行的前半部分（即悬念子句部分）分别代表末尾音节的音阶都被抬高了，但它们的原始调形基本不变；后者是在一般短语调阶走势基础上的音阶下降，具体如第三和第四行的后半部分（即结束子句部分）所示。

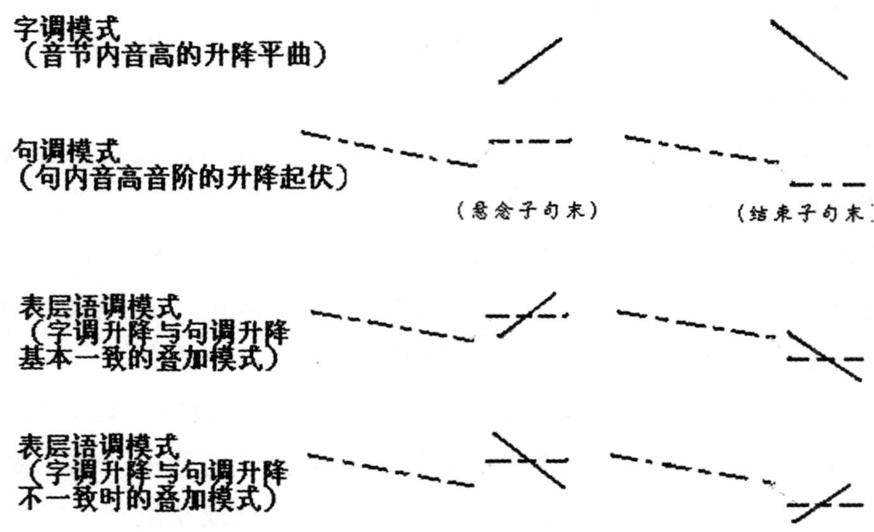

图1　赵元任声调与语调“代数和”关系示意图解

2.1.3 耳朵听到的总语调究竟怎样形成的？

（1）构成汉语语调的三种因素

1929年，赵元任在《北平语调的研究》中论述字与字连起来成话而产生字音的复杂变化时，首先提出了“中性语调”和“口气语调”的概念；后来，又先后在《汉语的字调跟语调》及《国语语调》中提到汉语语调是由声调、中性语调和口气语调三种因素构成的。第一种要素就是一个个音节词所独有的声调，或词源上的声调，第二种要素中性语调，就是这些声调在连贯的言语中的相互影响，第三种是表达说话者情绪或态度的表情语调，也就是口气语调。后两者共同构成句调。

（2）口气语调跟中性语调的关系

在讲述中性语调怎样跟口气语调共同构成句调时，特别用“加数同而因为被加数不同，得数当然也就不同”的道理，解释了中性语调跟口气语调的“代数和”关系。他指出，“中性语调”

是“一城一乡一个样子的”；“口气语调”是因口气不同而生出来的声调变化，它不大因地而变，“几乎全国一样的，甚至于跟外国语言也有好些相同的地方”。可是，“讲口气语调不大因地而变，并不是说同是一种口气的话，南北中外都是用差不多儿的腔调说：这明明是没有的事。为什么呐？因为耳朵所听见的总（resultant）语调是那一处地方特别的中性语调加上比较的普通一点的口气语调的代数和。所以虽然加数同而因为被加数不同，得数当然也就不同了”。

从赵元任的这一段论述里，足见其声调跟语调叠加关系理论（包括小波浪大波浪说以及橡皮带说）内涵之深邃，绝不像我们此前所理解的那样，仅仅是单个声调在保持基本曲拱模式的前提下，怎样通过音阶调节而实现语调曲拱的问题；也不仅仅是句末边界调和焦点相关的局部音高事件中的叠加问题；更重要的是怎样认识中性语调跟口气语调的代数和关系。这里起码涉及两层意思：第一层意思，单个声调怎样变成中性语调。第二层意思，中性语调怎样跟口气语调实现同步叠加。理解这两层意思的关键在于（1）怎样认识那个因地而异的“被加数”——汉语的中性语调；（2）怎样认识那个不大因地而变的“加数”——“比较的普通一点的口气语调”。

关于汉语的中性语调这个“被加数”，此前在学界的讨论已经很多。以普通话为例，这里的内容除了通常熟知的变调、轻声以及“一、七、八、不”的特殊变化等音系学的宏观变化以外，还涉及不少深层次的语音学的变化，譬如，因毗邻声调间的协同产生（co - production）而随机发生的微观变化，还有因声调本身的标记性特征、如上声的低音区特征所决定的与轻读（“轻赏”）和重读相关的特殊音高变化方式等等，都是普通话中性语调的特别之处。对于这些特别之处，以往虽已有不少研究（譬如，赵元任，1929；吴宗济，1990；许毅，2007 等等），笔者也做过一些探讨

（曹剑芬，1995；2012），但仍有不少问题尚待进一步探索。此处暂不讨论。

而相对说来，对于口气语调这个“加数”，倒是好像很熟悉，其实却不见得。这里的关键就在于首先搞清楚这个“加数”的基本特点，也就是搞清楚赵元任所说的那个“比较的普通一点的口气语调”究竟是怎样的。

2.1.4 什么是“比较的普通一点的口气语调”？

（1）表达暂顿口气跟结束口气的逻辑性对比的语调是一种“比较的普通一点的口气语调”

首先，这里的“普通”是什么意思？根据赵元任的描述，“普通”就是共通的（general，common）意思，就是“不大因地而变，几乎全国一样的，甚至于跟外国语言也有好些相同的地方”；它是相对于“一城一乡”中性语调的“特别的”（special，specific）特性而言的。那么，这个“加数”的共通性究竟表现在哪儿？请看赵先生的详尽解析。

他以英国人说英语和说相应汉语的例子来解释这种“加数”与“被加数”的代数和关系。他指出，英国人用英文总语调说：My name is Wang，your name is Yeh. 跟北平话的“我姓王，你姓叶”相比，“都是上句暂顿的口气末字提高，下句结束的口气末字下降。”所以基本不成问题。可是，当他用英文的语调说：My name is Yeh，your name is Wang 的时候，却“听起来不像‘我姓叶，你姓王’，而像‘我姓爷，你姓望’。这是因为英文里没有平上去入，它的中性语调极简单，所以它的结果语调几乎全照口气语调定的。中国话的暂停跟结束口气，其实也是一升一降，……第一例阳平的王字跟去声的叶字它们的字调本是一升一降的，加起语调的一升一降的结果，程度虽然不同，性质还是一样。可是倒过来的时候，‘叶’字去声要降而口气要它提高，

'王'字阳平要提高而口气要使它下降，所以结果是一个不很降的去声'叶'字，不很升的阳平'王'字，这就是两种因子的代数和。这种暂顿跟结束口气还不过是逻辑性的口气。"

请注意，仅仅在这一段短短300多字的解释中，就先后三次提及"暂顿跟结束口气"的对比："上句暂顿的口气末字提高，下句结束的口气末字下降"、"中国话的暂停跟结束口气，其实也是一升一降"以及"这种暂顿跟结束口气还不过是逻辑性的口气"。这就足以说明，"比较的普通一点的口气语调"首先就是指这种传达"暂顿跟结束口气"对比的逻辑性口气语调，而这种口气语调的音高运动形式就是"暂顿的口气末字提高，结束的口气末字下降"，这就是这个"加数"的一种共通性。

此外，从赵先生在其他不同场合论及这个问题时所举的实例来看，他所说的比较普通的口气语调，也都是指表达暂停跟结束口气对比的语调。他首先肯定，这种传达逻辑性口气的语调跟英语的相应语调形式一样，也是一升一降。然后指出，由于汉语有声调问题，存在音节内部的升降，所以就存在声调的升降形式跟语调的升降形式之间的复杂关系。由此可见，这里所涉及的上升语调跟下降语调形式的对比，是指句内表达暂顿口气的上升语调跟句末表达结束口气的下降语调的逻辑性对比，而不是指句子末尾表达疑问跟陈述语气的语调形式对比，尽管后者也是一升一降的区别。

(2)"比较的普通一点的口气语调"是反映语调组构成分的基本层次关系的语调

自然话语的韵律具有一定的层次结构，这种结构是底层语义结构的表层实现。人说话时的腔调变化不仅仅表达不同的情感态度，对话语的理解同样具有重要作用。赵元任早就指出，语调是说话的轻重缓急和抑扬顿挫的腔调，其功用"一方面辨别语法的结构；另一方面可以表达说话的情感态度和含义等等"（《语言问题》，1959、1980）。譬如，在解释“怎么叫代数和”时，就一再提到比较普通的基本语调骨架，那就是“上半句提起调，下半句结束调”。指出外国人说中国话之所以往往把“我姓陆，你姓何”说成了“我姓卢，你姓贺”，就是因为他们只知道运用这种“上半句提起调，下半句结束调”的一般模式、而完全不管声调的缘故。在《汉语口语语法》一书中把音节的声调跟句子的语调比作小波浪跨在大波浪上面时，也是用“你姓王，我姓陆”和“我姓陆，你姓王”的例子，再次说明了不同声调应该怎样跟“前一小句的升调”和“后一小句的降调”并存叠加。同时，在描写正常语调和先扬后抑语调的时候，又一次指出，句首的短语或小句的语调略高于结尾的短语或小句。

（3）认识“比较的普通一点的口气语调”是理解中性语调跟口气语调叠加的基础

以上看到的这些论述，实际上都是在阐明这样一个事实：句子语调的各个组构成分之间是存在一定的层次关系的，而“比较的普通一点的口气语调”就是体现这种基本结构关系的语调。它是各语言共通的，汉语也不例外；只不过因为汉语存在音节内部的音高升降，所以那种语句层面的升降就必须通过调节音节的基调 register 来实现。因此，认识比较普通一点的口气语调应该是理解中性语调跟口气语调叠加的基础。

赵元任在论述作为语调单元的调群结构及其调节变化时（《英汉语调对比》）曾指出，调群“可以发音力度的静止或有一略微停顿的感觉来划界。在分界上也可以有也可以没有呼吸的暂停或完全静止，但总会在一调群之内有一种整体感，在各调群之间有分隔感，其性质很类似演奏音乐中的‘乐句’”。从这一段描述可以看出，讲“比较的普通一点的口气语调”，事实上就是在讲语调的一般结构模式，包括词调与词调怎样结合构成短语调，以及短语调与短语调结合怎样构成句调。

这种跟基本层次结构相关的普通口气语调对比，相当于现代语调理论中不同的短语组构成分之间的边界语调对比。赵先生所说的“悬念子句”就是非终端的待续短语，其末尾表达暂顿口气的“上升”语调形式，本质上就是待续短语末尾那种“不低（NON－LOW）”特征的边界调形式 L－；而他所说的“结论子句”或叫“结束子句”就是终端的结束短语，其末尾表达结论或结束口气的“下降”语调形式，本质上就是结束短语末尾“低（LOW）”特征的边界调形式 L%。显然，这种边界调的“不低”与“低”的形式对比，是一种结构性的语调对比，其功用正是体现话语组构成分的层次关系。其实，AM 理论有关边界调“是指置于语调短语组构成分边界的音调。它们有断言、提问、续说等功能”的提法也说明了这一点。而且，后来的 *Speech Internet Dictionary*（《语音互联网词典》，Web.）以及一些语言研究的相关报道（例如，Katrin Schneider，2009；Renato，J.，Alvarez，L.，Caballero.，1997）也进一步说明，这种结构性语调对比，既可能跟中间短语的开头或结尾边界有关（符号为 L－和 H－），也可能跟语调短语的开头或结尾边界有关（符号为 H% 和 L%）；前者主要体现调群内短语调的结构模式，反映赵元任所说的那种“一调群之内有一种整体感”的前后呼应关系，后者主要体现句调的结构模式，反应赵元任所说的“各调群之间有分隔感”的分隔关系。由此可见，赵元任所说的传达逻辑的暂顿待续口气跟停顿结束口气的区别，实际上就是边界调 L－跟 L% 的区别。同时，根据笔者的相关实验研究结果（曹剑芬，1999），汉语普通话的边界调，除了 H%，L% 以外，确实还有标示话语未完待续的 NON－L（L－）形式。这就进一步证实，作为“比较的普通一点的口气语调”，这种结构性的上升语调和下降语调的对比，是汉语语调研究不可忽视的一个重要方面。

然而，时至今日，这方面的探索尚未引起人们的足够重视和充分认识，也还有些学者对句子语调的这种结构性上升和下降特征的对比还是茫然不顾，而把上升和下降语调仅仅理解为句子末尾区别疑问与陈述语气的边界调。而且认为，那就是赵元任“代数和”的主要内容和基本含义。诚然，声调的升降跟体现疑问与陈述区别的语调升降之间，同样存在着“代数和”关系；但是，升语调和降语调是语调的形式，区别疑问与陈述语气只是这种形式的功能之一，但绝不是唯一的功能。赵先生曾经不止一次指出，语调的形式与功能并非一对一，而是多对多的关系（《英语语调与汉语对应语调初探》《汉语的字调跟语调》），同样的语调形式可以表达不同的情态口气；同样的口气也可以用不同的语调形式表达。

2.1.5 赵元任为什么要特别用表达暂顿与结束口气的语调升降对比来阐述声调跟语调之间的代数和关系？

既然同样的语调形式具有不同的表达功能，譬如上升和下降语调既可表达疑问语气与陈述语气的区别，也可表达暂顿口气与结束口气的区别；可是，为什么赵元任在不同论著中阐述“代数和”关系时，所举实例虽不一样，但却几乎都是用一般不太注意的待续口气跟结束口气的语调升降对比来说明，而不用众所周知的疑问跟陈述语气的语调升降对比来说明，这恐怕不是偶然的。

（1）强调认识汉语语调层次结构的重要性

无论哪种语言的口头表达都涉及由底层到表层的转换，底层的语义结构通过语法中介，转换为表层的语音实现。这种实现既然是底层语义结构的表层表现，就必定具有一定的、以某种语音形式体现的层次结构，那就是韵律结构。赵元任所说的调群结构就属于这个范畴。他在《英语语调与汉语对应语调初探》中，首先概述了英语的语调形式，然后论述对应的汉语语调形式。最后指出：“正规的汉语调群没有像英语那样的特性旋律（即跟‘句首前、主句首、句身’等等相关的音高升降变动方式)”，但“像英语那样的调群调节同样能用于汉语调群”。因此，我们有必要先来了解一下英语那样的调群和调群调节。

首先，赵元任对英语调群的定义提出了自己的主张：“要把连续的英语话语分成调群，可以发音力度的静止或有一略微停顿的感觉来划界。在分界上也可以有也可以没有呼吸的暂停或完全静止，但总会在一调群之内有一种整体感，在各调群之间有分隔感，其性质很类似演奏音乐中的‘乐句’”。接着，列举了英语调群的两种基本形式：“调群Ⅰ”和“调群Ⅱ”。既然正规的汉语调群没有像英语跟‘句首前、主句首、句身’等等相关的音高升降变动方式，那我们就只需关心“调群Ⅰ”和“调群Ⅱ”的句尾音高升降变动方式了。那就是：调群Ⅰ的基本特征是由高到低的降调，调群Ⅱ是由低到高的升调（包括由低到中的升调，参见赵元任 2002，第 724 页的脚注）。然后，讲述“基本调群的调节——基本调群可以用许多方法来调节。音高可以升高或降低；调域的变动可以展宽或压缩。……重音可以增强或减弱，音节的长度也可以改变。这一切在调群中都可以造成许多不同的可能性组合，只单独考虑一项是不现实的。有时某一项调节只能对应一种或少数的职能；有时某一调节就能对应一种或更多的职能”。并且指出“像英语那样的调群调节同样能用于汉语调群……但由于存在着固有声调的问题，应该特别指出四声调域加以扩展后的效果”。

赵元任对英语调群的这段论述，起码告诉我们以下几点：其一，连续话语必须要划分为不同的调群才易于理解，即使是不长的句子也是有调群结构的。那实际上就是中国人常说的“组词断句”的必要性。其二，调群结构的基本特性是“一调群之内有一种整体感，在各调群之间有分隔感”，这不但说明，同一个语调单元总有它作为一个整体的内聚模式，而不同的语调单元之间总是存在彼此分隔的划界模式；更主要的是说明了整体语调结构中各单元之间既彼此划界又相互关联的辩证关系。其三，这种划界和关联关系都具有客观的生理物理基础，表现为发音用力（effort）的终止跟略微停顿的不同，也可能表现为发音气息 breath 的暂停或完全停止的区别。曹剑芬（1999）关于普通话节奏的声学实验结果也表明，同一节奏单元具有一定的内聚特征，诸如短语重音分布以及短语调的音高运动模式等等；而节奏单元之间存在一定的分界标志，诸如边界标志性音高重置及边界前音节延长等等；同时还发现，普通话里也存在着反映待续与结束对比的边界调。这些正好从声学上印证了赵先生所说的那种调群结构及调群调节的存在，说明“上半句”末尾调阶上升，“下半句”末尾调阶下降，这是语言共有的一般通性，只不过实现方式随语言而异；在汉语里，声调跟语调的并存叠加就是在这样的共性模式内，通过相关音节的调阶（基调 register）调节而实现的（参见图 1 的结构所示）。

事实上，图 1 中表示的，还只是句子内部不同子句末尾音节的音阶起落情况，其他位置上音节的音阶起落实际上也遵循同样的原则。从平常自然话语语句音高运动的轨迹来看，句中每一个音节的音高都在发生变化，即使是同一声调的调形及调阶也因其在句中位置的不同而异。

其实，上述那种韵律域终端与非终端的对比处处存在，下面，仅以跟线性位置相关的随机变化为例略加说明。譬如，一个声调在某一层面韵律域内处于非终端位置，而从另一层面上看就可能处于终端位置。因此，终端与非终端的位置对比事实上是相对而言的。所以，就一个句子而言，除了句首与句尾可视为绝对的终端位置、因而必定会发生明显的随机变化之外，其内部所有的音节，也都会因为处于某种相对的终端位置而发生相应的调节变化。这里用一个具体例子加以说明。

图 2 出示的是“花八百多元买一双不知真假的意大利皮鞋，

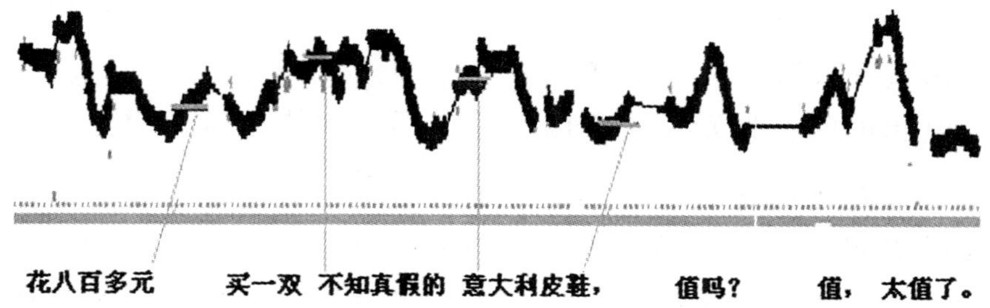

图2　话语不同层次韵律域边界声调变化举例

值吗？”这句话不同层次韵律域边界音节的声调变化。在这个例子中，假如从对话的层面看，前一子句里除了“花”和“鞋”处于该韵律域终端位置以外，其余所有音节都处于非终端的位置。但是，如果从该子句的内部结构来看，又可以划分若干下位韵律域，譬如，至少可以分为“花八百多元/买一双不知真假的意大利皮鞋”两个短语，而它们又可分别划分为更小的短语：“花/八百多元”和“买一双/不知真假的意大利皮鞋”，而“不知真假的意大利皮鞋”还可继续划分为更小的下位单元。这样一来，那些在子句平面上本来处于非终端位置的音节如“元”和“买”、“双”和“不”、“的”和“意”、甚至“知”和“真”以及“利”和“皮”便都成了不同下位层面上的终端（包括首与尾）音节。于是，各自的调阶也就根据自己的角色升降起落。例如，在短语“花八百多元”跟“买一双不知真假的意大利皮鞋”这个层面上，尽管“元”跟“鞋”的声调都是第二声，但由于存在相对位置的差异，负载不同的结构信息：“元”处于该子句的非终端末尾，带有待续口气；而“鞋”处于该子句的终端末尾，带有结束口气。因此“元”的调阶就略高于“鞋”的，从而以不低性边界调 L－跟低边界调 L% 的对比体现出非终端跟终端的层次区别。又如，在更小的短语“不知真假的”跟“意大利皮鞋”平面上，“不”跟“意”同样都是短语起首音节，而且都是第四声，但是，“不”的调阶显然高于“意”的，体现出终端起首的高特征边界调 H%

跟非终端起首的不高特征边界调 H－的层次对比，那也是语调层次结构的客观反映。

由此可见，赵元任之所以反复使用暂顿待续口气跟停止结束口气的语调对比来说明声调跟语调的关系，目的正是在于强调认识汉语语调这种层次结构的重要性：因为这是语言的一般共性，所以汉语语调也不例外，同样存在这类结构；同时，因为具体实现方式是随语言而异的，所以就不能简单套用，就必须加倍注意音节内音高升降平曲的调形跟语句内调阶的升降起伏是怎样叠加的。

（2）集中体现“代数和”观点所要论证的根本精神和要旨所在

此外，大家一定也注意到，在所有这些论述中，赵先生历次所用的具体例子虽不完全一样，但为什么总是以阳平或上声跟去声的字调升降对比为例，来阐述声调跟语调之间的“代数和”关系。相信这并非简单地因为正好两者都是“一升一降”的缘故，而是成心地有意为之。表面看来，似乎只是采用什么例子而已，而这恰恰折射出赵先生研究方法之严谨和语调思想之缜密和精辟。因为无论对于中国人还是外国人来说，最容易混淆和最难掌握之处，正是出在对声调与语调这两个音高运动体系的形式与功能的认识上，而这里的两个“升与降”的形似而实异，正好提供了再恰当不过的解剖对象。

一方面，对于大多数中国人来说，只习惯声调的升降平曲结构，而不熟悉语调的升降起伏结构，更不理解“汉语既有字调，句子如何有语调?”的道理。因为从字面上看不出这两个“升与降”有什么两样，不知道实质上这两者不是一回事：声调的“升与降”是调形（contour）的变化，是发生在音节内部的音高上升（rising）和下降（falling）的对比；而语调的“升与降”是调阶（register）的变化，是发生在语句不同层次边界上的升高/抬高

（raising）和降低/下落（lowering）的对比。

另一方面，对于外国人来说，之所以有时候会犯那种把“我姓陆，你姓何”说成了“我姓卢，你姓贺”之类的错误，就是因为他只习惯于句调内部的升降结构，而不知道还必须有音节声调内部的升降平曲，在说汉语的时候，自然就习惯于用他熟悉的句调结构取代了音节内的调形升降结构，这就难免替人改姓、引起误解了。

由此可见赵先生之良苦用心，他对用例的精心选择和透彻解析正是针对这两个问题的。这样的用例与阐述不但切中了外国人说汉语时“洋腔洋调”的要害，更是切中了中国人往往对汉语自身语调结构缺乏基本认识的致命弱点。

至此，我们已不难看出，“代数和”观点所要论证的根本精神和要旨，在于着力解析和阐明人们一般不大注意的汉语语调的结构特性。让人们认识，在汉语里，语调对声调音高的影响并不是离散的现象，而是系统的调节行为，是在一定的调群结构骨架内实施的。这就充分说明，声调跟语调的并存关系并不限于某些局部的音高事件，而是贯穿于话语全局的。因此，正确理解这部分论述的要旨，全面认识和掌握汉语语调的内在结构特性，无论就中国人全面认识声调跟语调的关系、促进汉语语调研究的发展而言，还是就指导外国人克服学习汉语时的“洋腔洋调”问题而言，或是对言语工程部门怎样提高汉语语音处理质量来说，都具有重要的理论意义和应用价值。

当然，自然语流中声调跟语调并存叠加所产生的音高变化，决不像上述示意图或者语句音高变化图例所显示的那么简单。口气语调的特点也不见得仅限于上述“前一子句”跟“后一子句”那样的结构形式。正如赵元任所说，口气语调分为逻辑的表达和情感的表达两大类，以上所说的语调基本上还都是属于逻辑的口气表达范围，还没有真正涉及复杂的情感表达。可以想见，真正的表情语调必然会产生更加复杂、更加剧烈的“音程跟时间的放大跟缩小”。这就涉及“表情语调”的问题，稍后再作讨论。

2.1.6 语调“大波浪”究竟是怎样的音高波动？

声调跟语调属于两个不同的音高运动系统，所谓语调“大波浪”，必定是指语句音高的起伏波动。因此，要认识语调“大波浪”，必定涉及语句音高运动的内在结构问题。实质上，问题的关键还是在于怎样认识那个不大因地而变的“加数”。搞清楚了这个“加数”的本质特点，也就不难理解语调“大波浪”究竟是怎样的音高波动了。

赵元任（《语言问题》，1959）早就指出，字调是音节内的升降变化，语调是语句的音高起伏波动。既然都是波动，就必然都有波峰和波谷，或者叫浪峰和浪谷。浪峰就是语调的上升，浪谷就是语调的下降。从他所举的例子来看，关于语调的升降起伏，除了提到“肯定的调是望下”和“问话它要望上升”以及“句末有升调和降调两种音高变化”（他后来还改了看法，不把这些看作语调形式）以外，更多的是在不同场合反复指出“上半句提起调”和“下半句结束调”、“前一小句升调”和“第二小句降调”、“上句暂顿的口气末字提高，下句结束的口气末字下降”以及“悬念子句的上升语调”和“结论子句的下降语调”，还有“句首的短语或小句的语调略高于结尾的短语或小句的语调”的“先扬后抑语调”，等等。所有这些提法，都在说明一个事实：句子语调的音高波动都是跟语句的层次结构关系分不开的；这种通过“暂顿”与“结束”口气表现出的调阶扬抑对比，表面看反映的是句法结构关系，实质上是底层语义关系对比的表层表现。众所周知，语调的功能在于表情达意。就“达意”而言，未完待续（示意新的或重要的信息即将来临的“悬念”）还是停止结束（示意某一语义告一段落或结论已经得出）的对比，是日常语句中需要表达的最基本、最普遍的语义信息。由此可见，这种跟小句或短语的位置和性质相关的语句音高波动，才是构成语调“大波浪”的基本骨架；而跟重音凸显和疑问等边界调相关的局部的音高波动，仅仅是构成语句音高运动的一部分，它们也都是在语调“大波浪”的总体结构框架内运行的。

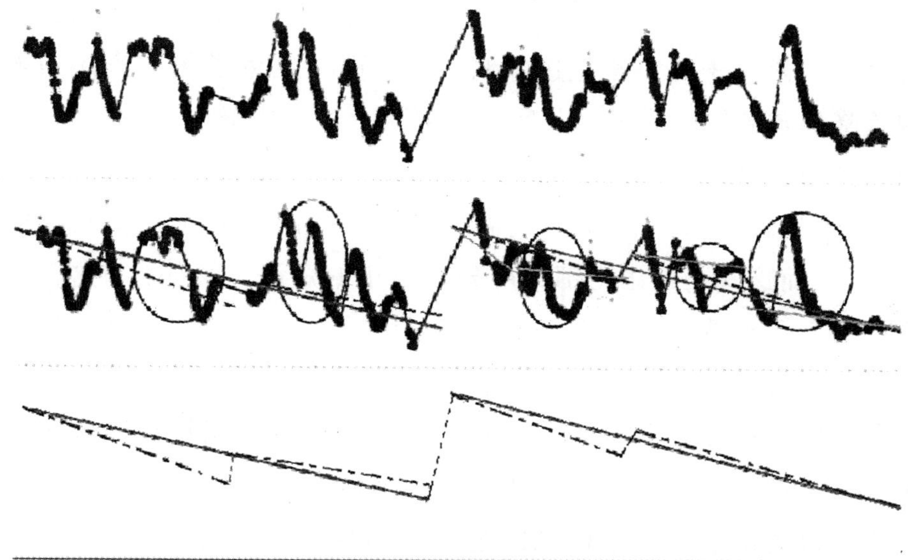

图3　语句音高运动举例

为了有助于理解这种关系，我们不妨通过自然话语的实际表现，来解读一下赵元任力图让大家理解的“大波浪”结构。图3上部是从语篇语音库中摘取的一个句子的原始音高运动轨迹显示。这个句子由前、后两个子句构成，前一个子句是“姜文在开拍前曾自信地预言道”，后一个子句是“这群小演员中会出一批很棒的演员”。前一个子句就是赵元任所说的“悬念子句”，末尾带有暂顿待续的口气；后一个子句是就是“结束子句”或叫“结论子句”，末尾带有停顿结束的口气。

首先，从这个图上可以清楚地看到，前后两个子句的音高运动明显地分为两大部分。一方面，通过各个局部音节的音域调节，各自构成独立的、总体呈下倾走势的短语调模式（如图 3 中部粗黑下倾线所示）；另一方面，又以前一子句末尾音节调阶（这里用音高高度 pitch height 衡量）的相对上扬（“道”相对于前邻音节“言”的调阶提升）跟后一子句末尾音节调阶的相对‘抑降’（“员”相对于它之前“演”的调阶降低）之对比，形成了赵元任所说的“悬念子句”末尾边界调趋升、而“结束子句”末尾边界调趋降的句调结构模式。其实，在那两个子句内部的下位层面上，各自又可分为前后两个小短语，那就是：“姜文在开拍前”跟“曾自信地预言道”以及“这群小演员中”跟“会出一批很棒的演员”。而这些小短语内部又可分为更小的短语，譬如：“这群小演员中”可分为“这群”和“小演员中”，而“会出一批很棒的演员”可分为“会出一批”和“很棒的演员”。从这些较低层次短语结构的音高运动轨迹上，同样可以发现各自相对独立的短语调模式（图中分别用链线和浅灰线的下倾走势示意）以及体现未完待续口气跟结束终止口气的边界调调阶的“提升”与“降低”的对比。同时，这些下位短语的语调结构又依次包孕在上一层短语的语调结构之中，从而形成了话语的整体语调结构。假如把不同层次上的短语调走势离析出来，并以虚线连接其首尾，就可看到图 3 下部那样的浪线，这应该就是赵元任所说的语调“大波浪”了。

其次，从这个图上也可以清楚地看到跟语句的重音相关的音高运动情况（如图 3 中部的用圆圈概括的各个部分所示）。一方面，由于这个句子的语义重心在于强调“会出一批很棒的演员”，重音主要落在韵律词“很棒的”、特别是其中的“棒”上，可以看到这几个音节的音高非常突出：“很”是第三声，其调阶向下突出，其低音点接近全句的最低点；“棒”的调阶明显向上突出，尽管它的位置已接近句末，但其高音点接近全句的最高点；“的”虽是个轻声音节，但由于处于句中最主要的重读词内，其调阶同样也被抬高了，跟后面“演员”的调阶相比，这种抬高还相当显著。这些都充分表现出赵元任所说的“高者愈高，低者愈低”的音高突出特点。与此同时，“很棒的”调长也相对地长。另一方面，从整个句子来看，跟语句重音相关的音高运动也形成一定的层次结构：在第一个子句内的两个小短语中，“开拍前”和“自信地”分别重读，后者比前者的音高更为突出，这是由该子句的常规重音分布规律决定的。同样，在第二个子句内的两个小短语中，除了“很棒的”以外，还有“小演员”和“一批”两个韵律词重读。根据常规重音分布规律，“很棒的”最重（既是全句层面最重的，又是后一个子句层面最重的），“小演员”其次（只是后一个子句中下一级短语层面最重的），而“一批”的重读程度最低（是后一个子句中更下一级短语层面上的短语重音）。从它们的音高运动来看，“小演员”的音高突出相当明显。其中“小”已变阳平，高音点不但比“员”明显的高，而且比后面的“中”也高；“演员”的“演”是上声，显著地向下突出，低音点明显下降，接近“很”的低音点，音域显著加大；而且，跟句末的“演员”相比，其音高突出更是显而易见的。而“一批”的音高突出看起来不很明显，但其调阶还是相对地高于前邻“会出”，当然更高于句末的“演员”。以上情况说明，重音音高突出以及疑问等边界调所显示的音高波动，同样具有一定的层次结构，它们也是在上述整体语调结构框架内运行的。

综上所述，赵元任说的语调“大波浪”并非仅限于重音和疑问等边界调相关的音高波动。更重要的是跟他所说的“调群”结构及其音高调节相关的音高波动，而这正是学界普遍关注的、跟韵律节奏结构相关的规律性“音程”展缩活动。这种展缩调节所表现出的音高波动，直接反映低层语义关系的松紧，对于话语理解来说是不可或缺的。

不过，以上这些还只是自然话语语调结构的一部分，基本上属于赵元任所说的“逻辑的口气语调”形式。真正自然话语的音高运动并不都像上面所说的那么中规中矩。尤其是日常的即兴对话包含丰富的情态表达，其音高运动形式要比以上所说的复杂得多，那正是目前非常热门的情感语调的探索目标。然而，“逻辑的口气语调”形式必定是构成更为复杂的情感语调形式的基础；认识这种口气语调的音高运动形式必将有助于情感语调的探索。

2.1.7 什么是“连续叠加”？汉语里是否存在“连续叠加”？

根据赵元任先生的描写，声调跟语调有两种加法：一般情况下，都是通过音域的调节，实施音节音阶跟语调调阶的同时叠加；而在特殊情态表达的情况下，则还存在后附的升尾或降尾，那就是赵先生所说的“连续叠加”。他在《汉语的字调跟语调》中解释了“连续叠加”的原理。他以“这个坏？（询问）这个好！（确定）”的口气对比为例，说明“第一个子句也会有上升语调，第二个子句也会有下降语调”，但是，这种上升语调或下降语调，并不是同时叠加在字调本身，而是读完字调以后再续加一个升尾或降尾。在这里，就是“坏”字的降调有一个后附的升尾，而“好”字的降升调有一个后附的降尾。由于这种续加的升尾或降尾部分并不改变作为词调的基本调形，而是相当于后附的一种形式标志，所以赵先生后来改了看法，不把它们看作语调，而看作一种附着在末音节上的、没有声韵母的助词。近来，学界也有提出疑问，怀疑汉语里是否存在“连续叠加”。

需要注意的是，关于“连续叠加”这个术语，吴宗济先生曾指出，赵元任的原文是 simultaneous addition 和 successive addition，这个 addition 是“加法”的意思，因此，simultaneous addition 是“叠加”，而 successive addition 不应该译作“叠加”，而应译作“续加”。

根据笔者的观察，汉语口语中的确存在着这种“续加”现象，只不过并不是汉语语调的典型模式，它们一般只出现在特殊的情态表达中。事实上，实验分析表明，即使在“这个坏？（询问）”跟“这个好！（确定）”这样的对比情况下，实际是两种叠加方式都存在：一方面，通过同时叠加、即抬高“坏”的音阶和压低“好”的音阶分别体现询问语气和确定语气；另一方面，在字调音阶调节的基础上，再续接上一段升尾或降尾，以进一步加强情态口气。这种“代数和”模式大致可用图 4 来示意。

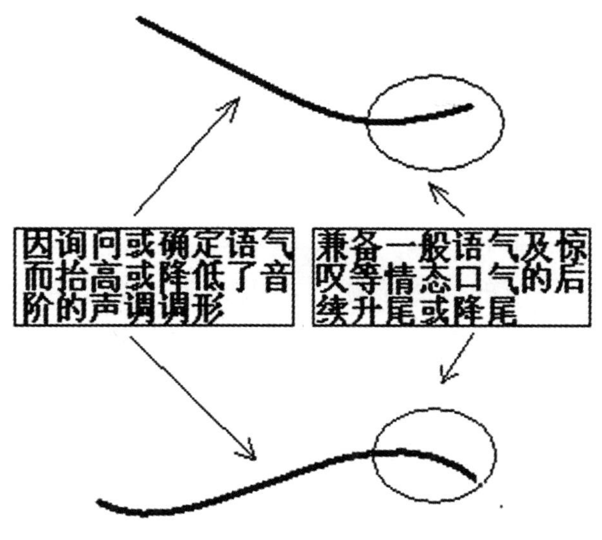

图 4　后续升尾或降尾示意图

2.2 “橡皮带”效应究竟比喻什么？

“橡皮带”效应的比喻，是赵元任在《国语语调》一文中论述表情语调时，用来解释语句中的声调变化的。他指出，“表情语调比字调跟中性语调复杂得多。里头除了严格的语调只讲声音的高低之外，连轻重快慢还有喉音的音程也都是表情法的成素，就比方音乐里所谓乐调除 do，re，mi，fa 之外还有拍子的节奏都算乐曲的一部分。……语调里最要紧的变化就是音程跟时间的放大跟缩小。……这种变化最好拿一个机械的比方来解释。”然后，就详尽地解释道：“假如你在一块拉紧了一半的橡皮上画了阴阳上去的曲线，……另外再拿一张没有伸缩的玻璃纸画了五道五线谱的线盖在那四个声调曲线上，这就成了阴阳上去的平均乐谱上的曲线。现在你把上下拉橡皮的力量放松一点，于是四个曲线都扁了，但是那个玻璃纸并没有弹性，所以照谱上唱那个音就都变成小音程了。反之，要是上下使劲把橡皮拉长一点，那么音程就又加大了。要是左右的力量变大变小呐，那么四个曲线就会变宽变窄，这就代表时间的变长变短。要是拉的力量不变只把橡皮上曲线上下移动呐，那就是简单的变高变低。……音程放大可以代表和气或客气；……代表知己的态度；……不耐烦的态度。比方：……音程变小也有许多功用。比方：……”

那么，怎样理解赵先生的这段描述呢？在我看来，赵元任关于“橡皮带”效应的详尽描述，不仅在于比喻不同情况下声调音域调节的实施方式，更主要的在于揭示它怎样同时履行“表情”和“达意”两个职责的基本原理。

首先，赵先生在这里涉及了语调的广义和狭义之分，他所说的“严格的语调”就是狭义的语调，指只研究句子音高的、最平淡的句调；而他论述的表情语调则是包括节奏和重音在内的广义语调。因此，这种语调中所涉及的语调变化，就不仅限于声音的高低，还有声音的轻重快慢以及嗓音的音域变化等等，实际上涉及音高、时间、强度以及嗓音等整个超音段的韵律变化；而这一切变化都是说话时发音生理变化的体现，包括发音的力度、气息的调节，甚至跟声带振动相关的发声状态的变化，等等。由此可见，“橡皮带”效应所比喻的，从形式上看是讲音程和时间展缩变化的不同方式，实质上是解释语句中的每一个声调的音高和时间的函数关系怎样保持相对不变的原理，而拉紧或放松橡皮的方向和力度的不同，正是对导致音程和时间变化的不同发声机制的生动比喻和深入浅出的解释。

2.2.1“橡皮带”比喻生动地描写了声调音域和时长展缩的实施方式及其多种功用

在自然话语里，音程和时间的变化所起的作用或涉及的韵律事件，关乎口气语调的方方面面。因此，不但其调节变化的形式多种多样，所起的作用也不限于常规的语气表达或焦点相关的重音凸显，更是种种复杂情态表达的有效手段。

在《汉语的字调跟语调》中论述表情语调中的声调怎样跟语调结合时，曾举例说明了同时叠加涉及的若干音高调节形式：（a）音高水平整个提高，（b）音高水平整个降低，（c）音高范围扩大，（d）音高范围缩小。并且指出，这些调节形式并不全都简单地应用于综合语调，而更多的是相伴出现。而这里的“橡皮带”效应就是对上述调节形式及其综合应用的生动比喻。

在这里，赵先生用拉抻橡皮带的不同力度、方向和方式所产生的不同机械效应，比喻语句中声调音域和时长展缩的不同实施方式。譬如，他用单纯上下拉紧或放松橡皮带产生的机械效应，比喻声调怎样在频率域实现其音域的展缩和音阶的起落；用单纯左右拉紧或放松橡皮带产生的机械效应，比喻声调怎样在时间域实现其调长的伸缩；用四面拉紧橡皮带产生的效应，来比喻声调在频率域和时间域的同时扩张；而用拉的力量不变、只把橡皮带上曲线整体上下移动，来比喻如何单纯改变声调的音阶起落、而音高范围保持不变的道理。

同时，还指出，不但音域和时间的缩放方式多种多样，而且这种种方式跟所起的作用也非简单对应。譬如，音程放大可以代表和气或客气，也可以代表知己的态度，还可以代表不耐烦的态度；同样，音程的变小也有许多功用。这就告诉我们，在具体话语里，音程和时间的调节究竟采用哪种或哪些调节方式，将取决于语言学的和非语言学的诸多因素。用现代语音学的眼光来看，包括语句韵律环境，诸如在一定韵律域的线性位置和轻重地位；语音的音系结构，诸如毗邻声调的调类及其音系特征；当然更主要的，还是临时的情态表达需求，等等。

2.2.2 “橡皮带”比喻进一步解析了语句中声调为什么既能保持别义功能又能履行表情职责的基本原理

声调的音高运动跟语调的音高运动虽然属于两个不同的体系，但两者都是通过各个局部声调的音高变化载荷的。因此，两者既相互独立，又彼此关联。“小波”跟“大浪”的比喻主要在于阐述这种关系的性质，说明它本质上是声调音阶跟语调调阶的“代数和”关系。而“橡皮带”比喻，则主要揭示这两个运动体系为什么能够同时并存的基本原理和怎样实施叠加的具体方式。

根据赵先生的详细描述，他实质上是用不同力度、方向和方式拉抻橡皮所产生的不同机械效应，解析了语句中各声调的音高虽会随时随地发生变化、但四声的对比关系会保持不变的道理。譬如，上下放松对橡皮的拉力，四声的曲线会变扁；左右拉紧或放松对橡皮的拉力，四声的曲线会变宽变窄；但是，尽管如此，而音节内音高跟时间的函数关系还是相对不变，也就是音高升降平曲的轮廓相对不变，因而四声之间的对比关系就不变，别义功能也就不会变。由此可见，这跟“小波”与“大浪”的比喻一样，同样是在回答“汉语既有字调，句子如何有语调”的积疑。这个比喻实质上揭示了语句中各个声调怎样同时实施“表情”和“达意”这两种职能的内在机理，从而进一步阐明了声调和中性语调怎样跟口气语调并存叠加的“代数和”关系。

如果说，赵先生多次关于“姓王”、“姓叶”或“姓何”、“姓陆”之类的举例说明，旨在重点剖析语调的边界形式中的“代数和”关系的话；那么，“橡皮带”比喻则主要在于剖析不同口气（譬如感叹、祈使之类）表达情况下短语和句子内部不同位置上所涉及的声调与语调的“代数和”关系。

由上可见，“代数和”关系着重揭示声调跟语调这两个不同的音高运动体系的内在关联和必须叠加的本质。因为这两个不同的音高运动体系毕竟通过同一个载体实施，这就决定了声调的音高运动跟这个声调所在位置和地位决定的语调音高运动的同时并存关系，也就决定了两者必须叠加（simultaneous addition）的代数和关系。“橡皮带”效应则着重解释这两个不同的音高运动体系为什么能够并存叠加的原理和如何实施叠加的方式。因为语句语调对音节声调的调节作用，本质上是言语中的韵律调节，而韵律除了句调，还包括另外两个成分——节奏和重音。因此，语调对声调的调节作用和调节方式，必定取决于音节在语句中的韵律地位，它包括两个因素：第一，音节在一定韵律域中的线性位置，譬如，是否终端？哪个层次？第二，音节在一定韵律域中的轻重地位，譬如，是否焦点重音？哪个类型、哪个层次？

2.3 从赵元任的语调思想看汉语的情感语调

赵元任把口气语调划分为逻辑语调和情感语调两大类，前者表达逻辑的口气，后者表达情感的口气。在2.1节中，我们已经看到了他以待续跟结束口气对比的语调升降来说明的逻辑语调的结构模式，也就是“比较的普通一点的口气语调”的结构模式。但是，这种结构模式毕竟是体现逻辑口气的对比，跟情感表达的语调还不是一回事。

关于表达情感口气的表情语调，赵先生明确指出，它取决于嗓音的音质、不寻常的重读（或轻读）、整个短语总的音高和讲话的速度。他在《语言问题》和《汉语的字调跟语调》的相关部分，曾经列举了若干种表情语调的音高和时长表现，同时指出，表情语调虽然存在较多的普遍性，但形式和功能的关系仍不是很简单的。例如，轻松的话语和抱怨、发牢骚的口气常有特宽的幅度，但两者的基调及嗓音有所不同；愤怒或不耐烦则会采用任意的强重音，有时会用假嗓子；又如，同样的下降结尾，就可表达列举、申辩、感叹等多种口气。总之，很难在情感口气跟语调形式之间找到整齐划一的对应关系，虽然可以看出一些倾向，但是否存在相对一致的结构模式，则还需要“存心收集”语料，做更加深入的探索。

2.3.1 表情语调中是否也存在类似普通口气语调的结构模式？

鉴于笔者从未从事情感语调的研究，本没有资格谈论这个问题。但是，为了更好地理解和认识赵元任的表情语调理论，这里借用吴宗济先生关于情感语调的音高运动实例，探讨一下表情语调中是否也存在类似于普通口气语调的结构模式。

图5是采用吴先生（1992）关于愤怒兼命令的感情句的音高轨迹，根据韵律切分的一般原理改编而成的。

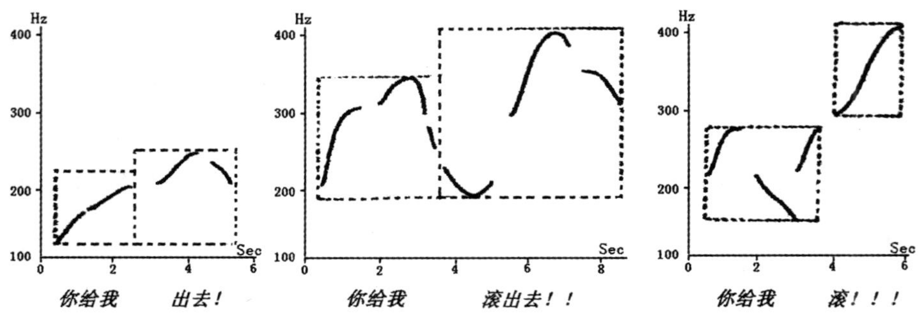

图5　情感语调中的音高运动举例（引自吴宗济1992，此处略有校正）

此图中出示的是三个愤怒兼命令的感情句的音高运动情况，从中可以看到典型的情感口气表达时，每个音节内的音高运动都发生了非常剧烈的变化。不仅调阶发生了超常的起伏，而且有的调形也出现了畸变。譬如说，第一句和第二句中的“出”都由高平调变成了高升调，而第三句末了的“滚”则由低降升调变成了高升调。这正是赵先生说过的“要是口气语调占主要地位的时候，有时也会把中性语调跟字调的代数正负号都反了过来”的现象。

乍一看来，这些变化似乎都出格了；但是，若仔细分析一下，便不难看出，这些看似异常的变化仍然遵循相关的规律，具有一定的结构模式。

首先，这三个句子的情感表达的程度虽有差异，但都无一例外地显示出一致的语调模式：各句都可划为前后两个短语，后一短语的整体调域和调阶都高于和大于前一短语的；而它们之间的差异程度则是不同愤怒程度的反映。这些正是赵先生所说的“表情语调取决于整个短语总的音高”的反映。这里表现出的调域、调阶分布特点很可能就是命令口气的典型语调模式。

其次，从现代的一些相关研究结果来看，这个具体案例所体现的情感语调形式并不是孤立或偶然的现象。此前，笔者在《汉语声调与语调的关系》等文章中，曾经零零星星报道过一些相关的实验结果，表明由于语气不同而引起的语调轮廓的改变及其对声调音阶的调节主要体现在语句的后半部，这可以从后一短语的音阶走势看出。至于语句的前半部、即前一短语，其总体音阶走势基本上都是逐渐下倾的。同时还看到，一般疑问句和祈使句的平均音高一般都高于陈述句的，尤其表现为结束短语部分的调阶差异。更主要的是，从最近有关命令语调的一些专门研究结果来看，也印证了眼下这个案例所体现的命令口气语调形式的存在。譬如，路继伦（2006）的实验结果表明，与陈述句相比，汉语命令句的基频整体抬高，并且除轻声以外，各音节基频都呈现不同程度的提高。又如，周昕的《汉语命令句语调研究》（《天津师范大学硕士学位论文》2006 年）也发现，“重音在命令语调中作用重大，命令句中形成的每个音高高峰都和一个重音相对应，其中最突出的为绝对突显，其他的为相对突显。……并非每个音节都会在音高表现中形成一个音高峰。形成一个音高峰的若干音节可划分为一个韵律单位。……一般命令句多数情况下形成‘前轻后重’的音高模式；……音域整体处于较高的音高水平，且比相应的陈述句的宽。”上述这些报道似乎说明，即使在表达复杂情感的口气语调中，语调对声调的音高调节也还是在一定的语调骨架内实施的。

2.3.2 表情语调中体现的“代数和”关系及“橡皮带”效应

这三个句子中的两个“出”和两个“滚”都处于各句子的重读部分，从它们在图 5 中的音高运动行为不难发现，各自遵循重读的音高突出规律，实现声调跟语调的并存叠加，结果是“高者愈高，低者愈低”。

譬如，“出”本身具有高特征，强调重读时就被抬得更高；同时，由于其前邻声调的低特征的遗留协同发音作用，导致其由低到高的升势调形。尤其是第二个“出”，处于极端愤怒兼命令口气的“滚出去!!”中，它的音高“提高了 8 个半音”（吴宗济，1992），所以其突出程度就更胜于第一个“出”了。而这里的“滚”虽然处于命令句的音高高峰中，但由于其本身的低特征，音高凸显方式不同于其他声调，不是向上突出，而是向下突出。所以，强调重读时，其低音点变得更低，直达全句的最低限。

最有意思的是第三句里的“滚”，如果按照常规的重音凸显规律，它的调阶应该向下突出，而且应该比前一句中的那个“滚”降得更低；然而恰恰相反，它的调阶和调域却都远远高于和大于句中其他音节的，这似乎也是不合常规的出格表现。可是仔细分析一下，你会发现前后两个“滚”的地位和作用之差异：前一个“滚”处于结束短语“滚出去”的起首，也就是周昕所说的命令句中形成一个音高峰的韵律单位里的若干音节之一，它跟“出去”共同承载极端的愤怒兼命令信息，它的表现符合赵元任多次指出的重读上声的音域调节的特点：“开始时低于常规，它不是上升到比常规更高的音高，而仍以常规高度结尾”；同时，这个表现也相对拉低了整个结束短语“滚出去”的调阶，使之比第三句中结束短语的调阶略低，从而体现出两者愤怒和命令口气的程度差异。而后一个“滚”本身就是充当整个结束短语，它既是短语的末尾，也是整个句子的末尾，虽然同样体现极度的愤怒兼命令口气，但它的地位和等级显然高于前一个“滚”。在这种情况下，它就不得不用典型的命令语调模式——基频整体抬高，尤其是后半部分调阶的异常抬高和调域的异常扩大，来独自承载这种极度愤怒兼命令的信息。结果，就出现了赵元任所说的感情语调占主要地位的时候，“有时也会把中性语调跟字调的代数正负号都反了过来”的“不寻常的重读”现象：这个“滚”的音高调节，就由通常重读的“开始时低于常规，它不是上升到比常规更高的音高，而仍以常规高度结尾”，变成了基频整体抬高、调阶异常抬高和调域异常扩大的上升调模式。

这个案例启发我们，表情语调中不但存在着逻辑口气语调里存在的声调跟语调的“代数和”关系及“橡皮带”效应，更存在着逻辑口气语调里不存在的声调跟重音和语调、乃至节奏之间的多重并存叠加关系，因而“橡皮带”效应也更为典型。这就进一步说明，汉语的语调信息并不仅仅存在于句末边界调和焦点重音处，而是存在于语句的全局。所以，汉语自然话语的语调模型，必须包含对反映句内短语结构关系的音高运动和时长伸缩的有机结合建模，才能真正实现包括重音和节奏在内的总语调的表情达意功能。正如吴宗济先生（2004）曾经指出的那样：“一个连续语言中句调不但混合着语音的、语法的、音系的必然变调；还同时融入逻辑语气或/和感情语气对声调、强度、节奏的影响所起的变化等等；如果不先行分析出其底层的基本单元，而只根据表层的调形来订立规则，这就如同分析一件矿物的化学成分，只研究其表面现象，而不分出其元素的成分和结构，必然是失败的。”

3 小结

根据笔者的初步认识，赵元任的语调思想可大致概括如下。

（1）提出了“耳朵听到的总语调是那一处地方特别的中性语调加上比较的普通一点的口气语调的‘代数和’”的精辟见解，揭开了汉语语调结构研究的序幕。

（2）通过说明声调和语调的本质——两种同时并存的音高跟时间的函数关系，揭示了声调跟语调关系的“代数和”本质。

（3）说明声调跟语调的“代数和”叠加是怎样的加法——是指声调音阶跟语调调阶的相加，而不是调形的相加。

（4）着重解释中性语调怎样跟口气语调共同构成句调——通过重点解析表达逻辑口气对比的语调结构，说明什么是“比较的普通一点的口气语调”，进一步阐明了声调跟语调的“代数和”关系和怎样并存叠加的基本原理。

（5）多次特别采用表达暂顿口气与结束口气的语调升降对比，来阐述声调跟语调之间的代数和关系，着力解析和阐明人们一般不大注意的汉语语调的结构特性，让人们认识，在汉语里，语调对声调音高的影响并不是离散的现象，而是系统的调节行为。它集中体现了“代数和”观点所要论证的根本精神和要旨所在。

（6）相对而言，“代数和”关系着重解释声调跟语调两个不同的音高运动体系的内在关联和必然叠加的本质。“橡皮带”效应则着重解释这两个不同的音高运动体系为什么能够并存叠加的原理和如何实施叠加的方式。

（7）明确指出，表情语调取决于嗓音的音质、不寻常的重读

（或轻读）、整个短语总的音高和讲话的速度。详细列举了若干种表情语调的音高和时长表现，说明表情语调中体现的“代数和”关系及“橡皮带”效应。同时指出，表情语调虽然存在较多的普遍性，但形式和功能的关系仍不是很简单的。因此，他在《北平语调的研究》中特别指出：

> 要作有系统的研究非得有两种功夫，一方面调查出来各种成素所有可能的变化，在同一种语调之下列举这种腔调能表示些什么口气（因为同一种腔调往往不止表示一种口气），这是以体式（form）为纲，以功用（function）为目的做法。在另一方面呐，就是把话里所有口气的种类做出系统来，在每种口气之下，列举可以表示它的语调（因为同一种口气往往不止有一种可以表示它的语调），这是以功用为纲以体式为目的做法。

笔者之所以要在这里详细抄录赵先生的这段话，不仅因为这些忠告对指导我们的情感语调研究具有重要意义，也不仅因为这些忠告对指导汉语语调研究具有重要意义，更重要的是，这席话不但充分体现出赵先生从事研究工作的态度之严谨和方法之科学，而且从科学研究的方法论的高度为我们提供了极好的指导。我们在学习赵元任先生语调理论的同时，应当努力发扬赵先生这种科学的学术思想和治学态度。

参考文献

赵元任：《中国的语言问题》，美国《中国留美学生月报》1916 年 5、6 月刊。

赵元任：《中国言语字调的实验研究方法》，美国《科学》第 7 卷第 9 期，1922 年。

赵元任：《语音的物理成素》，美国《科学》第 9 卷第 5 期，1924 年。

赵元任:《现代吴语的研究》，清华大学出版社 1928 年版。

赵元任:《北平语调的研究》《最后五分钟》附录，中华书局 1929 年版。

赵元任:《一套标调的字母》，1930 年，根据《方言》1980 年第 2 期的 A System of Tone Letters 一文翻译。

赵元任:《国语语调》，《广播周刊》第 23 期，又《国语周刊》第 214 期，1935 年。

赵元任:《汉语的字调跟语调》，1933 年，在第 145 届“美国东方协会会议”上宣读。

赵元任:《语言问题》，1959 年，在台湾大学的讲演，商务印书馆 1980 年版。

赵元任:《汉语口语语法》，商务印书馆 1979 年版。

赵元任:《英语语调与汉语对应语调初探》，《中研院史语所集刊》，“蔡元培先生六十五岁庆祝论文集”外编，1932 年。

赵元任:《汉语词的概念及其结构和节奏》(Rhythm and structure of Chinese word conception)，台湾大学《考古人类学学刊》37—38 合刊，1975 年。

赵元任:《赵元任语言学论文集》，商务印书馆 2002 年版。

吴宗济:《赵元任先生在汉语声调研究上的贡献》，《清华大学学报》(哲学社会科学版) 1996 年第 3 期。

吴宗济:《汉语普通话语调的基本调型》，《王力先生纪念论文集》，商务印书馆 1990 年版。

吴宗济:《普通话语句中的声调变化》，《中国语文》1980 年第 6 期。

吴宗济:《普通话语调分析的一种新方法：语句中基本调群单元的移调处理》(详见《吴宗济语言学论文集》)。

吴宗济:《普通话三字组变调规律》，《中国语言学报》1984 年第 2 期。

吴宗济:《吴宗济语言学论文集》，商务印书馆 2004 年版。

许毅 Xu, Y. 2007. Target approximation as core mechanism of speech production and perception, Invited lecture given at Institute of Linguistics of CASS.

Katrin Schneider, 2009. German Boundary tones show Categorical Perception and a Perceptual Magnet Effect when presented in different *contexts*. *Proc. Of Interspeech*2009, Sept6 - 10., 2009, Brighton, U. K.

Renato, J., Alvarez, L., Caballero., 1997. Boundary Tones Pitch and Ending Movements in Argentine Spanish. *ESCA Workshop on Prosody*.

Speech Internet Dictionary (《语音互联网词典》Web.)

曹剑芬:《普通话节奏的声学语音学特性》,《现代语音学论文集》,金城出版社 1998 年版。

曹剑芬:《汉语声调与语调的关系》,《中国语文》2002 年第 3 期。

曹剑芬:《连读变调与轻重对立》,《中国语文》1995 年第 4 期。

曹剑芬:《汉语语调结构复杂性的语音学和音系学分析》,《第十届中国语音学学术会议(PCC2012)论文集》,2012 年 5 月 18—20 日,上海。

路继伦:《汉语命令句的语调特点》,《第七届中国语音学学术会议暨语音学前沿问题国际论坛论文集》,2006 年。

周昕:《汉语命令句语调研究》,天津师范大学硕士学位论文,2006 年。

The Rhythm of Mandarin Chinese[①]

（汉语普通话的节奏）

Abstract This study is concerned with the rhythm of Mandarin Chinese. As the basis of the study, a set of speech materials were selected from TV news and broadcasting. Pitch and duration measurements were made through their spectrograms, and an informal perception test on rhythm unit division was conducted as well. This paper reports some preliminary results obtained here, and the description is concentrated on rhythmic structure, including the division of rhythmic chunks, the hierarchical organization, the coherent features within rhythmic units and the boundary markers between these units. In addition, some related issues are also discussed in general.

摘要 本文研究汉语普通话的节奏问题。研究的主

① 原载美国伯克利加州大学《中国语言学报》专题论文，2001年17卷（*Journal of Chinese Linguistics*, Monograph Series No. 17, 2001, University of California, Berkeley, USA）。

要基础是对电视新闻联播和电台广播话语的实验分析，包括主观听辨试验和客观的音高和时长测量。根据初步的实验结果，重点介绍和讨论以下几方面的内容：

1. 节奏组块的划分
2. 节奏的层次结构
3. 节奏单元内部的内聚特征
4. 节奏单元之间的分界标志
5. 讨论
   5.1 节奏同话语信息时域分布的关系；
   5.2 节奏结构同句法结构的关系；
   5.3 节奏组块的分与合的关系；
6. 小结

6.1 汉语普通话的节奏包含韵律词、韵律短语和语调短语三个基本层次，律词通常包含 2 – 3 个音节，韵律短语的跨度多数为 7 ±2 个音节；

6.2 节奏单元的内聚特征和分界标志，主要体现为语音单元音高的规律性起伏变化和时长的规律性伸缩停延；

6.3 韵律节奏的结构是以句法结构为基础的，但不等于句法结构，因而不能期望完全通过句法结构推导节奏的层次结构；

6.4 语音的节奏看来并不是建立在某种语音成分或语音单元如重音或音节的等间隔出现的基础上，而是建立在语音信息在时间域和频率域的规律性分布的基础上，具体表现为一定的韵律现象在一定位置上的规律性出现。这种规律性的出现模式客观上体现了口头话语的层次结构。

1 Introduction

1.1 General conception

As a part of the prosody of a language, speech rhythm is not easy to define, because it usually interacts with other prosodic constituents in speech flow. One can define it from different points of view. Consequently, the existing definitions of rhythm are manifold and controversial.

Functionally, rhythmic organization is a chunking strategy concerned with both speech production and perception. Modern cognitive psychology suggests that language understanding responds to discourse chunks. Actually, it is also true in human speech perception and speech production. On the one hand, during speaking, especially when uttering a longer sentence or syntactic phrase, people neither utter without any break nor word by word separately, but combine two or more words into a larger rhythmic chunk according to temporary needs of semantic expression. On the other hand, in perception, people are also sensitive to such kind of chunks, in stead of individual words. Some studies have noticed that this phenomenon is based on human cognitive mechanism, "the cognitive process of planning speech is typically episodic. That is, an episode of speech is cognitively planned as an unitary entity, and uttered and perceived as an integrated act" (Laver, 1994). Therefore, this is a universal phenomenon existing commonly in human languages, and also a hot issue to be discussed in phonetics, phonology and speech technology.

In consequence, from this point of view, rhythm of a language is essentially referred to the combination of smaller units into larger units during speaking, as well as to the division of utterance into prosodic groups during speech perception or language understanding. The key point under discussion is that what the principle of such combination or division is and how it is made possible.

1.2 Rhythm studies in Chinese

In respect of Chinese rhythm, many contributions have made, but the conception of rhythm was different from one another among these contributions. This situation may be related to the difference of research angles. We can take some examples from the Mainland in the last ten years. Some of them studied from the point of junctures (e.g., Xu, 1986); some of them took viewpoint of aesthetic perception of the text (e.g., Wu, 1992); some research integrated rhythm with stress and intonation (e.g., Shen, 1994); and some of them studied from the angle of syntactic structure (e.g., Wen, 1994; Zhang, 1998). At the same time, there were also several approaches more or less related to acoustic correlates of the rhythm. For example, the studies on the pause distribution in speech flow (e.g., Ye, 1996; Hua, 1998); the study on the relationship between pausing and syntactic structure (e.g., Mao, 1994); and on the prosodic cues to syntactic boundaries (e.g., Yang, 1997). In addition, more and more researchers coming from the field of speech technology have joined to the study on Chinese rhythm by integrating it with intonation or phrasing in corresponding modeling (e.g., Chu etc., 1995; Li, 1998). All of these contributions have made possible to further the study of Chinese rhythm. However, there is still lacking of a general idea on Chinese rhythm, as some foreign scholars complained that "the rules which underline them (i. e. , Chinese rhythm) are neither sufficiently rendered in common text books, or do the dictionaries usually offer. . . " (Triskova and Lomova, 1999) .

During this period, the author of this paper had also conducted several investigations that tried to examine this issue from the nature of speech timing (e. g. , Cao, 1991; 1992; 1994; 1995a; 1998; 1999) . The observations lead to belief that rhythm is objectively referred to temporal distribution of linguistic information of a language, and it can reflect the strength of relationship between speech units on different levels.

Bearing this idea in mind, this paper will discuss rhythm by integrating it with corresponding temporal and spectral manifestations. The main attention is first paid to the description on the division of rhythmic chunks and the hierarchical organization, then, to the examination of the coherent features within rhythmic units and boundary markers between these units. After that, a general discussion and consideration will be conducted. And finally, a brief summary will be given.

2 Test Materials and Experimental Methods

In most of the previous studies, the approaches on Chinese rhythm were based on some designed phrases or sentences. To further observe the situation in natural speech, we try to use discourse as test material.

In this study, two groups of test materials were employed. The first group was selected from TV news announced by one male and one female speaker (hereafter, news speech). Such style of speech is a kind of typical declarative speech, usually produced without special accent and speech mood. Therefore, it is more suitable for a preliminary observation of the basic rhythmic structure. The second group is a set of prose declaim played by a male speaker (hereafter, declaim speech), which was recorded from broadcasting. This style of speech usually has relatively slow tempo and more often rhythmic break, through which, we can further observe the basic characteristics of Chinese rhythm.

Usually, rhythmic division is not easy to be determined according to syntactic parsing within a complex phrase or sentence, and the result may be varied dependently. It can be illustrated by a well-known example on the grouping strategy of "下雨天留客天留人不留", in which, there is at least two possible ways to make rhythm division:

(1) "下雨天-留客天-留人不留?"

(*"The reining day, is a day that suitable to ask the guest to stay. Do you ask?"*)

(2) "下雨-天留客-天留-人不留."

(*"It's reining, it is the heaven to ask the guest to stay. The heaven does, but the host does not."*)

Obviously, these two different strategies express quite different semantic contents, while the listener can follow the speaker in either cases. This example indicates that different strategies on rhythm division must have different acoustic-phonetic correlates, which form the material base that made possible of explicit communication between speakers and listeners. Therefore, we would employ these correlates as a criterion for rhythmic division in this study.

To observe the acoustic – phonetic manifestation of these correlates, pitch and duration measurements were made through related spectrograms, and an informal perception test was conducted as well. For the convenience of description, we will take some examples to specify the results.

3 Results and Discussion

3.1 The division of rhythmic units

According to relevant studies in respect to different languages, perceived rhythmic break usually corresponds to certain acoustic – phonetic correlates. For example, in Danish, Hansen etc. (1994) found that the rhythmic break within a sentence is usually either carried out by a moderate lengthening followed by a silent pause in the last syllable of the unit, or by a marked lengthening but without silent pause in this case, while the boundary between sentences is always accompanied with a silent interval but no lengthening occurred in this position. In Chinese, a previous study conducted by Xu (1986) also found lengthening phenomenon taken place at rhythmic border, but he did not mention the distinction in different speech levels, which may be due to the speech materials that he tested were limited in smaller pieces.

In present study, the preliminary results obtained from news speech show a situation similar to that of Danish. Both quantitative change in pre – boundary syllable and silent interval change at the border are existed corresponding to rhythmic grouping, and these acoustic – phonetic data do form as a hierarchy that representing different speech levels.

In this study, the division for news speech was first made according to a perception test, in which, the listeners were asked to give out perceived breaks and their strength, and then, the durational data for relevant events were measured and calculated.

The results for one example paragraph are listed in Table I, where each line corresponds to a perceived intermediate rhythmic unit, and the amount (G: ms) at the end of each line is measured duration of silent pause at that position, and the numerals under each Chinese character (syllable) represents durational ratio of corresponding syllable rhyme, which was calculated from measured duration vs. average duration. If the value is higher than 1.00, means there is a lengthening, and vice versa. All these data objectively reflect temporal manifestation of the news speech. The details will be discussed later.

Table I. Examples of rhythmic division and corresponding durational data in news speech

(1)	红	塔	人	扶	贫							
	1.25	0.67	1.05	1.00	1.90	(G:178ms)						
(2)	走	的	是	开	发	扶	贫	的	路	子		
	1.07	0.52	1.42	1.58	1.58	0.80	0.80	0.45	0.87	0.00	(G:719ms)	
(3)	他	们	说									
	0.39	0.66	1.08	(G:528ms)								
(4)	不	能	只	是	冬	送	寒	衣	春	送	粮	
	0.56	0.81	1.36	1.47	1.29	1.29	1.62	1.93	1.05	1.05	1.66	(G:484ms)
(5)	而	要	从	生	活	科	技					
	0.72	0.83	1.18	1.35	1.36	1.12	0.81					
	和	农	业	基	础	设	施	上	下	功	夫	
	0.72	0.72	0.97	0.97	0.00	1.01	0.89	0.52	0.56	0.85	0.85	(G:2000ms)

According to the data shown in Table I, both the timing behavior of each speech unit and the pausing distribution at each rhythmic boundary are quite well matched to the perceived prosodic grouping. Therefore, the divisions for declaim speech in this study were made directly with reference to measured acoustic – phonetic parameters. An example of results is shown in Table II, where the unit – final (i. e., pre – boundary) lengthening and silent interval between units are marked by symbol " – " and " * " respectively. If both of them occurred at the same border, then marked by " – * ".

*Table II. An example of rhythm division in the declaim utterance: – pre – boundary lengthening; * silent pause; – * pre – boundary lengthening plus silent pause*

在人的一生当中-* 不管你* 爱好酒- 还是讨厌酒-* 或抱-
无所谓的态度* 人们- 或多或少-* 直接- 或间接地* 都在和酒-
搭上关系-* 它留驻在-* 物质生活- 和精神生活的- 各个领域-*
成为一种- 世界性的- 文化现象* ......
客- 从远方来-* 无酒-* 不足以表达- 款款厚意-* 朋-
到远方去-* 无酒- 不足以表示-* 依依深情-* ......

A post hoc perception test reveals that the rhythmic divisions made in Table II are quite well matched with the perceived impression.

In addition, from spectral analysis, we find that the behavior of pitch movement also provides important information for rhythmic division. Fig. 1 shows an example of pitch movement of a sentence from the news speech, where the doted curves from top to bottom represent pitch contours for intermediate rhythmic chunks of "它的颁布实行", "标志着我军的", "军事交通运输工作" and "进入了法制化管理的新阶段" respectively. We will discuss the characteristics later in this paper.

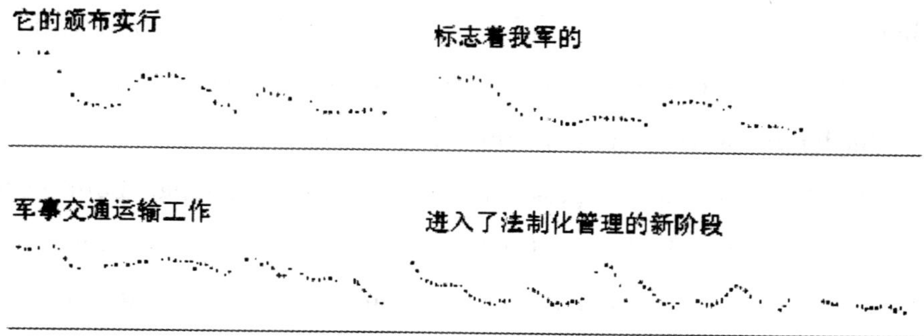

Fig. 1 *The history of pitch movement of the sentence*

3.2 Hierarchical organization

According to the results of perceptual judgements and corresponding acoustic - phonetic measurements, we find that the rhythm of Chinese obviously forms as a hierarchy. It consists of three main layers, namely, minor rhythmic unit, intermediate rhythmic chunk and major rhythmic group. Both spectral and temporal analyses conducted here find that rhythmic unit is also a synonym for phonological unit, because it often acts as a carrier of the information on phonological process or intonation structure. Therefore, for the convenience of discussion, hereafter we employ the prosodic word, prosodic phrase and intonation phrase as their equivalents.

3.2.1 Prosodic word—the minor rhythmic unit

Generally, perceived rhythmic chunk is more related to the higher, in stead of lower speech levels, so the division on low level is not easy to be determined by perception test, especially in relatively speed speech. In this case, related acoustic – phonetic data can provide objective evidence. For example, from Table II, we can find that the minor rhythmic unit usually consists of two or three syllables. In some particular cases, it also contains a few monosyllabic words, such as the "客" and "朋" in Table II, where these monosyllabic chunks are strongly lengthened so that to match with the disyllabic or trisyllabic chunks in rhythm.

As the basic unit, prosodic word is the principal building – block of Chinese rhythmic structure. It can be further grouped into larger unit in higher rhythmic layers, or directly play the role of the units in those layers.

Generally, the relationship between syllables in prosodic word is tightly cohered, in fact, prosodic word is the right domain for some phonological processes, for example, tone sandhi and lexical temporal distribution is usually taken place in this size. Consequently, this basic unit is roughly equivalent to the standard foot and super – foot in metrical phonology.

3.2.2 Prosodic phrase—the intermediate rhythmic chunk

Prosodic phrase is the intermediate rhythmic chunk worked between prosodic word and intonation phrase. In some literature, it is also called phonemic clause or phonological phrase. As mentioned above, the cognitive process of planning and perception of speech are both based on a chunking strategy, in which phonemic clauses are processed as successive coherent package of sound, syntax and sense (Boomer, 1978). However, prosodic phrase is difficult to be defined precisely, though it is the most common and important rhythmic unit in speech.

The key point is that how to define its work domain? What is the characterized phonetic property? In respect to Mandarin Chinese, we will discuss this issue more specifically in 4. 1. 1.

3. 2. 3 Intonation phrase—the major rhythmic group

Intonation phrase contains two or more prosodic phrases, it is usually identified to syntactically defined sentence. For example, in Table I, the prosodic phrase (1) and (2) combine into an intonation phrase, and (3), (4) and (5) combine into another intonation phrase. From Table II, we can see that in the declaim speech, due to its relatively slow tempo, the intonation phrase tends to contain even more intermediate units. It indicates that the slower the speech rate, the more the rhythmic division.

3. 3 Coherent characteristics within rhythmic unit and boundary makers between the units

Rhythm phenomenon reflects temporal distribution of linguistic information and the strength of the relationship between speech units. Generally, the relationship is much tighter when two or more units cohering into the same rhythmic group, and it is relatively loose when they are separated into different rhythmic groups. The acoustic - phonetic data obtained in this study do provide strong evidence to signal not only a demarcative cue, but also a coherent signal.

3. 3. 1 Coherent characteristics within rhythmic unit

In the lowest layer, i. e. , within the prosodic words, the coherency is generally represented by relationally invariant patterns for both of tone sandhi and durational distribution. From the pitch contours shown in Fig. 1, combined with the durational data listed in Table I, we can see that either tonal or durational patterns for each disyllabic or trisyllabic chunks are basically identified with their lexical forms (Wu, 1992; Cao, 1989; 1992; 1995a; 1995b). For example, the pitch contour of "管理(的)" presents a typical tone sandhi pattern of so-called "上上相连，第一上变阳平"; and the time relations between syllables in prosodic word, such as that of "交通" and "管理的", typically show the lexical durational patterns of regular type and neutral type words respectively (Cao, 1989; 1992).

In the intermediate and major rhythmic layers, i. e., within the prosodic phrase and intonation phrase, the coherent property can be observed from two aspects.

Firstly, the behavior of pitch movement is mainly characterized by an uninterrupted declination tendency of pitch register for the whole unit. For example, in the intonation phrase "它的颁布实行标志着我军的军事交通运输工作进入了法制化管理的新阶段", the pitch register at the beginning of each sub-units, i. e., of "它" in "它的颁布实行", "标" in "标志着我军的", "军" in "军事交通运输工作", "进" in "进入了法制化管理的新阶段" shown in Fig. 1, are successively lowered without any interruption of this tendency. And similar relation also appears between prosodic words within prosodic phrase if there is no any accentuation occurred in this position. For example, within the prosodic phrase "它的颁布实行", the pitch register of "它(的)", "颁(布)" and "实(行)" are successively lowered, too. At the same time, such uninterrupted declination tendency is usually accompanied by a gradual compression of the pitch range from the beginning to the end of a prosodic phrase or intonation phrase. For example, as what shown in the top frame of Fig. 1, the pitch range for the whole prosodic phrase "它的颁布实行" is obviously compressed gradually.

Table III. Example of the correspondence of rhythmic division with acoustic information

Utterance:	这是	我军	第一部	全面	规范	军事	交通	运输	工作的	基本	法规
Rhythmic hierarchy: PP level	这是 我军 第一部			全面 规范		军事 交通 运输 工作的				基本 法规	
Rhythmic hierarchy: PW level	这是	我军	第一部	全面	规范	军事	交通	运输	工作的	基本	法规
Acoustic information:	Sht	Lnth	Lnth.-p.	Lnth.	Lnth	Sht	Sht	Sht.	Sht. (-FW)	Sht	
Coherent strength:	Tit.	Los.-	Los.-	Los.-	Los.-	Tit.	Tit	Tit	Los.-	Tit.	

Secondly, in temporal aspect, there are also acoustic cues to signal the coherence. It is mainly characterized by a pre-boundary lengthening, in stead of silent interval, so that to show relatively tighter relation between sub-units. Table III gives an example of intonation phrase "这是 我军 第一部 全面 规范 军事 交通 运输 工作的 基本 法规", in which there are totally 11 prosodic words within 4 prosodic phrases. The rhythmic hierarchy and corresponding acoustic information and relative coherent strength are listed in the frames from top to bottom respectively, where the symbol Sht. means shortened; Lnth. means lengthened; Tit. means tight; Los. -/ Los. + means relatively/obviously loose; FW means function word. From this example, we can see that the strength of rhythmic coherency within prosodic phrase is different from that within intonation phrase. Specifically, in each prosodic phrase, there are usually no or only slightly pre - boundary lengthening taking place at each prosodic word boundary; while in intonation phrase, there are always considerable pre - boundary lengthening occurring in each prosodic phrase boundary, and mostly accompanied by a short silent pause in this case.

Of course, there are also strength difference existing at different prosodic word boundaries in the same prosodic phrase. It means that even within a prosodic phrase, some of prosodic words exhibit tighter relationship, such as the situation occurred between "这是" and "我军" or between "军事" and "交通", "交通" and "运输", etc. ; but some of them exhibit relatively loose relationship, like the situation found between "我军" and "第一部" or between "全面" and "规范" . All these information indicate that the more the shortening at the unit - final (i. e. , the terminal syllable of the unit), the tighter the relation between the units, and vice versa, and it is quite well matched to the perceived rhythmic impression.

3. 3. 2 Boundary markers between rhythmic units

Similar to the situation found in many other languages, pre - boundary lengthening and silent pause, as well as the distinguished behavior of pitch movement, also play a role of demarcation between rhythmic units in Chinese. Generally, different distribution or their combination of these factors signal boundaries on different rhythmic layers, and it exhibits a regular and hierarchical manner.

3. 3. 2. 1 Boundary marker in temporal aspect

As the apparent boundary cue in temporal aspect, there is marked pre - boundary lengthening and /or a silent pause at the boundaries on different layers.

Specifically, on the lowest layer, the boundary marker is characterized by a moderate pre – boundary lengthening, but without silent pause in general. For example, from Table I, we can find such makers between prosodic words of "中央" and "军委" or "红塔人" and "扶贫", etc. However, this property is quite fragile, it will disappear when the units, which are separated by it, are merged into a larger unit. Hence, in most of the cases, this boundary marker is blot out.

On the intermediate layer, pre – boundary lengthening is very strong in general, but the specifications depend on the unit types of "awaited" or "ended". The situation can be observed from the figures listed in Table IV (see next page). Specifically, the figures listed in "awaited" columns represent the boundary marker of prosodic phrase which is semantically to be continued; while those in the "ended" columns represent that of prosodic phrase which is semantically to be completed. Hence it is actually a boundary for intonation phrase. Comparing the figures listed in column 2 and 3 from the left in Table IV, or observing the situations shown in Fig. 2, we can see that the timing situation at the boundary of the "awaited" unit is systematically distinguished from that of the "ended" unit. Specifically, there always exists marked pre – boundary lengthening in the "awaited" case, but does not in the "ended" ones', no matter in what style of speech. It means that this is a regular rule and identically exists in various style of Chinese speech. In addition, as what can be seen from Table IV, this lengthening phenomenon is usually accompanied with certain amount of silent pause. The duration of silent interval is variable, but systematically distinguished among different rhythmic layers. For example, as what shown in columns 4 and 5 of Table IV, the intervals at the Awaited boundaries are systematically shorter than that occurring at the Ended ones, no mater in what style of speech, and regardless of whih speaker.

Table IV. Temporal distribution at intermediate and major rhythmic boundary: A. mean durational ratio (%) of the rhymes in pre-boundary syllables; B. mean duration (ms) of the silent pauses at: a. sentence end, b. Paragraph end

	A(%)				B(ms)			
Phrase Type / Speech Style	Awaited		Ended		Awaited		Ended	
	Mean	Sd.	Mean	Sd.	Mean	Sd.	Mean	Sd.
Female Speaker	1.68	0.31	0.93	0.23	154	97	a.538 b.1112	74 0
Male Speaker	1.55	0.39	0.86	0.0	397	191	a.719 b.2000+	0 0
News Speech	1.62	0.34	0.90	0.20	276	169	a.629 b.1020	109 628
Declaim Speech	1.33	0.21	1.05	0.28	59	34	a.548 b.2000+	87 0

On the highest layer, i. e., at the boundary between sentences or paragraphs, the first important boundary marker is a strong silent pause, and these intervals are not only is systematically longer than that between prosodic phrases, but also obviously distinguished between sentences and paragraphs. The situation can be observed from the figures listed in the far right column of Table IV, where the figures at a: represent the interval length at sentence end, and b: the paragraph end. In addition, comparing to the intermediate layer, the pre – boundary timing in this layer shows a quite different picture. As shown in Fig. 2, there is usually no pre – boundary lengthening in this layer, and in most cases, the rhyme in pre – boundary syllable is even shortened. For example, at the end of the phrase "中央 . . . 命令" and "它的 . . . 新阶段" or "他们说 . . . 下功夫", the syllable rhymes are all shortened, in this case, it is always followed by a strong silent pause, typically at the end of a paragraph.

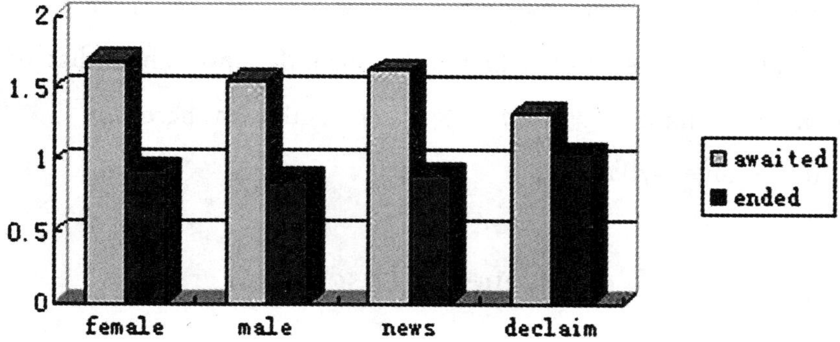

Fig. 2 Pre – boundary timing at the boundaries in different style of speech: awaited—for the units semantically to be continued; ended—for those semantically to be completed

3.3.2.2 Boundary marker in spectral aspect

Resetting of pitch register, i. e., a dislocation of pitch register taken place between rhythmic units is another important boundary marker. Specifically, the pitch register at the beginning of each unit is higher than that at the ending of the previous unit, this phenomenon can be observed clearly from Fig 1. Usually, this phenomenon occurred between prosodic phrases, like that between "它的颁布实行" and "标志着我军的", is sharper than those between prosodic words, like that between "它的" and "颁布" or "颁布" and "实行"; and this dislocation is even sharper at the boundary between intonation phrases. Resetting of pitch register is a common phenomenon existed in different languages, however, in Mandarin, this resetting has its own characteristic property. The main point is that the resetting in prosodic word level must be restricted by tone features. For example, because the distinctive feature of the 3rd tone is low, therefore, in the case of the first syllable in a unit is a 3rd tone syllable, like the "我" in "我军的" shown in Fig. 1, the pitch register is not always higher but usually lower than that of pre – boundary syllable "着" in "标志着", though here the "着" is a neutral – tone syllable.

4 General Discussion

4.1 What is the relationship between rhythm and the time behavior of speech?

Traditionally, in phonetic theories, rhythm was regarded as a phenomenon related to regular recurrence in time of some given speech unit, and it was suggested that such "isochrony" commonly existed in all spoken languages. Thus, the speech rhythm of different languages is categorized accordingly. For example, it is well known that English is a typical stress – timed language, which means the periodic recurrence of movement is supplied by the stresses – producing process, and French is a typical syllable – timed language, which means syllables recur at a equal intervals of time (e. g. , Pike, 1946; Abercrombie, 1967) . This view has persisted for centuries in phonetic theories, and is still a very pervasive idea up to date. For example, in a recently published dictionary, rhythm is defined as "the perceptual pattern produced in speech by the occurrence at regular intervals of prominent elements" (Trask, 1996) .

In view of this idea, many phonetic studies of rhythm have focused on the search for acoustic evidence for isochrony in order to support the traditional suggestion. However, the results of these studies have shown that the rhythm "have nothing to do with the duration of inter – stress intervals" (Dauer, 1983), "there is no reliable acoustic basis for isochrony either in the inter – stress intervals of stress – timed languages or in the syllable duration of syllable – timed ones" (see Arvaniti, 1994) . The results of these investigations indicate that such so – called "isochrony" does not exist even in English and French.

Nevertheless, as a kind of prosodic phenomenon, speech rhythm commonly exists in all spoken languages. People have learned it for a long time, and in perception, it is strongly noticed that rhythm is closely related to the time behavior of speech production and perception. The problem is that, what is the nature of rhythm? How to view the relationship between rhythmic grouping and speech timing?

In Some earlier studies, rhythm was defined as breath grouping (e. g. , Passy 1930) . Apparently, this is taking a viewpoint of physiological mechanism, and it may be one source of the idea of the "isochrony", because human breathing is taking roughly in equal time interval. However, at the same time, Passy pointed out that such grouping behavior is also related to sense grouping, i. e. , due to the necessary on the turning in semantic expression, in order to provide enough time for perception. Therefore, every breath grouping roughly corresponds to a simple sense unit. Thus, the sound grouping in speech is more or less constrained by logical principle, and such turning is varied, larger or smaller, so the interval of each grouping does not have to be isochrony. Moreover, he specified that breath group can be further divided into group of force, in which there must be one syllable to be accented. Generally, each of such force group is combined by two or three syllables. These syllables are cohered very closed in sense, and there is one among them must be more important in sense. And the force group can also work as a breath group when the speech tempo is relatively slow. Consequently, according to Passy (1930), speech rhythm grouping is not necessary to be isochrony, but seems impossible to be isochrony in most cases

According to the present investigation, we find no base to evidence so - called "isochrony", but do find some interesting phenomena that may contribute to understanding rhythmic grouping. The one is the range of unit length, i. e. , the span of syllable number in a rhythm unit; the other is the relationally invariant timing behavior of a rhythmic unit. We will specify the details below in 4. 1. 1 and 4. 1. 2 respectively.

4. 1. 1 The span of syllable number in prosodic phrase

According to the data obtained in this study, a prosodic phrase in Chinese consists of two or more prosodic words. It is usually larger than word but smaller than syntactically defined phrase or clause, and its length is varied all the time. However, the variation seems to have a certain range. If taking an overview to Table I and Table II, we can find that the span of a prosodic phrase is limited to about 7 ± 2 syllables, especially when these syllables occur in relatively unstressed positions. There are only few cases which are beyond this limitation, for example, in the case of "军事交通运输工作的基本法规" shown in Table III, however, we find that in this case, there are always certain function word, such as "的"、"地" and "和" etc. , occurring there to serve as a substitute boundary marker, thus, the span of the sub – division that separated by those function words still follow the general limitation. Besides, comparing the situation shown in Table I to II, we find that the specific span of such intermediate rhythmic chunk is also related to the difference in speech rate and style. For example, according to the data come from the news speech (see Table I), the span is mostly around 7 syllables; while that is mostly around 5 in declaim speech (see Table II) .

The length limitation of prosodic phrases observed above may be not surprising, since there is a similar phenomena also found in other languages. For example, early in 1978, Boomer reported that "in spontaneous speech, there are discernible 'chunks', sequences of a few syllables, usually from one to seven or eight, that seem to be spoken as a unit." ; moreover, the reports from psycholinguistic approach (e. g. Dittmann etc. , 1967, 1968) suggested that such size of clause "is a plausible candidate for psycholinguistic unit of speech decoding, as well as for speech encoding" . In addition, according to some studies in other relevant fields, the memory span of holistically produced syllables sequence is about 7 plus /or minus 2 (Miller, G. 1956), and the syllables in succession never continue over 7 in child babbling or one word sentence (Kohno, M. and Tsu Shima, 1989). Consequently, I would suggest that the limitation found here in Chinese speech should not to be an accidental event, but a further evidence for the findings made by Dittmann etc. And it may imply a relational invariance related to a common rule on timing control in speech production and perception, hence causing an perceptual impression of appeared "isochrony".

4.1.2 Temporal structure of prosodic phrases

Table V. Distribution of syllable duration in phrase – initial and phrase – final: (1) awaited phrase; (2) ended phrase

Speaker	Average in general Mean	Sd.	Average in Phrase-Initial syllables	Mean	Sd.	Average in phrase-final syllables	Mean	Sd
Female	179	60	(1)	168	47	(1)	298	61
			(2)	190	56	(2)	177	33
Male	155	59	(1)	154	53	(1)	250	106
			(2)	219	51	(2)	142	26

Table V shows the situation on durational distribution of phrase – initial syllables and phrase – final syllables, in which, "awaited" represents the type of phrase to be continued in sense; and "ended" the type to be completed in sense.

From the data listed in this table, two things related to the temporal structure of prosodic phrases can be seen. First, the duration of phrase - initial syllable is systematically different from that of phrase - final syllable; second, this difference is also clearly conditioned by the type of the phrase. Specifically, in the type of awaited phrase, the duration of the first syllable is close to or slightly shorter than the average duration in general, while that of the last syllable is considerable longer than the average duration in general. However, in the ended phrase, the duration of the first syllable is obviously longer than that in general, and the last syllable of the phrase is close to or slightly shorter than that in general. In addition, this systematic difference described above is identified both for male speech and female speech. Consequently, it may reflect a common rule in Mandarin Chinese. In fact, similar phenomenon has also been found in some other languages including English. For example, Laver (1994: 532) reported that both the beginning and ending of utterances exhibit adjustment in speech tempo.

The situations specified above indicate again that speech rhythm has no base related with isochrony, which is at least true in Mandarin Chinese.

In summary, all those described in 4. 1. 1 and 4. 1. 2 tell us that speech rhythm may be defined as the regular pattern (or rule) on the temporal distribution of linguistic information, and that such kind of rule is generally manifested as regular occurrence and variation of certain prosodic phenomena at particular positions, in stead of isochronic occurrence of any given speech units. It seems that this is true not only for Chinese, though the realizations may be language - specific.

4.2 Can we deduce prosodic structure from syntactic structure?

What is the relationship between prosody and syntax? Can prosodic structure be deduced from syntactic structure? It is a hot issue discussed in linguistics for a long time, and recalling more and more interest and attention of linguists, especially of phoneticians and speech engineers in now days.

The general situation is that rhythmic break must take place at syntactically available boundary, and some approaches in speech technology (e. g., Ozeki, 1997) have found that prosodic information, especially the pause duration can significantly improve the accuracy of syntactic parsing. Based on this situation, some researchers suggested that prosodic structure can be deduced from syntactic tree, and many efforts even have been made to detect prosodic structure based on the syntactic structure through some algorithm (e. g., Grosjean et al., 1979; Cooper & Cooper, 1980; Gee & Grosjean, 1983). In these approaches, performance structure, i. e., a kind of structure obtained from experimental data such as pause durations, transitional error probabilities and parsing values in speech, is regarded as quite simply a reflection of prosodic structures. However, the unfortunate fact is that this kind of algorithm not yet have any successful applications up to date, some issues are still left in open, and further study is needed.

Actually, early in 1977, Liberman and Prince have proposed that intonation, rhythm and pausing patterns can not be directly interpreted by syntactic structure. After that, many other studies related to different languages have found that the identification between prosodic unit and syntactic unit is true only in higher speech levels, but not in lower levels. In consequence, as Rossi (1997) pointed out that syntactic information could be retrievable only partially from prosodic information. Therefore, more and recent studies have recognized that prosodic organization of a language does closely related to its syntactic structure, but far not identified with each other.

In the present study, we only give a glance at this point. Fig. 3 shows a typical example in respect to this aspect.

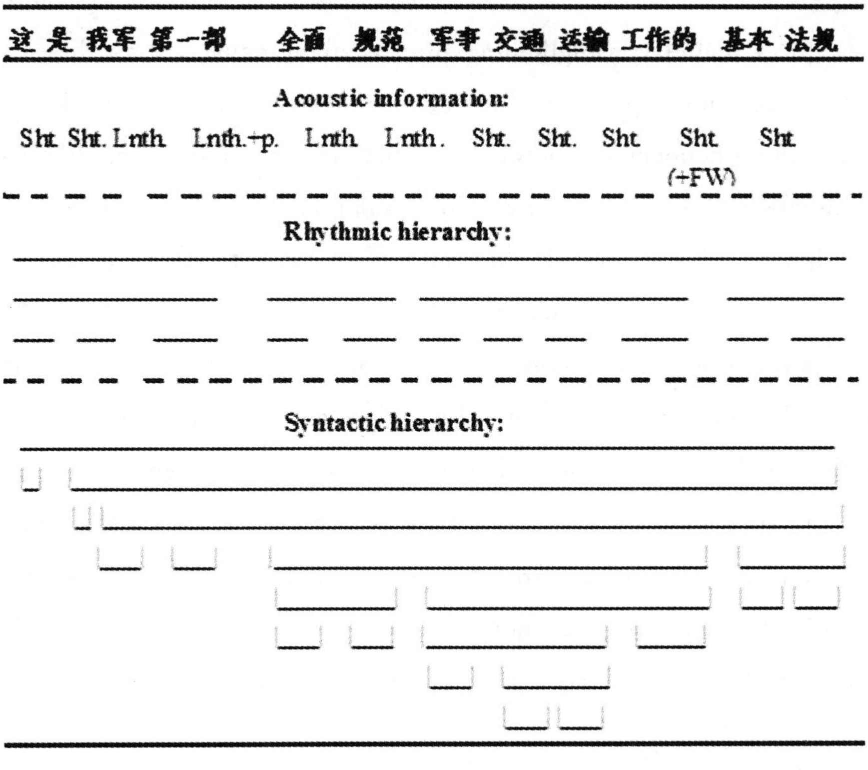

这 是 我军 第一部 全面 规范 军事 交通 运输 工作的 基本 法规

Acoustic information:

Sht. Sht. Lnth. Lnth.+p. Lnth. Lnth. Sht. Sht. Sht. Sht. (+FW) Sht.

Rhythmic hierarchy:

Syntactic hierarchy:

Fig. 3 *A diagram on rhythmic and syntactic organization: sht. —shortening; lnth. —lengthening; Lnth. + p. ——lengthening plus silent pause; FW—function word*

Apparently, the picture of prosodic structure is sharply different from that of syntactic structure. If we take the viewpoint of syntax, the less the branch of the tree (i. e. , the higher the level), the strong the boundary strength , and the laxer the relationship between the units, thus, the more the opportunity of pause occurrence at the boundary, hence, the longest pause in this example should occur between "这" and "是我军……的基本法规"; however, in fact, from the rhythmic hierarchy, we can see that the main rhythmic break occurs in a lower syntactic level, i. e. , occurs between "这是……第一部" and "全面…的基本法规", where it is marked by a pre – boundary lengthening plus a silent pause, it is the strongest break taken place within the sentence. Usually, this kind of conflicting phenomenon between syntax and prosody exists typically in unbalanced sentences, like this example. Only when the sentence is balanced, i. e. , only in the case of syllable numbers of each direct constituent in a sentence is roughly equal to each other, them the structures for syntax and prosody may be roughly identical. However, due to the limitation on test materials employed in this study, we can not precisely evaluate the weight of balanced and unbalanced sentences in natural speech. In spite of this limitation, our data obtained here at least provide some further evidences to indicate that we can not wish to derive prosodic organization completely from syntactic structure, and vice versa.

4.3 How to view the relation on connection and demarcation between rhythmic units

A rhythmic unit in certain speech layer usually consists of several sub – units, on the one hand, within this unit, these sub – units form a connective relationship, on the other hand, as independent components of the unit, these sub – constituents are demarcated from each other. And it is true not only from the viewpoint of speaking, but also speech perception. Obviously, it is the same phonetic reality related to different rhythmic events. Then, how to view this phenomenon? According to the present investigation, we may understand it from some material base.

As the objective material base, pre – boundary (or unit – final) lengthening, silent pause and special behavior of pitch movement are the main correlates referred to speech rhythm. These parameters have found commonly in many languages including Mandarin Chinese. From the results obtained in the present investigation, we find that the role of the above acoustic – phonetic parameters is multiple, and their function not only complement to each other, but also restrict to one another.

First, different behaviors of the same parameters may signal different rhythmic phenomena. For example, usually, the un – interruption of the declination tendency of pitch register in a prosodic phrase or intonation phrase has a connective function signaling coherence within the unit, while a break, i. e. , resetting in the declination tendency has a demarcative function signaling a unit boundary.

Second, certain combination of different parameters may reflect different rhythmic feature. For example, a pre – boundary lengthening is usually more related to connection relationship between rhythmic units, at the same time, it also implies the existence of the unit boundary, especially when it is accompanied with a silent pause.

According to the situation observed in this study, the lengthening phenomenon usually takes place in the last syllable of prosodic words or prosodic phrases, and it is more prominent in the later case, but seldom occurring in that position of intonation phrases. This situation does match to the difference on rhythmic distance in perception between these layers, i. e. , it corresponds to such a reality: the coherence between prosodic words is much tighter than that between intonation phrases. However, you may noticed that lengthening occurred at the end of a prosodic phrase is more prominent than that at the end of a prosodic word, it does not seem to match with their distance difference. To understand this phenomenon, let us see another relevant aspect, i. e. , the distribution of silent pause.

Generally, silent pause is the main feature to cue the demarcation between rhythmic units, and the longer the pause interval, the stronger the rhythmic boundary is. According to the data listed in Table I or Table IV, the pause interval does form a hierarchy. Specifically, there is no silent pause between prosodic words within a prosodic phrase, while a relative short silent pause usually existed between prosodic phrases within an intonation phrase, and there is always a longer silent pause occurring at the end of intonation phrase, especially at the end of paragraphs, where the duration of silent pause is around 2000ms. Apparently, this situation is well matched with the exact hierarchy of rhythmic boundary strength. However, at the same time, the quantitative difference existed between these pauses also play the role of connection between units by combining with certain distribution of pre – boundary lengthening. Therefore, a longest pre – boundary lengthening occurring at the end of a prosodic phrase is not surprising, because there is a relative short pause there at the same time. Such kind of combination typically reflects the special status of this intermediate unit in speech rhythm. That is, on one hand, prosodic phrase is a most important and common division related to perceived rhythm, hence, it is usually marked by a short silent pause; on the other hand, however, prosodic phrase is a connective bridge worked between prosodic word and intonation phrase, so it must be marked by a significant pre – boundary lengthening, so as to show more connection, in stead of demarcation, in this position.

The acoustic – phonetic manifestation described above indicates that rhythmic connection and demarcation is actually a relative contrast, they form the two organic aspects of the juncture between speech units.

5 Summary

Based on the preliminary investigation conducted here, I would make some suggestion as follows.

(1) Rhythmic structure of Mandarin Chinese contains three basic layers, namely, prosodic word, prosodic phrase and intonation phrase. Each of them is characterized by particular prosodic coherency and boundary features. These features are manifested by certain acoustic – phonetic parameters both in temporal and spectral aspects, and they work in a hierarchical manner: in the low layer, the acoustic effects is a moderate pre – boundary lengthening without any silent pause; while in the high layer, is always a sharp silent pause with a pitch resetting, and usually without pre – boundary lengthening; while in the intermediate layer, it is usually carried out by a prominent pre – boundary lengthening together with a short silent pause, as well as a resetting of pitch register. It is clear that

both special and temporal cues are combined to signal the coherence and boundary hierarchy of rhythmic structure.

(2) Speech rhythm can reflect the strength on time relation between linguistic units. It may be more related to regular occurrence and variation of certain prosodic phenomena at particular positions, in stead of isochrony of prosodic unit.

(3) Generally, rhythmic break must take place at syntactically available boundary, in this sense, and only in this sense, we can say that prosodically defined unit is identified with syntactically defined unit. However, there is no converse theorem in this relation. Therefore, to wish to detect prosodic structure based on syntactic structure is only a fine belief or ideal, rather than a reality.

The information described above may be of benefit to the automatic segmentation and transcription in speech processing, as well as language teaching. However, this is only preliminary study to a very limited materials, and have not considered the possible effects coming from stress, intonation and so on. Therefore, more intensive investigation is needed.

References

Abercrombie, D., 1967. *Elements of General Phonetics*, Edinburgh University Press.

Arvaniti, Amalia, 1994. Acoustic features of Greek rhythmic structure, *Journal of Phonetics*, 22.

Boomer, D. S., 1978. The phonemic clause: speech unit in human communication, in A. W. Sigman etc., (eds) *Nonverba Behavior and Communication*, Hillsdale NJ: Lawrence Erlbaum Associates (quoted from Laver, 1994).

Cao, Jianfen, 1990; 1991. Durational patterns of syllables in Standard Chinese. *The Proc. of* 12th *ICPhS*, Aix – en – Province, France, August 19 – 24, 1991; The original work appears in *RPR – IL* (*CASS*) /1990 [the Report of Phonetic Research, Institute of Linguistics, Chinese Academy of Social Sciences].

——, 1989; 1992. Temporal structure in bisyllabic word frame: An evidence for relational invariance and variability from Standard Chinese. *Proc. of ICSLP'* 92, Alberta, Canada, Oct. 12 – 16, 1992; The original work appears in *RPR – IL* (*CASS*) /1989.

——, 1992 – 1993; 1994. The effects of accentual focus and lexical stress upon temporal distribution in a sentence. *The Proc. of ICSLP'* 94, Yokohama, Japan, Sept. 18 – 22, 1994; The original work appears in *RPR – IL* (*CASS*) /1992 – 1993.

——, 1995. Basic temporal structure of a sentence in Standard Chinese. *Journal of Chinese Linguistics* (*China*), Vol. 7.

——, 1995. Tone sandhi and stress contrast. *Zhongguo Yuwen*, No. 4.

——, 1998. A preliminary study on the rhythm in Mandarin Chinese. *RPR – IL* (*CASS*).

——, 1999. Acoustic – phonetic characteristics on the rhythm of Standard Chinese, *Proc. of* 4th *National Conference on Modern Phonetics*, Beijing, August 25 – 27.

Cooper, W. and Paccia – Cooper, 1980. *Syntax and Speech*, Cambridge, MA: Havard Univ. Press.

Chu, Min and lu, Shinan, 1995. High intelligibility and naturalness Chinese TTS system and prosodic rules, *Proc. of* 13th *ICPhS*, Stockholm, Sweden.

Dauer, R. M., 1983. Stress – timing and syllable – timing re – analyzed, *Journal of Phonetics*, 11: 51 – 62.

Dittmann, A. T. and L. G. Llewellyn, 1967. The phonemic clause as a unit of speech decoding. *Journal of Personality and Social Psychology* 6 (quoted from Laver, 1994).

——, 1968. Relationship between vocalization and head nods as listener response, *Journal of Personality and Social Psychology* 9 (ibid).

Gee, J. P. & F. Grosjean, 1983. Performance structures: psycholinguistic and linguistic appraisal, *Cognitive Psychology*, 1983, 15: 411 – 458.

Grosjean, F., L. Grosjean and H. Lane, 1979. The patterns of silence: Performance structures in sentence production, *Cognitive Psychology*, 1979, 11: 58 – 81.

Hansen, P. M. etc., 1994. Syntax, pauses and temporal relations in the final part of the sentence, *Working Papers*, *Linguistics*, *Lund University*, Vol. 41.

Hua, Wu, 1998. A perceptual experiment on the distribution of pause in read speech, *The Proc. of the Conference on Phonetics of the Languages in China*, City University of Hong Kong, May 28 – 30.

Kohno, M and T. Tsushima, 1989. Rhythmic phenomenon in a child's babbling and one – word sentence. *The Bulletin*, *The Phonetic Society of Japan*, No. 191.

Laver, J., 1994. *Principles of Phonetics*, Cambridge Press, New York.

Li, Aijun, 1998. Durational characteristics of the prosodic phrase in Standard Chinese, *The Proc. of the Conference on Phonetics of the Languages in China*, City University of Hong Kong, May 28 – 30.

Llberman, M. &A. Prince, 1977. On stress and linguistic rhythm, *Linguistic Inquiry*, 8.

Mao, Shizhen, 1994. A preliminary study on grammatical pause in Modern Chinese, *Working Papers of Huadong Normal University*, No. 2.

Miller, G., 1956, The marginal seven, plus or minus two? *Psychological Review*.

Ozelk, K., K. Kousaka, and Y. Zhang, 1997. Syntactic information contained in prosodic features of Japanese utterances, *Proceedings of ESCA*, *Eurospeech*' 97.

Passy, Paul, 1930. *Outlines of Comparative Phonetics*, Chinese version translated by Liu Fu, The Commercial Press, LTD., Shanghai.

Pike, K. L, 1946. *The intonation of American English*, 2nd edn, Ann Arbor,

University of Michigan Press.

Rossi, M, 1997. Is syntactic structure prosodically retrievable? *Proceedings of ESCA*, *Eurospeech*' 97.

Shen, Jiong, 1994. The organization and types of Chinese intonation. *Fangyan*, No. 3.

Trask, R. L., 1996. *A Dictionary of Phonetics and Phonology.* Routledge, London and New York.

Triskova, H. and O. Lomova, 1999. Preliminary announcement of International Workshop on Tone, Stress and Rhythm in Spoken Chinese.

Wen, Lian, 1994. Rhythmic aspect of Chinese discourse, *Zhongguo Yuwen*, No. 1.

Wu, Jiemin, 1992. The period and hierarchy of Chinese rhythm. *Zhongguo Yuwen*, No. 2.

Wu, Zongji, 1992. *An Outline of Modern Chinese Phonetics.* Chinese Language Teaching Press, Beijing.

Xu, Yi, 1986. Acoustic - phonetic characteristics of the junctures in Standard Chinese. *Zhongguo Yuwen*, No. 5.

Yang, Yufang, 1997. Prosodic cues to syntactic boundaries, *Acta Acustica*, Vol. 22, No. 5.

Ye, Jun, 1996. Acoustic cues of pause, *The Proc. of* 3rd *National Conference on Phonetics in China*, Beijing.

Zhang, Bin, 1998. *The Grammar of Chinese.* Shanghai Educational Press, Shanghai.

Deep Structure and Intrinsic Characteristics of Chinese Intonation[①]

（汉语语调的深层结构与内在本质）

Abstract The present study try to clarify the deep structure and intrinsic quality of Chinese intonation by objectively approach to the production process of tone and intonation and their interaction based on the acoustic – phonetic observation. Our main attention is paid to examine (1) what is the basic intonation pattern for the whole course of utterance and how it is formed? (2) how the lexical tone patterns integrate with the global intonation pattern? The preliminary results indicate that intonation pattern is mainly related to pitch register movement of global utterance, it is undulated depending on physiological mechanism and the needs of speech mood and semantic expression. While tone pattern is mainly referred both

---

① 原载《国际声调和语调研讨会论文集》，北京，2004 年 3 月 28—30 日（Proceedings of International Symposium on Tonal Aspects of Languages: Emphasis on Tone Languages, Beijing, March 28 – 30）。

to the contour and the register of pitch change of local syllable or word, and it is lexically given. In real speech, each tone must be modified by global intonation through adjusting its relative register on one hand, and keeps its basic tone shape on the other hand. At the same time, the global intonation must be manifested through the pitch movement of each local tone. The key point is that the relationship between tone and intonation is an "algebraic sum" of pitch register, in stead of that of pitch contour.

摘要　本文以声学－语音学的实验分析为基础，力图探索汉语声调和语调生成的过程，以便客观地揭示汉语语调的深层结构及内在本质。我们的注意力主要集中在以下两个问题上：（1）什么是话语语调的基本模式？它是怎样形成的？（2）具有区别词义功能的声调是怎样跟话语的总体语调有机结合的？初步的考察结果表明，话语语调的基本模式主要跟话语的总体音阶、即调阶运动有关，它的起伏波动取决于言语产生的生理制约以及语气、情感及语义表达的需要。而声调模式既跟各个局部音节或词的音高变化的曲拱调形相关，又跟它们音高变化的音阶特征有关。在实际话语中，各个局部的音节或词，一方面基本保持它们的音高曲拱模式，以满足词义区别的需要，另一方面通过它们的音阶的相对起落变化，满足话语总体语调调阶起伏的需要。也就是说，在实际话语里，局部的声调跟总体的语调是通过它们的音阶而不是调形的相互叠加而有机结合起来的。

1 Introduction

Intonation is the melodic pattern of a language, objectively referred to the pitch movement of an utterance, while its manifestation is language specific.

In respect to spoken Chinese, tonal aspects are rather significant in its function and particularly complex in its variation. Functionally, tonal variation can signal lexical identity, speech prominence, rhythmic organization, as well as intonation structure. These aspects are synchronically carried through the same entity of fundamental frequency (Fo), but behaved in different way and realized as different prosodic component in natural speech, thus, result in a particularly complex F0 contour in surface. Consequently, how to expose the relationship among these components becomes an urgent issue in phonetics theory, and how to decompose them from the surface F0 contour is one of the most difficult tasks in spoken Chinese processing.

To explore the work mechanism for each aspect of prosody in Chinese, many contributes have been made, and various controversies were raised. Among these challenges, the most prominent issue was concentrated on the relationship between lexical tone and intonation. The key point is that how the local tones integrate with global intonation? In the other words, how the individual syllable or word to be said in any intonation without losing its lexical identity? In respect to this issue, various theories have raised since early in last century. The most famous one is the so - called "small ripples riding on large waves" theory as suggested by Chao (1958, 1980).

Unfortunately, however, the comprehending to this theory is still remaining as controversial (Shen, 1985, 1992), the focus of arguments is that how to view the "algebraic sum" in that theory. Shen (1992) argued that the relationship between tone and intonation seems difficult to be counted as an "algebraic sum". While Wu (1996) interpreted that Chao's "small ripples" to be elevated by "large waves" is result in the increasing of tonal scale, but not changing of its contour shape, so the relation of "algebraic sum" is not difficult to be counted.

Another related issue is that whether there is any explicit global form for the intonation of an utterance? It was raised recently by Xu (1999, 2001). After a series of profound approaches, he suggested that there is no explicit global form for the intonation of an utterance. The surface F0 declination is determined by the role of multiple sources, such as the downstep caused by L tone, the new topic or focus in the utterance, and these effects are parallel.

However, according to Shih's (2001) experiment, a clear declination effect was observed. She investigated to a set of sentences, which were designed consist of syllables all with high level tones, so it has avoided downstep effect from low tone features.

Recently, Wang (2003) investigated to 600 sentences which was designed in consists of four lexical tone sequences respectively. Her findings confirmed that there does exist an underlying F0 declination besides the downstep effects come from the low tone feature, the new topic and focus.

However, both of Shih and Wang's research were based on designed read sentences, and these sentences are all consists of syllables with single category of tones. Whether their findings is also true in natural speech or not, some further study is needed.

The present paper will discuss these aspects based on our recent investigation. The main attention is paid to examine (1) What is the basic intonation skeleton for the whole course of utterance and how it is formed? (2) How the lexical tone integrates with the global intonation on one side, and keep their own patterns respectively as well? The preliminary results obtained from this investigation may lead to a practical model of intonation for text – to – speech synthesis in Mandarin Chinese.

2 Material and method

The material used in this study is a set of discourse read by 4 different speakers, through which, we try to discover if there is any global frame of intonation in real Chinese speech.

Acoustically, both tone and intonation is time – varying pattern of pitch change, and both of them are referred to the movement of relative pitch register as well. Hence the pitch value for each syllable was measured, and corresponding register was calculated.

3 Results and Discussion

3.1 Results

Preliminary results are summarized in Table 1, where the distribution of pitch register of syllables in terms of average pitch value in the utterance is listed. These data were calculated according to the upper and lower pitch value of each syllable in certain position of 4 speaker's speech.

Table 1. Average pitch value of syllables with different tone categories at different positions in the utterance

Condition / position	Mean	1st tone	2nd tone	3rd tone	4th tone	Neutral tone
Sent. start	196.2	224.4	182.3	154.8	223.1	--
Sent. mid	164.7	182.8	158.1	149.1	171.2	162.3
Sent. end	113.6	107.0	115.7	--	118.1	--
Phrase. start	184.4	190.2	182.6	159.1	205.8	--
Phrase. mid	164.7	182.8	158.1	149.1	171.2	162.3
phrase. end	143.7	143.4	152.0	--	154.9	124.6
Gen. mean	166.7	180.1	161.7	152.5	169.2	154.0

3. 2 Discussion

3. 2. 1 Global pattern (basic skeleton) of pitch movement in phrase and sentence

First, from the data listed in Table1, a declined trend of pitch register can be seen clearly both in phrase and sentence layer, and it is systematically identified no matter in general situation or in the case of different tone categories. That is, in all the cases, the pitch register at sentence start is higher successively than that in sentence mid and end, and so is in phrase layer. Actually, due to the physiological constraint during speech production, a gradually declination trend of F0 movement must be taken place. Because during speaking, the effect of dropping in speaker's sub glottal pressure upon the F0 declination is a kind of articulatory constraint naturally taken place in speech production, and it needs not to be pre – planned. The declination phenomenon observed here indicates that how robust the declination mechanism is in real speech, and it is right the base of intonation skeleton.

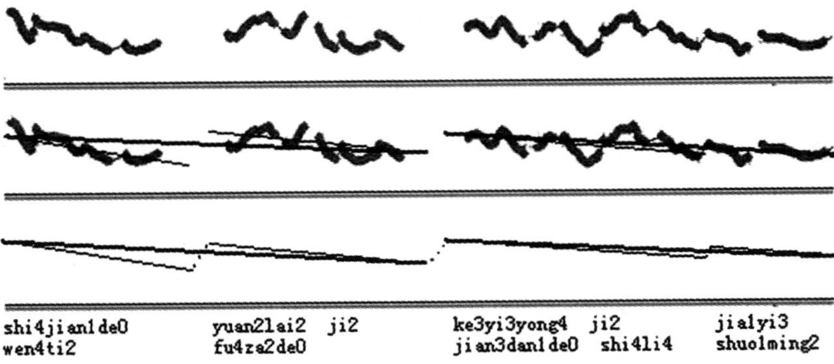

Fig. 1 Example of pitch movement of an utterance

Second, such declination is hierarchically organized. For the convenience of description, a diagram is given in Fig. 1, where the picture in top line is the original pitch curve; the ones in mid show a diagram of declination trend, there are several declined lines added on the original pitch curve, they represent the moving direction of pitch register, they were drawn according to average pitch value of first syllable and last syllable respectively for each prosodic unit. For the convenience of observation, they were separated out as the broken lines at the Fig's bottom. From this Fig., the hierarchical structure can be more directly observed. On one hand, the declination trend is formed in sentence and phrase level respectively, and it is relatively independent in each level, thus form as different layers. On the other hand, the declination profile of sentence pregnancies with those of phrases, thus form into an organic unity. In the fact, the size of phrase is usually different and the smaller ones are embedded in the larger ones. Consequently, the declination profile of an utterance have more complex hierarchy. In addition, as can be seen from the bottom line in Fig. 1, these declined trend in different layers are reset constantly in corresponding prosodic boundaries, thereby leads to the undulation of intonation "large wave" of the utterance. Comparing to the pitch movement within a syllable, the pitch undulation referred to intonation is relatively slow and simple. Moreover, The specific declined slope in speech will be further modified by speech mood, focus distribution and rhythmic structure, these modification are also achieved through pitch register, the details will be specified in another paper (Cao, 2004).

3.2.2 local pattern of pitch movement in syllable or word

The pitch movement of a syllable or word in running speech usually contain two aspects: the one is the time - varying pitch contour (shape) of the syllable, it is determined by its tonal pattern including lexical tone sandhi rule (wu, 1990); the other is the relative pitch register of the syllable or word, it is phonologically constrained and must be modified by rhythm, stress and intonation of the utterance.

In the most cases, such lexically given tone patterns are 1 to 3 syllabic group. From Fig. 1, such tone patterns can be seen everywhere over the utterance, thus forms the so - called "small ripples". Of course, however, the tone patterns in the utterance are somehow deviated from their original form in isolation, that will be specified in section 3.2.3.

3.2.3 Integration between local tones and global intonation

(1) Exist simultaneously

According to Fig. 1, we can see that in continuous speech, the local tones keep their basic F0 pattern, but aligned follow the declined trend of global intonation by elevating or lowering their register. For example, in the first sentence, syllables "shi4" and "wen4" belong to the same lexical tone category, they have almost the same contour pattern, but different in pitch register: the former is obviously higher than the later. Similarly, syllables "yuan2" and "za2" in second phrase, and the two "yi3" s in second sentence, etc., each pair of them have similar pitch contour, but different in their register, the former ones' are all higher than that of the later ones. All these phenomena indicate that the information of tone and intonation are carried synchronically by the same entity.

(2) Superposed each other as algebraic sum

In the case that, if a lexical unit, which is characterized by a relatively higher pitch register, for example, that with a 1st tone or 4th tone, like the "shi4", occurs nearby the peak of "large waves", its pitch register is further elevated. If a syllable characterized by high register, like the "wen4" occurs nearby the valley of "large waves", its register is relatively lowered. On the contrary, if a lexical unit is characterized by low register feature, for example, the "yi3" with a 3rd tone which is characterized by low register, when it occurs nearby the peak of "large waves", its pitch register is relatively elevated; while when it occurs nearby the valley of "large waves", its register is further lowered. That is right agreed with Chao's (1980) opinion of "positive plus positive is more positive" and "positive plus minus will be dependent on which one's absolute value is larger". Accordingly, the key point of so-called "algebraic sum" between local tone and global intonation is mainly related to the movement of pitch register, in stead of the variation of pitch contour.

4 Conclusion

According to the preliminary results obtained from this investigation, we would suggest that (1) There does contain an explicit form of entire intonation component, it presents as the declined trend of pitch register movement. This trend is slowly downward and upward alternately due to the resetting at different prosodic boundary. We suppose that such underlying declination is mainly caused by physiological constraint, and strengthened by the downstep effect of L tone, focus and new topic. The specific declined slope in real speech will depend on speech mood, focus distribution and rhythmic structure. (2) Our data reveal that Chao's "algebraic sum" theory is basically reliable, but his attention was mainly concentrated on the last syllable of a phrase or sentence, while ignore other parts of the utterance. Our data support this theory and further clarify that the relationship of "algebraic sum" between tone and intonation does work over the whole course of the utterance. (3) Local tones and global intonation in Chinese is both relatively independent and integrate with each other. On the one hand, the global form of intonation is manifested through local configurations of tones; on the other hand, each local configuration of syllable's Fo contour must be modified by global configuration, so that to synchronically carries the information both of lexical tones and intonation. Their integration is achieved through the variation of pitch register, instead of pitch contour.

References

Cao, Jianfen, 2004, Intonation structure of spoken Chinese: its universality and specificity. *From Traditional Phonology to Modern Speech Processing* (*Festschrifts for Celebration to Professor Wu Zongji's* 95th *Birthday*), Foreign Language Teaching and Research Press, Beijing.

Chao, Yuan - ren, 1958 - 1980, *The Problem of Language.* Commercial Press, Beijing.

Shen, Jiong, 1985, Pitch range of tone and intonation in Beijing dialect. In Lin Tao et at. Edited *Experimental Phonetic Study of Beijing Dialect*, Beijing University Press.

——, 1992, An intonation model of Chinese. *Yunwen Yanjiu*, No. 4.

Shih, Chilin, 2001, Generation and normalization of tonal variations. *Journal of Chinese Linguistics*, monograph series, no. 17, University of California, Berkeley, USA.

Wang, Anhong, 2003, *Research on the pitch downtrend of intonation in Putonghua*, The PhD dissertation of Beijing University.

Wu, Zong - ji, 1990, Can polysyllabic tone - sandhi patterns be the invariant units of intonation in spoken Standard Chinese? *Proc. of ICSLP*' 1990, Kobe, Japan.

——, 1996, Yuan - ren Chao's contribution on the tonal study of Chinese. *Journal of Tsinghua University*, Vol. 11, No. 3.

Xu, Yi, 1999, Effects of tone and focus on the formation and alignment of F0 contours. *J. Phonetics* 27, 55 - 105.

——, 2001. Sources of tonal variations in connected speech, *Journal of Chinese Linguistics*, monograph series #17: 1 - 31.

汉语的轻音[①]

前　言

自然话语里语音轻重的对比是个客观存在。如今，大家对于汉语里的重音问题日渐重视，研究成果颇多。然而，重音和轻音是一个问题的两个方面，重音是跟轻音对比而存在的。正因为有了轻音，才使得重音更加凸显。这说明轻音的作用不可忽视。所以，在汉语里，轻重音常常并提。可是，相对说来，人们对轻音却关注甚少。在中国语音学界，林焘先生是最早重视轻音的作用、并从事系统研究的学者之一，在汉语轻音的研究方面作出了重要贡献。今天缅怀先生，笔者想特别呼吁，加强对轻音特性的研究，提高对轻音作用的认识。

1　轻重音在汉语中的地位

跟其他语言相比，汉语轻重音问题的研究远远不够，尤其是语句层面上的轻音，人们较少关注。事实上，在汉语里，轻音和重音同样是不可忽视的韵律特征。早在 20 世纪 20 年代，赵元任

---

① 原标题为《加强对轻音特性的研究》，《燕园远去的笛声——林焘先生纪念文集》，商务印书馆 2007 年版。

先生在论述汉语中性语调的时候，首先提到的就是轻音字的问题。并且强调："所以讲轻音字而不讲重音的缘故是因为字念重的时候不过把声调的范围加大跟时间拉长，并不改变它的性质，而轻音字可就完全失去它的固有的阴阳赏去的声调，它的音高性质就完全跟着它的环境而定了"。可见轻音对于语调的影响是不可忽视的。一些教科书（例如《现代汉语》，北京大学中文系现代汉语教研室编，1993 年）也明确指出："汉语里轻重音的概念跟西方语言很不相同。西方语言着重在重音的概念，而汉语恰恰相反，着重在轻音的概念。"

1.1 从语音教学的角度看

如果说对汉语轻重音认识上的不足，对于一般人的语言交际还没有什么大碍的话，那么，对于外国人学习汉语或者对于方言区的人学习普通话来说，它就不是一件小事了。

在语言教学方面，由于汉语音节声、韵、调的结构特点，人们往往主要着力于字音的教学和矫正。而对于字音在实际话语中的韵律变化注意不够。林焘先生在《汉语韵律特征和语音教学》（1989）一文中指出，"对一个音节进入语句后韵律特征的变化如果注意不够，即使每个音节都读得很准，听起来必然仍旧是不够流利顺畅。可以说只做到了'字正'，并没有达到'腔圆'"。这正是对对外汉语教学中常见的"洋腔洋调"现象的最精辟的概括，也是对方言区普通话教学中出现的种种方言口音问题的科学诊断。

汉语音节在语流中的韵律变化错综复杂，其中轻重音的变化尤其突出，它涉及相关音节声、韵、调各个方面系统的增强或减缩。因此，无论是外国人学汉语时的"洋腔洋调"，还是方言区的人学习普通话时的"土腔土调"，重要原因之一就是轻重音掌握不好，特别是轻音最难掌握。仅以普通话主要语音特点之一的轻声为例，它就不是轻易能够掌握的。更不用说一般的语流轻音了。

1.2 从计算机合成语音的角度看

对于人的学习而言，如果说还可以仅仅通过反复听辨获得语感、进而模仿掌握轻重音的话；那么对于计算机的语音合成或自动识别来说，授以相关的知识和规则就是必不可少的了。

以语音合成为例，它是自然言语处理方面发展最为迅速的领域。如今，大家对于韵律短语切分和音高下倾等都比较重视，无论是理论探索还是实际应用，都取得了较大的进展。但是，合成语音的自然度和表现力仍然不尽如人意。究其原因，主要是尚未处理好整体的韵律结构关系，其中最主要的就是轻重音的调节问题。

我们最新的实验分析表明（曹剑芬，2006），自然话语中发音的增强（strengthening）和减缩（reduction）是普遍现象，它们的规律性分布跟话语的韵律层次结构密切相关。而重音和轻音的对比，说到底就是来源于发音力度的对比，重音本质上源于发音的增强，轻音本质上源于发音的减缩。相关的声学分析发现（曹剑芬，2004），目前的合成语音跟自然语音还具有明显的差距。在自然话语里，各个音节发音力度的变化很大，有的十分饱满，有的则明显减缩，因而轻重的层次非常丰富。而且，在一般情况下，除了重读的音节以外，大量存在的是非重读的音节，它们有时读得很轻，近似于轻声，但却对重音起着不可忽视的烘托作用。这些轻音的存在，不但使得重音更加突显，而且使得话语的结构层次更加分明。

相比之下，目前的合成语音的发音力度相对单调，各个音段的发音都比较到位，缺乏应有的相对饱满和相对减缩的必要差异。其重要原因之一就是忽略了语流轻音的适当处理。也就是说，合成语音的轻重音层次不够明显。在大多数合成系统中，往往只注意局部的词重音和语句主要重音的设置，而忽略了大量存在的非重读词或音节的轻音处理。由于语流轻音不仅涉及相关音节声、韵、调的全面弱化，而且通过它与重读音节或边界音节发音增强的反差，直接对话语的韵律结构作出贡献。所以，如果只注意一般的重音设置，而缺乏对语流轻音的适当处理，就必然导致合成韵律结构上的某种失调。这就是为什么目前的合成语音听起来总是显得单调、缺乏层次感和表现力的缘故。

上述情况表明，重音的层级结构对整体的韵律结构的构建至关重要。而重音的层级结构又绝对离不开轻音的对比和烘托。可是，对于汉语的轻重音分布规律、特别是轻音出现的规律，目前我们还缺乏较为成熟的认识。因此，加强对轻重音分布规律、尤其是对语流轻音现象的探索，已经成为语音学和言语工程领域迫在眉睫的研究任务了。这篇短文只是简单谈点不成熟的看法，主要是提出一些问题，以便求教于大方。

2　轻音是什么?

2.1 音节的轻读现象

轻音跟重音相对，顾名思义，重音是重读的音，那么，轻音就是轻读的音，或者非重读的音。可是，这么一说，问题就来了：轻音跟轻读有什么区别？轻音和轻声又是什么关系？此外，语流中音节非重读的程度也不一样，究竟轻到什么程度才算轻音？总之，这方面需要进一步探索的问题还不少。林焘先生的研究已经给我们打下了良好的基础，我们应该从语音的基础理论研究和语言教学、自然言语处理等方面的实际需要出发，循着林先生的足迹，把对这个问题的探索继续向前推进。力求不断提高理论认识，争取为有关应用方面提供一套比较一致的、便于操作的轻重音规则来。

2.2 轻读、轻音和轻声

在自然语言里，由于各个音节在语义表达上的地位不同，或者在语言结构中的作用不同，有的会读得重一些，有的会读得轻一些，所以，轻读跟重读的对比是自然语言里存在的客观现象。关于普通话里音节轻读的现象，叫名不一，有的叫轻音，有的叫轻声；或者有时叫轻音，有时叫轻声（例如，赵元任，1929、1968）。事实上，它们都是音节轻读的现象，只是由于着眼点不同，或出现的层次不同，其内涵也不完全一样。

（1）轻读（unstressed）是从发音或说话的角度看。一般所谓轻读，是相对于重读（stressed/accented）而言。轻读就是词或句子里的某个（些）音节（或语音成分）发得不太清晰和不太到位的现象。这样的发音方式，在声学上通常会导致语音四要素的减缩，包括音高音阶的降低和音域的压缩、音长的缩短、音强的减小以及音色的弱化。

（2）轻音（weak stress），是从听音或听话的角度看，本质上是对词或句子中被轻读的音节或语音成分的听觉印象。由于发音的减缩，被轻读的成分听起来就不太响亮。所以，语音学上就把轻读的现象叫做轻音。由此可见，重音是发音强化的结果，而轻音是发音弱化的结果，本质上属于同一个范畴。

（3）轻声（neutral tone/neutralized syllable），轻声是普通话里一种特殊的轻音，跟词法结构有关系，也叫词汇轻音。轻声最显著、最引人注意的特点就是失去原有的声调，或者说它的声调对立中和化了（neutralization）。所以，也有人把轻声音节称为无调（atonic/toneless）音节。实际上，实验研究早已证明（扎多延柯，1958；林茂灿和颜景助，1990），轻声音节是弱读音节，轻声是一种弱重音。进一步的语音实验结果（曹剑芬，1986，1995）表明，轻声的最大特点就是整个音节发音的减缩，因而能量低。

这是整个音节的音高、音长、音强和音色四要素综合变化的总体效应，而不仅仅是个声调问题。除了音高的变化以外，音长一般较短，音强一般较弱，音色趋央，但不一定变成央元音。具体特性可参阅相关文献，此处不再赘述。

3 轻音的层次

重音有不同的层次，有词层面的，也有语句层面的。同样，轻音也有不同的层次。关于这一点，林焘先生（1962）早就把轻音明确地划分为结构轻音和语调轻音，指出这两类轻音的特点和功能都不一样。林先生从语音和语法关系的角度划分轻音的层次，不但为我们进一步认识轻音的性质及其作用奠定了良好的基础，而且对我们今天研究韵律结构跟语法结构的关系具有重要的启发作用。

3.1 结构轻音和语调轻音

（1）结构轻音

结构轻音是跟语言的结构层次有关的音节轻读，例如“的、了、吗、呢、啊、得、着、过”等在语流中必须轻读，它不能独立存在，只能跟它前面的音节构成一个语音单位。这种语音单位可以是词，也可以是短语，甚至句子。所以，结构轻音的出现总是指示着一定层次的结构边界。从当今人们特别关注的韵律切分的角度看，结构轻音是一种重要的韵律边界标志。

结构轻音的另一个特点就是不能恢复为正常重音。在连续话语中，结构轻音即使在相关词语成为语义焦点的情况下也保持轻音状态。例如，在“这是谁的书？是他的书。”中，尽管语义焦点落在“谁的”和“他的”上，但其中的两个“的”仍然只能轻读。

结构轻音又可以大致分为广义的和狭义的两种。广义的结构轻音是那些习惯上必须轻读的音，但不一定具有区别意义的功能。例如“的、得、了、着”之类，以及一些叠音词像“哥哥”、“奶奶”、“试试”等的第二音节。狭义的结构轻音跟词法结构有关，具有构词作用，所以也叫词汇轻音，普通话的轻声就属于这一类。例如，“孙子”跟“孙·子”、“莲子”跟“帘·子”在语义上就是通过音节“子”是否读轻音来区别的。

（2）语调轻音

语调轻音是语句层面上跟语气表达相关的、临时的轻读现象。这类轻音属于语调范畴，在语句中跟语调重音相对而存在，必要时，它们又都可能读成重音。例如，“他是学生”中的“是”通常读轻音；可是，在一定的语境下，例如在强调他的确是学生时，这个“是”就会读成重音，成为“他**是**学生”。

此外，语调轻音跟结构轻音不同，结构轻音一般出现在结构单元末尾而不出现在单元的开头，而语调轻音可以出现在任何位置包括句首。譬如，“他是学生”这个句子中的“他”，如果是一般叙述，其中的“他”是轻读的；只有在强调所说的学生是“他”而不是别人时，“他”才会变成重音。

由上可见，语调轻音是由语境决定的非重音，它的重轻地位随着语境的改变而改变，所以也叫语句轻音或者语流轻音。

3.2 轻音和非重音

语句层面的重轻对比是一种韵律特性，如果用音系学的二分观点看，那么除了重音，就是非重音（unstressed）。可是，在语音学上，非重音还存在许多不同的等级，而这种等级差别并非绝对的二分区别，而是相对的梯度式的差异。而且，在知觉上往往因人而异，有的人能够把非重音区分出多个等级，而大多数人恐怕只能区分出“中”和“轻”两级。由此可见，非重音在理论上可以有许许多多等级，而实际知觉上不可能有一个统一的标准把这些差别都精确地细分出来。因此，广义地说，语流中除了重音以外，其余的都是不同程度的非重音。可是，非重音又不一定都是轻音。那么，轻音跟非重音是什么关系？非重音轻到什么程度才算轻音？这种程度上的差异究竟怎样衡量？在实际应用中如何把握？它们在语流中的分布又有什么规律？对于这些问题，至今尚无十分明确的认识，有待于进一步的研究和探索。

参考文献

曹剑芬：《普通话轻声音节特性分析》，《应用声学》1986 年第 4 期。

曹剑芬：《连读变调与轻重对立》，《中国语文》1995 年第 4 期。

曹剑芬：《从语音合成看汉语的重音结构》，在纪念吕叔湘先生百年诞辰国际学术研讨会上的报告，2004 年 6 月 22—23 日，北京。又见 2005 年语言研究所语音研究报告。

曹剑芬：《发音增强与减缩——语言学动因及语音学机理》，第七届全国语音学学术会议暨语音学前沿问题国际论坛，北京，2006 年 10 月 20—22 日。

林茂灿、颜景助：《普通话轻声与轻重音》，《语言教学与研究》1990 年第 3 期。

林焘：《现代汉语轻音现象反映的语法和语义问题》，《北京大学学报》1957 年第 3 期。

林焘：《现代汉语轻音和句法结构的关系》，《中国语文》1962 年 7 月号。

林焘：《汉语韵律特征和语音教学》，在世界华文教学研讨会上的发言，1989 年。

殷作炎：《关于普通话双音常用词轻重音的初步考察》，《中国语文》1982 年第 3 期。

扎多延柯：《汉语弱读音节和轻声的实验研究》，《中国语文》1958 年 12 月号。

赵元任：《北平语调的研究》，《赵元任语言学论文集》，商务印书馆 2002

年版。

赵元任：*A grammar of Spoken Chinese*，中译本《汉语口语语法》，商务印书馆 1979 年版。

汉语普通话词重音问题再探[①]

摘要 本文共分四个部分。第一部分概述对普通话词重音问题的讨论；第二部分是对自然话语里词重音的知觉实验和分析；第三部分是对计算机合成话语里词重音的知觉实验和分析；第四部分是小结。基本结论是：普通型词内虽然存在“重”与“中”的相对差异，但并不构成区别性的对立；无论是孤立单念的词，还是在连续话语中，多数人、多数情况下倾向于重中型，而不是中重型，具体分布规律不明显。所以，重中与中重的差异只是普通型词重音的随机变体，而不是两个独立的词重音类型。

1 前言

1.1 关于汉语词重音的主要争议

一般认为，汉语普通话两音节词的重音格式有两类，一类是带轻声的，叫做重轻型；一类是不带轻声的，可以叫做普通型或正常型。这个看法在语言学界已经比较一致。有争议的是，在普通型里，是否还有中重型和重中型的对立？汉语普通的词重音究

---

① 本文原载《南大语言学》第三编，商务印书馆 2008 年版。

竟是中重型还是重中型？也就是说，普通话的词重音，除了重与轻的对立以外，还有没有重与中的对立？

由于这个问题的复杂性，必须分开不同的层次、从不同的角度加以探讨。

分开不同的层次，就是要把词层面的重音对立跟语句层面上的轻重差异区分开来。这是因为，若从连续语句中的情况来看，具体音节之间不但有重与轻的差异，而且有重与中、甚至重与次重、轻与次轻等等更多的等级差异。但是，那是受整个语句韵律调节的结果，已经是属于语句重音的范畴了。显然，不应该、也不可能依据这样的轻重差异来确定词的重音类型。

从不同的角度审视，就是既要考察词单念时的重音模式，又要分析它们在语流中的具体表现。因为词重音是词的语音结构的一部分，在普通话里，词重音的对立既是一种韵律特征，又是一种构词手段。某个词一旦进入连续语句，其词重音类型会不会发生变化？怎样变化，有没有一定的规律？这是判断这种词重音模式是否稳定的最好的试金石。

1.2 对孤立单念的词重音的讨论

起初，关于汉语词重音的讨论，基本上都是以单念的词作为主要的考察对象。即使有少数有关语句中词重音的分析，也都是对人工设计的实验负载句中情况的考察。主要观点可以大致概括如下。

1.2.1 汉语普通的词重音究竟是中重型还是重中型？

一种是“右重论”，认为汉语不带轻声的正常词重音属于后重型，或者叫中重型。这是许多权威文献的普遍看法。例如，赵元任（Chao，1968）指出，没有强调、也不带轻声字的词，其末字最重；不过，这种普通音节之间的相对轻重，感觉上很微弱。此后，林茂灿等（1984）曾报道过对孤立的正常重音双音节词重音的听辨试验，结果发现，被75%以上的听音人听为后重的词，在男发音人的样本中占91.2%，在女发音人的样本中占88.3%。这个结果说明，汉语普通的词在孤立单念的情况下，似乎是以中重型为主。

另一种是“左重论”。例如，端木三（1999）从重音与节奏的相关性出发，论证了汉语双音节词以“左重步”为主，重音落在奇数音节上，“右重步”的情况比较少，而且有些争议。根据端木三的这个理论，正常词重音似乎又是以前重型，或者叫重中型为主。

事实上，普通音节之间的重与中是不大容易区别的。端木三（1999）曾经分析了这种普通音节之间的轻重之所以不好区别的缘由。因为辨别重音所依赖的声学特征首先是音调，其次是时长，最后才是音量（Fry，1958）。而汉语的音调要区别词义，不能随便改变，此外，汉语普通音节都长，时长变化受限制，所以汉语失去了辨别重音差异的两个主要依赖。剩下的只有音强，而它对于重音又是最次要的因素。

正因为如此，对于汉语的词重音究竟是中重型还是重中型的问题，至今未有一致的看法。

1.2.2 重与中的对比是否构成区别性的词重音对立？

一种观点主张，普通话里存在重与中的对立。例如，殷作炎（1982）曾经指出，中与重的不同也像某些重与轻的对立一样具有区别意义的功能，譬如，“工事”与“攻势”、“公鸡”与“攻击”以及“生气（动词）”与“生气（名词）”等等的区别就是跟读“中重”还是“重中”有关的。

另一种观点则认为，这种中与重的对比并不真的构成具有区别意义作用的对立。

首先，从听觉感知的角度，林茂灿等（1984）曾经对上述这类词作了人群听辨测试，结果并不能支持重与中构成对立的观点。其次，是从声学语音学的角度进行的对比分析（林茂灿等，1980，1984；曹剑芬，1989，1994，1995），也没有找到重与中构成对立的声学根据。

曹剑芬（1995）的相关实验研究发现，在普通型词里，不管听起来是重中型还是中重型，前后两个音节的声调都是正常的声调，连读变调的格式也相同。比如“上上相连”，都是第一上变阳平，而并不因为中重与重中的差异而有所不同。并且，变调后的声调仍然属于普通话的一个调类，调形和调值相对稳定。相反，在轻声型词里，它们的声调就跟普通型的构成鲜明的对比。一般是重读的前音节保持正常声调不变，而读轻声的后音节不但失去原调，失去四声对立，而且调域减缩，变成了原来没有的特殊调形和调值。

再从时长结构来看，两字组在单念时，末字会稍微长一点（林茂灿等，1984）。可是放到句中读时，却是首字最长（王晶、王理嘉，1993）。曹剑芬（1989，1994）的相关考察也表明，在普通型词里，前后两个音节的时长大致相当。不过，单念的跟连续话语中双音节词相比较，首、尾音节的时长分布也表现出系统的差异，具体如表 1 的数据所示。在单念的情况下，一般是前音节稍短、后音节稍长些，但是，也有相反的情况，而且往往因人而异。有的发音人多半念后长些，而有的发音人多半念后短些，没有一定规律，也并不影响理解。而到了语句中，首音节普遍地比尾音节来得长。由此可见，所谓重中型跟中重型之间在时长结构上也并不存在系统的差异。可是，轻声词的时长结构就不同了。从表 1 的数据可以看出：前音节明显地长，后音节显著地短，两者具有系统的差异。而且，不管在单念时还是在语流中都是如此。

表 1　　**单念和语流中双音节词内音节时长分布比较**

重音类型 条件	普通型				重轻型		
	音节顺序	样本数	时长均值	标准偏差	样本数	时长均值	标准偏差
单念	首音节	16	278.92	63.5	16	329.61	45.4
	尾音节	16	330.22	64.8	16	208.69	29.4
语流	首音节	18	296.33	40.8	18	322.13	47.9
	尾音节	18	153.73	49.2	18	163.79	31.1

此外，对强弱结构的比较分析也发现，普通型里前后音节之间在能量强弱方面的差异不甚明显。根据林茂灿等（1980）的声学分析结果，既有前音节的能量大于后音节的，也有后音节的能量大于前音节的，具体情况因人而异。这说明，这类词里两个音节之间的能量差异也只不过是一种随机的量的差异，是一种相对的对比。与此相对，在轻声词里，后音节的能量几乎无一例外地比它的重读前音节的要小得多，大约只有前音节能量的 40% 左右。这就说明，只有在轻声词里，两个音节之间的能量差异才构成系统的、质的区别，具有规律性的模式，是一种绝对的对立。

另外，还可以比较一下音色结构。相关的对比分析发现（曹剑芬，1986），在普通型的两音节词里，不管听起来是重中型还是中重型的，前后两个音节的发音都比较到家，每个音节的声、韵母在音色方面都没有本质的变化。可是，轻声词里的情况就不同了，前音节一般发音很到家，而后音节的音色则发生了质的变化：韵母元音发生央化，原本不同元音的音色都有向央元音靠拢的趋势；声母辅音发生弱化，主要表现为擦音变短弱或失去摩擦，塞音或塞擦音的破裂变弱或失去破裂，还常常伴有清辅音的浊化，等等。

最后，在对普通型跟轻声型重音结构在语流中的稳定性进行比较时，还观察到，就普通型而言，无论是重中型还中重型，必要时还可以临时转化为重轻型（曹剑芬，1994，1995）。也就是说，可以由重或中变成轻，这种现象证明了重与中对比的不稳定性和相对性；相反，真正轻声词的重轻结构模式却是非常稳定的，即使整个词在语句中被强调重读，其重轻对立的结构模式也仍然保持不变。这表明了重轻对立的稳定性和绝对性。

总之，迄今为止，对于所谓“重”与“中”的对立，既没有找到知觉上的依据，也没找到构成区别性对立的客观语音基础。

1.3 对自然语句中词重音表现的考察

近年来，对汉语词重音在语句中表现的探讨日渐增多。例如，王韫佳、初敏等（2001）曾对句子中双音节韵律词重音进行了感知研究，考察的对象取自一个语料库中同一个发音人所说的 300 个句子。结果如表 2 的数据所示。

表 2　　重音感知的总体情况

韵律边界	边界个数	前重所占比例(%)	后重所占比例(%)	前后等重所占比例(%)
B1	628	49.36	8.12	42.52
B2	621	23.35	29.47	47.18
B3	149	24.83	32.21	42.95
B4	368	23.10	27.99	48.91
总体	1766	32.67	21.8	45.53

表 2 的数据总体表明，听为前重的词占 1/3 弱，听为后重的占 1/5 强，前后音节轻重对比不大的占总数的近一半。此外，他们还发现，不同等级韵律边界前的词重音情况也不尽相同。大体说来，可以分为两类。一类是处于自然音步边界前的词，听为前重的占总数的近一半，前后轻重对比不大的也将近一半，而只有不足 1/10 的听为后重；另一类是处于较高层次边界前的词，听为后重的占总数的 1/3 弱；听为前重的约占 1/4 左右，而前后轻重对比不大的占 40%—50%。

从王韫佳、初敏等的这个研究结果可以看出，语句中词重音的分布跟孤立词的重音分布的确有所不同。根据林茂灿等（1984）的听辨试验报告，孤立单念的双音节词以后重的为主；而王韫佳、初敏等的研究结果却表明，在句子内部，极大部分的双音节词的前后轻重对比不大，即使在对比比较明显的情况下，也是前重的多于后重的。

1.4 问题与探索

综上所述，对于汉语普通型词重音的特性，人们尚未得出明确一致的结论。就重中与中重的差异而言，虽然并不构成区别性的对立，但彼此的相对对比显然是客观存在。关键是，大家尚不十分清楚，这种对比在自然话语里怎样分布？有什么特点和规律？这种状况已经给言语工程和对外汉语教学等应用方面带来很大的困惑。他们在从事计算机的语音合成、识别和理解以及对外汉语教学时，越来越迫切地要求了解汉语的重音分布规律。言语工程和对外汉语教学等应用方面的这种急切需要，不但敦促语言学工作者进一步加强这方面的探索，而且从不同的角度启发我们向新的广度和深度开掘。

在同言语工程学界合作的过程当中，尤其是语音合成过程中，我们逐渐对汉语的重音特性及重音分布积累了一些新的认识。初步的考察结果显示，语句中的重音分布，包括词重音和语句重音，都会受节奏层次和语调结构的制约，也具有一定的层次和等级结构（曹剑芬，2004c）。就词重音而言，重中与中重的对比关系，恐怕也难免会受高层韵律特征的制约和调节。因此，有必要进一步揭示这种制约和调节机制。当然，汉语的重音是个极其复杂的问题，谁也不可能期望毕其功于一役。它需要各方面的悉心切磋、共同探讨，才能逐步认识清楚。本文试图结合自然语音分析和计算机语音合成试验，仅就普通型词重音问题再做些探讨，重点考察重中与中重对比的分布特点和规律。

2　自然话语重音知觉实验

2.1 实验语料

此前的许多研究，包括实验分析，考察对象多限于孤立单词；虽然也有对语句情况下的词重音知觉试验，但是实验样本多半取自单念的句子，而不是自然连篇的话语。而且，语料规模虽然较大，但是往往局限于单个话者的语音，很难说考察结果是否带有个人特点。为了进一步认识自然的连续话语中的词重音情况，本实验从一个多人朗读的语篇语音库中选用了两个段落作为基本语料。每一段落都包括 4 个不同话者的话音。具体语料的文本如下所示：

分粥制度

世间的**问题**，**原来**极复杂的可以用极简单的事例加以**说明**。搞社会科学**研究**，一条重要的学术**规律**，即是先设定简明的几个**前提**，**然后**逐步引入多个**变量**，由浅入深地进行**分析**。罗尔斯的恢宏巨著《正义论》，也是从所谓“无知之幕”出发的。**我们**不妨从一个简单情形**出发**，**探讨**一下权力制约的制度**问题**。

有 7 个人组成的小团体，**其中**每个人都是平凡而且**平等**，**没有**凶险祸害之心，但不免自私**自利**。**他们**想用非暴力的**方式**，**通过**制定**制度**，来解决每天的吃饭**问题**——要分食一锅粥，但并没有称量**用具**，或有刻度的**容器**。

考虑到自然的连续话语中语流轻音的频繁出现，非终端位置上的词重音很不稳定，一下子不容易弄清楚，本文暂不讨论。为了便于考察比较典型的情况，这里只抽取了终端位置上的双音节韵律词作为考察对象，具体考察的词目如上面文本中的粗体部分所示。从各个不同话者的语音材料中，共获得听辨刺激 108 个。语料的规模虽然较小，但毕竟是自然说出的话语，而且包括了几个不同话者的话音，可以用来初步观察群体反映的共同倾向，为更大规模的统计分析做准备。

首先把上述语料中的双音节韵律词，从各个话者的语音材料中切分出来，然后打乱次序，请了 11 个听音人判断和标注哪个词听起来是重中（前重）型，哪个词是中重（后重）型，实在判断不定的就标为并重。共获得 1188 个听辨反应。为避免可能的记忆效应，四个话者的语料安排在不同时间测试，并至少相隔开几个小时①。知觉判断和标注结果如下。

2.2 实验结果

2.2.1 初步印象

根据知觉判断和标注结果，发现以下几个现象：

第一，对同一个测试对象，不同听者的判断结果有的相同、有的不同。也就是说，对同一个人所说的同一个词，虽然客观声学特性相同，但是，不同人知觉的重音模式却不一定一样；

第二，有些词，不同话者说出来的重读模式可能本来就不一样，声学特性也不一定相同，但是，同一听者作出的反应却可能相同，也就是可能把它们判断成相同的重音模式。具体情况如表 3 列出的 11 个听音人对男、女两个发音人所发的 5 个韵律词的反应所示。表中的反应类型“前”代表重中型；“后”代表中重型；“并”代表分不出前后音节哪个更重的并重型。F1 代表女发音人 1 的话音，M2 代表男发音人 1 的话音；A、B、C……代表 11 个听音人。

---

① 本文的知觉实验都是请中国科学院心理研究所博士生黄贤军具体实施的，特此致谢！

表 3　　韵律词重音类型知觉反应模式举例

话者/听者/词	F1											M2										
	A	B	C	D	E	F	G	H	I	J	K	A	B	C	D	E	F	G	H	I	J	K
分粥	并	后	后	前	后	前	并	后	后	并	并	并	前	后	后	后	并	并	并	并	前	前
制度	前	前	前	前	后	并	前	前	并	前	后	并	并	前	前	前	并	前	前	前	前	前
问题	后	后	前	并	后	并	后	前	前	前	前	并	前	后	并	后	并	并	前	并	前	前
原来	后	前	前	前	后	前	并	并	前	并	后	前	后	前	前	后	并	并	前	并	并	前
说明	并	并	后	后	前	并	后	后	后	并	前	并	并	前	前	前	并	前	并	后	并	前

从上面这个表中的情况，似乎看不出什么规律。例如，以对“说明”一词的重音判断为例，无论是不同听者（A，B，C，D，E，F，G，H，I，J，K）对同一个话者（F1）发音的判断，还是这些听者对不同话者（F1 与 M2）发音的判断，都不存在显著的一致性。但是，若把上述知觉试验中 11 个听音人对 4 个话者发音的知觉反应结果汇总起来，便可以看出一种相当一致的倾向，那就是：听成重中的占绝大多数，接近总数的一半（44.4%）；而听成中重的相当少，仅占 21.5%；听成并重的占 1/3 以上（34.1%）。详细情况见表 4，它代表了一定人群对终端位置上词重音类型的知觉反应的总体趋势。

表 4　　韵律词重音类型人群听辨标注结果汇总

话者/知觉结果	重中	并重	中重	共计
F1	121	92	84	297
F2	116	111	70	297
M1	144	96	57	297
M2	147	106	44	297
总体情况:				
小计	*528*	*405*	*255*	*1188*
占总数百分比	*44.4%*	*34.1%*	*21.5%*	*100%*

以上这个总体反应倾向跟王韫佳等（2001）所得的实验结果基本一致。主要差异在于：在他们的测试结果中，前后音节轻重

对比不大的比例略大于重中的比例；而本文所得测试结果是重中的比例略大于前后音节基本并重的比例。这种差异可能出于两个原因：第一，两者的测试对象的类型不完全相同。他们的测试对象涵盖了句中所有韵律边界前（包括 B1，B2，B3 和 B4）位置上的双音节韵律词；而我们这里测试的是话语里所有较大终端位置上的双音节韵律词，既包括韵律边界前的，也包括韵律边界后的，只是没有涵盖韵律词那一层边界（即 B1）两边的样本。第二，他们测试的是一个人的语料，不能排除个人特点；而我们测试的是多个人的语料。实际上，从表 4 所归纳的 11 个听音人对 4 个话者韵律词重音类型的听辨标注结果来看，不同话者之间的个人差异还是确实存在的。例如，就话者 F2 的发音而言，被判断为重中的跟并重的比例大致相当；而其余三个话者的发音，被判断为重中的比例则明显地高于并重的。由于这里测试的话者还不够多，很难说是否会有别的话者，他们的习用模式会是并重的比例略大于重中的比例。但是，这里已经可以看出，在大多数话者的话语中，更多地倾向于发重中型。

当然，以上只是个初步印象。为了真正认识上述种种复杂表现，我们又对这个测试结果作了进一步的分析研究。主要探讨了以下几个问题：

第一，重中/中重差异是否跟处于韵律边界之前和之后有关？

第二，重中/中重差异是否跟话者发音的重音习惯有关？

第三，重中/中重差异是否具有与之相应的声学模式？

2.2.2 实验结果分析

（1）边界效应分析

表 5　　　　双音节词重音类型人群知觉反应模式

韵律词	话者 / 韵律位置	11人对4个话者发音的知觉反应结果				
		F1	F2	M1	M2	小计
分偶	界后	后 5 并 4 前 2	后 5 前 3 并 3	前 5 并 3 后 3	并 5 前 3 后 3	后 16 并 15 前 13
制度	界前	前 7 并 2 后 2	前 7 并 3 后 1	前 8 并 3	前 8 并 3	前 30 并 11 后 3
问题	界前	前 5 后 4 并 2	前 5 并 3 后 3	并 6 前 4 后 1	并 5 前 4 后 2	前 18 并 16 后 10
原来	界后	前 5 并 3 后 3	前 6 并 4 后 1	前 6 后 3 并 2	前 5 并 4 后 2	前 22 并 13 后 9
说明	界前	后 5 并 4 前 2	前 5 并 6	并 6 前 5	前 5 并 5 后 1	并 21 前 17 后 6
研究	界前	并 6 后 3 前 2	前 5 并 5 后 1	并 6 前 4 后 1	并 7 前 4	并 24 前 15 后 5
一条	界后	前 9 后 2	前 4 后 4 并 3	前 6 后 3 并 2	前 6 后 5	前 25 后 14 并 5
规程	界前	并 5 后 3 前 3	并 6 后 3 前 2	并 7 前 2 后 2	前 6 并 3 后 2	并 21 前 13 后 10
阶段	界前	并 5 后 5 前 1	并 5 前 3 后 3	前 8 并 3	并 6 前 4 后 1	并 19 前 16 后 9
然后	界后	后 7 前 3 并 1	后 7 前 2 并 2	后 8 前 3	前 8 后 3	后 25 前 16 并 3
变量	界前	前 6 并 4 后 1	前 7 并 3 后 1	前 9 并 2	并 6 前 4 后 1	前 26 并 15 后 3
分析	界前	并 6 前 4 后 1	前 5 并 4 后 2	并 5 前 4 后 2	前 6 并 4 后 1	前 19 并 19 后 6
我们	界后	并 4 前 4 后 3	前 7 并 4	并 5 前 5 后 1	并 6 前 3 后 2	前 19 并 19 后 6
出发	界前	并 7 前 2 后 2	并 4 后 4 前 3	并 9 前 2	并 5 后 5 前 1	并 25 后 11 前 8
探讨	界后	前 7 并 2 后 2	前 8 并 2 后 1	前 10 后 1	前 9 并 2	前 34 并 6 后 4
问题	界前	前 4 并 4 后 3	前 4 并 4 后 3	前 7 并 3 后 1	前 7 并 3 后 1	前 22 并 14 后 8
其中	界后	后 7 前 3 并 1	后 5 并 4 前 2	后 6 并 3 前 2	并 5 后 3 前 3	后 21 并 13 前 10
平等	界前	并 6 前 3 后 2	并 6 前 4 后 1	并 6 后 4 前 1	并 6 后 3 前 2	并 24 前 10 后 10
没有	界后	前 9 后 2	前 5 并 4 后 2	前 7 后 3 并 1	前 8 并 2 后 1	前 29 并 7 后 8
自利	界前	并 5 前 3 后 3	并 6 后 4 前 1	并 4 后 4 前 3	前 6 并 4 后 1	并 19 前 13 后 12
他们	界后	前 8 后 2 并 1	前 8 并 2 后 1	前 8 并 2 后 1	前 9 并 2	前 33 并 7 后 4
方式	界前	并 4 后 4 前 3	并 5 前 3 后 3	并 5 前 4 后 2	前 6 并 4 后 1	并 18 前 16 后 10
通过	界后	前 5 后 4 并 2	并 5 前 3 后 3	前 6 并 4 后 1	前 8 并 3	前 22 并 14 后 8
制度	界前	前 10 后 1	前 5 并 5 后 1	前 10 并 1	前 8 并 2 后 1	前 33 并 8 后 3
问题	界前	并 4 前 4 后 3	并 7 前 3 后 1	前 6 并 4 后 1	并 6 前 5	并 21 前 18 后 5
用兵	界前	并 6 后 3 前 2	前 6 并 4 后 1	前 10 并 1	前 6 并 4 后 1	前 24 并 15 后 5
容器	界前	前 5 并 4 后 2	后 7 并 4	后 9 并 2	并 4 后 4 前 3	后 22 并 14 前 8
共计	界后 10 界前 17	前 121 并 92 后 84	前 116 并 111 后 70	前 144 并 96 后 57	前 147 并 106 后 44	前 528 并 405 后 255

先说界后的词。从表 5 归纳的人群知觉反应模式来看，10 个界后的词中，有 7 个是以前重型为主，2 个以后重型为主，1 个是后、并、前大致相当。也就是说，总体来看，绝大多数界后词的重音模式被多数听音人判断为重中型的。

通常，界后的词由于处于韵律单元的开头，起始音节一般都存在韵律加强（prosodic strengthening）效应（Hsu and Jun, 1998）。根据我们的相关研究（例如，曹剑芬，2004b；曹剑芬、郑玉玲，2006），在句子和短语起始位置上的音节，不但总体音高水平特别抬高，包括高音点和低音点的同时抬高，而且还存在着音长，尤其是声母音长的特别加长。所以，句子和短语的首音节总是显得比较重。因此，界后的词多数被知觉为重中型的，这应该属于正常现象。至于那两个被多数人知觉为后重的词，一个是连词“然后”，另一个是特殊方位词“其中”。从4个话者的录音材料中发现，这两个词几乎都被作为一个独立的韵律短语来念，同时，这两个又都是待续性韵律单元。因此，不但词末的音节都被显著地延长了，而且都以“不低性”（NON - LOW）边界调（boundary tone）结尾，末尾音节调门微微上扬，给人以话语待续的语感（曹剑芬，1999）。这也是一种韵律加强效应，因此，这两个词被多数听者判断为后重型也就不足为怪了。

再看界前的词。17个界前的词中，有9个被判断为并重型为主，7个以前重型为主，只有1个是以后重型为主。这表明，在多数人的听觉印象中，对绝大多数界前的词，不是难以分辨是前重还是后重，就是更倾向于判断为前重。只有1个词（“容器”）以后重为主。但是，如果仔细分析表5中相应的数据，就会发现，在11个听音人对4个话者发的“容器”一词的44个反应中，只有22个为后重，也只占总数的一半；而其余的14个为并重、8个为前重。由此可见，根据极大多数人的知觉印象，界前的词一般也不是后重的。

照理，由于韵律短语边界前末尾音节的延长效应，界前的词应该比较容易知觉为后重型的。但是，上述表5所显示的事实却并非如此。究其原因，很可能是由于语调短语或句子的总体音高水平自前向后逐渐下倾（pitch declination）效应（曹剑芬，2004a）的制约，导致末尾音节音高水平的降低，抑制了界前词末延长对重音感知的作用，因而使得那个词的末尾音节听起来就不那么突出了。

从眼前这个测试的结果来看，跟我们先前的那个非正式听辨试验结果不完全一致。先前的那个实验显示，界后的词多念前重型，这一点跟现在的结论一致；而界前的词，则跟先前的初步观察结果不一样，不是以后重为主，而是以并重和前重的为主。这很可能跟先前观察的那个话者的个人特点有关。而现在这个测试结果反映的是一定人群的知觉判断，应该说更具有代表性。

总之，根据现有的测试结果，话语里终端位置上的双音节韵律词，不管是界前的还是界后的，都是以前重型和并重型为主。这不但表明，一个词尤其是不同的词，在语流中究竟读前重些还是后重些，跟它们处于韵律边界前还是边界后没有简单一致的相关关系；而且也再一次说明，在连续话语中，重中型和并重型占绝对优势，而中重型是绝对少数。

2.2.3 话者重音模式分析

从表 4 反映的总体知觉情况看，语流终端位置上的词重音模式是以重中型为主。但是，从听者对各个话者发音的知觉反应来看，不同话者习用的重音模式不完全相同，各自具有一定的倾向性。

例如，根据表 4 的数据，四个话者中，习用中重型比例最大、重中型比例相对小的是 f1 和 f2，尤其是 f1；而习用重中型比例最大、中重型比例最小的是 m2 和 m1，尤其是 m2。对他们整体话语的进一步听辨测试发现，f1 说话咬字特别清晰，习惯把单元末尾音节拖长；而 m2 刚好相反，语流中语音减缩现象较多，句末音节不拖长，而且明显缩短。这说明两者说话的重音模式本来就存在着比较显著的个人差异，因而导致不同的知觉反应。由此可见，一个词究竟读前重些还是后重些，确实跟不同话者说话的个人习惯存在一定的关系。

2.2.4 声学特性分析

为了进一步剖析重中与中重的知觉差异是否跟韵律词所处位置以及客观的声学特性有关，我们以发音人 f1 的话语为例，从中抽取了六个韵律词进行声学分析，其中三个是韵律短语边界前的，三个是边界后的。表 6 列出了各个韵律词里前/后音节的时长和音阶（自然音高水平）数据以及 11 个听音人的知觉反映结果。从这个表中的数据来看，第一，韵律词中前、后音节的声学特性跟整词所处的韵律位置之间，并不存在整齐划一的对应关系。首先，从音高来看，无论是界前的词还是界后的词，都是既有前音节自然音高水平高于后音节的情况，也有前音节自然音高水平低于后音节的情况；其次，从音长来看，无论在界前的词还是界后的词里，都是前音节短而后音节长。第二，对同一个人所发的韵律词，不同听音人的知觉反应不一致，既有听成重中的，也有听成中重的，还有听成并重的。由此可见，即使客观声学刺激相同，不同人的知觉反应也不一定一样。这个事实表明，在自然语言里，也并不存在十分稳定的、与重中/中重对比相应的声学模式。

表 6　　韵律词所处位置、声学特性与重音的知觉反映模式

韵律词	韵律位置	前/后音节音阶 (Hz)	前/后音节时长 (ms)	11 个人知觉反映结果
原来	界后	282 / 344	145 / 183	重中 5、并重 3、中重 3
说明	界前	216 / 186	206 / 305	中重 5、并重 4、重中 2
一条	界后	305 / 237	94 / 239	重中 9、中重 2
研究	界前	191 / 211	211 / 258	并重 6、中重 3、重中 2
然后	界后	241 / 266	216 / 277	中重 7、重中 3、并重 1
分析	界前	234 / 188	235 / 272	并重 6、重中 4、中重 1

3　合成话语重音知觉实验

根据上述对自然语音的实验分析，从词重音的角度看，汉语普通话里并不存在“中”与“重”的系统严整对立。通常听觉上的中重与重中的不同印象，只是语流中的相对轻重对比，是一种随机差异，而且往往因人而异。

为了进一步验证上述结论，我们又通过计算机语音合成的方法[①]，采用预设不同重音模式的参数，合成实验词的样本，然后通过人群的知觉判断，对词重音作进一步的考察。

3.1 实验语料

这部分的实验语料有两组：

一组是孤立的词重音合成样本，每个词都有 1 和 2 两个样本，个别的有三个样本，分别采用不同的重音模式合成。

另一组是摘自合成的连续语篇中的词，每个词一个样本，有的虽然标有 1、2、3，那是三个不同位置上的，算三个词。

上述两组的基本词目一样，以便对单念的和语流中的词重音情况进行对比分析。同时，所有合成的实验词目跟第二部分中自然话语的听辨实验词目一样，以便进一步的分析验证。

3.2 知觉实验

对于第一组的实验词，被试的判断任务有两项：第一，是前重些还是后重些？第二，哪一个样本相对自然一些，如果两个差不多，都可以接受，要具体标明。参加这部分实验的被试（听音人）共有 14 位，与参加自然话语词重音测试的听者部分相同，部

① 本文的知觉实验所用语音样本的合成，都是在 IBM 中国研究中心语音部陈方炘博士开发的参数规则合成系统平台上实施的，特此致谢！

分不同。

对于第二组的实验词，被试的任务是：判断每个词是前重些还是后重些？参加这部分实验的被试共有 12 位，也与参加自然话语词重音测试的听者部分相同，部分不同。

3.3 结果分析

对第一组实验词的听辨测试结果可以用表 7 来概括。

这部分合成的词共有 24 个，词重音类型及其自然度的人群（14 人）听辨判断结果如表 7 的数据所示。

表 7　对孤立的合成词重音类型的人群（14 人）判断结果

实验词目	人群判断结果	实验词目	人群判断结果
分粥	13 前 1 后	我们	12 前 1 后 1 并
制度	12 前 2 后	出发	13 前 1 后
问题	11 前 2 后 1 并	探讨	14 前
原来	13 前 1 后	其中	13 前 1 后/13 后 1 前
说明	13 后 1 前	平等	9 前 4 后 1 并
研究	8 前 5 后 1 并	没有	12 前 2 后
一条	11 前 2 后 1 并	自利	14 前
规律	13 前 1 后	他们	13 前 1 后
前提	13 前 1 后	方式	9 前 5 后
然后	11 后 3 前	通过	14 前
变量	13 前 1 后	用具	12 前 2 后
分析	12 前 1 后 1 并	容器	11 前 3 后/10 后 3 前 1 并
总体情况：			
小计	前 278	后 69	并 7
占总数百分比	78.5%	19.4%	2%

表中第一栏和第三栏所列的是各个词的合成实验样本词目。第二栏和第四栏是听音人对这些合成词的重音模式的判断，其中的“13 前 1 后”等表示 14 个听音人中，有 13 个人把该词判断

为前重型也就是重中型，有 1 个人把它判断为后重型即中重型；而“1 并”表示 14 个听音人中，有 1 个人把该词判断为前后并重的。

从表 7，可以清楚地看出，除了“说明”和“然后”两个词以后重为宜以及“其中”、“容器”两个词前重或后重皆可之外，其余 20 个词都是前重型的听起来更为自然。表 7 的数据说明，即使是合成独立单念的词，绝大多数也以采用前重型为宜，多数听音人对前重型的词重音反应为自然，而对后重型的反应为不自然。这个反应结果跟先前报道过的对孤立的自然词重音模式的判断（林茂灿等，1984）不太一致。这可能因为人在发孤立词的时候，各个词实际上都相当于后随一个韵律边界，这就自然而然地导致各个词的末尾延长效应，因此，这些词听起来就可能显得后重一些。而合成的词则不存在这种附带效应，所以听起来多半是前重一些的比较自然。第二组实验结果可以用表 8 概括。

从表 8 归纳的 12 个听者判断结果来看，跟对于取自自然话语相应终端位置上的实验词重音类型的人群判断结果（详见表 5）相当一致，也是听成重中的占绝大多数，接近总数的一半；而听成中重的相当少，不到总数的 1/4；听成并重的接近总数的 1/3。而且，参加这部分实验的听音人与参加自然话语词重音测试的听者部分相同，部分不同。人群虽然不同，测试语料不同，而听觉反应却相当一致。这充分说明，在连续话语中，无论是自然话语还是人工合成语音，处于终端位置上的双音节韵律词，其重音类型的确绝大多数是重中型，而不是中重型。

表 8　对取自合成语篇终端位置的词重音类型的人群（12 人）判断结果

实验词目	人群判断结果	实验词目	人群判断结果
分粥	后 7 并 4 前 1	探讨	前 7 后 3 并 2
制度 1	前 5 并 4 后 3	问题 2	前 6 后 3 并 3
问题 1	前 6 并 5 后 1	其中	后 5 前 4 并 3
原来	前 6 并 6	平等	后 7 前 3 并 2
说明	前 6 后 4 并 2	没有	前 7 并 4 后 1
研究	并 6 前 4 后 2	自利	前 5 并 4 后 3
一条	前 8 并 4	他们	前 6 后 3 并 3
规律	前 9 并 2 后 1	方式	前 9 并 2 后 1
前提	前 6 并 3 后 3	通过	后 5 前 4 并 3
然后	前 4 并 4 后 4	制度 2	前 5 并 5 后 2
变量	前 11 后 1	问题 3	前 8 并 3 后 1
分析	前 10 并 1 后 1	用具	前 6 并 3 后 3
我们	前 7 后 3 并 2	容器	后 6 并 4 前 2
出发	前 5 后 4 并 3		
总体情况：			
小计	*前 160*	*并 87*	*后 77*
占总数百分比	*49.4%*	*26.9%*	*23.8%*

4　小结

综上所述，从不同角度、对不同层次上的词重音的实验分析结果来看，可以进一步确认如下几点认识：

（1）在实际的连续话语中，确实存在着重中与中重的相对差异，但是，它们并不构成词汇上的区别性对立。而且，不管从对自然话语的考察，还是对合成话语的测试结果，我们都可以看出，在连续话语中，重中型占绝对优势，而中重型是绝对少数。但是，还没有发现两者的分布有什么明显的规律。当然，语境因素的影响是错综复杂的，还应该进行更加深入的探索。至少，就目前所掌握的实验结果来看，一个词在语流中究竟读前重些还是后重些，跟它所处的位置之间没有简单一致的相关关系。这些情况再次说明，所谓“重中”与“中重”只不过是普通型词重音在语境中的随机变体，而不是两个对立的词重音类型。

（2）对于孤立单念的普通型词重音，原来一向认为多半是中重型的。现在看来，这种看法值得商榷。因为这种看法，主要来源于对人单发的词的听觉印象。而在那种情况下，词末音节的韵律延长效应是难以避免的，这一点已为学界普遍认同。正是这种效应干扰了对词重音对比的正确判断。本文提供的合成语音的知觉测试结果已经证实，即使在单念的情况下，也是重中型的占绝对多数，而中重型的只占少数。通常，通过计算机规则合成孤立词样本时，是不会导入末尾延长的参数的。因此，它们应该更能反映孤立单念的词的重音特性。

（3）上述结果证实，在汉语普通话里，就词重音的音系对立而言，只存在重与轻的对立，而不存在重与中的对立。

参考文献

曹剑芬：《普通话轻声音节特性分析》，《应用声学》1986 年第 4 期。

曹剑芬：《普通话双音节词的时长分布特征——关于语音变量和相对不变量的初步探讨》，RPR－IL（CASS）/1989（中国社会科学院语言研究所 1989 年语音研究年报）。

曹剑芬：《普通话语句时长结构的基本格局》，《中国语言学报》1994 年第 7 期。

曹剑芬：《连读变调与轻重对立》，《中国语文》1995 年第 4 期。

曹剑芬：《普通话节奏的声学语音学特性》，《现代语音学论文集——第四届现代语音学学术会议论文集》，金城出版社 1999 年版。

曹剑芬：《语调》，《语言的韵律学》（现代语音学暑期培训班讲义），2004a。

曹剑芬：《韵律信息及其在言语识别和理解方面的作用》，在清华大学信息技术研究院的学术讲座，2004b。

曹剑芬、郑玉玲：《发音增强与韵律结构》（英文版本，Articulatory Strengthening and Prosodic Hierarchy），《第三届国际韵律学学术会议论文集》，德国，德累斯顿，2006 年 5 月 2—6 日（Proc. Of Speech Prosody' 2006. Dreston，Germany，May 2 - 6，2006）。

曹剑芬：《从语音合成看汉语的重音结构》，在纪念吕叔湘先生百年诞辰学术会议上的报告，已收入纪念文集），2004c。

端木三：《重音理论和汉语的词长选择》，《中国语文》1999 年第 4 期。

林茂灿、颜景助：《北京话轻声的声学性质》，《方言》1980 年第 3 期。

林茂灿、颜景助、孙国华：《北京话两字组正常重音的初步实验》，《方言》1984 年第 1 期。

王晶、王理嘉：《普通话多音节词时长分布模式》，《中国语文》1993 年第 2 期。

王韫佳、初敏、贺琳、冯勇强：《语句中双音节词重音感知的初步研究》，《新世纪的现代语音学》，清华大学出版社 2001 年版。

殷作炎：《关于普通话双音节常用词轻重音的初步考察》，《中国语文》1982 年第 3 期。

Chao，Y - R（赵元任），1968. A Grammar of Spoken Chinese，University of California Press（吕叔湘译：《汉语口语语法》，商务印书馆 1979 年版）。

Fry，D. B.，1958. Experiments in the Perception of Stress，Language and Speech，1：126 - 152.

Hsu，C. _ S.，and Jun，S. - A.（1998）. Prosodic Strengthening in Taiwanese：Syntagmatic or Paradigmatic? UCLA Working Papers in Phonetics，96：69 - 89.

言语机制及其仿生[①]

前　言

说话和听话是人类最基本的智能，也是最重要的智能。现代科学技术的迅猛发展，使得一些看起来似乎不甚相干的领域间的接触和交叉日益频繁起来，这是当代科技领域的重大特点。许多学科的进展，例如通信工程的发展，人工智能的开发，越来越迫切地要求揭开人类言语智能的奥秘，以实现言语智能的仿生。这就给语音学、语言声学以及听觉心理等学科提出了更高的要求，而言语仿生的水平，又是体现这些学科进展的标志。

1　言语机制仿生的现状[②]

很早以前，人们就开始从事言语功能和言语机制的模拟。然而，真正通过声学技术手段，来模拟人说话和听话的功能，却多半是20世纪以来的事情。这是，在语言声学和声学语音学等学科领域内，人们对自然语言进行了大量生理的、声学的和心理的实验分析，为言语过程的人工模拟提供了初步的理论基础。

---

① 原载中国社会科学院语言研究所语音研究室《语音实验报告》，1982年。

② 这是基于20世纪80年代初认识的“现状”，30年后的现状自然大不一样，为便于读者比较，此处未作修改，特此说明。

通常，产生人工言语的方法大致分为两个方面：一是通过模仿人的发音器官的发音动作以产生模拟言语；一是通过分析综合自然言语声波的各个主要特征参量来生成合成言语。最早见诸记载的人工言语发生器，就是一种对发音机制的模拟装置。到了20世纪，就有人利用电路模拟声腔来发音了。在合成言语方面，有用图型还音方法的，也有用通道滤波器等分析合成的方法，让机器“说”出话来。电子计算机引进语言声学领域以后，人工言语方面的进展就更为显著了。目前，在制造通过输入印刷体字符而转换为相应言语声的自动阅读装置方面，已经取得了一定的成绩；但是，对自动阅读自由书写体的文字则还存在相当的困难。

人工言语识别大致也分两个方面：一是模式识别，一是音位识别。关于言语识别的研究，已有40多年的历史，但就口语的机器自动识别方面来看，目前还仅限于孤立单词或短语的单呼识别和有条件限制的连呼识别。至于对自然会话言语的无条件限制的自动识别，无论在理论和实践上都还存在很多问题。

据国外报导，美国贝尔实验室已经研制成功一种模仿人类讲话全过程的系统，它集各种功能于一身，中间还加进了一台初步的语义处理器，用户可以通过电话系统进行通讯，计算机将用人造声音來回答问题。据说，就模仿人类言语通讯的全过程来说，贝尔实验室的这套系统是迄今最先进的；但是，就单个部件来说，它也许不及另外一些实验室的装置。譬如，有些实验室的识别装置，在规定发话方式、语法又比较简单的情况下，能够识别有限词汇的句子或连贯讲话。此外，还不能实时（历时10秒钟的一个问题，在这套机器上需要50秒钟之后才能得到回答）。由此可见，在言语智能的仿生方面，人们还有多么长的路程要走。

2　未来理想的仿生系统

人们的最终目标，是研制出一种理想的言语智能仿生系统，它应当具备下述几个功能：

第一，作为应答系统中的机器，既能“听懂”自然言语，又能立即进行判断、推理，并用口语作出应答。也就是说，应答系统具备直接用会话与人对话的能力；

第二，这个应答系统既能适应所有说话人，又能鉴别人身。就是说，它不但能“听懂”不同人说话，不论他是张三李四，只要他们操的是同一个语言，而且能够“听出”究竟是张三在说话还是李四在说话。

总之，一个理想的言语机制仿生系统，应当既具备人的口耳的功能，又具备人脑的智能。它能说会听，还具有思维能力。然而，我们目前关于言语过程的模仿，多半建立在对言语过程的生理和声学分析的基础上，或者着眼于发音器官及听觉器官的活动特性，或者着眼于自然言语声波的能量分布特性。这些方面的分析研究固然必不可少，但是，仅仅依靠这种分析是不够的。因为从人类言语的自然机制来看，无论是发音器官的活动，还是听觉器官的活动，都离不开人的大脑中枢的控制。只有再从生理和心理的角度，真正弄清楚人脑与言语的产生和感知密切相关的功能本质和内在机制，才能实现比较理想的言语智能仿生。所以，严格地说，目前的仿生只不过是对言语功能的模拟，或者说是对言语过程部分特征的模拟，而算不得对人的说话和听话机制的全面仿生。当今最先进的电子计算机，人称“电脑”，其实，就其言语智能而言还远不能与人脑相匹敌。

3　说与听的自然机制

目前，人们在言语机制的仿生方面所面临的困难，主要不在于技术方面，而在于人对与人类自身言语机制本质的认识方面。譬如，一个人说出一句话来，其可以直接觉察到的部分，一般是发音器官的活动以及辐射到空气中的声波；而别人听懂他的话，却并不完全根据这些可以觉察的客体的物理或生理属性，而是还有其他可以接收到的信息，这就涉及在发音器官开始活动之前和在声波到达听话人的耳朵以后人们头脑里的活动。因此，要想弄清楚说话和听话的自然机制，就必须研究言语交际的全过程。

言语交际的过程，是一种信息的发射和接收过程。说话人送出信息，听话人接收信息，在说者与听者之间，存在着一条无形的信息链环，通常叫做“言语链”（speech chain）或者“交际链”（communication chain）。一个言语信息从说话人的头脑开始，到成为听话人头脑中所理解的言语信息为止，是以不同的形式在这条链环上存在着的。在这里，说话人与听话人之间的信息交流，表现为一系列各种不同领域里的复杂活动。因此，言语交际的过程，实质上就是“言语链”上各个不同环节相互配合和交替活动的过程。

大致说来，言语链包括三个主要的环节：一，言语的产生；二，言语的传导；三，言语的感知。它主要涉及语言学、生理学以及声学几个平面上的活动。具体如图1所示。

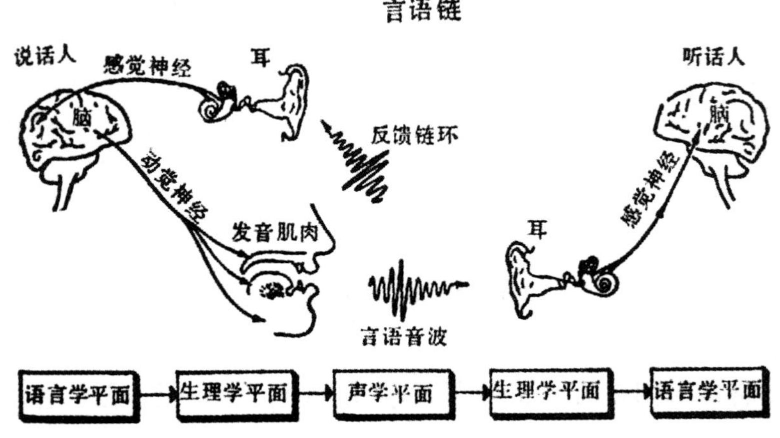

图1　言语链示意图（引自 P. B. Denes & E. N. Pingson，1973）

关于言语的传导，尤其是对空气中的声波，人们已经研究得比较透彻了，而对于言语的产生和感知机制的研究，则尚待继续深入。

人说话总是从一个用言语代码表达的意识活动开始的。大家都有这样的经验，当你要说话的时候，首先就要整理自己的思想，决定要说的内容，并把它们变为适当的语言形式，也就是选择适当的词汇，按照某种语言的法则组词成句，以表达你想说的内容。这就是通常所说的“遣词造句”的过程。这个过程是在大脑言语中枢进行的。在那里，代表某种言语信息的意识活动编码为语言代码以后，作为一种指令，以生理性神经冲动（生物电脉冲）的形式，沿着传出（运动）神经传布到声带、舌、唇等发音器官的肌肉，驱使这些肌肉运动。发音器官的这种活动又扰动周围的空气，使之发生压力变化，经过声腔的调制，从而产生出言语声波。这时就发出了你想说的话音来了。这就是言语产生的全过程。

从信息论的观点来看，言语产生的过程是一个信息发射的过程，其中包括言语信息的编码、转换和发射几个步骤。

言语感知的过程正好相反。说话人发出的言语声波经过空气等介质的传导进入听话人的耳朵以后，由于鼓膜和中耳听骨链的作用，言语声波就转换为内耳耳蜗内的液体振动，这种振动进而又引起耳蜗内基底膜的振动，在这里，通过基底膜上的柯替氏器毛细胞的感应作用，而诱发与其邻接的听觉神经纤维的冲动。至此，传入声波的物理性振动就转换成了一系列相应的神经冲动。这种神经冲动是一种生物电脉冲，它沿着传入（听觉）神经逐级传递到大脑皮质的听觉中枢。在那里，又经过一种我们尚未完全了解的处理方式，即所谓“记”和“忆”的过程，把输入信息与内存信息密码匹配辨认，就被感知为某种言语信息。这样，听话人就听懂了传来的言语。

从信息论和反映论的观点来看，言语感知的过程是一个信息接收和反映的过程，包括信息的接收、转换和解码复现几个步骤。

以上就是关于言语的产生和感知机制的梗概，可以简单图示如下：

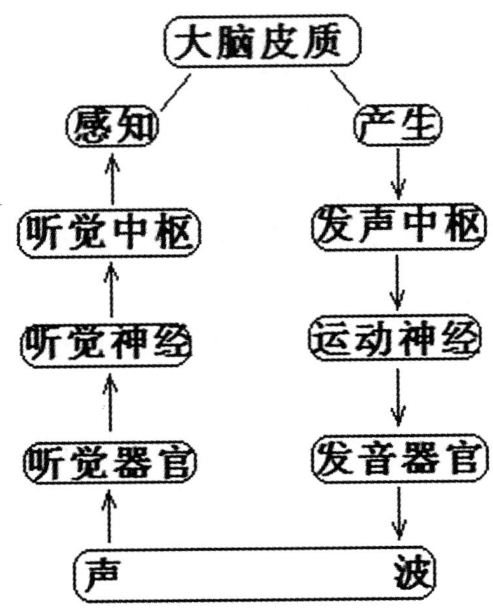

图 2　言语产生和感知机制示意图

4　说和听仿生的关键

从图 2 中我们可以看出，说与听的过程是一个非常复杂的心理过程，这是大脑中的抽象概念与外界空气振动之间的一种特殊的双向转换过程，涉及许多学科的理论认识问题，诸如大脑中枢的“言语构思”、即最初的言语思维活动是如何启动的？外界的言语声信息传到大脑听觉中枢以后，又是如何被匹配辨认的？这些问题的核心就在于：人的大脑有一种特殊的智能，能够自然地把外界的声刺激与其所携带的言语信息联系起来。那么，大脑究竟是如何实现这种功能的呢？也就是如何把某个特定的声学模式同某个语言中的诸如音位、词以及句子之类有区别的语言单元联系起来的呢？

问题讨论到这里，已经越出了我们通常所涉及的范围。通常，我们分析或模拟人的言语，往往只是着眼于言语作为交际工具的职能；而要弄清楚大脑中与言语的产生和感知相关的机制，就不得不深入探索它作为思维工具与载体的本质，考察它在大脑中的存在方式以及运行规律。因为这种机制是跟人的思维密切相关的。

哲学界在进行语言和思维的发生学考察时有人指出，语言作为交际工具和作为思维工具，其存在方式是不同的。就其交际职能而言，其物质形态是振动着的空气——声波（此处仅指口头言语）；就其思维职能而言，它表现为思维借以进行的内部语言，其物质形态是按一定方式和系统编码的神经冲动。因此，言语产生和感知的过程，实际上就是这两种言语存在形态之间的特殊双向转换过程。现代脑生理学的研究表明，一切客观物质世界的信息在大脑皮质细胞中的反映，都表现为神经冲动，只不过与不同的活动有关，其编码方式——每单位时间里产生或通过的神经冲动的数目及其组合方式也不同。现在的任务，就是要找到这种神经冲动的编码和解码方式，这也许是真正的问题所在。由于人脑特殊的封闭性，目前人们对于言语链的这个平面几乎还没有什么成熟的认识；不少人倾向于从分子的和化学运动的角度进行探索，已经提出了一些科学假设，但尚需进一步证实。

5　简短结语

综上所述，我们可以看出，言语智能的仿生，不能只停留在对于说话和听话功能的简单模拟，因为它本质上是对人的思维活动的模拟，其最终目的，是要用物质的手段来再现思维这样的精神的东西，以实现机器的智能化。当然，这在智能科学发展的现有水平上，短期内还难以达到理想的境地。可是，这种理论认识上的欠缺，并不妨碍人们的探索，因为我们不但有人脑这个尽善尽美的模特儿，而且还有高度发达的现代科技基础。如果把说与听的理想仿生看做一个战略性课题的话，那么，声学语音学、语言声学以及其他各相关学科的研究就都是一个个的促进性课题。如今，这些学科领域的进展，已经为战略性课题的进展提供了大量促进性的成果。相信只要各有关学科通力合作，加强对整个言语链的研究和探索，那么，就有可能逐渐逼近我们的战略目标。

参考文献

P. B. Denes & E. N. Pingson. The Speech Chain: *The Physics and Biology of Spoken Language*. Anchor press/Doubleday, New York, 1973）（参见曹剑芬、任宏谟译《言语链》，中国社会出版社 1983 年版）。

L. Kaiser. *Manual of Phonetics*. North – Holland Publishing Company, Amsterdam, 1957.

童天湘：《智能机器与认识主体》，《哲学研究》1981 年第 2 期。

蔡祖鹏：《试论人类的思维和语言发生的同步性》，《哲学研究》1981 年第 2 期。

朱巧生译：《计算机识别语言》，《科学》中译本，1981 年。

普通话音节间音联的时域特性①

所谓音联（juncture），就是语音的相邻音段之间的连接和分界现象。它既可能发生在音节内部，也可能发生在音节之间。音联现象是由于不同音段之间的协同发音而引起的，它既导致语音的频率域特性的变化，又涉及这种特性变化的时域分布。本文集中考察普通话两音节结构中音节间音联的时域分布特性。具体地说，就是考察前音节的韵母跟后音节的声母之间的连接和分界问题。

本研究的基本实验材料由 386 个（C1）V1 －（C2）V2 型双音节结构组成，其中正常重音型 319 个，轻声型 67 个，由一名男发音人以正常速度说出。通常，C 和 V 代表辅音和元音，而在这里，（C1）和（C2）代表各种辅音声母，也可能是以元音起头的零声母；而 V1 和 V2 代表各种韵母，它们可能是以元音结尾的，也可能是以鼻音结尾的。通过对这些语音材料进行声学分析和测量，对音节间音联做了以下几方面的考察：（1）音节间发音态势（gestures）套叠（overlap）的大致过程以及音节之间的分界信息；（2）音节间发音态势套叠的时域范围；（3）套叠的时域范围跟语音结构特点之间的关系。

① 原载中国社会科学院语言研究所《语音研究报告》［RPR－IL（CASS）/1994－1995］，原文为英文版，由于篇幅所限，这里只收录了详细中文摘要。

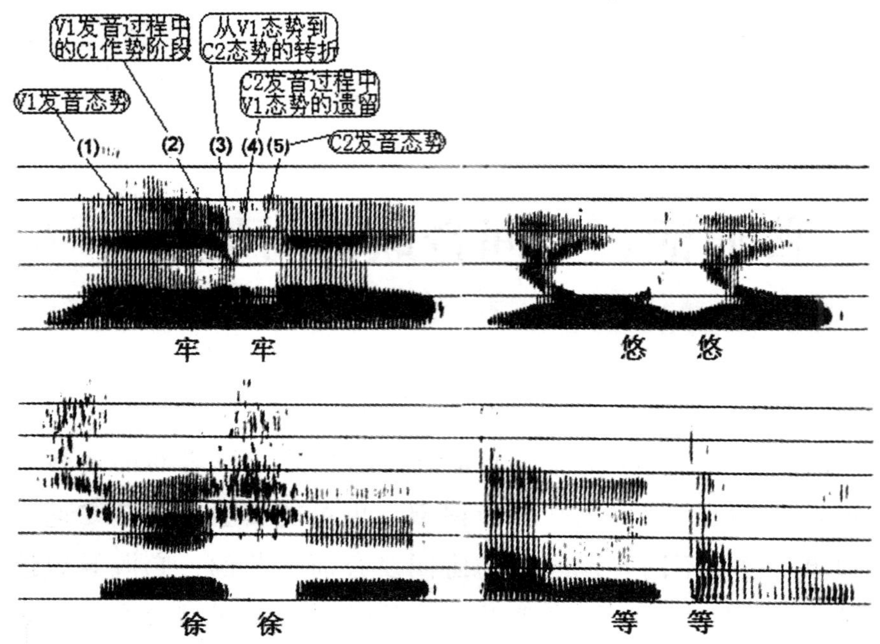

图1　普通话音节间音联的声谱显示举例

根据现有的实验结果，对普通话音节间音联的时域特性有如下几点看法。

1. 在时间域里，音节之间的连接关系，可以通过发生在音节边界前、后音段的发音态势之间的转变过程加以说明。兹以 C1V1 - C2V2 型结构为例（具体如图 1“牢牢”一词中前后音节间音联的声谱显示所示）略加说明。前后音节边界上的声学信息表明，这个转变过程大致经历了以下几个基本阶段：

第一，V1 发音过程中的 C2 作势阶段，具体如图 1 上部（1）和（2）标注的声谱所示。那就是，在 V1 的发音期间，至少从后半段开始，发音器官就逐渐趋向于 C2 的成阻态势。这是一个量变的过程，在发音生理上对应于先期的（提前的 anticipatory）协同发音。在这个过程中，仍然以 V1 的发音态势为主，尽管它已经明显地受到 C2 准备态势的干扰。

第二，发音器官实行 V1 态势到 C2 态势的转折，具体如图 1

上部标注（3）的声谱所示。这是一个质的变化。在这个转折点上，V1 的发音已经基本完成，而 C2 正式成阻，并开始发音。而且，这个转折点是可以通过边界上的声学信息大致界定的。所以，这个转折点可以看做两个音节的分界点；根据本研究观察到的信息，它就是前一音节第二共振峰的末尾。

第三，C2 发音过程中 V1 态势的收尾阶段，具体如图 1 上部标注（4）的声谱所示。那就是，从 V1 跟 C2 的转折点起，V1 的发音虽然已经基本结束，但由于惯性作用，某些器官的发音态势会遗留一段时间，直到逐渐被下一个音段的发音态势完全取代为止。这也是一个量变的过程，在发音生理上对应于遗留的协同发音。在这个过程中，C2 的发音态势尽管也受到 V1 遗留态势的干扰，但它已经占了统治地位。

上述过程是根据音节边界上的声学显示信息，并参考国外关于发音过程的 X－光研究资料所作的一种推测。假如这个假设确实有道理的话，那么，它将在音节的感知机制方面给我们以某种启示，有助于我们了解为什么从发音上及其声学效应上看音节之间是彼此套叠的，而且其时域范围甚广，而在听感上却能把两个音节分开，这起码暗示着以下几种可能性：

（1）的确存在着音节的感知中心。

（2）音节之间的确存在着分界信息，尽管它们在发音态势上相互套叠，但所涉及的不过是前一音节的收尾阶段和后一音节的准备阶段，对于音节的感知来说，这个部分并不是关键部位，并没有落在音节的感知中心。

（3）这或许正好反映了汉语不同于其他语言的一个特点。因为汉语是典型的声调语言，每个音节都有固定的、具有区别意义功能的声调；就多音节结构而言，也都具有一定的、取决于各个音节声调调类特性的连读变调格式。因此，在连续话语里，除了儿化这样的特殊情况以外，音节之间发音态势的套叠一般不会抹煞掉音节与音节的分界信息；至于儿化音节，它不仅涉及语音上的协同发音，而且涉及语法形态的变化，需要另文讨论。

2. 音节之间发音态势套叠的时域范围大致有定。就本文考察的这个发音人的情况而言，在正常型双音节结构内，两个音节之间发音态势叠接区间的平均时长约在 130—140 毫秒之间，约占整个词长的 17% 左右；而且，发生在音节边界上的先期协同发音和遗留协同发音的时程大致相当。也就是说，前音节韵母的后过渡跟后音节声母的前过渡大致等长，其平均值在 60—70 毫秒之间。但是，由于各种因素的影响，个体之间的内部差异比较大。这不但表现为过渡段绝对时长方面的差异，同时也表现为过渡段跟整个韵母或声母时长比例分布上的相对离散性。就前音节的后过渡段跟整个韵母的时长比而言，从 10% 到 35% 不等，虽然绝大多数分布在 20%—25% 之间；就后音节的前过渡段跟整个声母的时长比来看，从 20% 到 90% 不等，尽管绝大多数分布在 40%—50% 之间。这么大的内部差异看来主要跟音节的重音地位①以及音节的结构特点有关。

3. 影响音节间音联时域特性的主要因素有：

（1）音节间音联的时域特性同音节的重音地位具有密切关系。在轻声型双音节结构中，由于后音节为轻声音节，其声母的前过渡明显缩短，它同正常重音情况下的声母前过渡的时长之间存在着系统差异，相关的变量分析结果表明，这种来自轻重地位的影响是十分显著的。

（2）前音节韵尾的性质影响音节间过渡音的时长分布。当音节以鼻音结尾时，其后过渡段比以元音结尾时要短，与之相应的后音节声母的前过渡段也比以元音结尾情况下的要短，这种差异也是十分显著的。

---

① 尽管这里的双音节结构统称为正常重音型，但实际上前后音节还是存在重度的差异，所以有“重中”与“中重”（或“前重”与“后重”）之分；只不过这种差异并没有区别意义的作用，因而一般不加区别。

（3）后音节声母发音方法的不同也对音节间过渡音的时长分布具有一定影响，主要表现在后音节以鼻音、边音或浊擦音做声母时，前音节的后过渡和后音节的前过渡都比以清擦音为声母时要短；但是，这种差异并不明显。

（4）后音节声母发音部位的不同一般不影响音节间过渡音的时长分布。不过，在带“子尾”的轻声词中，后音节声母［ts］的闭塞段特别短，有时甚至根本观察不到。这种情况比较特殊，或许涉及语法形态问题，这里暂不讨论。

参考文献

Browman, C. P. & Goldstein, L., 1989. Articulatory gestures as phonological units. *Phonology*, 6, 201 –251.

Cao, Jianfen（曹剑芬）, 1992. On neutral – tone syllables in Mandarin Chinese. *Canadian Acoustics*, 20: 3, 49 –50.

Chao, Y – R., 1980. *Language and Symbolic System.* Beijing: Commercial Press.

Fowler, C., 1980. Coarticulation and theories of extrincis timing. *Journal of Phonetics*, 8: 113 –133.

Keating, P., 1988. Coarticulation and timing. In *UCLA Working Papers*, 69: 1 –2.

Oman, S., 1966. Coarticulation in VCV utterances: spectrographic measurements. *J. Acoust. Sco. Am.* 39: 152 –168.

Wood, S. A. J., 1991. X – ray data on the temporal coordination of speech gestures. *Journal of Phonetics*, 19: 281 –292.

Xu, Y., 1989. Syllables and junctures. In *An outline of Experimental Phonetics* (ed. by Wu, Z. & Lin, M., Beijing, Higher Education Press), pp. 193 –249.

Zsiga, E. C., 1994. Acoustic evidence for gestural overlap in consonant sequences. Jouranl of Phonetics, 22: 121 –140.

第　二　编

语音学知识和理论在言语工程和语言教学方面的应用研究

谈谈语料库的语样选取问题[①]

摘要 自然语言处理的各个部门，包括分析—合成、自动识别、语言理解、机器翻译以及人工智能等等，都力图通过不同范围、不同规模的语料库来自动生成自然语言的各项规则，以供具体处理系统检索、训练或评估等方面应用。因此，怎样自觉地、有目的地运用语言学的原则，来建立既尽可能切近自然语言实际、又经济典型的语料库，就不是一个无足轻重的问题了。本文试图从语言学的角度，以汉语普通话语音库的选样原则为例，谈谈语料库建库中必然涉及的语样选取问题。

前 言

随着计算语言学和言语工程学的不断深入和迅速发展，无论是人工智能、自然语言理解、机器翻译，还是言语的人工合成和自动识别，都涉及对于人类自然言语的了解和仿生问题，包括知识的获取和表示、话语的生成和理解以及记和忆的机理及其相关的模型，等等。但是，由于这些问题无不涉及大脑黑箱的秘密，对此，人们多半还处于知其然，而不知其所以然的状态。为了尽

---

① 原载《计算语言学研究与应用》，北京语言学院出版社 1993 年版。

快解决自然语言处理过程中所遇到的种种棘手的问题，人们不得不从言语过程的另一端入手，即求助于既存的自然语言资料——文字的和/或语音的，希望通过它们来自动地生成规则，以供具体系统掌握和利用。至于一些研究部门，尤其是从事基础理论研究的部门，更是需要通过对自然语料的分析和归纳，揭示自然言语运作的客观规律，从中提取言语链活动的各个环节上的典范和规则，以期从理论上提高对于这个人类所特有的智能现象的认识，为计算机的人工仿生提供理论基础。然而，自然语料是个汪洋大海，任何研究部门或应用部门都不可能使用这个大海里的全部材料，而只可能采用它的局部样本作为研究的典型或应用的模板。于是，各种各样的语料库便应运而生。由此可见，最初的语料库是在具体研究和应用自然语言的过程中自发形成的。

如今，随着各种各样言语处理或仿生系统如雨后春笋般地诞生，人们希望能够建立相对统一的训练和评估标准，因而对语料库的要求也越来越高了。如果说最初的一些语料库还只是作为某些特定言语处理系统的副产品、在朦胧中自发诞生的话，那么，现在的人们是强调更加有意识、有目的地建库，从一定意义上来说，这样的语料库已不再是某个特定系统的附属品，而应该是一个独立自主、在相关领域里适用于不同课题的、标准化的系统。实际上，有关语料库的建立、管理及其研制业已发展为一个独立的学科分支。例如，1992 年在加拿大召开的第二届国际言语处理学术会议上，语料库问题已赫然作为一个专门分支学科展开学术交流。国际语音学会前主席、美国洛杉矶加州大学教授彼德·拉第福格特在大会报告中还专门论述了语料库和数据库的地位及作用（Ladefoged，1992）。由此可见，怎样建设好语料库已成为当今言语科学研究领域不可忽视的重要课题。本文试图从语言学的角度就语料库的建设以及语样选取的原则谈一点看法。

1　语料库和自然语言规则

1.1. 通过语料库生成规则和根据语言学原则建库的关系

如上所述，语料库在当今言语科学研究中的地位是显而易见的。但是，要想建设好语料库，很重要的一条就是遵循自然语言的客观规律，努力按照语言学的原则来建库。因为语言学是研究语言客观规律的科学，尽管任何一部分自然语料都能体现一定的语言规则，但是，只有根据语言学的原则有目的地选用语料，才能保证这个语料库能够有效地体现自然语言的客观规则。这种关系是由自然语言的本质特征决定的。

自然语言本身是由一定的语言社会约定俗成的、自然的规则体系，它的运作过程遵循着一定的语音、语法和语义的结构规则。这些规则当然不可能期望完全由一个包罗万象的语料库来体现，更不是现存的某一个语料库所能全面囊括的，而只能通过一个个具体的、能够比较全面地体现自然语言某一方面或某些方面规则系统的语料库来实现。我们在建立每一个这样体现自然语言的局部规则系统的语料库的时候，就可以根据我们已经掌握的语言学原则，避免盲目性，使它有效地生成那些我们尚未掌握、但却必定存在的语言规则。

1.2 言语处理系统的质量与语料库质量的关系

任何言语处理系统，无论是识别、合成，还是机器翻译或自然语言理解系统，都是在不同程度上、从不同的角度对于自然语言规则体系的模仿。从根本上说，要想提高这些系统的质量，就应该首先加深对于自然言语过程的认识。然而，自然言语是个谜，迄今为止，且不说人们尚不能完全认识和掌握它运作的客观规律及其相应的规则体系，就是对于已经发现和掌握的规则，也还由于知识表示或规则描写方面的种种局限而未能充分付诸应用，因而导致这些处理系统对语料库的不可避免的依赖性。因此，从这个角度来说，一个语料库的质量将直接影响到一个语言处理系统的质量，因为它实际上负有训练和检验这个系统的全部责任。举例说，你想做一个为数字串的识别用的语料库，究竟应该存储什么样的和多大规模的语料？存一个个单念的数字显然不行，因为数字与其他单字一样，单念时是一个音节，一旦串起来连读构成了音节流，由于协同发音的作用（Keating，1988；曹剑芬，1990），它们就表现为不同于单念状态的变体，而且，这些变体是随环境而定，具体存在于一个个数目字串之中。所以，为了识别需要，你就得存储这样的数目字串。那么，究竟存储多少合适？存储少了不够用，万一识别时碰到某种变体恰恰是这个语料库漏收的，机器就可能误识或拒识；存多了又不经济，还影响运行速度，这同样关系到系统的质量。当然，最好的办法是存储数目字在字串中变化的规则，使之能够自动生成所有可能的变体。关于这一点将在下文讨论。

2　语样选取的基本原则

2.1 随机取样与定向编辑的灵活运用

随机取样是最常用的一种选样方法，就是通过随机采用某一个或某几个具体学科领域里大量的现成语料（如广播、报刊、书籍文献上的大段话语），来达到自然地覆盖这些领域里常用词语和专门术语的语言样本或某种结构模式的目的。这种方法的好处在于，第一，语料来源广泛，自然度好，比较接近自然语言的统计特性；第二，由于不加人工干预，选样时就不必详细了解或费心考虑使用特定的语言结构规则。然而，这种选样方法在某种意义上说具有一定的盲目性，一方面不可避免地产生相同语样的大量重复，造成不必要的大存储量；另一方面，很可能所收的语样不够全面典型，由于随机取样所得的自然语料本身的局限性，有些在实际的自然语言里存在着的结构模式或规则难免被漏选。这是这种选样方法的主要弱点，而定向编辑正好可以克服这方面的不足。

定向编辑并不是简单地直接使用现成的自然语料，而是根据某种语言特定的结构规则，从自然语料中有计划地选用或有目的地编辑所需的语样，因而不但可以保证所选语样的全面典型，而且简明经济。当然，这种定向编辑的语料，在某些方面可能不如随机取样所得的语料来得自然。譬如说，为了保证全面典型，有时不得不收编少数比较生僻的词语。

随机取样与定向编辑的优、缺点是相对而言的，究竟应该采取哪种方式，还是应该根据具体语料库的建库目的而定。譬如说，某个部门正在建立一个特大规模的（约 50000000 字）综合性现代汉语语料库，其目的是适用于所有学科领域，所收的语料要基本上反映现代汉语各方面的自然平衡。因此，他们采用的是随机取样的方法，组织大批人力，尽可能多地收集各相关领域的典型文献资料，然后用随机抽样的方法抽取其中的部分文献中的部分语段，避免人工干预。这个库是个文字资料库，自然语言处理的有关部门，特别是涉及语义和语法研究的方面，都可望从中调用相关的语料。例如，你想了解汉语里 10 个数目字的使用频度，或许通过调用该库的相关语料进行分析，就能获得满意的统计结果。然而，假如你需要研究语音的特性，例如要了解连续话语里数目字串的协同发音规则的话，那么，即使是这样大规模的语料库也未必能完全概括与此相关的语音库所需要的语样。在这种情况下，最好还是采用定向编辑的方法建立一个专门的数字串语料库。这是因为，汉语里与数目字相关的音节虽然不多，充其量也就二十来个。但是，一旦构成数目字串，情况就不同了。可以想象，实际上可能存在的长短不等的数目字串结构的数量必将大得惊人，不是任何通过随机取样的语料库所能全面覆盖的。如若根据一定的语音结构规则来编辑这部分语料，充其量用大约几百个两音节数字串就能全面覆盖所有可能的数目字间协同发音的规则了。

2.2 定向编辑的基本原则及选样举例

通常，为某一特定领域或特定目的而建立的语料库都会不同程度地采用定向编辑的方法来选取语料。例如，美国奥力根言语理解中心建立的“姓名拼读电话言语语料库”的语料就是首先编制了一个特定的问题单，然后通过电话让许多说话人按所要求的方式拼读他们的姓名而选取的（Roginski and Fanty，1992）。

尽管由于具体的建库目的不同，语料库的种类不同，规模也大小不一。但是有一点是共同的，即都是作为反映自然语言某一方面或某些方面特性的代表，成为体现这些方面规则系统之集大成。因此，语料选取的一条基本原则应该是确保模式全面、语料典型，使之成为代表自然语言某种局部规则体系的缩影。兹以普通话两音节结构语音库的语样选取为例加以说明。

2.2.1 根据协同发音规则和汉语语音结构特点选样，确保模式全面

人们发现，在连续话语中，我们通常所熟悉的音节的语音模式发生了复杂的变化，形成了各种各样的随机变体。为了解决连续话语合成中语音的自然度问题和自动识别中词或音节的边界定位及切分问题，人们迫切希望掌握音节在连续话语中所有可能出现的变体模式。然而，这些变体随语境而定，存在于具体的自然语言的汪洋大海之中，要想掌握它们，的确不是一件容易的事。譬如，以“料”这个音节为例，它在两音节词“材料”和“料理”中分别体现为两个不同的变体。而到了“材料理论”这样的

多音节结构或片语里，“料”这个音节又由于前后语音环境的不同而体现为另外一种变体。可以想见，它在别的语音环境中又会以新的面貌出现。普通话里一共有1300多个不同结构的音节，每个音节随时有可能同包括它自身在内的其他音节一起构成两音节或三音节结构，从而产生无数个不同的变体。显然，要想从自然语言的汪洋大海中把每个音节的一个个具体的变体都找出来那是不现实的。当然，这个问题也并非无法解决。在连续话语里，无论实际上出现的协同发音关系多么错综复杂，但真正涉及的不外乎是一连串的两个相邻音节之间的协同发音效应。因此，我们可以首先建立一个两音节结构语料库，从中提取所有可能存在的不同音节之间的协同发音模式，然后，每一个音节的具体变体就可利用相关的协同发音模式来生成了。

那么，就普通话而言，究竟用多少种两音节结构才能概括所有可能存在的音节间的协同发音模式呢？从普通话的基本语音结构来看，即使不计声调区别，也有400多种声韵组合，即400多个独立的音节。在自然语言里，这些音节都有可能处于彼此相邻的位置上，而且，不管是以两音节的词、词组的形式出现，或者只是作为词间或短语间毗邻的两个音节，它们之间都会产生协同发音的效应。因此，最简单、最保险的办法就是用数学上的排列组合来计算，那么即使不计音节的四声区别，这个语料库也起码得收十几万个两音节结构。显然，这样的语料库肯定是模式全面，语料翔实，无论是编辑合成还是模式识别，都可从中获取典型样板。然而，在大多数情况下，这么大规模的语料库未必都是现实的和必要的，因而可以根据语言学的原则大大加以压缩。

2.2.2 根据语音学上简约的原则选样，确保语料经济典型

所谓经济典型，就是力图用最少的典型语料来代表最多的、可能出现的语音组合模式。

根据协同发音的一般规律和汉语语音的结构特点，一个音节的不同变体主要体现在两个方面，第一，它的声母可能因前临音节韵母的不同而发生不同的变化；第二，它的韵母因后接音节声母的不同而发生不同的变化。但是，无论是声母的变化还是韵母的变化，归根结底都体现为前一音节的韵母与后一音节的声母之间的音联关系（许毅，1986）。根据普通话语音的音位配列规则和相关的结构特性，在选取两音节结构语料库的语样时应该遵循这样一个基本原则：作为两音节结构的前音节，可以不考虑其声母的异同，但必须确保其韵母的全面性；相反，作为这个结构的后音节，则必须确保其声母的全面性。这样，大约最多用一万多个两音节结构就能包括普通话里所有可能出现的音节间音联的模式了。这个库的特点是模式典型、全面，语料相对精炼，比较适用于规则合成或语音学的基础研究，可以据此进行声学分析，从中提取必要的特征参量和统计模式，建立相关的参数数据库，等等。

其次，视具体应用目的的不同，这个库还可以大大压缩。譬如说，假如不考虑两音结构中后音节韵母的不同对于音节间协同发音可能产生的影响的话，那么，这个库起码可以压缩到两千多个词条，这样可以大大节省存储量，而且，如果主要作为规则归纳用的话，这个库的规模还可以进一步压缩。因为从语音学的角度看，与两个音节之间协同发音直接相关的是前音节的尾音音段与后音节的首音音段之间的关系，某些相关研究表明（曹剑芬、杨顺安，1984；杨顺安，1989），普通话里音段之间的相互关系主要表现为后音段对前音段的影响；在音节之间，涉及的主要也是后音节的首音音段对于前音节的尾音音段逆向的协同发音作用，而同一类尾音与首音之间的音联模式是相似的。因此，可以根据语音学上简约的原则，对这些尾音与首音加以分类归纳，然后分别选取代表语样，大约用一、二百个词条就足以概括典型的音联模式了。

2.2.3 统筹考虑语音、语法和语义之间的相互制约关系，避免语料的片面性

自然语言是语音、语法和语义的统一体。语义是语言信息的底层内涵，语音是它的表层表达，语法则是语言信息由底层向表层转换的中介。因此，语音的结合和变化必然伴随着语法和语义的制约。兹以普通话里变调和轻声有关的现象为例略加说明。

在汉语普通话里最复杂的变调现象要数“上上相连”了，这是普通话里最重要的变调规则。它的基本规则是两个上声（即第三声）音节相连，第一个上声会变读为阳平。但是，这里有一个条件，即这两个上声音节必须都是读正常重音的，否则，第一个上声就可能不是变成阳平，而是变成半上或保持不变。譬如，“椅·子”、“老·子”和“耳·朵”虽然也都是上上相连，但是，其中的第一个上声并没有变为阳平。当然，“老子”中的第一个字也可以变读阳平调，但这时，它后面的“子”字必须重读，而且，词义也变了，所以跟“老·子”不是一回事。再者，由一个上声音节通过重叠法组成的两音节结构，它们的变调形式也有两种，具体取决于这种结构的词性和轻重音格式。以上这些都是语音、语义和语法相互制约的具体表现。因为在普通话里，轻声的存在不仅是个重要的韵律特征，有时还有区别语义的作用，是语法上的构词手段之一。这种轻声词的语音形式不但是相对稳定的，而且还会影响连读变调。因此，在编辑反映“上上相连”变调规则的语料时，就不能单纯注意音节本身的声调，而必须考虑可能存在的语法或语义方面的影响，以避免所选语料的片面性。

在选用语句的语料时，就更得注意语义和语法的影响了。因为，即使由同样音节系列构成的句子，由于底层语义内涵的不同，会通过一定的语法制约影响到表层的语音特性的变化。因此，同样的音节系列并不一定能生成同样的语音变化模式。当然，这里涉及语句中的重音和时长分布与节奏和韵律的关系问题，虽然不

属于本文讨论的范围，但却同样表明，语料库的语样选取必须注意语音、语义和语法的相互制约关系。

3　小结

综上所述，建立语料库是与自然语言打交道，因此，在选取语料时就或多或少、不可避免地要运用语言学的原则，还要了解具体语言的结构特性和规则。只有自觉地了解和运用这些特性及规则，才能建立起比较理想的、合乎自然语言特性的语料库。

参考文献

曹剑芬：《现代语音基础知识》，人民教育出版社 1990 年版，第 130—132 页。

曹剑芬、杨顺安：《北京话复合元音的实验研究》，《中国语文》1984 年第 6 期。

许毅：《普通话音联的声学语音学特性》，《中国语文》1986 年第 5 期。

杨顺安：《普通话音节间的协同调音及其合成模拟》，语言研究所语音研究报告，1989 年。

Keating, P., 1988. Coarticulation and timing, *UCLA Working Papers in Phonetics*, Vol. 69: 1 - 2.

Ladefoged, P., 1992. Knowing enough to analyze spoken language, *The Proceedings of ICSLP92*, Vol. 1: 1 - 4.

Roginski Cole, R., K. and M. Fanty, 1992. A telephone speech database of spelled and spoken names, *Proceedings of ICSLP92*, Vol. 2: 891 - 893.

语言调查与语料库建设[①]

摘要 这是2000年应邀在心理语言学和语言声学博士研究生学习会上的一个报告，中心议题是跟增进计算机合成语音的自然度相关的语料库建设问题，大致分为两个部分。第一部分从语言调查切入，主要说明语料库的语料设计和语料收集的语言学原则，以及怎样实施才能达到不同应用目标的需要。第二部分针对汉语韵律研究需要的语料库建设问题，重点讲述汉语的语音结构，尤其是音节的音系（phonological）结构和语音（phonetic）结构以及音节的语境变化，等等。这些不但涉及怎样解决语料库语料的覆盖面和冗余度等问题必备的基本知识，也是建立节奏、重音和语调等韵律模型时，不可回避的、起码的语音学理论基础。

1 开场白

我今天的开场白，无非是几句大实话。大实话者，一是大、二是实也。所谓大，是“大而言之”的大，是“总观”的意思，

① 《在心理语言学和语言声学博士研究生学习会上的讲话》，地点：中国科学院心理研究所，时间：2000年。

指我们要追求的长远目标，即最终要揭示人类言语智能的奥秘。所谓“实”，就是“小而言之”的意思，指当前要做的实事，就是要千方百计，设法去探索一个个具体语言现象背后的本质。

常言道：千里之行，始于足下。对于我们而言，什么是千里之行想要追求的大目标？可以用一句话来概括，就是要弄清楚语言是什么，它是怎样运行的。我们平时所说的语言，通常概括了language 和 speech 两个不同的、但却密切相关的概念。Language 在汉语里译作“语言”，是指汉语、英语、日语之类一般的、相对概括抽象的语言，它既包括口头形式，也包括书面形式；而 speech 在汉语里译作“言语”，是指具体的、个别的、口头说出的话语（spoken language），是一种活生生的机制和现象。语言与言语看起来“一字之差，两字颠倒”，但绝对不是无关紧要的颠倒。某一个语言所体现的，是对该语言集团或语言社会内部许许多多个别的、具体人的言语活动及其运行规律的本质的概括；而一个个具体的言语所意味的，是在该语言社会里按照一定的、约定俗成的规则进行的语言交际活动过程。对于我们这些人来说，言语是更为本质的东西，是我们要研究的真正对象。

言语过程就是说和听的过程，本质上是人怎样说出话来和怎样听懂别人的话语的问题。如果弄不清楚这个过程的基本机制，不了解言语产生（production）和言语感知（perception）的基本原理，就不可能实现真正理想的语音合成和自动识别。最现成的例子就是目前面临的如何增进合成语音自然度的问题。其中重音就是最不容易掌握的一个关键。要想解决这个问题，需要依靠多方面的努力。一方面，首先要通过相关各个领域基础理论研究和应用基础研究，设法去了解人是怎样感知重音的，都涉及哪些主要因素，这些因素对重音感知的作用方式又是怎样的，然后，才能在合成中尽力去创造和满足这些因素及其作用方式。另一方面，我们又必须勇于实践，尽可能地利用现有的、哪怕是很不完善的知识来建立和不断改进合成和识别系统，并据此检验我们现有的认识，引导和促进基础理论研究和应用基础研究，因为我们不应该、也不可能等到什么都弄清楚的时候再去搞合成、识别或理解。同样，要解决语调、节奏等问题也是这个道理。这大约就是我们这些人为什么会逐步日益接近、并终于要合作的最根本的原因。尽管有时候可能并不是很自觉的，甚至可以说多半是自发的，但那是事物发展的客观规律使然。

我们联合起来干什么？就是要从各个学科领域不同的角度来探索同一个秘密，就是前面所说的弄清楚人类自然言语智能的本质，揭示言语生成和知觉过程的机理。人类对于这个问题，实际上已经探索了很久很久，几个世纪，十几个世纪。自从有了人类语言，人们就开始了这种探索。“芝麻开门”的古老神话便是人类在这方面进行探索的一个典型反映。从前的人们，虽然受当时的科学水平所限，只能凭着先天的武器和方法——耳听、口仿和大脑分析，已经创造了辉煌的成就，我们今天享用的各种现成的理论都是先辈前贤艰难探索的结果。有的现在看起来似乎很简单，实质上却都是来之不易的。今天我们有了现代化的武器装备，可以把看不见、摸不着、一发即逝的语音，变成看得见、摸得着、而且可以长久保存、反复取用、反复分析和琢磨的种种记录，因此，应该、而且可能去揭示我们的先辈、前贤尚未解决或尚未探索的奥秘。

上面说了一大堆都属于“大而言之”的话，现在就来说点儿“小而言之”的话。就从介绍跟我们共同感兴趣的研究对象有关的方面开始。先说说语言调查，然后说说语料库的语料设计，最后集中介绍有关语音结构的一些基本概念。

2　语言调查与语料库的语料收集原则

2.1 为什么要做语言调查?

今天，我想先从语言调查说起。大家一听一定有点儿失望，没有兴趣，谈什么语言调查?跟我们有什么关系?我说呀，不但有关系，而且有很密切的关系。从某种意义上可以说，我们大家现在实际上都在进行语言调查，调查汉语普通话的语音究竟具有什么样的特点，包括音段的和超音段的。只不过我们并没有从头开始，而是在前面人家已有的基础上进一步深入，而且主要集中在超音段的韵律特性方面。不过，把语音特征分为音段的和超音段的，那只是为了分析研究和语音处理的方便，事实上，语音的这两个方面是密切相关、不可分割的。我们现在恨不得一下子就掌握普通话所有的韵律特征，马上拿出理想的节奏、重音、语调等等的韵律模型。可是，如果我们不了解普通话基本的语音结构，就可能无从下手。

关于语料库的收集原则，我在 1993 年厦门召开的计算语言学学术会议上就讲过了，可是不被理解。当时，一群工程界的专家听了之后直摇头，我明白他们的意思，认为我这是迂腐，现在有那么先进的计算机，很容易就可以大规模地收集海量的语料，哪还需要你这种手工作坊式的设计和考虑?

也难怪，工程学界往往把语音信号视同于一般的声音信号，因而就很难理解自然话语语音的奥秘。其实，我说的这些原则也不是我的新发明，学语言学的人都知道方言调查（也就是语言调查）有一套非常严谨的调查表格和调查规范，实质上那是语音学和音系学界的先辈前贤们通过长期的、对活的语言现象调查分析所积累的一套规范，那是对于一个语言或方言的语音结构关系及其信息分布规则认识的、最简约的概括。俗话说，“浓缩的都是精华”。正因为有了这套规范，我们才不会迷失在林林总总、眼花缭乱的语言现象之中，才可能在短期内有效地掌握一个陌生方言或语言的语音系统及其结构和运行的规则。譬如，最基本的声、韵、调配列关系，可能的音节结构类型和数目，以及音节和音节结合可能产生的系统变化及其声学语音学模式，等等；而这些，正是对自然语音进行处理的基础。既然早已有如此有效的调查规范，为什么不能用来为如今的语料库建设服务呢？那样的话，既可利用现代化手段的优势，实施高速度、大规模的语料收集以及对海量语料的统计分析，又可利用行之有效的规范方法，确保所收语料能够全面而合理地涵盖自然语言的语音信息，做到既精炼、又高效，避免建库过程中的盲目性和不必要的资源浪费。

其实，这个问题也跟国内外长期存在的知识与统计孰优孰劣的争议有关。当前这种跑马圈地式的语料收集策略，便是受那种以为统计方法可以解决一切问题的思想支配的表现。当然，也有不少工程界的有识之士觉得语音学知识和理论并非无用、而是无法用。之所以无法用，这当然跟目前语音学本身存在的问题有关，的确需要认真检讨和切实改进。关于这个问题，将另文专门讨论。这里先集中说说语料库语料的收集问题。

最初的语料库语料收集存在一种倾向——大规模跑马圈地式的方法。这种方法具有很大的局限性。的确，起初这种方法看起来确实很有效，几乎90%以上的语言信息都覆盖到了；然而，总是有那么一些“漏网之鱼”无法捕获，可是又不能不管。于是，人们便试图通过不断增加语料数量的办法，来达到覆盖实际语言里所有可能的“语言现象”的目的。然而，结果却发现，海量语料也解决不了多大问题，因为语料数量达到一定水平以后，就会出现“饱和”现象，但却仍然无法涵盖那些“小概率事件”。其实，这是由自然语言本身的语音结构及其信息分布的不平衡性决定的，而不是语料数量大小的问题。这个问题需要采用先验的知识（譬如语音结构知识和语音信息分布概率知识）与概率统计相结合的办法加以解决。其实所谓“先验的知识”并非源自少数人的“先验”或“内省”，而是语音学工作者从长期的考察研究实践过程中获得的“理性”积累，尽管并不完善，但毕竟可以帮助人们避免“大海捞针”式搜索的盲目性和不必要的资源浪费。这就是我在这里再次强调这个问题的主要目的。

前些时候，我参加了 Intel 公司的文—语转换系统的研讨会。在会上，就如何提高合成语音自然度的问题，他们提出了两个主要议题：（1）希望了解语音单元连接时哪些因素对自然度的影响最大？（2）怎样能把 Database 减小，以便达到真正能应用。一句话，就是希望了解怎样设计语料库，才能既穷尽所有必要的语音学和/或语言学知识，又节省它的容量，减少冗余度。

目前，大多数文—语转换系统都是以音节作为拼接单元的，于是，语料库中存储的音节就必须既能载荷足够的音段信息，又能载带足够的韵律信息。那么，究竟根据什么原则选用音节变体才能够简明经济地覆盖所有必需的语音信息呢？这就必定涉及一个语言的基本语音系统及其结构特点，而且首先是要了解音段方面的结构规则，因为韵律信息总是要通过一定的音段结构来体现。正因为如此，一个语言的调查总是从音段的分析归纳开始的。关于汉语的、特别是普通话的音段的结构系统和结构规则，我们已经有许多现成的资料可资利用，当然不必从头调查起。不过，对一些有关语言调查的知识和过程还是应该有所了解，这不但有利于我们对有关知识的应用，而且没准哪一天你们就得跟方言打打交道，到那时候这些知识就有用了。因为中国的方言调查虽然具有悠久的历史，而且具有庞大的调查研究队伍，但是，到目前为止，他们的研究多半还局限于音段的范围内，至于韵律的研究，可以说还没有真正提上日程。因此，一旦涉及方言的语音处理，在座的各位恐怕就要或多或少地自己动手调查了。

2.2 怎样做语言调查?

语言调查的目的，就是通过对活的言语进行的调查分析，了解和归纳出反应某个语言的语音、语法、词汇系统及其结构规则和运行规律。

2.2.1 问卷设计

语言调查的第一步是问卷的设计。最基本、最原始的方法就是拿具体的事物去问说话人“这叫什么”?或者“这怎么说”?后来，进一步就把要问的事物列成字表、词表或条目让说话人念。这种问卷的设计，在汉语方言调查中是很有讲究的，也有个发展的过程，现在已经有统一的调查字表、词表以及语法条目，这样就便于不同方言之间的相互比较。

当然，这种传统的调查规范毕竟是一定历史时期的产物，并不完全适应现代语音研究和语音处理的需要。我想，下一步应该是根据具体的研究目的，进一步完善这些问题单，然后，从当地人说的自然话语里去搜索那些表格里所列的研究对象。这就相当于我们今天关心的语料库设计的问题了，这个问题待一会儿再说。

2.2.2 记录和描写

语言调查的记录和描写是另一个重要的方面。这里先不说具体的记录和描写方法，主要强调一下记录和描写手段的掌握。

首先，我想从国际音标（International Phonetic Alphabet，IPA）的学习说起。上次你们说到学习国际音标没劲，这我完全能理解。不过，这事儿得分两头说：一方面，国际音标的学习，目前来说离开你们感兴趣的问题是远了一点儿，似乎一时用不上；可是，另一方面，你们应该了解，语音的音标是语言调查中不可缺少的记录工具，过去，全靠这种工具来描写和纪录，它是语言学里的一大发明。你们之所以没有感觉到它的重要，是因为现在还只是涉及普通话，而你们已经都学会了汉语拼音，那就是专门纪录普通话语音的一种类似于音标的拼音文字符号。一旦涉及方言，就不得不使用国际音标了。因为汉语拼音是专门为普通话设计的拼音文字，而对于方言里的许多语音的描写，它都是无能为力的。国际音标则不同，它是国际通用的、原则上能够纪录和描写世界上任何语言语音的有效工具。所以，凡是要跟语音研究和语音处理打交道的人，最好都能掌握它。或许你们会想，搞了半天，普通话还没有搞清楚呢，谈什么方言？可是，事实将会迫使你来考虑的。举个例子，微软拼音搞了个模糊输入法，目的是解决许多方言区的人因为不会准确的拼音而影响使用微软拼音输入法的问题。为了进一步改进，他们让我给他们搞了个各地方言区的人说普通话时容易搞错的语音资料。这件事说明，语音处理发展到现在这一步，不管人们愿不愿意，已经开始不得不接触方言的语音问题了。当然，你们中间不一定人人都有机会接受这类任务，但是，总难免碰上类似的问题。而且，艺不压身，知识和工具总是不厌其多的。我今天对国际音标作了这么多宣传，目的并不是动员你们去学习它，而是以此为例，说明知识的习得、工具的掌握，都是需要逐步的积累，虽然未必经常动用，但“养兵千日，用兵一时”，如同语料库里的语料，有的在实际语言里的使用频率也许并不高，但有了它们，不定什么时候需要时，就不会因为你的大脑资料库里“未登录”这个条目而临时再去搜寻了。

其次，语料库的标注还会涉及其他一些记录和描写的手段，诸如便于计算机输入输出的 SAMPA 和 ToBI 等等。目前，或许你们一时还不会涉及，但今后很可能会用到；而这些又都是以音段的记录和描写为基础的。

2.2.3 语言资料的数据分析和相关规则的归纳

语言资料的分析归纳是获取调查对象相关信息的关键步骤，是语言调查和研究的目的所在。由于跟今天的主题关系较远，暂且不谈。

3　语料库语言学/语料库语音学

3.1 语料库的作用和语料库的建设

语料库就是语言资料库（database/corpus/corpora），顾名思义，就是语言资料的集合、集大成。语音的语料库，当然就是语音资料的集大成。事实上，自然言语现象本身是无限的，而任何言语资料库，特别是现有的各种语料库，不管它们的规模有多大，它们所包容的语言知识和规则总是有限的。尽管如此，比起一个人、甚至一群人的语言直觉或语言知识来，无疑可以为探索自然语音产生和感知的秘密提供更多、而且更有效的语音线索。

语料库的语言学/语料库语音学，不光是一种方法论，语料库建设的本身就是个研究过程，就是个理论研究和实际应用相互作用的过程。理论研究是什么？就是通过对各种语言现象的分析观察，不断深化对这些语言现象的认识，归纳出相关的语言运行规律，揭示自然语言的本质。由此可见，一个语料库所包含的语言现象是否全面，必将直接影响基于这个语料库的理论研究结果的全面性和准确性。因此，怎样建设语料库是语料库语言学的核心。

语料库建设的现阶段，一个十分关键的问题，就是如何提高它的质量，赋予它尽可能多的知识含量，使之成为高质量的语言学知识库和规则库。对于语音学的语料库而言，主要涉及以下两个方面：（1）语料的设计。就是语音样本的设计和选用，一定要能够相对穷尽地覆盖所要研究的语音现象。关于这个问题，将在下面详细阐述。(2) 语料的加工。主要包括音段切分和特性标注两大部分。实际上，这更是一个研究的过程，目前尚处于起步阶段。首先，音段切分是个广义的说法，实际包括音段的切分和超音段的韵律单元切分。音段的切分，例如，音节的切分，涉及不同音节间的音联——语音的连接与分界问题，需要精心研究才能确定；词语的切分，特别是语音词和韵律短语的切分，涉及话语的韵律结构这样一个难题，它跟句法上的断句规则（即句逗停联规则）既有联系、又有区别，更需要加以精心研究。其次，特性标注，包括音段结构的和韵律结构的标注，它跟音段的切分研究和韵律特性（包括节奏、轻重、语调，等等）研究是分不开的。实质上就是把相关的语音学知识和规则（包括前人已经归纳出来的和加工过程中观察认识到的）用计算机可读的方式标注出来；此外，从手工标注上升到自动标注，就是把人对语音现象的认识过程转换为计算机对语音现象的认识过程，这实际上局部地涉及语音的自动识别问题，也是一个必须研究的方面。

3.2 语料库的语料设计

3.2.1 总的原则

“最大覆盖面，最小冗余度”是任何语料设计和选取的根本原则。要求“最大覆盖面”，因为只有语料能够最大限度地、或者说相对穷尽地覆盖一个语言里的各种语音现象，才有可能据此分析归纳出该语言完整的语音系统和结构规则，或者据此进行有效的语音处理，这是不言而喻的。要求“最小冗余度”，就是要尽可能做到语音上的简洁，实现音节间或者词间的资料共享，避免不必要的资料重复。这最初可能是因为计算机存储容量和运算速度方面的制约，尽管现在计算机的发展基本上不受这种限制，但仍然需要考虑系统的高性能、低消耗以及计算机的实时、小型化等应用方面的实际问题。

3.2.2 怎样实现这个目标?

随机取样和定向编辑两种方法，这里有个优劣比较问题，还有个应用环境问题。

随机取样是语料库在言语工程应用领域兴起初期普遍采用的方法，原因是，这种方法相对简单，不必太费心考虑选什么和怎样选的问题，因为自然语言本身就是最最原始、也是最最全面的语料库，从中随机取样，只要达到一定规模，就能捕获大部分重要的语音现象。这种方法的优点是显而易见的。但是，它的缺点也很突出，具有一定的盲目性，尽管可以通过不断扩大语料规模，力求达到最大限度地覆盖所需的知识。然而，这是以额外大规模的存储和极大的系统消耗为代价的。何况即使如此，也不可能真正穷尽所有的语言现象。

定向编辑则不同，它不是简单地直接使用现成的自然语料，而是根据某个语言特定的语音结构规则，有计划地编辑和选取能够覆盖所需知识的语音样本，因而不但可以保证所选语料具有典型性，可以做到相对穷尽、全面覆盖所需要的知识，而且简明经济，避免不必要的冗余。不过，这样编辑语料也有明显的缺点，一般只能手工操作，效率低，不能满足统计需要。

所以，我的结论是要取长补短，把两者结合起来。首先，充分运用已经掌握的语音学理论，根据已知的、颗粒较粗的语音结构知识，以及语音结合与变化的规律，用定向编辑的方法来选编语料，建立一个反映相关语音现象的语音样本集，并力求使这个样本集能够相对穷尽地覆盖这个语言里语音结合和语音变化的基本模式。然后，再根据这个样本集到大规模的自然话语中去搜索所需的代表语料，建立既全面、又经济的实用语料库。

说到这里，必然会涉及这样一个问题，即现在究竟有哪些语音学的基本知识和规则可资利用?其实，尽管语言学的理论研究目前还不能很好满足言语工程的需要，但是，基本知识和规则还是相当丰富的，问题是怎样自觉、合理地去利用他们。某个语言最基本的语音结构知识，就是说明一个语言里的基本语音系统，有哪些音？这些音和音之间是怎样结合的？也就是所谓的音韵配列规则（phonotactic rule），包括音段的和超音段的。就汉语而言，无论是普通话还是方言，都已经具有相当丰富和比较成熟的知识可资利用。其次，但对我们来说却是特别重要的，就是某个语言最基本的语音变化规律，特别是语境变化的方式和条件，例如，普通话“上上相连”变调的语音基础以及相关的语法和语义制约条件就是一个重要的方面。此外，类似的还有轻重音配置、节奏停延以及语调旋律，等等。就汉语而言，这方面知识的掌握还远远不够，尤其是在方言里，这方面的探索可以说还没有真正开始。今天在这里我打算主要结合普通话的语音，简要介绍一下基本的语音结构知识。虽然这些知识在许多语言学的教科书里都可以找到，但可能不会那么集中。同时，有些基本概念大家可能不一定熟悉，也需要简单说明一下。在此之前，先介绍一下朗读语篇语料库。

3.3 关于朗读语篇语料库

这是一个不同于许多其他语音语料库的、多人语篇朗读语音语料库。对语音学的基础理论研究和言语工程方面的应用基础研究都具有重要的理论意义和实用价值。其主要特点是：（1）可以充分涵盖自然话语的音段特性（包括音段结构、协同发音及其双音子和三音子模式以及同化、异化、儿化、增音、减音等语流音变现象）和超音段特性（包括轻声、变调、重音、节奏和语调等韵律现象）。（2）它的设计建立，一方面充分吸取了现有的语言学研究成果（包括语音、语法、语义等），这是一种应用；同时又考虑新问题（例如当前大家最关注的韵律问题）的研究与探索，力求提高理论认识。所以，这个库的建立本身就是基础理论与应用基础研究的有机结合和有效尝试。（3）过去的许多研究多半是建立在举例说明的基础上，即使使用语料库，也是多半建立在孤立音节或词句的基础上，不免局限性；现在使用语篇语料，再利用计算机帮助我们进行高速的分析归纳，就能够逐步接近实际使用中的语言，既可提供比较理想的理论研究平台（不仅为语音学，而且为话语分析打下了很好的基础，例如话轮转换的语音标志主要就是韵律节奏的标志），又可供言语工程或语言教学等方面应用。

4　汉语语音结构

4.1 汉语音节的音韵（音系 phonological）结构

汉语的音节一般由声母和韵母两个部分组成，如果往细里说，在音韵学上一个音节可以有 5 个构成部分，那就是头、颈、腹、尾、神。例如在音节“天 tian”中，“头”就是声母/t/，“颈”就是韵母中的介音/i/，“腹”就是韵母中的主要元音/a/，“尾”就是韵母中的韵尾/n/，“神”就是它的声调。不过，并不是每一个音节都必须完全具备 5 个部分，通常，汉语的音节可以没有“头”、“颈”或“尾”，但是，决不能没有“腹”和“神”。这里以普通话为例加以说明。

4.1.1 *声母*

普通话里有 21 个辅音声母：/b/组 4 个（b，p，m，f）、/d/组 4 个（d，t，n，l）、/g/组 3 个（g，k，h）、/j/组 3 个（j，q，x）、/z/组 3 个（z，c，s）、/zh/组 4 个（zh，ch，sh，r）；还有 7 个零声母（即以元音/a，o，e，i，u，ü，er/起首的）。具体可列表如下：

表 1 **普通话声母表**

发音方法 \ 发音部位		双唇	唇齿	舌尖前	舌尖后（卷舌）	舌面	舌根
塞音	不送气	b[p]		d[t]			g[k]
	送气	p[p‘]		t[t‘]			k[k‘]
塞擦音	不送气			z[ts]	zh[tʂ]	j[tɕ]	
	送气			c[ts‘]	ch[tʂ‘]	q[tɕ ‘]	
擦音	清		f[f]	s[s]	sh[ʂ]	x[ɕ]	h[x]
	浊				r[ʐ]		
鼻音		m[m]		n[n]			
边音				l[l]			

4.1.2 韵母

普通话共有 37 个韵母（不包括儿化韵母），其中 9 个单元音韵母，也叫单韵母；13 个复合元音韵母和 15 个鼻尾韵母，统称复合韵母。

关于汉语韵母的内部结构问题，主要涉及介音和韵尾成分。介音是音节结构中介乎声母辅音和韵母主要元音之间的语音成分。例如“天 tian”中的/i/，“换 huan”中的/u/，“权 quan”中的/ü/。汉语一般有 i，u，ü 三个介音，通常写作 i－，u－，ü－。韵尾是音节结构中作为韵母结尾的音。例如“天 tian”中的/n/，“黑 hei”中的/i/。汉语的韵尾一般有 i，u，n，ng，少数方言里还有［m，p，t，k］等。韵尾一般写作－i，－u（包括－o），－n，－ng，－m 和［－p］，［－t］，［－k］。

汉语韵母又可根据介音的有无和种类区分为四种不同的类型——四呼。四呼是根据介音的有无和种类来区分的韵母类别——没有介音的叫做“开口呼”韵母，例如“很 hen”、“好 hao”的韵母；带 i－介音的叫做“齐齿呼”，例如“讲 jiang”、“究 jiu”的韵母；带 u－介音的叫做“合口呼”，例如“花 hua”、“团tuan”的韵母；带 ü－介音的叫做“撮口呼”，例如“虐 nue”、“群 qun”的韵母。就普通话而言，具体可以分为以下几个部分：

（1）单元音韵母 a，o，e［ɤ］，i，u，ü［y］，i［ɿ］，i［ʅ］，er［ɚ］；

（2）复合元音韵母，包括 4 个前响二合元音韵母 ai，ao，ou，ei，5 个后响二合元音韵母 ia，ie，ua，uo，üe 和 4 个三合元音韵母 iao，iou，uai，uei；

（3）鼻尾韵母，包括 9 个二合鼻尾韵母 an，en，in，un，ün，ang，eng，ing，ong 和 6 个三合鼻尾韵母 ian，uan，üan，iang，uang，iong。具体列表如下：

表 2　**普通话韵母表**

	开口呼	齐齿呼	合口呼	撮口呼
单元音韵母	a, o, e[ɤ], i[ɿ], i[ʅ], er[ɚ]	i	u	ü[y]
复元音韵母	ai, ei, ao, ou	ia, ie, iao, iou	ua, uo, uai, uei	üe
鼻尾韵母	an, en, ang, eng	ian, in, iang, ing	uan, uen, uang, ong	üan, ün, iong

4.1.3 声调

普通话共有 4 个调类，阴平（一声 55），阳平（二声 35），上声（三声 214），去声（四声 51）。这个大家都很熟悉，不必赘述。

4.1.4 声、韵、调配合规则

声、韵、调配合规则就是音韵配合规则，也就是音系学里的音位配列（phonotactic）规则，它反映一个语言里什么声母能跟什么韵母结合、什么声韵结构能跟什么声调结合的制约关系。譬如，普通话的双唇音声母 b，p，m 可以跟开口呼、齐齿呼以及 u 韵母结合成音节，却不能跟撮口呼韵母构成音节。其实，在普通话里，除了声母 n 和 l 以外，其余各类声母在跟韵母结合成音节的时候，都有一定的限制。具体如表 3 所示。

表 3 **普通话声母和韵母配合关系表**

声母 \ 四呼	开口呼	齐齿呼	合口呼	撮口呼
b, p, m[p, p‘, m]	+	+	(u)	
f[f]	+		(u)	
d, t[t, t‘]	+	+	+	
n, l[n, l]	+	+	+	+
z, c, s[ts, ts‘, s]	+		+	
zh, ch, sh, r[tʂ, tʂ‘, ʂ, ʐ]	+		+	
j, q, x[tɕ, tɕ‘, ɕ]		+		+
g, k, h[k, k‘, x]	+		+	
ø(零声母)	+	+	+	+

4.2 汉语音节的语音 (phonetic) 结构

4.2.1 语音的四要素

语音有音色、音高、音长和音强四个基本成分，称为四要素。

音色（quality）：语音的性质或品质，也叫音品或音质。例如 a，i，u，ü 是具有不同音色的元音，它们的不同性质在发音生理上体现为舌位的高低、前后和唇形圆展的不同，在物理声学上表现为体现不同声腔共鸣特性的共振峰结构的不同；同样，b，t，z，h 是具有不同音色的辅音，它们的不同性质在发音生理上体现为发音部位（即声腔内构成阻碍的位置 place of articulation）和发音方法（即构成阻碍和解除阻碍的方法 manner of articulation，还包括发声型 phonation types 即发声方式、也就是声门运动状态）的不同，在物理声学上表现为体现不同能量分布的频谱类型和结构（包括冲直条、乱纹或者浊音杠及其组合）的不同。

音高（pitch）：语音音调的高低。在生理上音调的高低取决于单位时间里声带振动的快慢，在物理上体现为基频（fundamental frequency 即 F0）的大小。例如，一个基频为 300 赫兹的语音比基频为 100 赫兹语音的音高听起来就要高得多。不过，听感上音高的高低是一种主观性质，它跟物理上客观的基频频率的大小之间并不是完全的线性关系。所以，通常只是把基频作为衡量音高的声学相关物来用，而不应把两者等量齐观。

音长（duration）：语音的长短。在生理上体现为发音历程的长短，在物理上表现为语音信号持续的时间。一般用秒或毫秒来衡量。语音的这个要素看起来很简单，真正测量起来却有很多困难，主要问题是怎样确定语音历程的起讫点。音长的变化是构成语音节奏的最主要的因素，在韵律分析中具有非常重要的地位。

音强（intensity）：语音的强度。它本质上是人耳对于声音强弱的感觉。在发音生理上，音强跟发音时的用力大小有关，在物理上，音强代表沿着声波传递的功率（即通过与声波传递方向垂直的一平方厘米面积上的功），它跟声压密切相关（声压的变化产生声能，音强就是单位时间里流过单位面积上的声能平均值），所以通常用声压级来表示相对音强。声压级可以通过振幅测量，采用分贝（decibel 即 dB）计量。

4.2.2 若干基本术语概念

音段（segment）：从话语语流中抽取出来的最小语音单位，如音素、音位或音子。《语音学和音系学词典》的解释是“1. 一个单个的语音。在语音或是音系层次上，将话语当作线性串列时，串列中的最小单位，如［a］、［s］、［k］或［m］。广义上说，音段被看作言语中发音器官或多或少地保持不变化的一个时段。然而，由于说话时发音器官实际上处于不停的，而且相对独立的运动之中，语音学家早就强调音段是（至少从语音学角度看）一个虚构物，但它仍旧是一个极其方便的虚构，诸如字母写法及口误现象等大量事实说明音段在语言学上是真实的。2. 一组区别特征。它们被完全赋值，因而可以在某个特定的语言中接受一种语音上的释译。”

音素（phoneme）：语音学（phonetics）上的最小语音单位，

不同的音素具有不同的自然性质，它们由一组区别特征来体现。例如，i 音素是个前高/不圆唇的/元音，t 音素是个舌尖前的/送气/塞音，而 m 音素是个双唇的/鼻音。

音位（phoneme）：音位学（phonemics）或音系学（phonology）上的、具有区别意义作用的最小语音单位，它对应于听觉上的音段。音位本质上是音韵学或者音系学中的抽象单位，在具体语言中由若干音素或音子的集合体来体现。一方面，一个音位可能包括几个不同的变体，它们是几个自然性质相近、而听觉上不加区别的音素；另一方面，自然性质相近的几个音素，在不同的语言里可能属于同一个音位，也可能属于不同的音位。例如，a 与 α是两个自然性质相近的音素，在普通话里，它们属于同一个/a/音位；而在吴语常阴沙话里，它们却是两个不同的音位。所以，《语音学和音系学词典》的解释是“在许多音系学理论中，音位被认为是音系结构的一个（常常是唯一的）基本单位，也是某一语言或言语变体的音系体系中音段集合中的一个抽象音段，常常被定义为‘能够区分意义的最小单位’……有两点需要强调：（1）音位最重要的特性是它和语音体系中的其他音位相对立。因此，（2）我们只能说某种言语变体（即某种特定语言的特定口音）的音位。”

音节首音：汉语普通话里有 28 个首音——21 个辅音首音（声母），其中 b 组 4 个、d 组 4 个、g 组 3 个、j 组 3 个、z 组 3 个、zh 组 4 个；7 个元音首音（零声母），它们是/a，o，e，i，u，ü，er/。

音节尾音：汉语普通话里有 11 个尾音——9 个元音/a，o，e，i，u，ü，er，i ［ɿ］，i ［ʅ］/；2 个辅音/n，ng/。

4.2.3 音子及其相关知识

以上是一些常用和通用的术语概念，对于语音处理而言，可能还会涉及更加细微的语音细节，因而需要了解一些相关的术语，认识和掌握相关的知识。

4.2.3.1 音子（phone）：声学（acoustics）上的音段，是语音之间在声学上连贯的、黏着的部分。声学上的音段多于听觉上的音段。例如，汉语的音节“汉”在听感上是由/h/、/a/和/n/三个区别性的音段（即音位）构成的；然而，在声学上，除了这几个音段以外，在它们之间还存在着由于协同发音而产生的过渡音段，这些音段就是音子。它们虽然没有区别意义的作用，但是，却是自然言语中普遍存在的、引起语流音变、因而是语音处理上难于回避的语音现象。

音子又可以分为双音子（diphone）和三音子（triphone）两类。

双音子：双音子通常是由前一个语音的末尾部分跟下一个语音的开头部分构成的，体现为两个音段之间的过渡音。例如在音节“金 jin”内部，就包含两个双音子，一个存在于 j 和 i 之间，可以写作 j－i，另一个存在于 i 和 n 之间，可以写作 i－n；在“界面”里，音节“界 jie”和“面 mian”之间，也存在着一个双音子，那就是 e－m。

三音子：三音子是另一种理想的声学音段，它涉及一个音位或音素左右两方面的语音环境，通常由这个音素本身及其与左邻和右邻音素之间的过渡音段来体现。例如，在音节“金 jin”内部，就存在一个以 i 为核心的三音子，通常写作 i（j，n），它代表 i 在左边为 j 右边为 n 的语音环境里生成的声学音段；同样，在音节之间也存在着三音子，例如，在“界面”里，音节“界 jie”和“面 mian”之间，可能存在着两个不同的双音子，一个是以 e 为核心的 e（i，m），另一个是以 m 为核心的 m（e，i）。

4.2.3.2 普通话双音子结构

（1）音节内的双音子：普通话里共有 1300 多个音节，即使不计声调区别，也有400多个。每一个音节内部都包含着1—3个双音子。不过，多数双音子可以为不同音节共享。例如，“金 jin”里的起首双音子 j－i 就可以和“京 jing”里的起首双音子共享。所以，普通话的音节内双音子总数可以合并简化到100多个。

（2）音节间的双音子：音节之间的双音子就比较复杂一些，因为每一个音节都可能跟包括它自身在内的其他音节构成音节间的双音子，即使按400个跟400个音节的两两组合来说，音节间的双音子总数就会以十数万计。好在这些组合中的许多双音子也是可以为不同组合共享的，因而可以大幅度地加以合并，它们可以用11个音节尾音跟28个音节首音的组合来代表，总数为308个。

（3）语句起首位置和收尾位置上的双音子结构：也就是处于停顿后和停顿前位置上的双音子结构。理论上，前者可以用无声段（silence）跟音节首音之间的过渡音来代表，写作 sil. －a，sil. －z，sil. －n…；后者可以用音节尾音跟无声段之间的过渡音来代表，写作 u－sil.，i－sil.，ng－sil…。一般来说，无声段跟任何音段之间并不产生协同发音效应，所以，它们之间实际上并不存在过渡音段，因此，这种情况下的双音子就分别等于音节首音和音节尾音。

4.2.3.3 普通话的三音子结构

（1）音节内的三音子：根据普通话音节的语音结构，一个音节内部最多包含两个三音子，考虑到某些音节之间可能的共享，普通话音节内部的三音子可以归纳为270多个。

（2）音节间的三音子：前面说过，每两个音节之间一般都可能产生两个三音子。因此，从理论上说，即使按400个无调音节相互组合构成的两音节结构来计算，普通话音节间的三音子数目就可能多达几十万个。但是，如果根据音节的语音结构特点加以归并，就可以把这种三音子的总数减少到几千个。从结构上看，可以分为 1 +2 式、2 +1 式以及停顿前后的三大类：

A. 1 +2 式，即以后音节的首音为核心的音节间三音子，可以采用 17 个零声母音节/ai，ao，ou，ia，ie，ua，uo，üe，an，en，in，un，ün，ang，ong，eng，ing/和一个/io -/以及 128 个辅 - 元结构来代表，具体是：/b，p，m，f ＊ a，o，i，u，e（i，n） - fi/；/d，t，n，l ＊ a，e，i，u，e（i，ng），o（u，ng） +n，l ＊ü/；/g，k，h ＊ a，u，e，e（i，n），o（u，ng）/；/j，q，x ＊ i，ü/ 、/z，c，s ＊ a，i［ɿ］，u，e，e（i，n），o（u，ng）/；/zh，ch，sh，r ＊ a，i［ʅ］，u，e，e（n，ng），o（u，ng）/。以上这些结构代表所有可能的后音节首音以及紧接在它们右边的语音环境，而用 11 个音节尾音/a，o，e，i，u，ü，er，i［ɿ］，i［ʅ］，n，ng/代表它前邻的所有可能的音节尾音环境，这样构成的三音子共有 1600 多个。例如 b（a，a）就是一个 1 +2 式三音子。它代表了所有 ba，bai，bao，ban，bang 音节中以 b 为核心的、在前邻所有以 a，ia，ua 为韵母的音节时的全部音节间 1 +2 式三音子。

B. 2 +1 式，即以前音节的尾音为核心的音节间三音子，可以采用所有可能的前音节末尾两个音素，即 18 个二合韵母/ai，ao，ou，ei ，ia，ie，ua，uo，üe，an，en，in，un，ün，ang，ong，eng，ing/和 75 个辅 - 元结构/b，p，m，f ＊ a，o，i，u - fi/；/d，t，n，l ＊ a，e，i，u + n，l ＊ ü/；/g，k，h ＊ a，u，e/；/j，q，x ＊ i，ü/；/z，c，s ＊ a，i［ɿ］，u，e/；/zh，ch，sh，r ＊ a，i［ʅ］，u，e/，跟所有可能的后音节首音、即 21 个辅音和 7 个元音的组合来代表。这样构成的音节间三音子共有 2600 多个。例如，i（a，d）就是一个 2 +1 式的三音子。它是所有以 ai 结尾的音节中以 i 为核心、在后随以 d 为声母的音节时的全部音节间 2 +1 式三音子的代表。

5　音节的语境变体

5.1 可能的语音环境

（1）考虑左邻音节的一个音素的影响，可以采用 11 个音节尾音代表所有可能的语音环境。

（2）考虑左邻音节的两个音素的影响，可以采用所有可能的前音节末尾两个音素，即 18 个二合韵母/ai，ao，ou，ei，ia，ie，ua，uo，üe，an，en，in，un，ün，ang，ong，eng，ing/和 75 个辅－元结构来代表，它们是：/b，p，m，f * a，o，i，u－fi/；/d，t，n，l * a，e，i，u + n，l * ü/；/g，k，h * a，u，e/、/j，q，x * i，ü/；/z，c，s * a，i [ɿ]，u，e/；/zh，ch，sh，r * a，i [ʅ]，u，e/。

（3）考虑右邻音节的一个音素的影响，可以采用 28 个音节首音代表。

（4）考虑右邻音节的两个音素的影响，可以采用 17 个零声母音节 ai，ao，ou，ia，ie，ua，uo，üe，an，en，in，un，ün，ang，ong，eng，ing/和一个/io－/ 以及 128 个辅－元结构代表，它们是：/b，p，m，f * a，o，i，u，e（i，n）－fi/；/d，t，n，l * a，e，i，u，e（i，ng），o（u，ng） + n，l * ü/；/g，k，h * a，u，e，e（i，n），o（u，ng）/；/j，q，x * i，ü/；/z，c，s * a，i [ɿ]，u，e，e（i，n），o（u，ng）/；/zh，ch，sh，r * a，i [ʅ]，u，e，e（n，ng），o（u，ng）/。

5.2 具体的变体

5.2.1 话语起首（即停顿后）位置上的音节可能产生的变体数目（约数）

（1）考虑右邻一个音素（28 个音节首音）的影响：

a. 400 个无调区别音节 * （21 个辅音声母 +7 个零声母首音） = 11200 个可能变体；

b. 1300 个有调区别音节 * （21 个辅音声母 +7 个零声母首音） =36400 个可能变体。

（2） 考虑右邻两个音素 ［17 个二合韵母，io（u，ng） 和 128 个辅 - 元结构］ 的影响：

a. 400 个无调区别音节 * ［17 个二合韵母，io（u，ng） 和 128 个辅 - 元结构］ =58400 个可能的变体；

b. 1300 个有调区别音节 * ［17 个二合韵母，io（u，ng） 和 128 个辅 - 元结构］ =189800 个可能的变体。

5.2.2 话语末尾（即停顿前）位置上的音节可能产生的变体数目（约数）

A. 音段因素的影响

（1） 考虑左邻一个音素（11 个音节尾音） 的影响：

a. 11 个音节尾音 *400 个无调区别音节 =4400 个可能的变体；

b. 11 个音节尾音 * 1300 个有调区别音节 = 14300 个可能的变体。

（2） 考虑左邻两个音素（18 个二合韵母和 75 个辅 - 元结构） 的影响：

a. （18 个二合韵母 +75 个辅 - 元结构） *400 个无调区别音节 =37200 个可能的变体；

b. （18 个二合韵母 +75 个辅 - 元结构） *1300 个有调区别音节 =120900 个可能的变体。

（3） 考虑左邻一个音节的影响：

a. 400 个无调区别音节 *400 个无调区别音节 =160000 个可能的变体；

b. 1300 个有调区别音节 *1300 个有调区别音节 =1690000 个

可能的变体。

B. 超音段、即韵律因素的影响

（1）考虑待续短语末尾跟结束短语、即句子末尾音节时长分布行为的系统差异，应该选用相应位置上的音节变体来体现各自的特点

a. 上述 A（1）、（2）或（3）全部音节在待续短语末尾的变体；

b. 上述 A（1）、（2）或（3）全部音节在结束短语末尾的变体。

（2）考虑重音地位的影响，所有音节都应该至少选用强、中、弱三种重音地位的变体

a. 一般可以采用词语首音节作为中等重音音节的样本；

b. 一般可以采用多音节词语里的轻读音节作为弱重音音节的样本；

c. 采用语句里的重读音节作为强重音音节的样本。不过，请注意，一般认为待续短语末尾音节常常读得比较到位、比较长，因而拿来用作强重音音节的代表。但是，从理论上说，它跟语句中真正的重读音节的语音表现还是有所不同的：第一，真正的重读音节的主要声学表现之一是音节音长的整体性加长，而待续短语末尾音节在音长方面的主要特点是它的韵母的显著延长；第二，尽管这两种情况下都表现出音高变化模式的完整、即特别到位，但是，相对说来，前者的总体调阈往往要明显高于后者的。因此，究竟采用待续短语末尾音节作为强重音音节的代表是否合适，还有待于进一步的研究。当然，如果能够对合成语句的调阈走向进行自由调整的话，也许可以克服这种区别的影响。

5.2.3 话语中间（即前后无停顿）位置上的音节可能产生的变体数目（约数）

（1）左右都只考虑一个音素的影响：

a. 11 个音节尾音 * 400 个无调区别音节 *（21 个辅音声母 +7 个零声母首音）=123200 个可能的变体；

b. 11 个音节尾音 * 1300 个有调区别音节 *（21 个辅音声母 +7 个零声母首音）=400400 个可能的变体。

（2）左右都考虑两个音素的影响：

a.（18 个二合韵母 +75 个辅 - 元结构）* 400 个无调区别音节 *［17 个二合韵母，io（u，ng）和 128 个辅 - 元结构］=5431200 个可能的变体；

b.（18 个二合韵母 +75 个辅 - 元结构）* 1300 个有调区别音节 *［17 个二合韵母，io（u，ng）和 128 个辅 - 元结构］=17651400 个可能的变体。

（3）考虑左右各邻一个音节的影响：

400 个无调区别音节 * 400 无调区别音节 * 400 无调区别音节 =64000000 个可能的变体；

b. 1300 个有调区别音节 * 1300 个有调区别音节 * 1300 个有调区别音节 * =182000000 个可能的变体。

普通话儿化和轻声研究及其合成试验①

摘要 把握音节相连而产生的音变规律是健全汉语人机对话系统的一个关键。儿化和轻声是汉语普通话里最典型的音变现象。本文着重分析研究自然语言里由非儿化韵转变到儿化韵、由正常重音音节转变到轻声音节的音韵变化规律及其声学表现，并归纳出相应的声学模式，通过规则转换，在单音节合成系统的基础上合成出普通话里所有可能的儿化韵母以及必读的轻声词。

前　言

就文字的角度看，汉语的一个音节就是一个字，一个词语就是一个音节串或者叫字串。但是，若从语音的角度看，这样的音节串并不等于一个个音节在时间系列上的机械串列，而是根据一定的语音结合和变化的规则构成的有机整体。根据人类目前已经掌握的语音学知识，在这个整体中，各个相邻音节的特性之间是相互影响、彼此渗透的，因而在空间和时间域里都形成了一种相

---

① 与李爱军、颜景助合作，本人为第一作者。原载《语音图像与通讯信号处理》，西安电子科技出版社 1995 年版。

互套叠（telescope 或 overlap）的局面（Zsiga，E. C. 1994；Wood，S. A. J.，1991），其中相互叠接的部分就是通常所说的音节间音联（juncture）（许毅，1989）。这种音联现象是音节与音节结合时音节之间相邻音段协同发音（coarticulation）的结果。

本文所涉及的儿化和轻声现象是普通话里两种特殊的音联现象，是语音的合成与识别不可避免的重要课题。

2　普通话儿化韵分析

2.1 儿化概述

儿化（rhotacization，rhotacized）并不是先发一个普通音节，再发一个儿（er）音节，而是在发普通音节韵母的同时叠加上卷舌元音 er 的色彩。这是由于两个音节结合得特别紧密，以至于 er 音节的特征完全渗透到前面音节的韵母之内，从而使两个音节化合成了一个音节，使普通的韵母变成了儿化韵母。

2.2 儿化的音韵转换规律

根据普通话韵母的不同发音特点，从正常韵母到儿化韵母的转换规律可大致归纳如下：

（1）直接儿化。凡是 a、o、e、u、ao、ou 及其相应的带 i、u、ü 介音的元音韵母，可以直接加上卷舌作用构成儿化韵母。

（2）去尾儿化。去尾儿化又分两种，一种是单纯去尾，凡是以 i 或 n 结尾的韵母，儿化时先去掉这些韵尾，再加上卷舌作用。另一种是去尾同时主要元音鼻化，凡是以 ng 结尾的韵母，儿化时就属于这种类型。

（3）加过渡音儿化。i 和 u 韵母儿化时，先加过渡性央元音 e，再加卷舌作用。

（4）先变音再儿化。舌尖元音韵母 i［ɿ］和 i［ʅ］儿化时，首先将它们变为央元音 e，然后加上卷舌作用。

普通话儿化韵母可以合并为九大类。那就是 ar、er、ur、or、aor、our 以及 ãr、ẽr 和 õr（必要时加上相应的介音）。

2.3 儿化韵的声学特性

通常，卷舌元音 er 的主要声学特征是第三共振峰（F3）呈下降趋势，向第二共振峰（F2）靠近（孙国华，1994）；儿化韵同非儿化韵相比，F3 的频率也是大幅度地下降，有时甚至一开始就比相应非儿化韵的下落好几百赫兹（王理嘉、贺宁基，1985；许毅，1989）。

通过对儿化韵与相应非儿化韵各项参数的比较分析，我们发现，从非儿化韵到儿化韵的头三个共振峰的频率位置都发生了变化。尤其是 F3，无一例外地显著下降，就中值而言，大约比非儿化韵的下降 26% 左右，就目标值而言，约比非儿化韵的下降 30% 左右。从中值到收尾目标值下降幅度不大，可见在整个韵母的一半左右，就基本上达到 er 音的目标位置了。

2.3.1 儿化韵的共振峰模式

儿化韵的声学模式并不是一套固定的共振峰频率结构，而是一组在一定范围内变化的频率结构。它的动态范围大致如下表所示：

	F1	F2	F3
中　值(Hz)	400 - 750	940 - 1400	1860 - 2100
目标值(Hz)	400 - 780	860 - 1400	1560 - 1860

就各类儿化韵的具体情况来看，有如下几方面的特点。第一，

F1 和 F2 频率值的大小主要取决于各类韵母主要元音的舌位高低差异和舌位前后差异。第二，F3 的情况比较复杂。这是因为 F3 频率的大小既同儿化时舌头上翘的程度有关，又同唇形的圆展和腭咽部面积的大小有关（鲍怀翘，1989）。由于各人发儿化韵时在舌头上翘与咽腔的应用方面的习惯不同，因而相应的 F3 的情况也因人而异。第三，鼻化的儿化韵的 F1 普遍高于相应非鼻化的，而 F2 和 F3 则都低于相应非鼻化的。第四，同一类中凡带 i 介音的儿化韵母，其 F3 的中值比不带 i 介音的偏高，这同韵母的时长结构有关。

2.3.2 儿化韵的时长结构

如上所述，儿化在时间域表现为由量变到质变的过程。在这个音节的起始段基本上保持非儿化时的特征，在它的收尾段基本上是 er 音的特征，中间段是个过渡性音段。但是，每个儿化韵母内部这三段之间的时长结构关系是不同的。假如我们把从中值到目标值的时长定为儿化韵韵尾的长度的话，那么，实际测量的结果表明，儿尾的长短与介音的长短有无密切相关。普通话里不带介音的儿化韵母共有 8 个，它们的儿尾较长，跟整个韵母的时长比为 68: 100；带介音的儿化韵共有 15 个，其儿尾较短，跟整个韵母的时长比为 46: 100。这表明各类儿化韵母内部的时长结构存在着系统的差异，韵母儿化时不带介音的比带介音的较早接近 er 音的目标值。

儿化韵在时长结构方面的另一个特点是与相应的非儿化韵保持大致相当的时长，即使是带鼻尾的韵母在儿化时会失去鼻尾，但鼻尾的时长会在主要元音部分获得补偿。因此，这类韵母儿化时并不一定会缩短。

3 轻声音节的声学分析

3.1 轻声概述

普通话的轻声现象也是因音节连读而产生的一种特殊的音变现象，一般在两音节结构的后音节出现。它的音变既涉及音段的特征变化，又涉及超音段的特征变化；既涉及音节之间的音联问题，又涉及整个音节的质的弱化。因此，轻声比起儿化来似乎更加复杂一些。

3.2 轻声的音变规律及其声学表现

轻声音节的总的特点是能量弱，跟正常重音音节相比，它的能量大约减弱了 60% 左右（林茂灿、颜景助，1980）。这种能量的减弱是整个音节语音简缩的结果，是音长、音高、音强和音色四个要素变化的综合效应（曹剑芬，1986）。通过对轻声音节与相应重读音节声学特性的比较分析可以看出，轻声的音变遵循如下的规律。

3.2.1 音长大大缩短

音长的缩短是轻声音节的主要特点之一。一般说来，轻声音节的时长大约为正常重读音节的一半左右，这就是总的趋势而言，实际上的内部差异相当悬殊：有的大约为正常重音音节的 3/5 左右，有的却不到正常重音音节的 1/3。

此外，轻声音节音长的缩短主要表现在韵母上，这同轻声音节韵母音色的显著简缩（林茂灿，颜景助，1990）有关。大致说来，轻声音节的韵母时长大约是正常重音音节的 50% 左右，而声母的时长大约是正常重音音节的 80% 左右。

3.2.2 音高范围缩小、失去原有四声对立

通常，关于轻声的声调，一般都因其短，且缺乏四声对立而只标五度制的高度，而不代表音高起伏变化的调形。可是，根据声学分析（林茂灿、颜景助，1980；曹剑芬，1986）的结果，轻声音节的音高也是随着时间而变化的，而且轻声的调形变化在听辨上具有重要作用，只不过轻声音节的音高起伏范围比正常四声音节的音域缩小了一些。根据我们测得的轻声音节的首尾音高值和音高时变模式，它的声调调形可大致分为两类：一类是平调或微升调，调形接近阴平，调值可定为五度制的 33 或 34，适用于上声后的轻声的调形；另一类是降调，调形接近去声，调值可定为 31，适用于其余各声后轻声音节，这一类分为 41 和 21 两种，41 更适用于阳平和阴平后的轻声，21 更适用于去声后的轻声。

3.2.3 音强趋于减弱

比起正常重音的音节来，轻声音节的音强普遍地较弱，这是总的趋势，具体情况还跟它前面音节的声调调类有一定的关系，那就是：上声音节后轻声的音强跟正常重音音节的大致相当，甚至还要更强些；其余三声音节后的轻声的音强则普遍低于正常重读音节的。由此可见，轻声音节的能量虽小，但不一定就是音强小，因为能量的大小还跟音高、音长和音色有关系。

3.2.4 音色趋于弱化和央化

轻声音节音色的简缩表现为声母辅音的弱化和韵母元音的央化及韵尾的脱落。这是因为轻声音节发音时用力小，能量弱，时音短，因而限制了整个发音器官的活动，使得发出的元音和辅音都不到位。元音的央化不但表现为单元音的音色向中央元音方向移动，而且表现为复合元音动程的明显缩小，具体体现为反映舌

位高低变化的 F1 和舌位前后变化的 F2 频率范围的缩小；声母辅音的弱化主要表现为破裂的减弱或消失、摩擦的缩短或减弱以及清音的浊化，等等。这同音节间的音联有关系。由于后延协同发音的作用，它前面音节韵母的元音性特征渗透到轻声音节的声母辅音之中，也使它的辅音性减弱，因而产生弱化和浊化的结果。

4　轻声及儿化的合成

普通话轻声儿化规则合成的实验是建立在我们研制的普通话词语的规则合成系统上的。合成器为串联共振峰式合成器。合成系统框图如下：

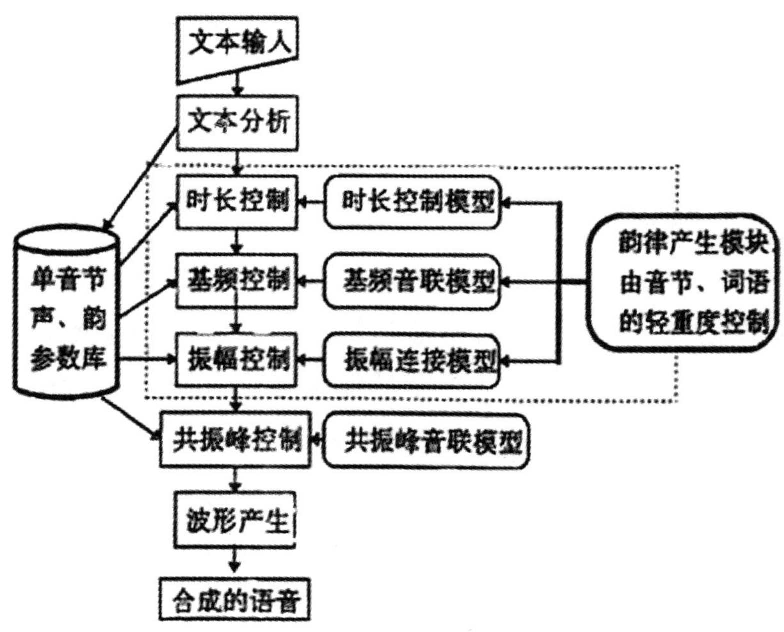

图 1　共振峰规则合成系统框图

4.1 轻声音节的规则合成实验

根据分析结果，可以得到一套轻声音节的合成规则，图 2 就是根据这套规则合成的样本举例。具体规则如下：

（1）轻声音节的振幅减小 5dB，a = A - 5dB，A 为非轻声时振幅。

（2）轻声音节的共振峰央化，设央 e 的共振峰频率为 F1e = 500HZ，F2e = 1500HZ，F3e = 2500HZ，则轻声音节的共振峰频率为 Fi = Fi - a（Fi - Fie），i = 1，2，3，a 为一个实测的小于 1 的系数。

（3）轻声音节的时长缩短，由于合成时音节是采用 7 段的 SIFS 模型，所以对每一段都应有相应的时长控制，但在这里我们只粗略统计了声母（1 - 3 段）、韵母（4 - 7 段）的时长，设声、韵母缩短系数分别是 Bi，Bf，则轻声音节的声母时长 Di′= Di * Bi，韵母时长 Df′= Df * Bf。

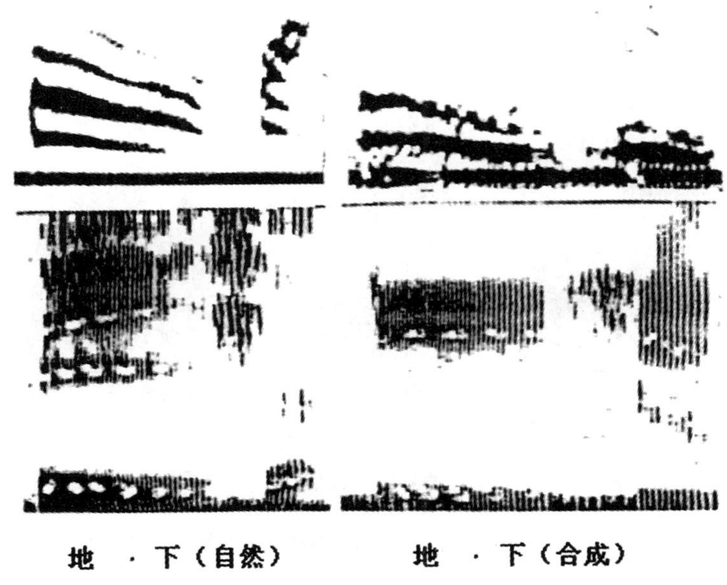

地 · 下（自然） 地 · 下（合成）

图 2 自然轻声和合成轻声语图比较

（4）轻声的声调曲线根据前接音节的声调分三类：a. 前音节为阳平、阴平。b. 前音节为上声。c. 前音节为去声。通过对两字词（后字为轻声）的声调曲线进行测量、拟合，得到一组调连模型的输入参数，合成时用这组模型参数控制调连模型生成轻声音节的 F0 曲线。

4.2 儿化音节的规则合成

上面已经提到，可以将普通话的儿化韵细分成 9 大类，对每一类都给出其三个共振峰 F1、F2、F3 的中值和目标值，如 ar 类 F1 – F3 中值（Hz）为 750、1360、2100，F1 – F3 的目标值（HZ）分别为 660、1370、1860。以合成“鸭”/ia/的儿化韵为例，首先从原始单音节声韵库中取出/ia/的合成参数，将韵母的共振峰中值、目标值用 ar 的中值、目标值代替，再按指数式动态模型计算共振峰频率的轨迹。图 3 为非儿化、自然儿化和合成儿化韵母的语图比较。

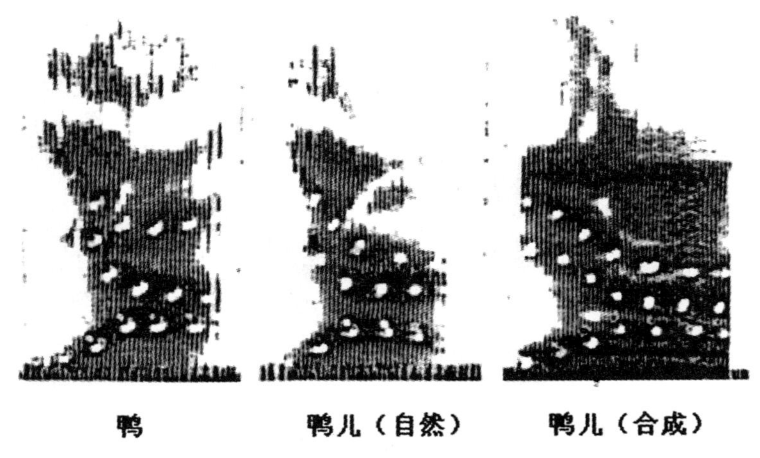

鸭　　鸭儿（自然）　　鸭儿（合成）

图 3　非儿化、自然儿化和合成儿化音节语图比较

5　小结

音节间音联的研究本质上是对语音结合与语音变化规律的一种探索。儿化和轻声是普通话里两种典型的音联和音变现象。从上述合成试验的结果来看，我们对儿化和轻声分析研究的结果基本上是可靠的。但是，也还存在一些不足之处，例如轻声的自然度还有待于进一步提高。这就需要我们继续深入研究自然语言的有关方面，为言语合成提供更加理想的语音模式。同时，儿化和轻声的合成本质上属于多音节词语的合成，它不是简单地把若干音节作时间序列上的相加，而必须处理好音节与音节之间的音联套叠关系。儿化和轻声的合成正是由于应用了相关的语音分析成果，使得两音节结构的合成也能够在单音节合成模型的基础上得以实现。这样，就大大减轻了合成数据库的负担。同时，也为自动生成连续语句打下了良好的基础。由此可见，研究音节与音节相连所产生的音变规律，是汉语人－机对话的一个关键课题。

参考文献

鲍怀翘：《卷舌元音的生理分析》，《实验语音学概要》（第五章），高等教育出版社 1989 年版。

曹剑芬：《普通话轻声音节特性分析》，《应用声学》1986 年第 5 卷第 4 期。

林茂灿、颜景助：《北京话轻声的声学性质》，《方言》1980 年第 3 期。

林茂灿、颜景助：《普通话轻声与轻重音》，《语言教学与研究》1990 年第 3 期。

孙国华：《普通话卷舌元音的声学模式及感知》，《应用声学》1994 年第 13 卷第 4 期。

王理嘉、贺宁基：《北京话儿化韵的听辨实验和声学分析》，《北京语音实验录》，北京大学出版社 1985 年版。

许毅：《音节和音联》，《实验语音学概要》（第八章），高等教育出版社

1989 年版。

杨顺安：《面向声学语音学的普通话语音合成技术，社会科学文献出版社 1994 年版。

Wood, S. A. J. , 1991. X - ray data on the temporal coordination of speech gestures, *Journal of phonetics*, 19, 281 - 292.

Zsiga, E. C. , 1994. Acoustic evidence for gestural overlap in consonant sequences, *Journal of Phonetics*, 22: 121 - 140.

连续话语语音特性及其信息处理[①]

一　永恒的矛盾

随着言语工程技术的发展，语音信息处理的对象已经从孤立的语音发展到连续的自然话语语音，问题变得越来越复杂，这主要来源于一对永恒的矛盾。矛盾的一方面是，自然言语是个随机过程，尤其是即兴的（spontaneous）口语对话（dialogue），语音的随机变化更是无处不在。

就音段的变化而言，除了大家熟知的元音央化、儿化或辅音的同化等较为显著的音变现象以外，更难对付的则是由协同发音引起的更为微观的语流音变。这种变化是由语音生成的本质机制决定的，它几乎无所不在，而且是无法回避的。

再拿超音段的韵律变化来说，常规的连续变调仅仅是人们常见的一种，更多的是，由于人说话总是具有轻重缓急、抑扬顿挫，相关的语调和语气的运用就会导致常规变调模式的不同程度的调整，引起调域（range）的扩大或缩小以及调阈（threshold）的上浮或下沉。

更有甚者，音段特性的变化跟超音段的韵律特性的变化往往彼此相关和相互制约。例如，协同发音作用不但会引起语音音色

① 原载《语言文字应用》1998 年第 1 期。

的复杂变化，还会导致各种语音单元边界上的调连效应（林茂灿，1994—1995）；而弱读引起的就不仅仅是韵律特性的减缩，同时也包括音段特性方面的相应变化，诸如央化、弱化和脱落，等等；又如轻重和节奏的变化，不仅同声调的升降沉浮和时长的伸缩流变相关，还同这两者的协同作用和互补关系有关。如此等等，所有这一切，都是不以人的意志为转移的客观存在，无法回避。可是，矛盾的另一方面是，语音处理处处需要不变的规则。尽管当今的计算机在许多方面已经可以跟人脑媲美，故人称“电脑”。然而，不管它有多么高明，它毕竟还是机械，目前还只能处理比较有规则的东西，面对上述种种随机变化现象，它就显得无能为力。人们发现，不可能采用常规的音段和韵律模式来处理语流中的音段和韵律问题。所以说，语音信息分布的不平衡性或者说不规则性跟语音信息处理的处处要求规则性，这是一对永恒的矛盾。为了解决这个矛盾，人们力图寻找语音中的不变量（invariance）（Fant，1983），这已成为语音信息处理各个部门包括合成、识别、理解等方面一致的需要，成为语音学界和言语工程界共同关注的热门课题。

二　绝对的变化性和相对的不变性

语音中究竟有没有不变量？答案是：既有，又没有。如上所述，连续话语里的语音，几乎没有不变的时候，即使像普通话里最简单的元音 a，你也很难在语流中找到它的常规模式。例如，从声学表现来看，“来啊”中的 a 不同于“走啊”中的 a，又都不同于“走啊走”中的 a，更不同于它在诸如“兰”或“牢”里的变体，而所有这些变异还没有考虑轻重音和语调的影响以及不同说话人引起的个体差异。

从上述情况来看，确实不存在绝对的语音不变量。但是，语音的变化又都是有条件的，依环境而定的。例如，上述“兰”里的 a，由于受前鼻音韵尾 - n 提前的协同发音作用，它的舌位比较靠前，而“牢”里的 a 由于受后元音韵尾 - o 的协同发音作用，它的舌位比较靠后。这是一种由它们所处的语音环境决定的系统差异，不管男女老少都是如此。又比如普通话的两个上声相连，第一个上声通常变为阳平；可是，当第二个上声读轻声时，第一个上声就不一定变阳平，不过，“不一定”不等于没有规律，在这种情况下究竟变不变阳平取决于第二个音节的语法和语义地位（曹剑芬，1995）。由此可见，环境或条件一定，语音的变化就一定有规律可循；而环境和条件不管多么复杂，它们总是有限的，所以，就可以找到随条件或环境而定的（context - dependent）、相对稳定的变化模式，这就是一种相对的不变量（relational invariance）。这种不变量在自然语言里是确实存在的，因而可以利用。

三　相对不变量的掌握和应用

从本质上说，所谓语音的相对不变量，就是语音变化的规律性。通常，这种规律性并不总是显现的，而是隐含在茫茫的自然话语之中，必须通过科学分析和研究，才能被揭示出来。我们今天已经认识或掌握的语音变化知识和规律，是千百年来人类不断探索的积累。但是，这些只是客观存在的语音变化规律的一部分，大量未知的知识和规律仍然处于人们的“习焉不察”之中。所以，语音作为我们的研究和处理对象，我们对它的认识实际上还处于相当幼稚的阶段。尽管我们可能熟知语言的语音结构，也看到描写了许多语音变化现象。可是，我们往往无法解释这些现象，因为我们对于人类语音产生和感知的内在机制还缺乏足够的认识。譬如说，自然语音既然如此多变，为什么人却总能把各种各样的变体感知为同一个音或同一类音？可以肯定，其中必定存在某种相对不变的关系。通常，人感知语音，是通过它在头脑中的心理印迹即印象跟它的语义概念进行匹配的过程。显然，人所依赖的不仅仅是语音的物质特性本身，而且还有一定的印象所代表的声音符号同一定的语义概念之间相对固定的连接关系，而且，这种连接关系必定为说话人和听话人约定俗成、共同认可的。所以，尽管实际的语音千变万化，而人的大脑却总能依赖这种关系而"随机应变"。我们的任务，就是要通过对语音的客观物质特性的观察分析，结合相关的语法和语义知识，去探索和揭示这种相对不变的关系。

计算机进行语音处理，本质上就是模拟人的语音产生和感知机制。因此，所涉及的就不仅仅是对言语声音本身物质特性的认识，而且应该是对这种物质外壳与语义概念之间一定的连接关系的理解和认识。但是，由于这种连接关系存在各种语用的变体，人本身尚且不能对这种关系作出满意的解释，因而更不是计算机现有的逻辑推理功能所能胜任的。所以，无论从语音学基础理论的目前水准来看，还是从计算机技术现在的发展水平来看，计算机的语音处理暂时还只能限于语音的物质特性本身。当然，理论的探索决不能仅限于此。从目前的实际出发，语音学和语音信号处理的当前使命至少有如下两点：一，继续加强和深化基础理论的探索和基础应用研究，这是根本的根本；二，充分开发利用已经掌握的语音学基础知识以及理论研究的成果，这是切实可行的现实途径。

加强和深化基础理论研究，其重要性不言自明。尽管语音处理方面普遍觉得目前的语音学知识不解渴，因而纷纷另辟蹊径，采取语料库的统计方法来解决燃眉之急，而且，有的还干得很不错，但是，这并不能说明语音处理的真正突破可以离开语音学的理论基础。事实上，截至目前，语音处理的一切进展，其中包括语料库的方法，都是跟语音学的基础理论分不开的，而当前面临的"知识壁垒"危机，则是从另一个侧面说明了这一点。特别是对语音变化规律的归纳，不可能指望依靠计算机来完成。计算机通过语料库自己学习，的确可以解决具体系统的一些具体问题，但却不可能告诉你它是怎么理解的，不可能告诉你这一切究竟是怎么回事（方特，1983）。归根结底，理性的探索还是不可或缺的。尽管这方面的研究可能看不到立竿见影的效果，但这是百年大计，决不能有任何松懈。

说到语言学知识的开发应用，应该对应用的现状有个基本的认识。

先看看现在的应用是否充分，再考虑如何进一步开发。

人类现有的语音学基础理论，基本上可以归纳为两个大的方面，一是关于语音结构的基本知识，一是隐含在种种复杂的语音变化背后的关于产生和感知机制的理论认识。目前，就大多数语音处理系统来看，多数还局限于语音结构知识的应用。而且，即使就这一点而言，目前的开发利用还很不充分。譬如，以普通话为对象的许多语音处理系统，尤其是早期的一些系统，在选择处理单元或建立相应的语料库时，往往只是注意这个语言里有四个声调，有一千多个不同声韵调结构的音节，却很少注意不同音段或不同音节相互搭配之后可能产生的语音效应。即使已经注意到某些音位的变体以及上上相连之类的变调现象，也只是把它们看作一些静态的模式，而较少重视它们在话语中的动态流变。例如，有些语料库的标记，实际上只是把汉字文本转写成了拼音文本，或者再加上某些用国际音标标记的音位变体。这只是对普通话语音结构知识的最起码的应用，而这样标记的语料库并不能提供多少实际的发音信息，并不能充分反映语音的动态变化。

近年来，这种情况已逐渐有所改观。譬如说，人们已开始尝试，自觉运用语音的基本结构知识，通过构建典型的语音样本，来模拟连续话语中可能发生协同发音的语音环境（曹剑芬，1996，

1997），并通过在自然语料库中搜索此类样本，努力将由此而产生的语流音变知识注入合成或识别的语料库（祖漪清、李爱军，1997）。此外，在语音库的标注方面也有所突破。例如，在一个用于识别的连续语料库的标记中（陈肖霞，1997），就既利用了普通话语音的结构知识，又利用了已经掌握的音变理论，根据客观的声学表现，不但比较详细地标出了声母、韵母、声调、过渡音及其前后的语音环境，而且还标出了同化、脱落以及浊化等等在音节单念时看不到的音变现象。显然，经过这样加工的语料库必定更加切合实用，因为它可以为识别建模提供较为精确的动态语音信息，所以颇受语音处理方面的欢迎。在国外，语音库的标注已经相当普遍。例如，美国的 TIMIT、德国的 KIEL，都做得相当细致。尤其是 KIEL 语音库，不但做了详细的线性音段标记，而且还采用互补音系学的模型，标注了实际发音中出现的腭化、缺省等一系列超音段的音系过程（Kohler，1995），这些都是值得我们进一步效仿的。当然，可以利用的语音学知识远不止这些，在开发的广度和深度方面也都大有余地。

就汉语音段变化特性的研究来讲，也已取得了不少成果。尤其是最近十来年，对于普通话协同发音现象的较为系统的研究，不但对这类环境音变的客观声学表现做了详细的描写（颜景助，1994—1995；陈肖霞，1994—1995；孙国华，1992—1993），而且对于语流音变的来源以及音段之间彼此交叠、相互渗透的语音产生机制有了比较深刻的认识，并采用双音子、三音子等微观音段形式作为这类动态音段的语音表示（祖漪清，1994—1995；曹剑芬，1994—1995，1996）。这些都是可供进一步开发应用的语音学知识。

在韵律特征层面上也有许多可资利用的研究成果。例如，除了大家熟知的变调知识以外，人们又发现了语调对音域上、下限的调节规律（沈炯，1985）以及随语义或语气而定的“移调”规则，有的还制定了计算机可读的相应形式（吴宗济，1992—1993，1994—1995），这些都是相对不变的动态声调模式，是构成汉语语调的骨干。此外，在连续语音的时长结构研究方面，也发现了以双音节时长分布模式为基本间架的语句时长分布格局，这是另一种重要的韵律特性的相对不变量，它和音调变化一起，共同载荷着轻重、节奏和语调的信息。

上述这些情况表明，面对言语工程的需要，语音学的武库尽管并不充裕，但仍然具有相当的开发余地。关键是怎样去开发利用，这需要语音学界和言语工程界相互配合，共同探讨。我以为，在当前，语料库建设是一个很好的、切实可行的结合部。一方面，语料库本质上是一种知识库或规则库，通过不断有意识地注入已知的语音学知识，便于计算机通过自学习去发现和利用某些未知的东西，以弥补现有理性认识的不足，从而满足言语处理不断增长的需要；另一方面，通过对语料库进行加工标注，不但有利于对现有语音学理论知识的开发应用，而且可以把传统的语音描写方式转换为便于机器识读的表示方式，这也必将促进语音描写的形式化，提高语音学研究的精密化和科学化水平。所以，这也不失为一条两全其美的出路。

参考文献

曹剑芬:《普通话音节间音联的时域特性》，RPR-IL（CASS）（中国社会科学院语言研究所语音研究报告/1994-1995）。

曹剑芬:《普通话语句时长分布的基本格局》，《中国语言学报》1995 年第 7 期。

曹剑芬:《连读变调与轻重对立》，《中国语文》1995 年第 4 期，1995b。

曹剑芬:《普通话的环境音变及双音子和三音子结构》，《语言文字应用》1996 年第 2 期。

曹剑芬:《普通话双音子和三音子结构及其代表语料集》，《语言文字应用》1997 年第 1 期。

陈肖霞：《话语普通话两音节 CVCV 间 C2 为三个发音部位的逆向协同发音声学研究》，RPR－IL（CASS）/1994－1995。

陈肖霞：《连续语音库的语音切分和标记》，《语言文字应用》1997 年第 2 期。

Fant，Gunna 著，杨顺安、许毅译：《语音学和言语工程学》，《国外语言学》1984 年第 3 期。

Klaus，Kohler 著，曹剑芬译：《互补音系学——对一个声学资料库进行标记的理论框架》，《国外语言学》1995 年第 1 期。

林茂灿：《关于普通话两音节间的 F0 过渡及其感知问题》，RPR－IL（CASS）/1994－1995。

沈炯：《北京话声调的音域和语调》，《北京语音实验录》，北京大学出版社 1985 年版。

孙国华：《普通话双音节 V1－/ts，tʂ，tɕ/过渡的实验研究》，RPR－IL（CASS）/1992－1993。

吴宗济：《普通话语调分析的一种新方法：语调中基本调群单元的移调处理》，RPR－IL（CASS）/1992－1993。

吴宗济：《试论合成普通话口语自然度所需的韵律特征规则》，RPR－IL（CASS）/1994－1995。

颜景助：《前音节为元音尾和后音节为零声母的普通话双音节的音节间共振峰过渡的研究》，RPR－IL（CASS）/1994－1995。

祖漪清：《汉语普通话连续语流中的语音现象及其同识别的关系》，RPR－IL（CASS）/1994－1995。

祖漪清、李爱军：《语音识别和语音合成语料库的设计》，《第三届计算机智能接口与智能应用学术会议论文集》。

计算机与语言学

——计算机言语智能仿生和语言学的思考①

前　言

《计算机世界》和《语言文字应用》约我谈谈“计算机与语言学问题”，这个题目实在太大了，决非我的能力所能胜任，更不是这一篇短文所能说清楚的。这里只就跟计算机的言语智能仿生相关的一些问题谈一点个人的看法。

1　一个古老而又现代的理想

人与人交际，最方便的工具莫过于口头语言；人与机器打交道，可以通过种种方式，而最便捷、最自由的工具当然也是口呼的语言指令。因此，期望有一天人和机器能够自由对话，乃是人类早就梦寐以求的理想。从“芝麻开门”的古老神话到现如今的种种计算机智能系统的研制，无不记载着人类力图实现这一伟大理想的奋斗足迹。

现在，我们正处于一个高度信息化的社会，信息的交流是社

---

① 原载《计算机世界》1998 年第 6 期。

会生活运作的基础。随着信息社会的发展，语言在信息交流中的地位也显得越来越重要。例如，现代通信技术发展的一个重要目标，就是要为任何时间、任何地点和任何条件下的自由交际创造条件。这就必然涉及语言智能的机械化、或者说机械的智能化问题，“第五代计算机”的提出，便是20世纪人类为此而奋斗的一个里程碑。

所谓“第五代计算机”，其核心目标就是实现人－机自由对话。计算机既要能合成出相当自然的连续话语，又要能自动识别大词汇量的连续语句，还要能理解自然话语和进行自动翻译。这些目标已经成为许多国家、甚至跨国的重点研究项目，吸引着越来越多的来自相关领域的研究和技术人员的参与和关注。从国际上看，由日本发起并主导的“国际口语处理学术会议”的迅猛发展壮大，便是一个最有力的说明。这个会议从1990年创立，与会者几百人，到1996年在美国费城召开的第四届会议上，与会者已逾千人，论文集重不堪载。此外，历来由美国人主导的“国际语音科学会议”以及后起的由欧洲人主导的“欧洲言语通讯会议”，也都以口语处理为中心，力图探索人类言语的秘密，开发人类的语言智能。在我们国内，无论是语言学相关的基础理论研究，还是语言信息工程的应用研究，也都将口头言语机制及其计算机仿生作为探索的重点。不但每年都有几个学术会议围绕这个中心讨论，而且还有一支相当规模的队伍不屈不挠地从事着各种智能系统的研制工作。特别是国家“863”高技术计划智能计算机主题专家组，早在十多年前，就制定了研制智能机系统的“顶天立地”计划，力争在2000年前，使我国的智能计算机系统具备能以汉语语音、汉字图形和图像与系统进行交际的能力。近来，尤其是信息高速公路及多媒体通讯的发展，对各种口语信息服务提出了越来越高的要求。因此，以研制智能机为目标的口语信息处理已成为当今国际、国内极受重视的领域。

2 言语智能仿生的现状与问题[①]

研制“第五代计算机”的口号最早是由日本人提出的。这个令人神往的口号一经提出，便风靡全球，包括我国在内的许多国家，都投入了可观的资金，动员了各方面的力量，力图将这个口号付诸实践。

在过去的十几年里，人们的确在这个领域取得了前所未有的成功。包括我国在内的许多国家，都已经研制出了各种各样的合成和识别系统，还有不同程度的自然语言理解系统和自动翻译系统，其中有些确实还是很了不起的，有些小的系统已经从实验室走向实用。例如，日本京都大学的一个口语对话系统，人可以通过电话直接跟计算机约定工作日程等等，不但使用连续话语，而且不限说话人，同时具备了言语合成、语音识别和一定程度的语言理解及知识处理的能力。又如美国的 CMU 做了一个供海军陆战队检查水陆两用车时使用的语音识别系统，人在水下检查车辆时，口述检查情况，通过这个系统就能自动记录下来。如此等等，都是十分令人鼓舞的。

然而，当回顾当初制定的宏伟计划时，人们不无遗憾地发现，现有的成就毕竟离开原定的目标尚远。现有的一些系统不是音质或自然度差强人意，就是自动生成的能力受限；不是识别率不理想，就是识别方式或条件要受种种限制。即使像上述那些佼佼者，也仅限于较小的系统，处理的对象和范围有限，而且往往不完全实施，或者还具有相当大的误识率，等等。总之，大家还没有看到真正不受任何时间、地点和条件限制的、像人与人交际一样自由的人—机（通讯）对话手段。原因当然很多，但是，归根结底，

---

① 这是基于20世纪90年代末认识的“现状”，此处未作修改，以便读者对言语智能仿生的发展历程有个粗略的了解。

最根本的原因还在于人对语言本质的认识跟不上。因为从根本上说，计算机的智能化，不仅要对语言作为交际工具的功能进行模拟，而且要对这种功能得以实现的内在机制进行仿生。只有充分认识人类自身语言智能的运行机制，才能实现真正意义上的计算机仿生。可是，目前人类关于自身语言产生和感知过程的知识还相当贫乏，这正是阻碍我们取得更大进展的知识壁垒。所以，有人说，智能机上不去，主要是语言学拖了后腿，此话不是一点没有道理的。不过，我们也不能不看到问题的另一方面。例如，许多系统还不够完善，不可能充分应用人在认识语言方面已有的理论和知识；另外，有些系统由于应用对象的制约，还没有真正在语言学知识的应用方面下功夫。总之，即使就计算机技术本身而言，也不是已经尽善尽美，现有的发展水平恐怕还没有真正到达“只要你能拿出语言知识和规则，我就能处理”的程度。何况，自然语言又是其他许多学科的研究对象。例如，作为思维的载体，它是逻辑学和认知学的研究对象；作为一种特殊的符号体系，它是符号学研究的对象；而作为特殊的信息系统，它又是信息科学研究的对象。所以，我们不可能也不应该指望单独由语言学，或者再加上计算机科学，在可以预见的未来完成这个艰巨的历史使命。

那么，我们是不是还要坚持我们的既定目标呢？回答是肯定的。但是，应该认识到这是一个长远的战略目标，不是几个五年计划或十年计划的努力就能完全达到的。人的认识总是有个过程，当初的设想显然受到既存认识的局限，因而低估了任务的难度。不过，10 年、20 年下来，人们毕竟从实践中提高了认识，开始调整战斗部署。现在，日本人已经不提“第五代计算机”了，而是把计算机的发展分为三个阶段：从计算机发明到现在为第一阶段，主要靠形式语言、符号处理来运行；从现在起往后的 50 年为第二阶段，要做信息处理，要从主要用符号跟计算机打交道逐步过渡到采用语音进行交际；再以后的50年为第三阶段，到那时候，可能整个都是网络，除了语音，还要有图像，还要有虚拟现实的能力。显然，要研制智能机的目标不但没有变，而且更加明确了，只是现在的提法更加切合实际。

3　挑战与思考

毋庸讳言，面对计算机智能仿生提出的许多问题，语言学一时还拿不出满意的答案来。有的甚至还是空白，有的虽然已经有了相当深入的揭示，但由于缺乏系统或合理的归纳，再加上传统描写方法的局限，因而不为工程应用方面所了解，或不便工程上的应用。如果说，直到20世纪70年代，作为言语工程发展后盾的语言学知识武库尚属从容的话，那么，到了80年代，就已显得力不从心。其实，就在人们陶醉于“第五代计算机”的美好憧憬的同时，言语工程圈内已有先觉者认识到“知识危机”暗礁的存在，大声疾呼“与其说需要第五代计算机，不如说需要第五代语言学家”，可见语言学责任之重大。到了90年代，言语工程已经实实在在地面临知识危机，他们普遍反映，现有的语言学知识不解渴，以至于不得不另觅出路。语言学受到前所未有的冲击与挑战。而且，随着处理对象从实验室语言转向自然口语对话，工程方面对于语言学的要求就不仅限于加强口语语音的研究，随之而来的，还有对于口语语法、语义和语用研究的要求。所以说，研究智能计算机与其说是对计算机科学的考验，不如说是对语言学的挑战。

诚然，语言学是个古老的学科，它的发展源远流长。千百年来，尤其是近百年来，人类在这个领域里积累了丰富的知识，取得了辉煌的成就，这是不可抹杀的。甚至可以毫不扩张地说，计算机语言智能模拟能有今天的进展，语言学功不可没。但是，语言学当前的状况是理论落后于实践的需要，这同样也是不可抹杀的残酷的事实。譬如说，为什么连续话语的语音明明如此复杂多变，而我们却能够听辨为一个个清晰的音节？人的耳朵和大脑究竟依靠什么来完成这个使命的？显然，除了语音信息以外，这里还涉及语法、语义和语用等各方面的种种运行规律。那么，这些规律究竟是怎样的？目前，不但无法说清楚诸如大脑中音－义连接关系之类难于捉摸的秘密，就是对于已经可以“看见”和捉摸的语音变化，也还远远没有真正掌握其中的规律，如此等等，无不说明语言学任重而道远。

也许有人会说，语言学又不是专门为计算机仿生服务的，为什么单单以此来衡量语言学的水平？不错，要说服务，语言学的服务对象还广得很呢。然而，研制智能机的重大意义决不仅限于让机器掌握语言智能本身，这个目标所凝聚的也不仅仅是言语工程学的需要，同时也是语言学本身发展的需要，更是浓缩了与语言有关的社会各个方面的需求。众所周知，一个学科的生存与发展，总是跟社会的发展与需要息息相关的，如果你不能对社会的发展做出应有的贡献，势必就没有发展前途。目前，语言学的许多部门所面临的经费拮据、人才匮乏、队伍不兴旺等等不景气现象，难道不是来自现代化社会的种种冲击吗？难道不应该引起我们的深思吗？

在危机与挑战面前，我们都需要冷静地思考一些问题。首先，我认为有必要重新审视一下我们的语言观，看看我们对于自己的研究对象究竟有多少认识。这或许有利于正确估价各自过去的工作，充分认识面临的困难，适当调整战斗的部署，以便最大限度地调动一切积极因素，有计划、有步骤地去实现我们的战略目标。

3.1 语言是什么？

语言是什么？这似乎是个不成问题的问题。语言是一种交际工具，又是思维的工具。那么，它究竟是怎样实现这两种工具的职能的？我们不妨提供下面的框图来解剖一下我们的研究和处理对象。

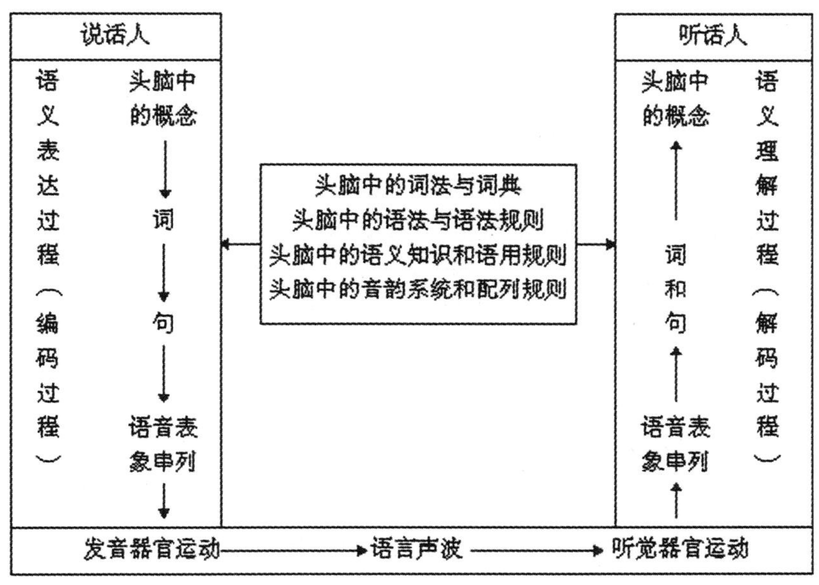

从这个图解中我们看到，在人与人的言语交际中，从说话人头脑里的想法与概念变成听话人头脑里的想法与概念，绝不只是口耳之间的事情，还要涉及双方复杂的大脑活动。这个过程包括说话人头脑中怎样形成概念，概念怎样以一定的词和句的形式得以组织编码，词和句又怎样转换为相应的语音表象，并形成驱动发音器官运动的生物学指令，去驱动发音器官发出声音；同样，在听话人一方，也必然要经历与此相关、但方向相反的转换过程。在这个阶段，语言都是以头脑中的神经生理和心理活动的形式存在的，是语言的内部存在形态。只有到了发音器官运动、产生言语声波并传输到听觉器官的阶段，才出现通常的外部语言形态。由此可见，语言交际不仅是一种社会行为，而且还是一种复杂的生物学行为。我们平时感觉到的种种语言现象，都是这种高级智

能活动的外部表现。要真正认识这种智能活动过程，就不能不对作为语言内部形态的各种脑生理和心理事件加以探索。

事实上，语言学在这方面早已做过相当深入的探讨。例如，关于语言与思维的关系问题，特别是关于语言与思维同一性的讨论，很有点像“先有鸡还是先有蛋”之类的古老哲学思辨，不能不说已经接触到了语言内部形态的本质，即内部语言究竟怎样作为思维活动的工具和载体而被组织运行（编码或解码）的。但是，由于脑生理学目前发展水平的制约，人们暂时还无法揭开这个大脑黑箱之谜。我们对于语言的内部形态几乎还没有什么成熟的认识。可以说，这是人类认知领域的又一个“哥德巴赫猜想”，一个不是短期内就可以攻克的堡垒。由此可见，揭示人类语言智能的本质机制，并对此进行计算机仿生，这是一个“顶天”的战略目标。要实现这个目标，无论是计算机科学还是语言科学，都还有很长很长的路要走。我们这么说，绝不是为语言学目前面临的尴尬局面开脱责任，也不是为计算机目前仿生水平的不尽如人意寻找借口；我们只是想实事求是地看待过去、立足现在和展望将来。过去，我们基本上是把语言作为一般的人文现象、一般的工具来对待。这就局限了我们的认识，使我们在处理问题时，不是站得不高、看得不远，误把语言的功能当作其本质；就是低估了工作对象的复杂性，提出不切实际的战斗口号，误把长远的战略目标确定为指日可待的战术任务，其结果自然不免失望。所以，正确地认识我们的工作对象——语言，不仅对于语言学十分重要，对于计算机科学来说，同样也是不可忽视的。

面对“顶天”的战略目标，我们必须通过对外部语言的语音、语法、语义和语用等方面的不断探索，来窥探和揭示这种特殊的生物学行为和社会行为统一体的本质及其实施过程，这是语言学的天职。语言学应当充分吸收和利用相关学科的理论和方法，联合一切科学同盟军的力量，为攻克这个“哥德巴赫猜想”堡垒而做出应有的贡献。

3.2 怎样看待计算机与语言学的关系?

另一个值得思考的问题是，究竟怎样看待计算机与语言学的关系?

首先，从计算机仿生的角度看，无论是过去取得的成就，还是现在面临的问题，都跟语言学的总体发展水平息息相关。目前，言语工程界觉得语言学指靠无望，只得另辟蹊径，语料库的大规模应用和迅速发展，便是为抵挡这个危机而采取的颇具革命性的措施。而且，当语言学为认识一些复杂的语言现象而苦苦探索的时候，言语工程部门已经依靠计算机对语料库的自学习，解决了不少实际问题。但是，这并不能说明计算机语言智能仿生的真正突破可以离开语言学的理论基础。事实上，截至目前，自然语言处理的一切进展、其中包括语料库的方法，都是跟语言学的基础理论分不开的，而当前所面临的“知识壁垒”危机，则是从另一个侧面说明了这一点。所以，国内外不少有识之士早已意识到，利用语料库统计的方法毕竟有它的局限性。计算机再高明，终究还是一种机械。依靠它，固然可以迅速地从大规模的语料中获取丰富的语言知识，解决具体系统的一些具体问题，但却不可能告诉你它是怎么理解的，不可能告诉你这一切究竟是怎么回事。因此，归根结底，理性的探索还是不可或缺的。尽管这方面的研究可能看不到立竿见影的效果，但这是百年大计，决不能有任何松懈。目前，在这方面，无论是队伍的建设，还是资金的投入，都有待于进一步加强。

其次，再来看看语言学。如前所述，语言学现在处于一种相当被动的局面。这种状况固然受制于相应的认知科学的发展水平，但也不可否认，目前主要还在于自身理论和方法的局限性。语言学亟待进一步现代化。而计算机智能仿生所提出的一系列新课题和新的需求，一方面可以启发我们从新的视角去思考和探索，这必将深化语言学的理论认识；另一方面，通过计算机的智能仿生，改造利用现有的语言学理论知识，也可促进语言描写的形式化。应该看到，计算机科学的发展，不但为语言学提供了现代化的研究手段，而且大大拓宽了语言学的视野，计算机智能仿生所提出的一系列崭新的课题，也为语言学的发展提供了前所未有的大好机遇。现在的问题是，语言学如何把握好这个机遇，努力发展自己，力争再现辉煌。

总之，来自言语工程需求的挑战所反映的，不仅仅是个理论与应用、服务与被服务之间的关系，而是语言学和计算机科学两者之间彼此关联、相互促进的问题。语言学与计算机言语智能仿生，有着共同的研究和处理对象以及共同的奋斗目标——揭示人类言语智能的秘密，延展和开发人类言语智能的功能。这是一种天然的伙伴关系。这种关系，不仅体现在语言学对计算机仿生的支持，同样也表现为计算机科学对语言学发展的促进和支持。两者应当更加密切地结合起来。例如，就目前的情况而言，语料库的建设就是一个很好的结合。如今，面对言语工程的需要，尽管语言学的武器库并不充裕，但仍然具有相当的开发余地。关键是怎样去开发利用，这需要语言学界和计算机工程界相互配合，共同探讨。一方面，语言资料库本质上是一种知识库或规则库，如果在建设语料库的时候，有意识地已知的语言学理论为指导，就可以增加库的知识含量，同时，也便于计算机通过自学习去发现和利用某些未知的东西，以弥补现有理性认识的不足；另一方面，通过对语料库进行加工标注，不但有利于对现有理论知识的充分开发应用，而且可以把传统的语言描写方式转换为便于机器识读的表示方式，这也必将加速语言学的精密化和科学化进程。可以肯定，计算机智能仿生与语言学的充分结合，必将促成言语智能仿生的重大突破，也必将极大地推动这两个学科本身的发展。

Syntactic and Lexical Constraint in Prosodic Segmentation and Grouping①

（韵律组块分合的语法制约）

Abstract This paper tries to discuss the interrelation between prosody and syntax by clarifying some syntactic constraints in Chinese prosodic segmentation and grouping. The main attention will be paid to search for (1) possible correlation between prosodic breaks and syntactic construction; (2) possible correlation between prosodic breaks and POS; and (3) the role of syntactic and lexical information in prosodic word chunking. Accordingly, an algorisim for the prediction of prosodic structure based on these information could be formed later on.

摘要 韵律切分是当前言语信息处理的核心问题之

---

① 与朱维彬合作，本人为第一作者。原载《第一届国际言语韵律学会议论文集》，法国，2002 年（The proceedings of Speech Prosody'2002, Aix – en Provence, France, 2002）。

一，其关键是要搞清楚韵律结构与句法结构的关系，以便利用已知的语法信息，来自动预测话语的韵律结构。本文试图通过分析自然话语中韵律组块分合的语法制约，来揭示韵律结构与句法结构的关系。根据这里获得的分析考察资料，我们归纳出了若干规律性的表现。首先，在自然话语里，韵律结构与句法结构确实常常是不一致的。因此，不能期望完全根据句法结构来构建韵律结构。不过，我们同时发现，它们之间的不一致主要是层级结构上的不一致。事实上，韵律结构还是以句法结构为基础的，它们之间存在着相当密切的映射关系。例如，作为韵律分界标志的停顿分布，不但跟一定的句法成分相关，而且跟词性信息具有一定的相关关系。又譬如，在自然话语里，语法上的单音节词多半要跟左邻右舍结合成多音节的韵律词，但是，这种韵律构词并不是随意的，而受一定词性的制约，遵循一定的规律。这些规律性的信息可供言语处理应用。

1 Introduction

Essentially, Prosodic segmentation and grouping is referred to prosodic structure of speech, and it has being a hot topic in the field of speech processing. TTS, for example, still suffer from somewhat unnaturalness, though a great progress has been made in this field up to date, a lot of specific trouble and problem seem to be caused by the dislocation in prosodic hierarchy. At the same time, the accuracy in speech recognition is difficult to get enhance, it seems also to be caused by lacking uses of the knowledge in prosodic structure. Consequently, it is true to say "that both for speech synthesis and speech recognition, prosody is the area in which the most progress needs to be made before such technology can be used as an acceptable replacement for human speech" (Hirst, Bel, and Campbell, 2001).

Because of the development of TTS, prosody generation has become the most important part to enhance the naturalness of synthetic speech. It is especially necessary to predict a prosodic hierarchy according to grammatical information from the text, since it will be of quite benefit to the generation of prosody automatically at the back – end in a system. However, It is well – known that prosodic and grammatical structure are not always directly map each other. Consequently, it is a critical issue to clarify the interrelation between prosody and syntax both for theoretical approach in phonetic science and applied research in speech technology.

The main task is to segment syllable sequence into proper units and then organize them into correct prosodic layers based on text analysis. This issue is not easy to deal with. It is because that in human speech production, different prosodic units are well organized in a hierarchy, but such information in text is almost completely lost. Therefore, people have to seek a proper way to recover prosodic structural information and annotate them onto the text. Actually, here the underlying challenge is related to the interrelation between syntax and prosody.

Studying on the correlation between prosody and syntax is a classical and universal subject conducted in many languages. For satisfying this goal, a lot of efforts have been contributed in related fields (Lehiste, 1972; Gee, 1983; Mertens, 1993). Recently, in China, there were also several methods (Lee, 1998; Shen & Xu,

2000) that make use of features such as part of speech (POS), position of words, cue words (like "的", "和"), punctuation and so forth to predict the prosodic breaks, but it is far from of realizing the whole picture, further study is needed.

Making prosodic segmentation and grouping at the front-end of Chinese TTS is a particularly difficult task due to following factors.

First of all, as many researches have found that prosodic hierarchy is not always consistent with syntactic hierarchy in a language, therefore, it is impossible to make prosodic segmentation and grouping by directly mapping from syntactic structure. This is a common issue revealed in different languages.

Second, but more important, is that Chinese has many morpho-syntactic features quite different from western languages on one hand, such as monosyllabic structure in morpheme and its flexibility and poly-synthetism in word-formation; while on the other hand, the speech units in natural Chinese is also well-organized as a hierarchy, in stead of a discrete linear alignment. According to Cao (1999, 2000), Tseng (2000) and Qian et al (2001), the prosodic hierarchy of Mandarin Chinese consists of at least three layers, i. e., prosodic word, prosodic phrase and intonation phrase. That is to say, the monosyllabic written form in Chinese is completely separated from the spoken form. Consequently, how to gather the monosyllables into prosodic chunks has become a very thorny problem .

In addition, we neither can expect to determine prosodic words directly according to lexical words, even though the monosyllabic morphemes have been combined into lexical form in the dictionary. It is because of that the lexical word may be smaller or larger than a prosodic word, and in the fact, there is only 70.71% of lexical words which is identified with prosodic word in real speech (Lu, He, et al., 2000), even not to mention the definition and segmentation of lexical word itself is originally a controversial issue remained in Chinese linguistics. Consequently, how to make prosodic segmentation and grouping at the front - end, so that to build a prosodic hierarchy automatically at the back - end of TTS system, has become an urgent subject raised in both fields of phonetics and speech technology.

Bearing this idea in mind, the present study tries to discuss this issue by clarifying the syntactic constraints occurred in prosodic segmentation and grouping in Mandarin Chinese. The main attention will be paid to following aspects: (1) exploring possible correlation between perceived pause (i.e., prosodic break) and syntactic construction; (2) searching for possible correlation between perceived pause and the part of speech; (3) observing the role of syntactic and lexical information in prosodic word chunking.

2 Experimental Materials and Methods

This study is based on the observation and analysis to two sets of sentences: the first set was selected randomly from a discourse corpus that is uttered by multi - speakers. Another set was extracted randomly from a large scale speech corpus of sentences read aloud by a male speaker. Among these materials, the length of sentence is 9 - 20 syllables in average, and the longest one consists of 41 syllables, so all of them are involved in the prosodic segmentation and grouping taken place within a sentence.

Experimental investigation and analysis includes four steps: (1) Text analysis, in which grammatical word segmentation, part of speech annotation and syntactic parsing of each sentence were conducted. (2) Perception test, by which breaks and their strength were labeled, so that to provide prosodic segmentation information and form as a prosodic hierarchy. (3) Acoustic analysis, through which, the suprasegmental features related to the prosodic hierarchy, like boundary marked pitch movement and temporal variation were obtained, these information are very helpful in determining the prosodic hierarchy objectively. (4) At last, to conduct a comparative analysis to the data obtained from (1) to (3), i. e. , through the comparing of the perceived pause and the results of syntactic parsing, to look into possible correlation between prosody and syntax.

3 Results and Discussion

Perceptually, prosodic hierarchy is roughly identified with perceived pause (i. e. , break), so the hierarchy can be represented through pausing distribution, and we can explore the prosody – syntax interrelation by investigating the relationship between pausing distribution and syntactic construction.

Generally, there are three degrees of pause (i. e. , P1 – P3) can be perceived by normal listening, while a fourth degree of pause (i. e. , P4), a mini – pause, could be perceived by a carefully perception test only. Conseqentely, such mini – pause is being ignored generally, however, it has been revealed that such mini – pause is even more important for the improving of TTS naturalness, since whether the mini - pause setting is proper or not will obviously affect not only the naturalness, but also the sound quality and intelligibility in some degree. Therefore, we try to observe four degrees of pause in the present study, that is p1 - p4 from major to minor.

3.1 Distribution of pausing and syntactic construction

According to the results obtained from this study, we find that there does exist some correlation between pausing distribution and syntactic construction. The main points can be summarized below.

3.1.1 *Distribution of the first degree of pause (hereafter P1)*

The first degree of pause is major break perceived from perception test, the majority of this degree of pause occur between the subject and predicate of a sentence, it is true especially in a relatively balanced sentence. Whereas, the P1 in an unbalanced sentence is usually occurred (1) between a prepositive adverbial modifier and the subject; (2) between the clauses in a complex sentence and (3) between different modifiers in the complex attribute or adverbial modifier.

3.1.2 *Distribution of the second degree of pause (P2)*

The data obtained here show that the majority of P2 is occurred (1) between different modifiers in the complex attribute or adverbial modifier; (2) between comment and object, including verb and object, pronoun and object, or the copulative verb and the predicative; (3) between the subject and predicate of an unbalanced sentence and (4) between the modifier and the part being modified.

3.1.3 *Distribution of the third degree of pause* (*P*3)

Most of the P3 is distributed (1) between the modifier and the part being modified; (2) between the comment and object, including verb and object, pronoun and object, or the copulative verb and the predicative.

3.1.4 *Distribution of the fourth degree of pause* (*P*4)

The distribution range of P4 is mainly located (1) between the words in a word compound or mini – phrase that without auxiliary word "的"; (2) after the auxiliary word "的" in a noun phrase or word compound.

In summarily, the situations described above indicate that the major prosodic breaks P1 in natural speech do correspond to most, but not necessarily all, major syntactic boundaries. While the minor prosodic breaks P4 usually occur within a small size syntactic phrase or word compounds. Generally, the P2 and P3 function as the most powerful boundary marker of intermediate prosodic chunks, mainly occur in the syntactic levels lower than that of P1 but higher than that of P4, but may be some overlap between P2 and P3 as well as P1, especially in an unbalanced sentence.

3.2 Distribution of pausing and lexical information

According to the results obtained here, some correlation also found between pausing distribution and lexical information. That is, a pause, longer or shorter, is likely occurred in the following cases:

(1) After a location name or person name, especially after a

foreign name;

(2) After a time or quantitative word;

(3) After a polysyllabic verb in the case of followed by a polysyllabic structure;

(4) After a position word like "前、后、上、下" and directional verb like "来、去、进、出" that served as a suffix and in the case of followed by a polysyllabic structure;

(5) Before and /or after a coordinative conjunction, such as "和、及、跟、与、同、以及" in the case of connecting two complex constituents, and the pause before the conjunction word is usually stronger than that after the conjunction word;

(6) Before and / or after a turning conjunction, such as "不但……而且、虽然……但是、由于……因此（因而）、因为……所以、如果……那就、既然……也就、与其……不如" in the case of connecting two complex constituents;

(7) After an auxiliary word such as "的、地、得、着、了、过" in the case of followed by a polysyllabic structure;

(8) After a disyllabic adverb, like "往往、常常、经常；十分、非常；从前、后来、目前、已经；仅仅、多半", in the case of followed by a polysyllabic structure.

3.3 The role of syntactic and lexical information in prosodic word chunking

Grammatically, there is a lot of monosyllabic words in Chinese, but according to the information obtained from this study, we found that such kind of words is likely tried to form as a prosodic word by self - lengthening or attaching to another mono - or disyllabic constituent, so that to gather into a foot in order to fulfill the requirement of speech prosody. However, such prosodic grouping must be under certain rules, which can be summarized as follows.

(1) Independently forms as a foot by self – lengthening when it is stressed in speech or in the case there is no any mono – or disyllabic constituent could be attached;

(2) To form as an independent foot by attaching with another one or two monosyllabic word in the case of neighboring (before and / after) other monosyllabic word;

(3) To form as a super – foot by pre – or post – attaching to a standard foot, i. e., a disyllabic constituent, when it is unstressed in speech.

In addition, the prosodic grouping process described above must be under certain syntactic and lexical constraint. Specifically, for example, if the monosyllable word is a noun, then the chunking process is usually achieved by pre – attaching a mono – or disyllabic adjective/pronoun/numeral/conjunctive/verb/another noun, and / or by post – attaching a suffix (like 子、儿、头) /auxiliary word "的" /position and direction word (like 里、外、际) /another noun. Whereas, if it is a monosyllabic verb, then the chunking process will be achieved by pre – attaching a mono – or disyllabic adverb/auxiliary verb/interrogative pronoun/prefix (like 反) /another verb, and / or by post – attaching a monosyllabic noun/adjective/ noun suffix/auxiliary word 的/direction and position word (like 到, 上) /verb suffix (了、着、过, 前、后、时) / preposition.

Similarly, other parts of speech, like adjective, adverb, preposition and so forth, all have special lexical constraints in their chunking process. These situations tell us that each part of speech must be under certain lexical condition when it is combined with other word to chunk into a prosodic word, otherwise, it will be served as a prosodic word independently.

4 Summary

According to the data obtained from this investigation, we find that the main inconsistency between prosody and syntax is in their hierarchical strength. For example, the major syntactic boundary in a sentence should be located between the subject and predicate, while the major prosodic boundary in natural speech is often occurred at some lower syntactic level. However, the data also indicate that prosodic hierarchy is not completely inconsistent with syntactic structure. There are do existed certain mapping relations between prosodic structure and syntactic structure. It means that people can extract a lot of prosodic structural information from available syntactic information, and then, apply them for the prediction of prosody in speech processing. In the fact, the findings obtained from this investigation have been partially applied to certain TTS system, the test is in progress, but the preliminary result sounds satisfactory. Of course, this is just an initial effort, much more work, especially for some statistical approach is needed. A possible algorisim for the prediction of prosody based on text information in TTS is on going, it may be reported in later papers.

References

Cao, J., 1999. Acoustic – phonetic characteristics on the rhythm of Standard Chinese, *The Proc. of* 4th *National Conference on Modern Phonetics*, Beijing, August.

——, 2000. Rhythm of spoken Chinese: linguistic and paralinguistic evi-

dence, *Proc. of ICSLP'* 2000, Beijing, Oct. 17 – 20.

Gee, J. P., 1983. Performance structures: A psycholinguistic and linguistic appraisal, *Cognitive Psychology*, 15.

Hirst, D., Bel, B. and N. Campbell, 2001. *Speech Prosody' 2002 Committee – Message.*

Lee, L., 1998. Structural features of Chinese language – Why Chinese spoken language processing is special and where we are? *Proc. ISCSLP'* 98, Singapore.

Lehiste, I., 1972. The timing of utterances and linguistic boundaries, *JASA*, 51.

Lu, S., He, L. et al., 2000. A comparison between synthetic speech and natural speech of Chinese, *Proc. of ISCSLP'* 2000, Oct. 13 – 15, Beijing.

Mertens, P., 1993. Intonational grouping boundaries and syntactic structure in French, In *ESCA Workshop on Prosody*, Lund Working Papers, 41.

Qian Y., Chu, M. and H. Peng, 2001. Segmentating unrestricted Chinese text into prosodic words instead of lexical words, *Proc. of ICASSP'* 2001.

Shen, X. & Xu, B., 2000. A CART – based hierarchical stochastic model for prosodic phrasing in Chinese, *Proc. of ISCSLP'* 2000, Oct. 13 – 15, Beijing.

Tseng, C., 2000. The interplay and interaction between prosody and syntax: evidence from Mandarin Chinese, *Proc. Of ICSLP'* 2000, Beijing, Oct. 17 – 20.

Considering on the Labeling Principle of Speech Database[①]

(关于语料库的语音学信息标记及语言学信息标注的若干建议)

Abstract This paper discusses the principle of labeling and annotation of the speech corpus based on the knowledge of sound variations in real speech and the difficulties caused by these variations in speech processing. For the convenience of further discussion, some preliminary considerations are proposed.

摘要 在对错综复杂的自然语音变化进行实验研究的基础上，为了克服这种变化给自然语音处理所造成的困难，本文探讨语料库的语音标记及标注的原则，并提出了若干初步意见，以便于展开进一步的讨论。内容主要包括：（1）语音的变化及其处理对策；（2）语料库标

① 本文原载 *Proceedings of O－COCOSDA' 2009*。

注的一般原则；（3）对汉语普通话语料库的语音学信息标记及语言学信息标注的若干建议。

1　Introduction

Speech labeling and annotation is a proper joint of the theory and practice in speech sciences. On the one hand, it serves the phonetics as a strong investigation means in both of statistic analyses and sample coverage of the study. On the other hand, it provides an operable and efficient approach on assimilating and applying phonetic knowledge for speech technology at its present state.

Historically, the root idea of speech labeling should come from the language / dialect investigations, in which the segments were represented by phonological transcription, and sometimes with certain description on the phonetic details of some segments, and then the phonetic transcription system established accordingly.

The current style of labeling system develops from the early orthographic transcription to the multi – dimensional labeling and annotation (e. g. various prosodic labeling) at this stage. During this course, many labeling systems havebeen established and applied in the world, such as the TIMIT, SAMPA for segmental labeling, and the ToBI, IViE for prosodic annotation. In China, corresponding systems were developed as well, such as SAMPA – C and C – ToBI, etc.

Obviously, such development represents the progress of human understanding to themselves language intelligence in the area of linguistics and phonetics. The more significant matter is that such development reflects a revolutionary turning in understanding on the speech signal in the field of speech processing, where speech sounds to be regarded and treated as a steady – state, isolated and discrete signal at earlier stage, and then graduallyto be understood as a dynamic, continuous and interrelated variables up to date.

The development of speech labeling is a course of gradual progress along with the accumulation of phonetic knowledge and the real demands raised from speech processing. For instance, on the one hand, phoneticians gradually recognize that sound variation is unavoidable and it takes place under regularity; on the other hand, more and more choke points faced by speech processing, it forces speech engineers have to envisage the reality of speech variations and try to treat with them properly in order to improve the performance of the processing systems. Thus, speech sound variations become a focus concerned with together of phoneticians and engineers involuntary.

2 Speech sound variations and the strategy used to handle the variations

2.1 Speech sound variations

According to the investigations on natural speech so far, it can be seen that, speech sounds vary at any time to adapt the stochastic requirements both for lexical distinction locally and structural information expression globally of the utterance [1]. Therefore, all the information of the utterance, including lexical and prosodic aspects, are carried out simultaneously through various phonetic realization of each individual speech constituents, such as segments and syllables. Generally, these variations have several essential characteristics as follows.

2.1.1 Segmentals integrate with suprasegmentals

In real speech, both segmental and suprasegmental information are embodied by individual segment or segment string in natural speech, so the variations in either aspects is integrated with each other.

2.1.2 Local - context dependent variations unify with global - structure motivated variations organically and carry out simultaneously

In natural speech, local individual variations not only determined by the local environment, but also controlled by higher level prosodic structures and reflect all the corresponding information, such as the temporal distribution for the initial (consonant) and final within a syllable or the ratio for certain syllable in a word, are not only depending on the speech rate of the whole utterance, but also determined by their stress status or position in the words that they stay in.

2.1.3 Variations exhibit systematically

Speech sounds vary stochastically at any time, but all depend on their context and well - match with their status and roles in certain language system, thus the variations take place under the structural restriction of that language. As every language is a systematic organization, thereby, the variations of speech sounds in a language are also formed systematically.

2.2 The strategy used to handle the variations in present speech processing

Phonetic variations occur everywhere at any time in natural speech, they cause problems for technical applications in speech technology. Unfortunately, however, such variations are unavoidable due to the mechanism of speech production and the requirement of efficient communication[2,3]. Therefore, how to effectively handle these variations has become the core of speech processing[4]. Here we just take the ASR as an example to discuss the strategy used in speech processing.

2.2.1 Corpus-dependent strategy

Currently, the strategy either for speech synthesis and the ASR is mainly depending on the labeled speech corpus. For example, at the front port of the ASR system, the acoustic model is laying upon statistical analysis to certain speech corpus, by which the performance is absolutely improved than those in earlier stage. In such model, however, the main information provided for the recognizer are the acoustic details of speech signals, where some coarticulatory rules may be provided at most, but lacking of more structural information used to help segments recognition. Therefore, certain degree of blindness and quite high error rate can not be avoided at all. This situation implies that how to improve the performance of acoustic model is an urgent task.

2.2.2 Language model-dependent strategy

As a remedy to the unavoidable error occurred in the front port, statistical language model is the obligatory strategy for language decoding at the end port of the ASR system, it serves as a statistical database for the reference of word decoding.

The role of language model in the ASR is revolutionary but also limited clearly. Since the choke point in the present ASR rests with that not only how to estimate the segment strings from the front port of the system into certain word or phrase, but also how to increase the correctness of acoustic recognition in the front port. And relatively, the latter aspect seems more urgent to be considered, it is obvious that increase in accuracy of word decoding at the latter port must be strongly restricted by the efficiency of acoustic recognition. Unfortunately, however, the current language model seems short of such power. Since the main principle oflanguage model is to describe or detect the possibilities or probabilities for the occurrence of any random units by using the form of statistical distribution in a language. Generally, it is assumed that the probability of any word [P (wi)] is related with the preceding word Wi - 1 only or depending on several preceding words Wn - 1[5]. So the information could be covered in the models, such as dig - ram, tri - gram and even N - gram, are the relatively rough grains on the structure in surface, which essentially lack of the capability to discover the underlying relationship between speech variations and corresponding structural features. Therefore, they are essentially lack of the capability to effectively deal with the dazzling speech variations. This fact indicates that effective word decoding can not rely on language model solely, though the reformations of the models take place constantly.

2.3 Speech corpus labeling

As mentioned above, speech processing greatly depends on the labeled speech corpus at the present time. Thus, it is particular important to have an ideal corpus labeling.

Now, many labeling versions have contributed indelibly either to the theoretical approach and practical applications, while still can not completely satisfy the requirements of speech processing. For example, even all the labeled items to be employed, it is still not enough for achieving the requirements either for the naturalness of TTS synthesis and for the robustness of ASR.

Then, what kind of labeling and annotation system do we really need for achieving these requirements? In the other words, what do we need exactly at all? To answer this question, we may talk from the original purpose of the labeling.

2.3.1 The purpose of speech corpus labeling - Toward an information – rich speech model

Based on our knowledge so far, the variability of speech sounds is the nature originally created from the mechanism of speech production and the multiple functions in communication at first[1,2]. And secondly, the original purpose of speech processing is to imitate the production mechanism and communicative function of natural speech. Thus, it is a necessity to modeling speech variability, and corpus labeling and annotation is one of the most proper methods in modeling these variations. Consequently, at last, what we really needed is an ideal speech model, in which all the speech variables together with their corresponding control factors should be covered, and should be integrated under an unified frame, so that to be able to approximate the nature of real speech as much as possible.

In the essence, speech modelshould be established is based on the sound variations and their related motivators. Hence, it can provide more elaborated phonetic knowledge to the processing system and serve the requirements both for speech synthesis and recognition. Consequently, such an information - rich speech model is required urgently.

Of course, establishing an ideal speech model is a very difficult task and hard to be achieved completely for the moment. However, as the first step, establish an information - rich labeling and annotation system is relatively practicable. And then, try to establish a speech model according to the nature of human speech. Moreover, this kind of model may be paralleled and integrated with certain language model.

2.3.2 Some limitations existed in present labeling and the principle of the labeling should follow

Usually, natural speech is treated as separate matters for the convenience of study or research, though it is originally an information system that organically unified. Therefore, the information annotated in the labeling systems so far is relatively lack of inherent correlation more or less. It is the main source that causes some maladjustment problems in speech processing at present, the strange phenomenon of so - called "摁了葫芦又起瓢" in the TTS is a typical result of such maladjustment.

Consequently, what exactly makes the corpus labeling interesting and significant for technical applications is that it does not only concentrate on the details of specific variation phenomena (e. g. assimilation, dissimilation, devoicing, laryngilization, and so on), but that it should provide a general rule that all types of variation should follow essentially.

3 Some suggestions on labeliong of phonetic infommation and ammotation of linguistic information for the corpus of Mandarin Chinese

3.1 General principle of the labeling

* Segmentals integrate with suprasegmentals ——lexical and prosodic aspects labeled simultaneously;

* Specific phenomena and corresponding control factors annotate synchronically, so that the processing system could acquire the rules of specific variations automatically through these annotation, and take proper steps to deal with them more efficiently;

* Systematization of the labeling—unified criteria and formation.

3.2 Preliminary considerations on Standard Chinese labeling and annotation

3.2.1 Segmental tiers

(1) Ordinate segment transcription

* Chinese PinYin, initials and finals / rhymes;

* Correlated phonotactic rules, such as the restriction in the integration between initial and final of a syllable.

(2) Segmental variations

* Types and manner of the variations, such as assimilation,

voicing, reduction etc. ;

* Related acoustic reality, such as the lost of frication in a reduced articulated fricative;

* Local context of their occurrence, such as segmental environments;

* Higher level control factors, such as the position in a syllable or word, and stress status of the word that they stay in.

3.2.2 Prosodic tiers

3.2.2.1 Tone and intonation

(1) Tones

* Tone categories;

* Default contour feature and register feature;

* Marked contour feature and register feature.

(2) Tone sandhi

* Tone sandhi categories;

* Default contour feature and register feature;

* Marked contour feature and register feature;

* Local conditions of their occurrence, such as neighboring tones;

* Higher level control factors, such as their position and stress status within a higher domain and the syntactic structure of the domain that they belong to.

(3) Intonation

* Index for the contour features and register features, such as R (rising) or F (falling), U (upward /upstep) or D (downward / downstep);

* Related suprasegmental features, such as marked variations

in pitch (e. g. L% vs. H% of boundary tones and the resetting of declination / downdrift);

* Corresponding mood types and emotions, such as declare (statement) or question (interrogative), sad or happy.

3. 2. 2. 2 Breaks and chunks

* Index for the levels of the break or chunk in prosodic hierarchy, such as B1, B2, B3 corresponding to the chunk of PW, PP and IP;

* Related suprasegmental features, such as the marked variations in pitch, duration and intensity, as well as certain segmental feature variations occurred synchronically, such as articulatory strengthening or weakening /reduction specifically;

* Their positions in certain prosodic domains, such as domain - start, - mid or - end.

3. 2. 2. 3 Stress

(1) Word stress (WS)

* Index for the type of word stress, such as Nr for normal type and Nu for neutral ones;

* Related suprasegmental features, such as the prominent marker in pitch, duration and intensity, as well as certain segmental strengthening occurred synchronically;

* Their positions and status in certain prosodic domains, such as domain - start, - mid or - end and default or accented;

(2) Sentence stress (SS) / Accent (AC)

* Types of SS / AC, such as default (D) and marked (M);

* Index for different status in certain prosodic hierarchy, such as SS1, SS2 corresponding to the level of PP and IP respectively;

* Related suprasegmental features, such as the marked variations in pitch register (relative pitch height), durational ratio and intensity ratio, as well as certain segmental variations occurred synchronically, such as special manner of articulatory strengthening;

* Conditions of their occurrence, such as the roles in syntactic structure related to the default types, logical requirements of semantic expression (e. g., contrast, emphasis) or the special requirements of expression on discourse information or emotions related to the marked types.

4 Linguistic Annotation

4.1 Syntactic tiers

4.1.1 Lexical level

* Part of speech;

* The rule of parsing.

4.1.2 Sentential level

* Type of syntactic trees, such as immediate constituents based or X-bar based ones;

* Index for the nodes in certain syntactic tree, such as NP, PP, etc. of the X-bar based tree, or SP (subject-predicate), VO (verb-object), DC (decorate-central), etc. of the immediate constituents based tree.

4.1.3 Discourse level

* Basic structure of discourse, such as sentence group, paragraph and so on;

* Index for the structure, such as SG for sentence group, PR for paragraph;

* Types of discourse information, such as the topic and turn of speaking;

* Index for discourse information, such as topic keeping or shifting, turn keeping or taking.

4.2 Semantic tiers

* Types of information structure, such as given / new, background / focus (contrast, emphasis);

* Index for information types, such as G for given / N for new ones and F for focus.

4.3 Pragmatic tiers

* Types of modality / emotion, such as positive or negative, statement or interrogative, happy or sad, friendly or angry;

* Index for the modality /emotion types.

References

Lindblom, B., "Explaining phonetic variation: A sketch of the H&H theory". *In Speech Production and Speech Modeling*, (A. Marchal, editor). Dordrecht.: Kluwer Academic Publishers, 1990.

John Local, "Phonetic detail and the organization of talk – in – interaction", *Keynote talk given at 16th ICPhS*, Saarbrucken, August 6 – 10, 2007.

Cao Jianfen, "How to decrease the dependence on specific speech materials gradually in speech processing?" *Proc. Of NCMMSC2009*, August 14 – 16, Urumchi, China, 2009.

Nobuaki Minematsu, "From substance models to contrast models for speech recognition – – As what in speech stream is the linguistic information encoded, substance or contrast?" *Lecture given at Chinese Academy of Sciences*, Beijing, Oct. 16, 2007.

Wu, Jun, "Statistical language models", *Blackboard Newspaper at GOOGLE*, 2006.

语音学知识在语音识别中的应用：案例分析①

摘要 计算机自动语音识别中的热门话题之一就是怎样利用语音学的知识来提高识别的正确率。在早期的数字语音识别中，2与8经常容易混淆，曾经被视为一个难题。本文试图通过对这个具体案例的分析，探讨语音学特征知识在识别中的应用问题。本文采用声学和生理实验以及感知实验相结合的方法，探讨了2与8的区别性语音学特征及其在二者识别中的作用。结果表明，2与8的最大差异是声调；在缺乏声调信息的情况下，第三共振峰的差异是决定性的区别特征；而它们的第一和第二共振峰非常近似，在识别上没有太大作用。早期的自动识别恰恰忽略了声调这个最最显著的区别特征；而在自然语流中，尤其是非正式的语体中，有些2发音时舌尖运动不够到位，因而导致它与8的第三共振峰差异不十分明显，这些是识别中二者常常混淆的主要原因。

① 与李爱军、胡方、张利刚合作，本人为第一作者。原载《第九届全国人机语音通讯学术会议（NCMMSC2007）论文集》，标题是《从2与8的语音辨识看语音学知识在识别中的应用前景》；后入选《清华大学学报》（自然科学版），标题应要求而压缩修改，于2008年第48卷刊出。

由此可见，在自动语音识别中，加强对语音学特征知识的了解是个迫在眉睫的任务，在系统中充分地综合利用这些区别性特征信息，是提高识别率的有效途径。

Abstract One of the pop topics in Automatic Speech Recognition (ASR) is how to enhance the validity by utilizing phonetic knowledge. In early stage of numbers' speech recognition, a difficult problem was failure in discriminating 2/er4/ and 8/ba1/. This paper discusses the application of phonetic knowledge in ASR through analysis to this specific case. Methods employed in this study include acoustical and physiological experiments, and combined with a set of perception tests. The attention was mainly paid to investigate the distinctive phonetic features and their role in distinguishing of 2 and 8. The results reveal that tonal information is the most prominent distinctive feature between 2 and 8, and that of 3rd formant (F3) is the key discriminative factor in the case of absence of tonal information, but the 1st formant (F1) and 2nd formant (F2) of 2 and 8 are similar, hence have less role in their distinction. However, the tonal distinction was ignored unluckily in the early stage of numbers' speech recognition, while in continuous speech, especially in the case of informal style speech, the difference of F3 between 2 (/er4/) and 8 (/ba1/) is not often prominent enough due to articulatory undershoot of tongue tip movement in 2's articulation. These are the main reasons that cause the confusion between 2 and 8 in ASR. Consequently, in order to enhance the veracity in ASR, realize more phonetic knowledge and their roles in ASR is an urgent task, and the effective approach should be adequately and compositionally apply the knowledge into ASR system.

前　言

在自动语音识别（Automatic Speech Recognition，ASR）的框架中利用语音学知识增加识别的效率一直是语音识别领域的重要问题之一。Ken N. Stevens 一直研究发音人之间的语音的不变量问题，以及各种音段的区别特征[1,2]。Lee Chin - hui 也一直提倡改进语音识别的框架模型，利用语音学的知识提高识别率[3]。Victor Zue 在他的对话系统中也充分重视语音学的特征[4]。此外，Chen, K. 和 Hasegawa - Johnson 建立了一个依赖于韵律的词和音素的隐马尔科夫（HMM）识别模型，结果取得了出众的、超过不带韵律的基准系统词识别的正确度[5]。Sarah Borys 采用随韵律而定的音位变体模型的言语识别，说明韵律因素在音素建模及其在言语识别应用方面的重要性[6]。Taehong Cho 等考察了韵律域起首增强的声学结果在口语词识别中的作用，证明跟音段发音增强相关的语音细节特征在词的识别方面具有重要的解歧作用[7]。王作英和肖熙等在汉语的语音识别中，利用了音段时长信息，大大提高了识别率[8]。但是，总的说来，怎样在汉语自动语音识别的框架中利用语音学知识仍然是个新的课题。

近年来，言语自动识别（ASR）中面临的一些瓶颈问题，如口音问题，发音方式的问题等，使人们充分认识到统计模型和语音学知识结合的重要性，并开始寻求更好的结合途径。

早期的汉语数字的语音识别中，2 与 8 经常容易混淆，成为一个难题。本研究试图通过解剖这个“麻雀”，探索语音学的特征知识在语音识别中的应用前景。首先，分析比较2和8的语音声谱特征，寻找2与8易混的原因；然后，通过人对2与8的语谱特征的辨识试验和各种听辨实验，分别考察声调、第一共振峰第二共振峰和第三共振峰等不同的语音学特征在2与8识别中的作用。希望通过这个典型分析，说明语音的变化虽然错综复杂，但是仍然有特征可依、有规律可循。在自动语音识别中，如果充分考虑和合理利用语音学的特征和规律，必将有益于识别率的提高。

1 “2”和“8”声谱的区别性特征

从普通话语音识别数据库中选取了43个发音人的单音节“2”/er4/和“8”/ba1/进行声谱分析和测量，发现两者的声谱图（spectrogram）有以下几个区别性特征。

（1）“8”的声调是第一声，“2”的声调是第四声，声学上表现为基频（Fundamental frequency F0）的高低和升降随时间而变化的模式不同。

（2）“8”是双唇塞音声母/b/开头的，在韵母元音共振峰（Formant）的起始段，通常都有从下向上走的过渡音征，F2（2nd Formant）的尤其显著，F3（3rd Formant）多半也有，虽不十分明显；而“2”没有声母，元音的起始段没有那种向上走的过渡音征。

（3）“8”的共振峰大部分走势比较平稳，F3末尾一般较平或微微上扬；而“2”的最显著特点就是F3的逐渐下降以及F2末尾的微微上扬，两者趋于靠拢，只是F3下降的具体方式因人而异：有的一开始就逐渐下降，而有的是一开始比较平，到后半部分才逐渐下降，有的甚至直到最末尾才微微下降。总的来说，F3的下降和 F2 末尾的微微上扬都比较一致。以上区别如图 1 所示。不过，除了声调区别以外，其余两个区别的出现情况因人而异，但是至少能找到其中的某一种区别。

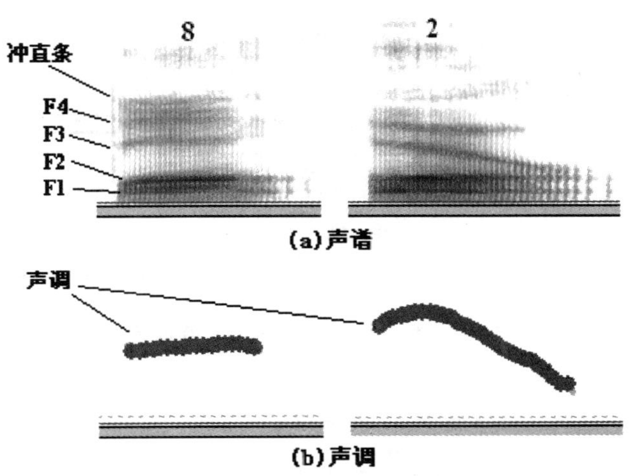

图 1. “2” 和 “8” 声谱图和声调示例

2　共振峰模式统计分析

为了加深对 “2” /er4/和 “8” /ba1/声谱的认识，进一步分析了它们的共振峰分布的细节特征。图 2 和图 3 分别是根据 43 个发音人的数据所作的/er4/与/ba1/的/a1/共振峰模式图。

根据图 2 和图 3，总体说来，/er4/与/ba1/两者元音的 F1 和 F2 差异很小，F3 和 F4 却有很大的差异。/er/的 F2 与 F3 的尾部有互相靠拢的趋势，F3 下降迅速，F2 尾部有上翘的趋势，F4 也有下降的趋势；可是/a/的 F2 –5 F3 并不靠拢，尾部几乎是平行的 F3 与 F4 都是上翘的趋势。这些都跟图 1 的原始声谱实例所显示的区别一致。

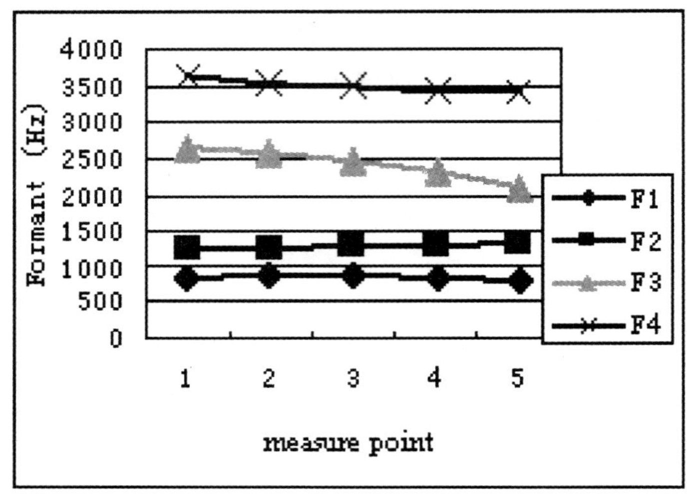

图 2　“2”（/er4/）的共振峰模式

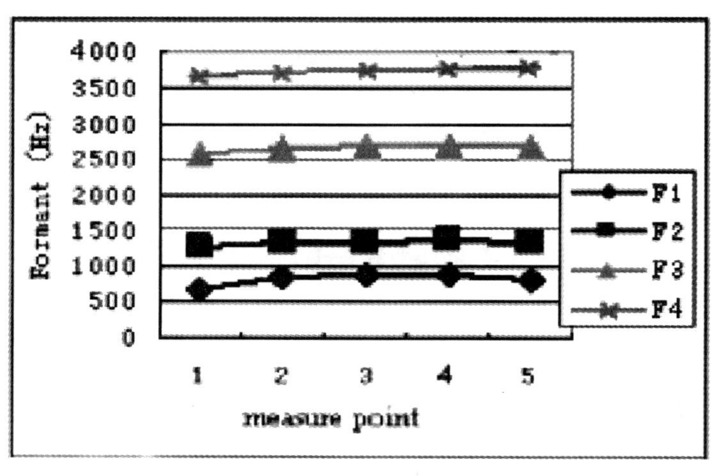

图 3　“8”（/ba1/）的共振峰模式

具体地说，/er/与/a/的 F1 在第一个测量点存在显著差异，其余 4 个点都没有显著差异；/er/与/a/的 F2 在所有 5 个测量点上都没有显著差异；而/er/与/a/的 F3 则在每个测量点上都存在显著差异（后 3 个测量点特别显著）；/er/与/a/的 F4 在第一个测量点没有显著差异，在其余的点的位置有显著性差异。

此外，就/er/本身而言，F3 从头至尾每两个点之间差异显著性水平指标 P 值（probability）随着位置的后移不断地减小，说明差异越来越显著，F3 在不断下降；而/a/的相应 P 值则随着位置的后移不断地增大，说明它的 F3 各点之间差异越来越小，基本呈平稳走势。

上述 43 个发音人共振峰模式的统计特性说明，/er/与/ba/的共振峰分布、尤其是两者的 F1 和 F2 的分布区域比较接近，所以识别上易混；但是，各自的共振峰频率随时间而滑移变化的模式却各不相同，尤其是 F3 的走势明显不同。所以，只要掌握它们的统计特性，多数情况下二者是可以识别的。

3 “2”和“8”韵母的发音特点

“2” 的韵母/er/是个 r 音化的元音，一般写作带附加符号的央元音（schwa）[ɚ]，但事实上如上文所述，其头两个共振峰跟/a/的很接近。本节分析/er/与/a/发音时的舌位信息，探究其发音上的特点。发音数据来自一位女性发音人，用三维电磁发音仪采集（Carstens 公司，AG500 系统）。图 4（见次页）是根据这里提取的中矢平面上的三个舌面采样点的数据（5 次重复的均值）所做的普通话元音舌位图。图中用虚线连接的国际音标表示每个元音在音段中点位置的舌位均值；用实线连接的三个实心圆点表示/er/在音段起始位置的舌位均值，而用实线连接的三个空心圆点则表示/er/在音段中点位置的舌位均值。

图 4 清晰显示出，在音段起始位置，/er/的舌位与元音/a/的基本上是一样的，这就解释了二者在共振峰模式上的相近之处。但是，由于/er/是个 r 音化的元音，发音上主要涉及舌尖的动态运动，如图中所示，到中点位置时，其舌面上的前两个采样点的数据已显著升高。正是这种动态运动形成了/er/在频谱上的动态特

征，如：F3 显著下降、F4 下降、F2 尾部略升以致跟下降的 F3 呈靠拢之势。

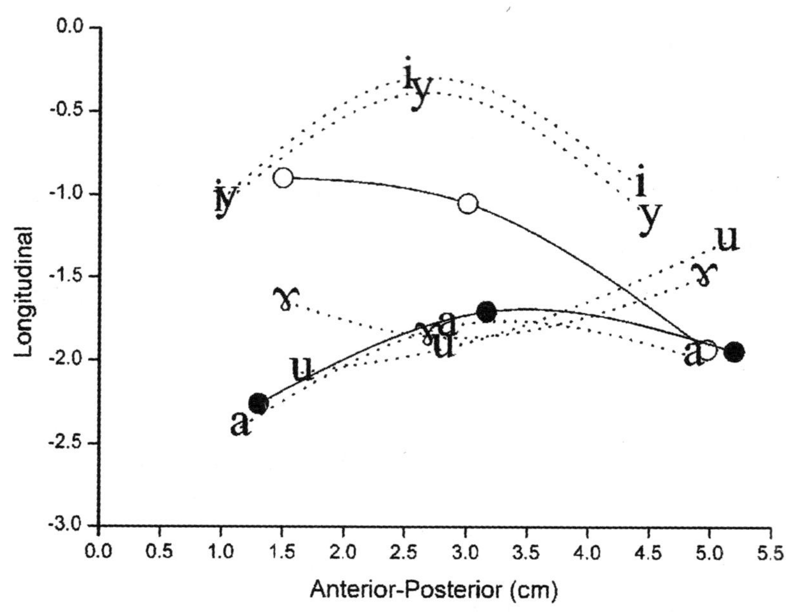

图 4　普通话元音舌位图（实心圆点：/er/的起首；空心圆点：/er/的中点）；发音人面朝左面

4　"2"与"8"声谱不易识别的原因分析

如上所述，从发音上看，发"2"/er/时，其起始段舌位的基本构造非常接近元音/a/的状态，只不过其舌尖部分有一个因 r 音化而引起的动态滑移。但是，有的人发"2"时习惯于从/a/的舌位再滑移到/er/的舌位，使得它的起始段和中段跟"8"里/a/的共振峰结构更加接近。所以，从不带声调信息的声谱上看，两者就有可能混淆。在人的自然言语交际中，由于有声调的因素及语境条件，二者不易混淆，但这却是二者在机器语音识别中产生混淆的主要因素。

同时，虽然“8”是塞音声母开头的，声谱上一开始一般有冲直条出现，如图1所示，但是，往往因人而异，有的人“8”的发音并不出现冲直条，只是后接元音起始如刀切般地整齐，如图5左图所示。“2”虽然没有辅音声母，但不少发音人发这类音往往带有一个喉塞开头，它在声谱上的表现跟一般“8”的开头很相像，会出现冲直条，如图5右图所示。这便加剧了二者的易混性。

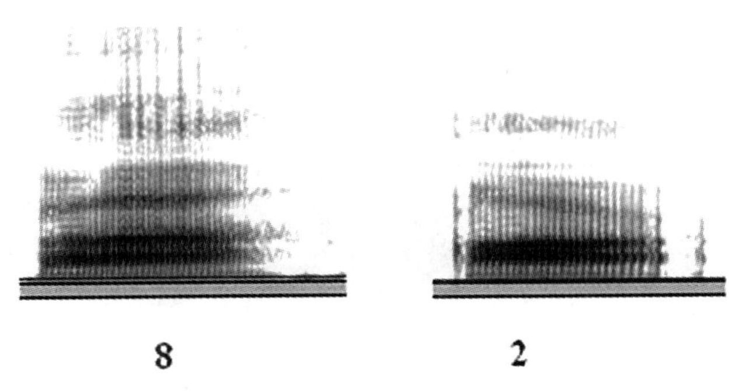

图5　“8”与“2”起始声谱相混举例

5　人对“2”与“8”声谱的辨识与感知实验

语音识别中“2”与“8”非常容易混淆，是否人在辨识它们声谱的时候也会发生混淆呢？另外，人听辨这两个音时一般是不可能混淆的。那么，在人的听辨过程中，究竟是哪些声谱特征的作用更大些。为此，本文设计了两个实验，一是人通过语图（即语音声谱图）辨识/er/和/ba/；一是感知实验，听辨人为非语音专业学生，但有一定的语音知识。

5.1 通过语图辨识/er/和/ba/

这个实验的目的是考察人通过语图辨识/er/和/ba/的正确率。辨识之前，通过讲解，让辨识人得知辨识的要点，即/er/和/ba/语图的特点。然后，把不带声调信息的/er/和/ba/各 43 个样本的语图（如图 6 所示）随机排列出示，请辨识人做出判断。

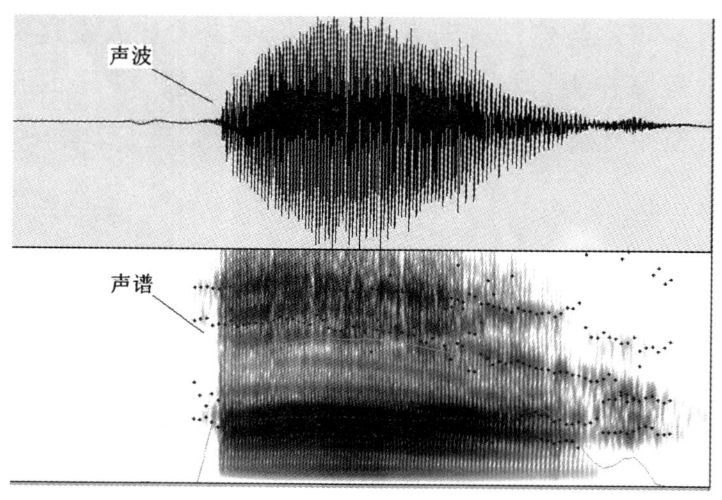

图 6　不含声调信息的语音声谱图示例

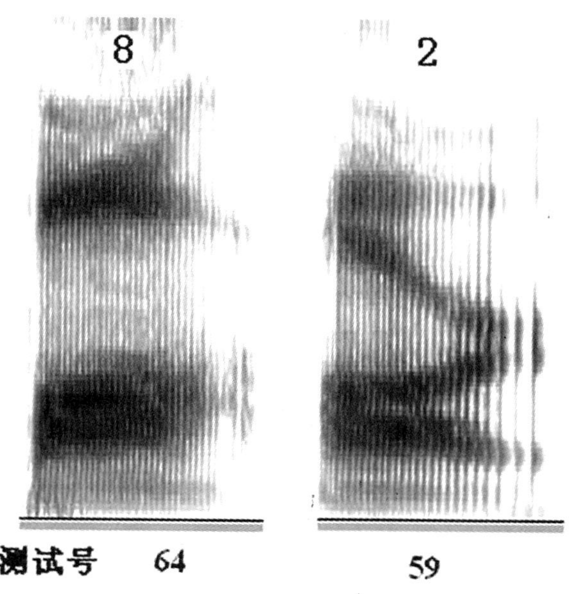

图 7　相同发音人的“8”和“2”语图比较

实验分两步，在两个不同的人群中、采用两种不同的方法进行。第一步共有 7 个人参加，要求他们必须对每个样本断定是 2 还是 8。辨识结果显示，7 个人中辨识正确率最高的是 98%，最低的是 87%①，这种差异主要跟个人对声谱识读的经验有关系。第二步共有 8 个人参加，对每个样本的辨识可以在 2、8 或不确定三者之间选择，辨识结果如表 1 所示。

表 1　　人对 2 和 8 语谱（语音声谱）的辨识结果统计

辨识人	1	2	3	4	5	6	7	8	均值
/ba/错识为/er/个数	2	1	0	0	0	1	2	0	0.75
/er/错识为/ba/个数	4	10	9	13	7	8	2	11	8.
/ba/错识率 %	4.65	2.33	0	0	0	2.33	4.65	0	1.75
/er/错识率 %	9.30	23.25	20.93	27.9	16.28	18.6	4.65	25.58	18.31
总错识率 %	6.97	12.79	10.46	15.12	8.14	10.5	4.65	12.79	10.18

根据表 1 的数据可知，/ba/和/er/的平均正确辨识率分别为 98.25%和 81.69%，/er/和/ba/的总体辨识率为 89.82%。这说明，人辨识这种声谱有时也会发生混淆，只是错误率较低，而且，主要是 2 的声谱不易辨识。

事实上，有的声谱显示单独看起来似乎有些混淆现象，如图 7 的 64 号“8”的声谱 F3 有些往下走，所以不少人把它识别成了/er/；不过，跟这个发音人所发的/er/（59 号）比较，其区别还是十分显著的。因此，假如分别辨识各个发音人的/er/和/ba/的声谱，其误识率应该会低得多。而这里的声谱辨识实际上还涉及不同话者发音的个体特性差异。

① 第一步实验由语言研究所的华武协助实施，特此致谢。

5.2 听辨实验

5.2.1 实验设计

为测试人在听辨 2 的过程中，究竟是哪些声谱特征的作用更大些，整个听辨实验除了对原始的 2（er4）听辨以外，还对 2 的原始数据的 5 个方面做了改动，然后对修改数据后合成的音进行听辨测试。数据修改分为单因素和复合因素两个部分。单因素是指对原始数据的改动仅涉及一个单一的因素，包括改变声调（er1），只保留第一和第二共振峰［er4（F1 + F2）］，只保留第三及以上的共振峰［er4（≥F3）］；复合因素是指修改涉及两个或两个以上的因素，包括改变声调且只保留第一、第二共振峰［er1（F1 + F2）］，改变声调且只保留第三及以上的共振峰［er1（≥F3）］。具体测试结果见表 2 至表 7。

5.2.2 实验结果

对原始 2（er4）的听辨结果为 97.67%，详见表 2。

表 2　/er4/（原始 2）的听辩结果

听音人	1	2	3	4	5	6	7	均值
误听为/a/的个数	1	1	0	0	0	4	0	0.86
不确定的个数	0	0	1	0	0	0	0	0.14
正确率%	97.67	97.67	97.67	100.00	100.00	90.70	100.00	97.67

对修改数据后合成音的听辨结果如下：

（1）按照对修改数据后合成音的听辨结果进行升序排序，为：er1（F1 + F2）< er1（≥F3）< er4（F1 + F2）< er1 < er4（≥F3）。他们的听辨结果正确率分别为：63.83%，65.11%，79.1%%，88.7%，95.35%。

（2）统计结果显示，er4 和 er4（≥F3）的听辨结果之间没有显著的差异（P >0.01）；er4 和 er4（F1 + F2）的听辨结果之间有显著的差异（P <0.01）。说明在原有声调的基础上，F3 及以上的共振峰对/er4/识别的贡献要大于 F1，F2 的贡献，即 F3 及以上的共振峰是影响/er4/识别的主要因素。

（3）er1 和 er1（≥F3）的听辨结果之间有显著的差异（P <0.01）；er1 和 er1（F1 + F2）的听辨结果之间也有显著的差异（P <0.01），但 er1（≥F3）和 er1（F1 + F2）的听辨结果之间没有显著差异（P >0.01）。这一点和保留原声调的情况不同，说明在无声调区别（均为阴平）的基础上，F3 及其以上的共振峰跟 F1，F2 对识别的影响的差距在减小，以至于两者对影响识别的作用基本上相同（没有显著差异）。（但具体是 F3 及以上的共振峰的作用减少了，还是 F1，F2 的作用增加了，目前还不清楚）。

（4）er4（F1 + F2）和 er1（F1 + F2）的听辨结果有显著差异（P <0.01），er4（≥F3）和 er1（≥F3）的听辨结果也存在显著差异（P <0.01），即声调是影响识别的主要因素。这一点和保留原调的结果显然不一致：[er4（F1 + F2）] 和 er4（≥F3）的听辨结果之间有显著差异（P <0.01）。

5.2.3 比较分析

表 3　　/er1/（排除原始 2 的声调）的听辨结果

听音人	1	2	3	4	5	6	7	均值
误听为/a/的个数	2	2	3	1	1	4	9	3.14
误听为/a/的百分比 %	4.65	4.65	6.98	2.33	2.33	9.30	20.93	7.31
不确定的个数	0	0	0	0	1	3	8	1.71
不确定的百分比 %	0	0	0	0	2.33	6.98	18.60	3.99
总体错误率 %	4.65	4.65	6.98	2.33	4.65	16.28	39.53	11.30
正确率 %	95.35	95.35	93.02	97.67	95.35	83.72	60.47	88.7

表 3 是对/er1/（排除声调的 2）的听辨结果，听为/a/的平均

百分比为 7.31%，不确定的平均百分比为 3.99%，总体错误率为 11.30%，跟表 2 对/er4/（原始 2）的听辨结果情况（平均正确率 97% 以上）相比，平均正确率（88.7%）大大降低，这充分说明声调对识别的重要作用。

表 4　只保留 F1 – F2 的/er1/（排除 2 的声调信息）的听辨结果

听音人	1	2	3	4	5	6	7	均值
误听为/a/的个数	25	7	18	4	11	28	3.14	13.73
误听为/a/百分率 %	58.14	16.28	41.86	9.30	25.58	65.12	7.31	31.94
不确定的个数	1	2	2	0	5	1	1.71	1.82
不确定的百分比 %	2.33	4.65	4.65	0.00	11.63	2.33	3.99	4.23
总体错误率 %	60.47	20.93	46.51	9.30	37.21	67.44	11.30	36.17

表 4 是滤除 F3 及以上高次共振峰后的/er1/的听辨结果，听为/a/的平均百分比为 31.94%，不确定的平均百分比为 4.23%，总体错误率为 36.17%。表 5 是原始 2（/er4/）滤除 F1，F2 以后的听辩结果，平均正确率高达 95.35%，非常接近对原始语音的听辨水平，说明 F1，F2 在区分 2 和 8 的听辨上基本上没有什么作用。表 6 是/er1/（排除 2 的声调信息）滤除 F1，F2 后的听辩结果，平均正确率只有 65.11%，显然说明，排除 2 的声调信息以后会极大影响它与 8 的听辨区别。表 7 是/er4/（原始 2）只保留 F1，F2 的听辨结果，误听为/a/的百分率为 12.4%，不确定的百分比为 8.5%，总体错误率高达 20.9%，可见滤除 F3 及以上高次共振峰以后，会大大降低听辨上区分 2 与 8 的正确率。

表 5　/er4/（原始 2）滤除 F1，F2 以后的听辩结果

听音人	1	2	3	4	5	6	7	均值
误听为/a/的个数	1	0	0	0	0	12	0	1.86
不确定个数	0	0	1	0	0	0	0	0.14
正确率 %	97.67	100.00	97.67	100.00	100.00	72.09	100.00	95.35

表 6　/er1/（排除 2 的声调信息）滤除 F1，F2 后的听辩结果

听音人	1	2	3	4	5	6	7	均值
误听为/a/的个数	8	0	2	31	4	34	3	11.71
不确定个数	2	1	4	6	0	1	9	3.29
正确率 %	76.74	97.67	86.05	13.95	90.70	18.60	72.09	65.11

表 7　/er4/（原始 2）只保留 F1，F2 的听辨结果

听音人	1	2	3	4	5	6	7	均值
误听为/a/的个数	N/A	1	2	7	4	18	0	5.33
误听为/a/的百分率 %	N/A	2.3	4.7	16.3	9.3	41.9	0	12.4
不确定的个数	N/A	1	10	1	7	0	3	3.67
不确定的百分比 %	N/A	2.3	23.3	2.3	16.3	0	7	8.5
总体错误率 %	N/A	4.7	27.9	18.6	25.6	41.9	7	20.9

从以上听辨的结果比较可见，对/er1/的听辨情况跟人对语图识别的情况相仿，都排除了声调的作用，因此，总体错误率 11.30% 与人对语图辨识误识率 10.18% 十分接近；而滤除 F3 以上高次共振峰以后，平均有 31.94% 的都听辨为/a/，4.23% 不能确定，说明就 F1 与 F2 来说，/er/与/a/的混识率很高，F3 以上的高次共振峰对/er/与/a/的区分起关键作用。

6　结论

声学和生理实验结果表明，“2”/er4/和“8”/ba1/之间最突出的差异是声调，前者是第四声，后者是第一声；声谱的统计模式也不同，尤其是第三共振峰（F3）的分布，两者在每个测量点上的细节特征都具有显著区别，只是存在着个体差异；而它们的第一共振峰（F1）和第二共振峰（F2）都很接近，从声谱上看不易区分。感知实验结果也证明，在“2”与“8”的区分上，声调和 F3 是决定性的要素，而 F1 和 F2 的作用非常有限。

综上所述，声调区别是“2”和“8”识别中可资利用的最显

著的区别特征，而早期的数字语音识别恰恰忽略了声调这个最最重要的因素。在缺乏声调信息的情况下，第三共振峰本来是个关键的区别要素；可是，在连续语音（例如数字串）中，尤其是非正式的语体中，有些“2”在发音时舌尖运动常常不够到位，因而在声谱上跟“8”的第三共振峰差异有时不十分明显，这就使得两者的识别失去了另一个最重要的声学依据，最终导致识别中“2”与“8”的常常混淆。

由此可见，在语音识别中，必须充分地认识语音学知识及其作用，才能有效地利用它们；必须抓住最根本的区别性语音特征信息，并在系统中加以综合利用，才能取得最好的效果。

参考文献

[1] Stevens, K., Li, Z., Lee C-Y., et al, “A Note on Mandarin Fricatives and Enhancement”. In *From Traditional Phonology to Modern Speech Processing*, [D] eds., G. Fant, H. Fujisaki, J. Cao, and Y. Xu, Beijing: Foreign Language Teaching and Research Press, 393-403, 2004).

[2] http://www.rle.mit.edu/speech/research.html

[3] Lee, Chin-Hui (2004): “From decoding-driven to detection-based paradigms for automatic speech recognition” [A]. In *INTERSPEECH-2004*, [C]. paper p. 2.

[4] Zue, Victor, Speech recognition: Acoustic-phonetic knowledge acquisition and representation. *Fiscal Report*, 1 Oct. 1987 - 30 Sep. 1988 Massachusetts Inst. of Tech., Cambridge. Research Lab. of Electronics.

[5] Chen, K., Hasegawa-Johnson, M., and Cole, J. (2003). Prosody dependent speech recognition with explicit duration modeling at intonational phrase boundaries. [A] *Proceedings Eurospeech 2003*, [C] Geneva.

[6] Sarah Borys: The importance of prosodic factors in phoneme modeling with applications to speech recognition. [A] *Proceedings of HLT - NAACL*, [C] Edmonton, 2003.

[7] Cho, T., McQueen, J., Cox, E: Prosodically driven phonetic detail in speech processing: The case of domain - initial strengthening in English. *Journal of Phonetics*, [J] Vol. 35, 2007.

[8] [9] WANG Zuoying and XIAO Xi, Duration Distribution Based on HMM Speech Recognition Models [J]. *Acta Electronica Sinica*, 2004, 32 (1): 46 - 49. (in Chinese). 王作英、肖熙:《基于段长分布的 HMM 语音识别模型》,《电子学报》2004 年第 32 卷第 1 期，第 46 - 49 页。

语音处理上如何逐渐减少对具体语料的依赖？①

摘要　为寻找解决语音处理上对大量具体语料的依赖及其处理问题过于繁重的出路，本文首先通过对语音处理的根本目标与语音技术的当前工艺的分析，指出了这种依赖性的根源。接着通过对语音多变的不可避免性与“声学不变量”的相对性的阐述，说明语音的变化并非完全不可知，进而指出解决问题的关键在于充分认识语音变化的规律性和在处理系统中综合利用这些规律。最后，提出一个解决策略，基本原则就是通过完善语料库建设来促进知识与语料的有机结合，逐步以相对关系上的“声学不变量”来取代具体语料的作用。并对相关语料库的建设提出了初步设想。

Abstract　This study tries to find a way to solve a problem faced in speech processing, i. e. , systems rely heavily on huge amounts of speech materials and a heavy burthen to deal with these materials. At first, the paper

① 与李健合作，本人为第一作者。原载《清华大学学报》（自然科学版）2009 年 49 卷第 S1 期。

points out the origin of this dependence by analyzing the essential goal and current arts of speech technology, and then explains that speech variations are not unknowable through an expounding on the unavoidable variability of speech sounds and their relational acoustic invariance, and further indicates that the key point of the solution is to sufficiently realize the rule of speech variations and integrate them into speech processing. After that, a solution strategy is proposed, the basic principle is to promote the integrating between phonetic rules and speech materials by improving the construction of speech database, so that to introduce more relational acoustic invariance to replace the role of natural speech materials gradually. A tentative scheme on the construction of speech database is provided as well.

前　言

当今的言语技术极大地依赖于对自然语料的统计处理，这种方法在一定程度上提高系统性能的同时，也给系统带来了沉重的处理负担以及其他的负面效应。于是，“如何才能不需要那么大量的语料及其繁重处理”便成了必然的问题。

言语技术之所以会极大地依赖于自然语料，主要由于人类对自身言语的运行机制还远远没有认识清楚，还没有真正掌握由言语自然机制决定的语音的变化规律。所以，在合成上就不得不用相近的语料来体现复杂多变的音段信息和相对局部的韵律信息。在识别上，也由于摸不到语音变化的规律，而主要采用一般信号处理的方法，任由计算机通过对海量语料“大海捞针”的法子来处理。而这一切，归根结底还是因为对自然语音的属性及其多变性缺乏正确的认识和有效的应对措施。

自然言语既具有自然属性，又具有社会属性。生理和声学属性是自然属性，我们看到的变化就是这些自然属性的变化；功能属性（如基本语义、表达焦点、韵律和篇章结构、语用、情态，等等社会交际因素）是社会属性。自然属性的种种变化主要都是由这些社会交际因素决定的。通常，在我们进行言语处理的时候，我们的目的明明是要机器模拟自然言语的社会交际功能，但是，却只顾处理言语的自然属性，而忽略了隐藏在复杂多变的自然属性背后、促成这些变化的社会功能角色的变化。于是，就被纷繁复杂的自然属性变化弄得眼花缭乱，甚至束手无策。

因此，要想解决对具体语料的依赖问题，首先应当在明确语音处理的远大目标跟眼前处理任务之间的关系的前提下，加深对语音属性的认识，掌握其多变的规律，以便采取合理措施，充分利用语音变化的规律来取代具体语料的作用。

1　建造理想的语言机器的远大目标

让机械智能化，或者说让智能机械化，是人类长期奋斗的一个远大目标，“芝麻开门”的古老传说就是那个时代的典型代表。自古以来，人类为之奋斗不息。现代科技的发展、特别是计算机的问世，使得这个美好憧憬得以付诸实施。20 多年前的那个创建使用人工智能、包括言语智能在内的“第五代计算机”的宏伟计划，就是全面付诸实施的典型。该项目计划大约十年完成。可是，就在语音技术正处于发展高潮中的 1983 年，方特，作为最老一代的言语工程师兼语音学家，却以他在这个领域 40 多年的理论和实践的积淀，做出了“当前最需要的与其说是第五代计算机，不如说是第五代语音学家”的著名论断[1]。他敏锐地意识到言语技术的航道上存在着知识壁垒的暗礁。现在看来，他的话是在当时语音技术发展高潮中最最冷静的思考。到了 1989 年[2]，他又进一步指出，“推动言语解码需要许多基本知识。单单计算机技术不可能铺平这条道路。”因此，他一直强烈主张建立更好的、具有言语交际链所有层面知识的模型，包括语言理论、言语产生和言语感知。方特的主张体现了真正的言语智能仿生的观点，也就是人们熟知的创建理想的语言机器的远大目标。

根据这个长远目标，理想的语言机器不应该只满足于模拟人类言语的浅表功能，而要着眼于模拟人类言语交际过程的深层机制，即不仅仅是让机器模仿言语的功能（function）——说与听的作用，而且要让机器能够再现人类言语的智能（intelligence）——说与听的内在作用机制和原理（mechanism）。工程上可能受以往传统观念的影响，仅仅把言语当作一种工具，而且主要是交际/通信工具来模仿，这在一定阶段是可行的，也是必经之途。但是，发展到一定程度，必将会遭遇知识壁垒。因为语言是人类的一种智能，它涉及大脑的认知结构和理解机制。要说是工具的话，它首先是人类思维的工具，正是在人类思维不断发展的过程中，语言才从它的内部存在形态逐渐发展出它的外部存在形态——有声语言，那才是今天看起来无处不在的、最直接和有效的交际工具。正因为如此，要让机器最终成功和有效地模仿有声语言的交际功能，就不得不了解其中的认知和理解过程，也就是它作为思维工具和载体的运作机制和原理。

可是，时至今日，我们仍然对人的说与听的内在作用机制和原理了解得太少。当然，这个言语科学上的“哥德巴赫猜想”绝不是几年、几十年就能轻易突破的，要想破解“言语编码”全部复杂的相关属性，很可能需要几代，甚至几十代人的长期奋斗和积累。所以，方特当年的呼吁至今仍然具有重要的现实意义。他所谓的对“第五代语音学家”的需要，实际上是对自然言语运作机制的科学认识的需要。语音的多变性正好为我们深入探索这种机制打开了一个极好的窗口。

2 如何认识和应对语音的多变性?

在自然言语交际过程中，话者、传输者和接收者都存在着巨大的可变性，但是我们人却仍然能够进行非常鲁棒的言语交际。为什么能？怎样实现？这是言语科学上一个经典的、但却尚未解决的问题，那就是，言语声学特性的可变性跟言语知觉的不变性问题。

2.1 关于声学不变量的讨论

在日常言语交际中，说同一种语言、同一句话，男女老少、张三李四的具体声学表现各不相同，但是听辨结果一样。显然，这就是知觉上的不变性。那么，在声学上究竟是什么东西与之相应呢？假如找到了这种东西，计算机的自动语音识别岂不可以迎刃而解啦！正因为如此，一些著名的声学语音学家，例如 Fant，Stewens 等，早就开始探讨声学不变量的问题。相关的讨论也便应运而生，持续不断。

前些时候，在中科院自动化所举办的模式识别系列讲座上，日本的 Nobuaki Minematsu 提出了一个新颖的想法。他根据言语感知和神经科学研究方面的某些发现，例如，人感知的不是绝对的声学特征而是总体结构或相对对比关系，提出只对从话语中抽取的一整套构成它动态的和不变的结构的对比进行建模，而丢弃诸如频谱之类的语音实物，为的是确保这些对比对于种种因素影响的鲁棒的不变性。

这种方法比较符合自然言语说和听的实际，抓住了总体结构关系或相对对比关系，乃是抓住了自然语音处理和建模的根本。问题是，这种关系究竟存在于什么地方，怎样才能抓住它们？这就涉及人们普遍关注的声学不变量问题。

2.1.1 是否存在“声学不变量”？

在《语音学与语音识别论坛》上，方棣棠先生曾经问：“从语音识别的角度来理解，语音不变特征应该是不受造成语音信号变化因素影响的特征。这样的特征现在是不是已经存在，具体是哪些？”答案是既有、又没有。

理想地说，站在语音技术的立场上、特别是语音识别的角度，语音最好是绝对不变或少变。但是，在客观上，作为言语产生的生物学制约跟言语交际高效性需求之间互动的结果，生理和声学特性的变化不但是不可避免的，而且是必需的[3,4]。因为自然语音本身是个复杂的有机系统，它不仅仅包含一系列具体的声学或生理特性，更重要的是一个体现口头话语结构的各个层面、各种单元及其相互之间彼此制约和有机结合关系的系统。否则，一个语言怎么可能以如此简约的语音系统来传达那么丰富多彩的言语交际信息呢！因此，语音不可能绝对不变，也不可能使之少变。

其实，为了揭示语音的可变性跟知觉的不变性之间的关系，人们探寻声学不变量的努力一直没有停止。Stevens 是其中最最执着的一个。例如，他曾经假设“塞音起始处的短时频谱应该展示出一种能够独特地详细说明辅音发音部位的总体特性，它不依赖于后接元音”的声学不变量，并采用塞音音节检验这个假设[5]，结果是“大约 85% 的测试样本能够通过他们的起首辅音和收尾辅音爆破的频谱正确地分类”，“不过还是存在某些元音环境之间的变化。而且取之于收尾闭塞的样本的频谱却不能始终如一地加以分类”。其实，类似 Stevens 所举的这种似乎应该不变的声学特征在语音学里处处可以找到。除了音段特征以外，超音段的特征也不乏其例。但是，它们同样不可能绝对不变。例如，初敏等曾经通过一个包括1000个句子的两次重复（一个人，相隔6个月，以相同风格）录音的语音数据库，考察韵律模式程式化的不变性及局部的变化性[6]。他们的统计观测表明，这两次重复录音之间在韵律特征方面存在着非常广泛的变化，这个说话人的这种变化甚至高达总的动态范围的50%。这表明传统的韵律模型注力于尽量准确地捕获韵律的普遍不变性是不现实的。

以上实例说明，自然语音确实存在着种种相对的不变性。但是，完全"不受造成语音信号变化因素影响的"的绝对的"声学不变量"也许并不存在，至少至今尚未找到。

当然，尚未找到，不等于就一定不存在。不排斥这样一种可能，即：自然言语作为人类最复杂的智能系统，其内部各部分、各层面之间的制约关系是错种复杂的，而我们所发现和认识的可能仅仅是相对有限的一部分制约关系或结构关系，我们的知识和认识还只是局限于相对浅表的和有限的范围之内。更为重要的是，目前的应用，或者类似Stevens这样的检验，很可能不同程度地忽略了整体的制约关系。在建立模型时，虽然也考虑了不同模块之间的相互关联，但是，处理模型中缺乏反映不同因素相互影响的全盘控制和整合。因此，尚不可能抓住跟知觉不变性相应的"声学不变量"的真实全貌。

2.1.2 什么东西决定着语音知觉的不变性？

究竟是什么东西决定着语音知觉的不变性？为此，不妨先做一个简单的对比。

首先，且不说任何一个孤立的音（譬如习得言语之前的婴儿的咕哝声），如果没有确定的语言背景，没有任何语音环境或条件，尽管其生理和声学效应可能不变，那也不可能知觉为确定的语音音素。就是连续的语音信号，假如不跟某个确定的语言语音系统发生关系，也绝不可能具有确定不变的语音知觉。

与此相反，在某个具体语言里，不同人说的或同一个人不同时间、不同条件下发出的同一个音素或语音单元的语音信号，尽管其声学实现的细节不一样，但仍能知觉为同样的音素或语音单元。这是因为，每一个语言的语音都是成系统的，同一个语言里任何一个音素或语音单元，总是跟该语言的总体语音系统处于一定的对立统一关系之中。而且，这种关系就体现在每个人的具体言语之中。尽管每个个人语音的具体声学特性各异，各个语音之间的对比关系自成系统，但无不符合该语言的总体对立统一关系；否则，他就不可能跟这个语言社会顺利交流，这是显而易见的。相反，同样这串声学信号，假如离开了这个具体的语言系统，譬如说，让一个不懂这种语言、而具有另一个语言背景的人来听，便不再可能知觉为这个音素或语音单元了。

上述对比说明，正是具体语言的各个局部跟它的整体之间确定的对立统一关系这根共同杠杆，把不同人说的或同一个人不同时间、不同条件下发出的细节各异的声学信号，纳入了同一个音素或语音单元的知觉范畴，决定了这个语音知觉的不变性。

2.1.3 相对关系上的声学不变性

从上述情况来看，某个语音音素或单元只要其在具体语言中的身份确定，它跟它所在语音系统的整体关系就确定，尽管具体的生理和声学实现的细节会有差异，但不会突破取决于整体相关关系的基本声学模式或框架，所以知觉效应才能保持不变。

在上届人机语音通讯会议的《语音学知识在语音识别中的应用：案例分析》一文中[7]，我们曾经类比早期语音识别一般只利用了无调的声谱信息的状况，通过人群对 2/er/与 8/ba/声谱的辨识实验，分析了为什么当时的识别会发生 2 和 8 混淆的现象。除声调以外，从图 1 的共振峰统计模式比较可以看出，这两个语音最显著的声谱区别主要在于其元音的第三共振峰（F3）。8 的共振峰轨迹比较平稳，F3 一般较平或微微上扬；而 2 的最显著特点就是 F3 的逐渐下降以及 F2 末尾的微微上扬，F3 跟 F2 趋于靠拢。

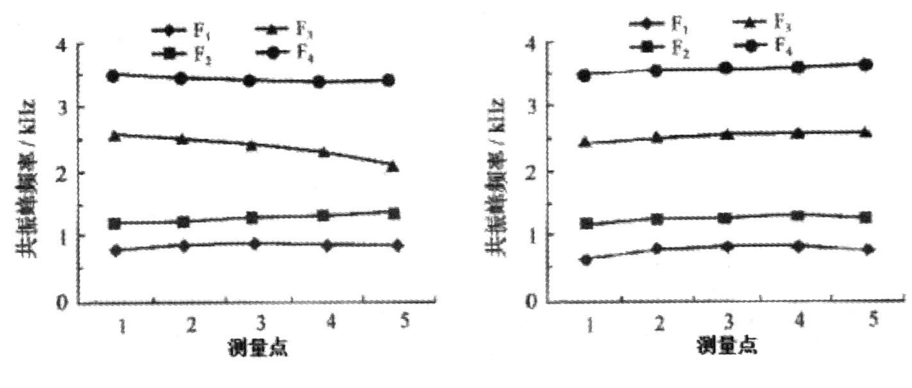

图 1　"2"（左）与"8"（右）的共振峰统计模式比较

但是，无论 2 还是 8，它们的 F3 具体走势存在发音人之间的个体差异，具体如图 2 所示。例如，图 2 中 4 个发音人的 2 的 F3 下降方式就各不相同，8 的 F3 走势也不尽相同。尤其是 A 发音人所发 8 的 F3 末尾似乎也有点往下走，所以不少人就把它识别成了 2。可是，就 A 发音人本身的 8 与 2 之间的声谱比较来看，两者的区别却是十分显著的，这种区别情况跟其他发音人各自所发的 8 与 2 之间的总体区别关系是一致的。这个事实说明，就同一个人所发的 2 和 8 而言，它们的声谱区别是成系统的，没有混淆的可能。但是，当把很多人的声谱打乱次序，混合排列后拿来让人辨识，此时，呈现在辨识者面前的只有具体的声学差异，而掩盖了本来客观存在于每个人语音中的声学模式的系统对比。这就是为什么连人来辨识也不可能完全正确的主要原因。

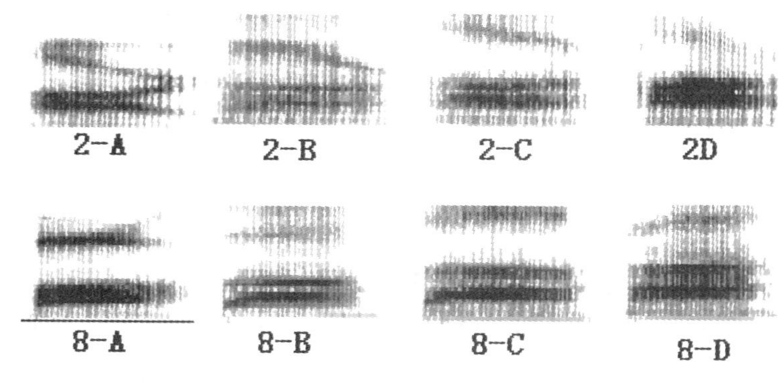

图 2　“2”与“8”的共振峰模式举例

这个例子恰好说明，声学模式的不变性是相对对比关系上的不变性，而不是具体声学细节上的绝对不变性。人对不同人所发的 2 与 8 的听辨之所以没有问题，正是依靠了这种相对不变的对比关系以及声调区别的综合音响效应。而单纯的声谱辨识就不同，既没有声调区别的信息，又缺乏声学模式的系统对比信息。人辨识这些声谱时，是凭着对这种相对不变的声学对比关系的认识和经验，才能达到 80%—90% 以上的正确辨识率。而机器识别、尤其是早期的数字识别，关注和处理的仅仅是具体的声学差异，而尚未认识和掌握这种相对不变的声学对比关系，其结果的混淆也就不难理解了。

2.2 语音变化的可预测性

迄今为止的研究表明，并不存在绝对的声学不变量。但是，语音又并非完全“变幻莫测”，语音的变与不变是辩证的：一方面，变化是绝对的、不以人的意志为转移的；另一方面，变化总是遵循一定的规律，因而其方向和方式是可以预测的。

如前所述，话语中的任何一个语音总是处于某个相对不变的系统对比关系之中，这种关系主要体现为它的语境条件以及它在整体话语结构系统中所处的地位或所起的作用。因此，语音的任何变化都是有条件的、依环境或身份而定的；只要条件或身份一定，变化的方向和方式就可以预测。这就是一种系统关系上的相对不变性（relational invariance）。在自然语言里，这种相对关系上的不变性比比皆是。

2.2.1 语音变化方向的可预测性

大量研究表明，语音变化的大致方向主要随语境条件而定，条件一定，变化的方向就一定。

例如，同样是普通话的音素/a/，在音节“兰/lan/”里，由于受韵尾 -n（前鼻尾）的协同发音作用，它的舌位必然变得相对靠前；而在“牢/lao/”里，则由于受韵尾 -o（后元音韵尾）的协同发音作用，它的舌位必然变得相对靠后。音素/a/的这种舌位前后变异必然导致相应的声学细节变化。而且，这是一种系统的变化，不管男女老少都是如此。又比如，普通话的两个上声相连，第一个上声通常变为阳平，这是一条大家熟知和普遍认同的变调规律。可是在实际语言里，当第二个上声音节读轻声时，第一个上声就不一定变阳平。

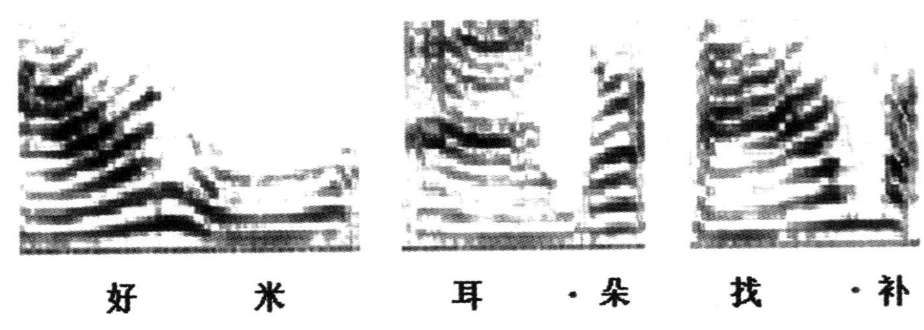

图3　普通话上上相连不同条件下的变调类型

例如，图3中的“耳朵”和“找补”，虽然它们的第二个音节原来都是上声，在这里都读轻声，但它们前面那个上声一个（“找·补”中的“找”）变为阳平，而另一个（“耳·朵”中的“耳”）却不变。由此可见，“上上相连”，第一上声并非绝对会变阳平，它可能变，也可能不变，不过，这是具有一定规律的。相关研究结果表明[8]，两个上声相连，第一个上声究竟变不变阳平不但取决于第二个上声音节的轻重，还取决于第二个音节的语法和语义地位。具体地说，两个正常的上声音节相连（“好米”、“起码”、“彩礼”等），第一个上声变阳平。而当第二个上声变读为轻声，而且整个音节虚化为词尾或后缀时（如“耳朵”、“姐姐”等），它实际上已经失去了上声的地位和影响，此时第一个上声就不会变阳平；但是，如果第二个上声音节虽然在表层变读轻声，但它的底层语义并不虚化的话（如“找补”、“小姐”、“讲讲”等），它实际上还是以上声的地位对第一个上声起作用，此时第一个上声就会变为阳平。

上述情况说明，一个语音，只要其语境条件确定，其变化的方向就可以预测。

2.2.2 语音变化方式的可预测性

相关研究同样表明，语音调节变化的具体方式取决于其在整体系统中的身份或角色，身份一定，变化的方式就一定。

例如，语句中音节的时长实现，不仅受同一语音单元内部相邻音节的制约，而且要受更高层面韵律结构的影响而伸缩调节。以普通话里的音节时长伸缩为例[9]，它们调节变化的具体方式就因其在韵律结构内部的身份或地位不同而不同：韵律单元起首（即韵律边界后）音节普遍延长，而且以声母延长为主。韵律单元末尾（即韵律边界前）音节除了处于韵律短语末尾的显著延长以外，其余的则相对缩短，且以韵母延长为主。而跟重音凸显相关的音节一般都会延长，具体方式也有分别，跟对比或强调等逻辑重读相关的音节也是以声母延长为主，但不如句首或短语首的声母延长突出；而一般的跟语法结构相关的常规重读则以声、韵母相对平衡延长为特点。具体情况如表1的数据所示。

表1　不同位置及不同重读情况下声、韵母均值跟话语总均值（设为1）的时长比例

	话语总均值	句首	韵律短语首	韵律词首	句尾	韵律短语尾	韵律词尾	逻辑重读	常规重读
声母	1	1.57	1.32	1.13	1.09	0.92	0.63	1.3	0.91
韵母	1	0.99	0.93	0.84	0.92	1.3	0.91	0.96	0.96

上述情况说明，一个语音，只要其在话语中的身份或地位确定，其变化的方式、甚至变化的细节就可以预测。

2.2.3 认识和整合应用相对的“声学不变量”

纵观2.2.1节和2.2.2节可见，自然语音的变化尽管错综复杂，但并非完全不可知，而是有规律可循的。而且，自然话语里的语境和条件以及语音的身份和地位不管多么复杂，它们总是有限的、可以相对穷尽的。所以，就可以找到随环境而定的（context－dependent）以及取决于具体角色的（role－dependent）、相对稳定的声学变化模式，这就是语音变化的规律性，就是相对的“声学不变量”。它们在自然语言里广泛存在着，因而可资利用。

需要注意的是，人类自然话语产生和感知的过程本身是一种认知的网络系统。因此，从理论上说，语音学的知识系统应该是一张集口头话语各个层面相关关系的有机结合之大成的“知网”，而不仅仅是平时接触到的某种特殊情况下的、局部的子系统，更不仅仅是某种具体环境或条件下的具体表现的知识。然而，现存的许多语音学知识，多半是在特定情况下获得的对自然言语特性的局部认识，类似上述的相对“声学不变量”，往往是从相对局部的环境或条件中导出的，反映的都是局部不变的结构关系。这种“不变量”假如放到更大尺度或更高层次的环境之中，由于更高层次和更为复杂的结构关系以及环境条件的制约，还会发生进一步的适应性调节变化。这就是这种“不变量”的相对性所在。好在这样的适应性调节变化同样遵循一定的规律，因而也是可以预测的。因此，在语音处理系统中应用这些知识和规则时，应该统筹考虑，尽可能加以整合处理。

事实上，一个自然语音处理系统应用语音学知识的多少，说到底不仅仅是掌握了多少语音单元的音段和超音段的具体声学特性，更为重要的是它掌握了多少不同层次语音单元之间的结构关系以及取决于这些关系的语音特性的变化规律，因而具有更强的整合相关语音特性、从而最大限度地逼近自然言语产生和感知机制的性能。假如能通过逐步增加对语音学知识及其系统的整合应用，必将会减少对具体自然语料的依赖，从而提高处理系统性能。

2.3 目前的主要困难或症结所在

既然语音的可变性是绝对的、不可避免的，那我们就不得不正视现实，寻找出路。为此，首先就得认清问题的症结所在。

2.3.1 语音学的不足

现有语音学知识先天不足，. 尚不能为言语工程提供完整的解决方案，主要表现在以下两大方面：

一方面，即使从相对意义上说，现存的语音学知识也是不完整的。除了由于对言语产生和感知机理的认识不足、因而对语音多变性的总体结构多半为表面的（肤浅的）直觉认识以外，主要还是没有能力形成比较深刻和比较系统的、能够反映语音在广泛的语境框架内有机统一的变化规律的理论升华。换句话说，现存的许多语音学知识，多半是在特定情况下获得的对自然言语特性的局部认识，尚未能够把这些局部认识整合为比较符合自然言语整体结构关系的知识网络。因此，这些见解在工程上常常不是难以整合到计算机程序中去，就是应用效果不佳，以至于“摁了葫芦又起瓢”，所以，不能满足工程上建立完善的言语模型的需要。譬如，现在我们关于重读与非重读的对比特性多半是在控制其他条件不变的情况下得出的，而言语工程中面对的实际言语不可能排除其他条件的影响，这就必然使得我们对重读问题认识的全面性大打折扣。又比如，孤立句子库的语料丧失了自然话语的韵律层次和篇章结构。因此，基于这种语料库的统计分析获得的语音学知识也存在类似的问题，它们模糊了自然话语的韵律层次特性，更不可能全面反映话语的篇章结构信息，所以，在这个基础上合成的语音听起来才会感觉单调乏味，缺乏表现力。从根本上说，言语的产生是一个局部与整体相互制约和有机统一的过程，所以，相关的制约知识和统一关系必须整合在一个完整的框架下加以描写和量化。

另一个大的方面，现有语音学知识的表述形式不适合言语技术部门的表述方式和计算机的操作应用，它们或者只是定性的，而不是定量的；或者虽然是定量的，但往往“不是自然量化的，或者量化的方式不正确”。迄今为止，还存在着许许多多尚未被应用的、跟语音识别和合成有关的语音学知识，原因之一就是它们不具备可以应用的形式。

2.3.2 工程学的局限

工程学界的许多有识之士越来越强烈地认识到，语音学的知识，尤其是有关语音变化的详细知识和规律是现行的模型不可能有目的地处理的。因为它的训练数据记忆器是一个黑匣子，它不可能明确地告诉你，它获得了什么样的知识或记忆了什么样的规律。事实上，对于语音学的一些新的研究结果，或者那些对言语技术实际上很重要的见解，可能还不存在现成的、有效的描写和表示形式，它们的应用很可能需要专门开发新的算法途径。例如，自然语言里存在着的、如今在学界已经被普遍认识到的规律性语音时长变化现象，诸如跟重音的各种信息表达功能相关的局部时长增加，以及跟短语划分功能相关的末尾延长等等，这些机能上重要的语音变化见解（insight），对于 ASR 的处理来说，却是个强大的挑战，它们不可能在传统的随机模型内很好地开发利用。

面对这样的现实，言语技术领域的不少专家纷纷反思，不同程度地提出了革新技术的主张。像李锦辉、方棣棠、黄泰翼等先生的观点大家都很熟悉，不必细说。这里仅补充一两个国外同行的例子。在《语音和语言技术》一书中，由 William J. Barry 等撰写的“言语技术中的语音学知识”[10]一章论述了改革系统的迫切性。他们首先以语音识别中最强有力的主流技术隐马尔科夫方法为例，指出了其在根本上与人的言语产生和言语知觉机能的分歧。接着指出，拼接合成甚至离开人的自然言语机能更远，因为它如今的成功完全依赖于自然语料携带的信息，而避开了系统的滤波特性处理及其相关问题。否则，像现在这样的文—语合成效果在实践上是不可能的，而且，它至今还不能提供最终要求的自然度以及表现力上的灵活性，在实用上还是受限的。因此，该文作者认为应该勇于回溯和重新估价言语技术的这两个主要领域的工作。同时指出，假如继续追求和从事已经建立的和迄今为止成功的途径和方法，很可能只是走向死胡同（leading into a cul - de - sac）。

与此同时，该书的另一章“语音学知识是否对言语技术有用?”[11]的作者也认为，自动识别和文—语转换的现有技术已经几乎达到了它的顶点，不应该只为改进它们而再花许多额外的力气，而应该注力于更多的革新和创新性探索；尽管语音学上还不能提供完整的解决方案，但这些知识肯定可以用来考虑为更好的系统探寻新的技术。

上述种种事例说明，合成和识别今天出现的瓶颈问题并不意外。它早就引起了相关领域同仁们的注意和积极反思。提出怎样减少对具体语料依赖这个问题，便是这样一种反思的代表，那是诺基亚的王霞博士在一个小型研讨会上提出的。事实上，她当初以“语音处理中面临的语音学问题”为题，一口气提出了十好几个问题，诸如存储量与手机需要之间的矛盾，说话人的口音问题，即兴对话问题，怎样让多语言 share 同一个 model，如何设计带口音的识别和合成，以及如何把语音学的知识转化为工程可以应用的东西，等等。其实，所有这些问题都跟“怎样减少对具体语料依赖”这个问题密切相关，归根结底，还是如何应对语音的复杂多变这个问题。

3　逐渐减少对具体语料依赖的设想

总体目标：

鉴于目前语音处理系统，特别是文—语转换系统的特点，通过语料库建设的逐步完善，逐步把语音学的知识融入言语技术处理系统，从而逐渐减少系统对具体语料的依赖。从长远来看，应该通过语料库建设，促进语音学知识与自然语料的有机结合，逐步把语音资料库建设成尽可能囊括一个语言里全部语音结构关系的语音学知识网络，最终实现以知识和规则取代具体语料的目标。

当然，说囊括全部知识，那也是相对于具体自然语料而言的。我们要建立的语料库，应该是一个相对全面体现语音学知识系统的缩影，而不仅仅是相关自然语音材料的集合。众所周知，千变万化的自然语音材料几乎是不可穷尽的，因为除了语境、地位以及说话风格和语用习惯等引起的语音变异之外，还会有种族、性别、年龄、性格、出身、职业、等社会属性决定的生理和声学特性变化。所有这些变化实体，当然不可能用一个语料库来全面囊括。但是，语音学的知识系统是可以相对穷尽的。譬如说，首先通过一系列专门子库，诸如识别专用库、合成专用库或者针对某一专门领域或专门任务的专用库，等等，来覆盖各种相对局部的知识和规则。例如，中国社会科学院语言研究所和东芝（中国）有限公司合作建设的“普通话多风格语音库”就是类似这样的专门子库。该语音库包含了自然对话、朗读式对话和单人朗读等三种风格的语音材料，而相应的发音文本基本一致，这样的子库就有可能在说话风格这一专门领域内，比较全面地覆盖某种说话风格所引起的语音变异的知识和规则。有了一个个这样的子库作基础，就可以逐步积累知识和加深认识。然后，根据自然言语整体结构关系及其种种相互制约关系对各个局部认识加以整合，逐步形成越来越完善的总体知识网络系统

实施原则：

构建通用的、大而全的原始语料基础库跟构建派生的、特定的浓缩数据资料库相结合。大而全的通用语料库并非为具体的战术实用考虑的，而主要是为战略上建立尽可能完备的知识库考虑的。尽管它的构建会相当耗时费力，但它的作用类似航母，其应用前景不可估量。特定的语料库才是为真正投入战术实用考虑的。但是，两者既相互区别、又密切相关。一方面，后者不但必须建立在前者的原则基础上，而且通过从通用库中摄取语料和规则，建立两者之间的有机统一关系，以避免产生以往那种各自为政、重复建设、盲目地收集和使用语料。这样，不但可以避免不必要的人力物力负担，而且也有利于建立对不同系统的统一评估标准。另一方面，后者必将促进前者的不断完善。因为特定库中摄取的应当是特定任务必需的、但无冗余的语料。它不但能为系统提供特定任务所需要的浓缩的自然语料及其所体现的语音学知识和规

则，更重要的是，通过对这个库的语料和数据进行统计分析，由人对统计性结果作进一步的语音学和语言学的分析归纳，在新的基础上发现和获取更多、更新、更精细、更能反映自然言语实际的知识和规则，深化和完善原有的理论和认识。然后，再利用这些新的认识去指导新的语料收集和加工以及进一步的深入研究和应用。如此循环往复，必然会使通用语料库日臻完善，自然也就能够为战术上需要的各类特定语料库提供更加符合实际的给养。

3.1 构建完善的原始语料基础库

在先前那些为特定领域或系统所构建的各种任务导向型语料库的建库原则基础上，通过整合和补充，构建完善的、全面覆盖所有可能的语音结构的、通用的原始语料基础库。

3.1.1 基本目标

语音平衡（略）

结构关系全面（覆盖不同层次）（略）

内容通用（覆盖自然、社会各个方面）（略）

开放性（剔除冗余、填补稀疏）（略）。

3.1.2 加工要求

文本分析：一般性统计特性分析，如出现频率、结构类型等等（略）

语音标注：传统标注的各层、各项（略）。

3.2 构建派生的浓缩数据总库

3.2.1 基本目标

在语料库标注的基础上，把已知的语音学知识变为计算机可操作的统计特征形式，以供训练语音处理的一般性统计模型使用，减少具体应用时进行相关处理的负担。

3.2.2 加工要求

全面标注：

（1）不仅仅是孤立的具体语音现象（例如浊化、喉化之类）的标注，而是已知语音学知识的全面标注，包括音段特性和超音段的韵律特性及其相互影响产生的变化，以及由韵律、篇章和情态等等促发的发音增强和减缩导致的音段和超音段语音变化等等，都应纳入标注范围。这样，不但有利于语音合成，还可以帮助建立一种基于语流音变的声学识别模型，使它能够适应不同韵律特征情况下音段的复杂变化，从而不但可以提高声学识别阶段对音段的识别率，而且可以降低对词语的误判率。

（2）除了传统标注的各层、各项以外，应进一步考虑标注语音现象之间的相关性，不仅标注具体的语音现象本身，而且标注它的出现环境或地位，以便计算机从中归纳出现象和变化出现的统计规律和模式。

统计检验：

把标注的各项放到随机取样的测试语料中进行统计性检验，以便不断修订完善。

3.3 构建派生的浓缩数据子库

3.3.1 基本目标

在浓缩数据总库的基础上，根据特定任务，构建特定领域或专门知识导向性的浓缩数据子库。

3.3.2 加工要求

语音标注：

通常，语音处理系统对语音知识和规则特性的描写方式，是由用户根据语料库对相关概念的标注自行形成的。因此，从长远目标来看，这种浓缩子库的标注也许并不需要逐一地、显性地标出具体的语音特征及其变化细节，而只需标出该语音及其变化现象出现的环境和地位，再加上它们在这些具体环境和地位上的变化方向、方式和制约规律。这样做至少有以下好处：第一，计算机可以自动习得预测或判断语音变化方向和方式的能力，自行生成或应对相应的声学效应，而不再需要处处依赖于自然语料的堆积来完成，当然就省去了样本的搜索、遴选和协调等等一系列的加工处理。第二，有助于语音处理技术上整合规则的建立，以便克服单纯的、对孤立变化现象处理可能产生的“摁了葫芦又起瓢”的扭曲现象。

统计检验：

通过测试语料的统计检验，进一步细化语音标注，并由此逐渐积累起各种专门知识和规则的统计特征形式。同时，将新的发现和要求反馈给总库，以利于总库建设的进一步完善。

4 结论

目前的语音处理技术之所以极大地依赖于具体的自然语料，归根结底是因为对自然语音的多变性缺乏正确的认识和有效的应对措施。

一方面，自然语音的变化是不可避免的。而且，迄今为止，人们尚未找到“不受造成语音信号变化因素影响的”绝对的“声学不变量”；另一方面，语音的变化又是有规律的，在客观上确实存在着系统对比关系上的相对不变性和与之相应的声学模式。

因此，要解决对具体自然语料的依赖问题，关键在于正确认识语音变化的绝对性跟系统对比关系上的相对不变性之间的辩证关系，努力掌握语音变化的规律。根据目前语音处理的实际情况，通过完善语料库建设，充分利用已经获得的语音学知识和规则来取代具体语料的作用，应该是个合理而又比较现实的措施。

从语音处理的长远需要考虑，建议建立能够全面覆盖自然语音知识网络的语料库系统。建设的基本原则是，首先，通过对涵盖全部基本语音结构的原始语音库或派生的专门子库语料的观察分析，形成与语音具体变化相关的语音环境和条件的相关关系标注集。然后再用更多的自然语料对标注集进行考核，确保其能描述全部的语音结构关系这张知网。通过不断修订这样的标注集，逐渐建立起日臻完善的、可供计算机随时调用的语音学知识系统。

参考文献

[1] Fant G. Phonetics and speech technology, *Quarterly Progress and Status Report*, Vol. 24: 20 - 35, 1983.

[2] Fant G. Speech research in perspective. *STL - QPSR* volume: 30, Vol. 4: 1 - 7, 1989.

[3] 曹剑芬:《发音增强与减缩——语言学动因及语音学机理》,《中国语音学报》2008 年第 1 辑。(CAO Jianfen. Articulatory strengthening and reduction: Linguistic motivation and phonetic mechanism. *Journal of Phonetics in China*, No. 1: 90 - 96, 2008).

[4] 曹剑芬:《语音的变化——生成机制和交际意义》,《第八届中国语音学学术会议暨庆贺吴宗济先生百岁华诞语音科学前沿问题国际研讨会论文集》(光盘),北京,2008 年 4 月 18—20 日。(CAO Jianfen. Speech variations: Generating mechanism and communicative significance *The Proceedings of PCC*2008 / *ISPF*2008 (*CD*), Beijing, April 18 - 20, 2008).

[5] Stewens K. Acoustic invariance in speech production: evidence from measurements of the spectral characteristics of stop consonants. *J. Acoust Soc Am.*, 66 (4): 1001 - 1017, 1979.

[6] MIN Chu, Yong ZHAO and Eric Chang, 2006. Modeling stylized invariance and local variability of prosody in text - to - speech synthesis. *Speech*

Communication, Vol. 48, Issue 6: 716 –726, June 2006.

[7] 曹剑芬、李爱军、胡方等:《语音学知识在语音识别中的应用：案例分析》,《清华大学学报》（自然科学版）2008 第4 期。(CAO Jianfen, LI Aijun, HU Fang, et al. Application of phonetic knowledge in automatic speech recognition: Case analysis. *Journal of Tsinghua University*, *Science and Technology*, Vol. 48, No. S1: 748 –753, 2008) .

[8] 曹剑芬:《连读变调与轻重对立》,《中国语文》1995 年第 4 期。(CAO Jianfen. Tone sandih and stress contrast. Zhongguo Yuwen, No. 4: 312 – 320, 1995) .

[9] 曹剑芬:《音段延长的不同类型及其韵律价值》,《南京师范大学文学院学报》2005 年第 4 期。(CAO Jianfen. Different categories of segmental lengthening and their prosodic importance [J] . *Journal of Linguistics and Literature*, Department of Nanjing Normal University, No. 4: 160 – 167, 2005) .

[10] William J. Barry et al. Phonetic Knowledge in Speech Technology. In: Nancy Ide, etc. , ed. *Speech and Language Technology*, Springer Netherlands, 2005.

[11] Helmer Strik. Is phonetic knowledge of any use for speech technology [M]? In: Nancy Ide, etc. , *Speech and Language Technology*, Springer Netherlands, 2005.

语音的实验研究在二语教学及其科研中的应用①

摘要 我虽从未真正从事过语言教学，但常常被问及现代语音学跟语言教学的关系，以及怎样利用实验语音学的理论和知识学好外语或者促进二语教学等问题；同时，我本人在自学英语的过程中，的确也受益于语音学的相关理论和知识。这就促使我在从事语音的实验研究的同时，也时常关注和思考语言教学方面的问题。此前，曾先后在新疆师范大学外国语学院、南京师范大学文学院等院校做过相关的讲座。今年9月下旬，又应邀先后在四川大学外语学院、西南民族大学外语学院和成都电子科技大学外语学院做了题为《语音的实验研究及其在二语教学和科研中的应用》的学术讲座。根据自然言语产生和感知的机理，从语言跟思维关系的角度，阐述了语音学与语音教学的关系、非母语语音教学与母语教学的异同和语音学理论在二语教学及其科研中的应用等几个问题，并重点解剖了二语习得中的发音偏误、洋腔洋调或土腔土调现象，揭示了母语负迁移效应的语音

① 2012年9月26—28日在四川大学外语学院、西南民族大学外语学院和成都电子科技大学外语学院的讲座。

学机理。

1　引言

1.1 不同的行当，共同的任务

语言教学与语音研究看起来是两个不同的行当，但我今天要来跟你们拉拉关系，套套近乎。你们是从事语言教学及其研究的专家学者，是专门教人说话或研究怎样教人说话的，特别是怎样教中国人说外国话或教外国人说中国话；而我从没有当过教师，别说当大学老师，连小学老师也没有当过，更不用说当外国语老师了，所以在这个领域我是外行。不过，我是专门研究人说话的，也跟中国话、外国话打交道；而且，在一定阶段、或一定意义上还是专门研究怎样教机器说话的，这也算是教师吧。

其实，教机器说话的目的就是为了实现人跟机器的自由对话，这与人跟人的对话一样，涉及很多共同的原理。语言智能是人类最高级的智能，实现人—机自由对话是人工智能中最具挑战性的部分，需要现代语音学跟语言教学以及语音工程技术等领域的通力合作。

现代语音学研究是以揭示人类自然言语本体（reality）的生成及感知机理为最终目标的，是一门揭示人类言语智能奥秘的言语科学（speech science）。语音研究的主要任务是为语言教学和言语（语音）技术或言语工程提供基础理论支持，包括关于言语本体的本质特性及其变化规律的分析和归纳，以及基础（理论的）应用研究。

语言教学不仅仅是传授和习得一种言语交际工具，而是在传授和习得这种言语智能，因而同样需要认识和掌握自然言语生成及感知的基本原理。

所以，咱们这两个行当之间其实有许多共同的话题和共同的探讨内容。

1.2 不同的教学对象，同样的必要准备

要知道怎样教人和机器说话，至少就得有两方面的准备：首先，要了解和认识你所要教的那种话，至少得熟悉那种话的语音、语法和词汇特性；其次，还得了解和认识你所要教的对象和具体任务。

你们的教学对象是人，是具有不同母语背景的人，多多少少总得研究研究他的母语跟目标语之间的异同。我的教学对象是机器，要想教会机器说话，那就更需要了解和认识语言的种种特性了。而且，还不能只了解一般的语音、语法和词汇知识；更重要的，是要去研究这些知识背后隐藏的运作机制。因为机器不像人，它是没有生命的机械，教它说一句话，就得把所有有关这句话的全部信息，包括相关的客观参数及其相互关系、变化规则以及运作原理和实施方式和途径，等等，甚至包括某些言外之意，都要一点不少地提供给语音处理领域，以便他们编成程序输给计算机。由此可见，要教会机器说话，就不得不研究人类语言包含的种种复杂关系、变化规则以及运作原理。

其实，教人说话也都要涉及这些规则和原理。因为语言本质上是人类最高级的智能。所以，无论教人说话还是教机器说话，就多少需要了解和认识这种高级智能的运行机制。

1.3 不同的具体任务，同样的科学价值

好了，说到这里，我们的关系就越来越近了，因为我们又找到了共同的探索目标，那就是：揭开人类言语产生和感知的奥秘！不管是你们，还是我和广大从事语言研究、特别是现代语音学研究的同仁们，我们天天都在这儿探索人类最高级的言语智能的秘密呢！不管大家是否意识到这一点，而实际上你们都能够，或者

已经在有意无意地为实现这个目标添砖加瓦，因为你们手里掌握着大量最鲜活的语言材料，也遭遇了各种不同的疑难问题，你们在寻求解决方案的探索过程中，积累了大量丰富的经验教训。现在的问题是，怎样激活、利用和发挥它们的作用。所以，千万不要低估了语言教学、特别是你们的外语教学及其研究的科学价值。

通常，人们称誉教师是塑造人类灵魂的工程师；以我看，从事语言教学和研究的人们，还是揭开人类言语智能奥秘的工程师！我这不是夸大其词，更不是王婆卖瓜！不信，咱们就来看看，语言教学和语音研究到底对揭开人类言语奥秘有什么样的贡献？在这个科学探索中，我们该做些什么和能做些什么？以及，怎么做？

2 语音研究跟语言教学的关系

2.1 语音学研究跟语言教学的一般关系

2.1.1 语音学的缘起

语音学研究跟语言教学的关系，跟语音学最初的产生历史有关。应当说，最初并没有什么专门的语音学，它是在语音的实际应用中逐渐产生的。一方面，人们在研读古籍文献或诵读经书时，需要正确地把握字词的读音，因而对它们进行研究和分类归纳，中国早期的小学和早期的音韵学以及西方的 philology 对于字音的研究，恐怕就是作为书面的语音学的一个来源。从这个角度看，语音学的语音研究起初主要是作为语言教学的辅助手段而存在的。现代语音学形成的直接促发因素，就是语言教学的需要。譬如，声谱仪 spectrograph 引入语音研究领域，最早就是因为殖民需要，通过声谱仪对殖民地的语音进行分析，以便殖民者掌握当地语言，更有效地控制和奴役殖民地人民。这样，就产生了语音的声学实验研究，促进了语音研究的机械化和科学化。

2.1.2 现实关系

现代语音学研究的范围虽然很广，但有相当一部分研究课题就是从语言教学中提出来的。从这个角度看，正是语言教学所掌握的大量鲜活的语言材料，以及教学过程中遭遇的各种不同的疑难问题，为语音研究提供了源源不断的营养和动力，不断推动着语音研究向着纵深发展。

现代语音研究成果的应用领域虽然很广，但语言教学是语音研究成果最主要的应用领域之一。语音学理论在这里得到实践，同时也接受教学实践的检验。

所以，语音学研究与语言教学最现实的关系就是：语音学研究为语言教学提供一般理论和实践的支持，提高教学效果；而语言教学应用语音学的研究成果，并检验语音学的研究结果，促进语音学的发展。

2.2 语音研究跟语言教学的深层联系

2.2.1 关注的目标都涉及大脑认知机能

语音研究的终极目标就是要搞清楚人类语言智能的本质及其认知机能，揭示言语产生和言语感知这个交际过程的运作机制。例如，一个人想要表达的某个意思，怎样从头脑中的概念，编码为言语中枢的发音指令，通过动觉神经去驱动发音器官的动作，从而说出话来，产生言语声波；相反，说话人发出的言语声波传到听话人的耳朵里，又怎样转换为神经冲动，通过听觉神经传到大脑，在那里又是怎样解码为相应的词和概念的？这个过程是一条言语链，涉及语言学、生理学和声学等诸多平面上的复杂事件，如图 1（见次页）所示。语音学研究言语交际的核心问题之一就是探索和揭示存在于这条言语链上的语言的不同存在形态（语言在头脑中及传出、传入神经通道中的存在形式——内部语言形态；

语言在口、耳及空气传输中的存在形式——外部语言形态）之间的关系及其相互转换的过程及原理。

语言教学的目标就是力图掌握和利用言语交际过程的知识，以解决教学中的疑难问题，提高教学质量和效率。语言教学的过程，实质上就是指导学生通过反复地读、说、听、写实践，实现言语内、外存在形态之间的双向自由转换。

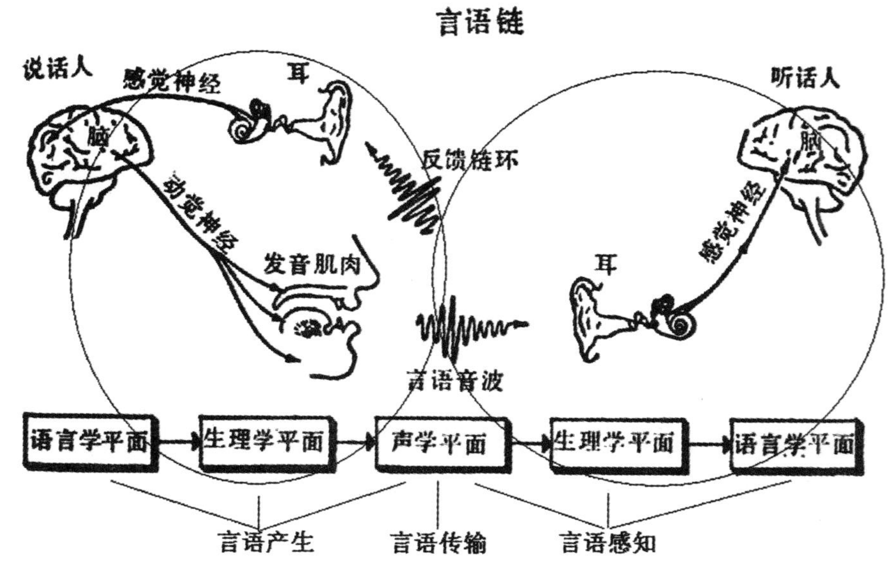

图1　言语链的主要环节

2.2.2 研究和教学都涉及对语言和思维关系的认识

（1）语音研究探索语言的不同存在形态之间转换过程的关键就在于对语言和思维关系的认识；而语言教学实际上也必定无法回避这种关系，要想顺利达到掌握这个转换过程的目的，就需要正确认识和自觉利用这种关系。

（2）语音研究对这种关系的探索的要点，在于研究事物及其抽象概念跟语音符号之间的联系及其性质；而语言教学自始至终也都离不开这种联系的制约和对这种联系的应用。只有真正认识这种联系的实质，才能在教学活动中更加科学地、有效地加以利用。

（3）语音研究应当从理论上揭示建立或解除这种联系的神经心理机制；而语言教学实践应当认识并自觉利用这种联系建立或解除的神经心理机制。这就需要对人的语言交际过程、也就是语音的产生和感知过程有一个大致的了解。

3　语音的实验研究在语言教学及其科研中的应用

3.1 语音学与作为语言教学核心的语音教学

语音是语言的物质外壳。作为思维和交际工具的语言，它的物质外壳、即语言的外部存在形态是第一性的，没有语音这个外在的声音形态，就无法实现交际。同样，若离开了这种声音形态在头脑中的“音响印象”（索绪尔所说的“心理印迹”），思维也就无法进行。所以，语言教学首先是语音教学；否则，其他一切就都免谈。

3.1.1 语音问题存在于整个语言教学的全程

语音教学是语言教学的核心，它不仅限于发音教学，更主要的在于说和听的口语技能教学，语音问题实际上存在于整个语言教学的全程。

3.1.2 这些问题的解决都可以从语音学基础理论中得到支持

在发音教学阶段以及说、听技能教学和训练阶段，语音学基础理论可以提供对相关难点的理论分析和纠正偏误或错误的策略。

二语教学中诸如发音偏误、母语背景干扰引起的“洋腔洋调”或“Chinglish”之类的“土腔土调”的矫正，都可以从语音学基础理论中得到支持。

3.2 非母语语音教学与母语教学的异同

3.2.1 二语与母语习得过程的异同

母语的习得是先实践，后理论，即先掌握听和说的技能，后学习读和写的技能及其相关理论知识；而且，后者并非必须。因为听和说的语言环境无处不在，基本的技能和语言知识就在日常生活的潜移默化之中获得，即使是读和写的技能及其相关理论知识的学习，因为具有此前的感性认识为基础，这个过程也相对轻松自如。这是人类语言习得的自然进程，因而人们往往习焉不察。

二语习得是学习母语以外的语言技能，一般不存在像母语习得那样听和说的自然环境，没有经历过母语习得那样的潜移默化过程，一开始便是在毫无感性认识的基础上，学习关于那个语言的知识和基础理论。是先理论、后实践，至少是边理论、边实践。一上来就涉及读、说、听、写的全过程，难度自然大多了。

3.2.2 二语语音教学与母语语音教学的异同

就母语的语音教学而言，发音教学是在已经掌握说话和听话技能的基础上，使学习者把对该语言语音已有的感性认识上升为理性的认识；同时，建立起母语的口头形式和书面形式之间的联系，所以，尽管发音教学同时又是一种认字教学，但其过程是从语音（口头形式/音响印象）到文字（书面形式/语音符号）。也就是说，母语的语音教学的任务，主要引导学生把在潜移默化中已经掌握的发音及口头交际知识系统化，把感性的认识上升为理性的认识。

就二语的语音教学而言，学习者一下子接触一个完全陌生的语言系统，毫无感性认识基础。所以，教师必须首先给他们提供一些相关语言的知识和手段，帮助他们建立最初的感性认识基础。

所以，二语最初的发音教学是从文字到语音，从知识到技能。也就是说，先学抽象知识，后学口耳技能，是把对那个语言的基本语音结构系统的理性认识，转化为学习者对这个语言的感性认识。显然，这个过程要比母语语音教学任务复杂得多，因为从书写形式（书面形式/语音符号）入手（到口头形式/音响印象）进行语音教学，一开始就让学生面临建立语言的口头形式和它的书面形式之间联系的认知问题，这本来是属于语言习得自然进程中更高阶段的任务。

3.3 语音的实验研究在二语教学及其科研中的应用举例

3.3.1 语音学与二语教学中的发音偏误矫正

在语音偏误的纠正方面，对于目标语跟母语表面相似语音的对比分析至关紧要。这里以汉、英辅音/sh/及复合元音/ai/的对比以及汉英语调实现的不同方式为例加以说明。

（1）汉、英辅音/sh/的发音对比

英语的辅音/sh/跟汉语普通话的/sh/书写形式一样，许多中国学生发不准英语的这个辅音。譬如北京人往往会把 English 中的/sh/［ʃ］发成了［ʂ］；而南方人又可能把它发成［ɕ］，问题就出在这些学生不知道英语的/sh/跟普通话的/sh/的文字形式看似一样，而它们的实际发音部位不同。英语的/sh/［ʃ］舌、腭收紧接近的部位是舌面前部跟齿龈隆骨后；汉语普通话的/sh/［ʂ］的接近部位是舌尖后部跟硬腭前部；而南方话（譬如上海话）里既没有像英语那样的［ʃ］，也没有像普通话那样的舌尖后音（卷舌音）［ʂ］，但有个近似于［ʃ］的［ɕ］，于是，就把英语的［ʃ］发成了［ɕ］。可是，两者的实际发音部位不同，［ɕ］的舌、腭收紧接近的部位是舌面跟硬腭，而［ʃ］的部位是舌面前部跟齿龈隆骨后；同时，还有一点很重要，那就是：英语的［ʃ］发音时，舌叶两边会微微向中间卷起。上述具体差异如表 1 和图 2 所示。在教学中，如果能够注意分辨这些辅音发音部位细节上的差异，就可能有效地纠正偏误和克服“Chinglish”之类的毛病。

表1　［ʃ］，［ʂ］和［ɕ］的发音部位

舌尖后	舌叶（舌尖及面）	舌面前
ʂ	ʃ	ɕ
ʐ	ʒ	ʑ

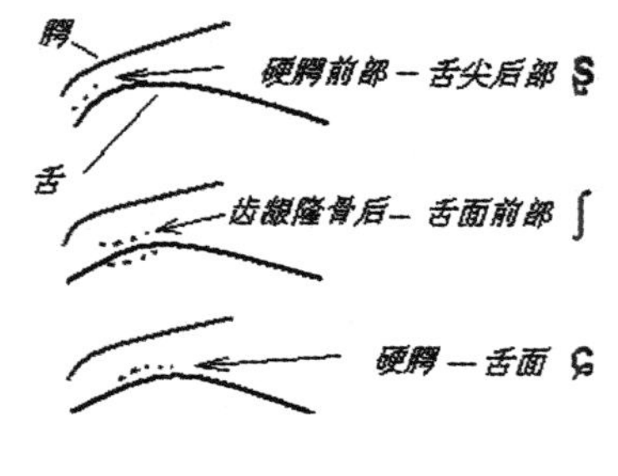

图2　［ʃ］，［ʂ］和［ɕ］舌－腭收紧部位示意图

（2）汉、英复合元音/ai/的发音对比

在语音偏误的纠正方面，还可以辅以语音学的实验手段，进行直观教学。这里以汉、英复合元音/ai/的对比实验结果为例加以说明。在二语习得过程中，人们往往认为，对于目标语中跟母语音素相同的语音的发音很容易习得；其实，这个看法并不全面。譬如，汉语普通话的/ai/跟英语的/ai/，这两个复合元音的音素成分一样，但实际发音方式不同，听觉印象也不同。可是，人们往往不太注意，而是习惯于就用母语的发音去替代，而且以为很容易就习得了，其实并没有真正习得。我们常常听到，北京人说英语的I和my，听起来有点像“爱”［ɛi］和“卖”［mɛi］；而英美人说普通话的“爱”和“卖”就像I［ɑi］和my［mɑi］。这都是受母语负迁移影响而表现出的发音偏误，因而导致“Chinglish”或“洋腔洋调”。

上述偏误听起来似乎只是元音起始成分开口度大小的区别；而实际上，除了起始成分的开口度大小区别以外，更主要是，其中的两个复合成分之间音色的变化速率和变化的方式各不相同。语音实验的统计分析表明：汉语普通话/ai/的两个成分之间的过渡段时长（均值）约占音节全长的51.7%以上，两个成分相对稳定部分的时长约各占24.4%和23.9%；而在英语的/ai/里，过渡部分的时长比例要比汉语普通话里的短得多，不足音节全长的30%，可是，两个成分的相对稳定部分的时长则比普通话里的长得多，约各占全长的37.7%和32.5%。

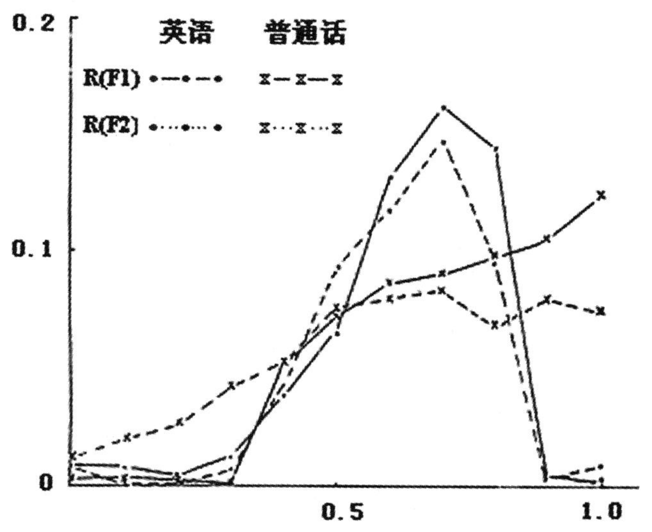

图3　汉语跟英语复合元音/ai/内部音色变化速率和变化方式比较

图3是根据上述统计结果所画的复合元音/ai/内部音色变化速率和变化方式的比较。其中实线的走势代表第一共振峰的变化速率R（F1），它体现复合元音/ai/的舌位由低到高的滑移变化状态；虚线的走势代表第二共振峰的变化速率R（F2），它体现复合元音/ai/的舌位后到前的滑移变化状态。

从图3可以直观地看到复合元音/ai/在两个语言里存在着显著的音色差异：汉语普通话里/ai/的两个成分本身几乎没有稳定的部分，自始至终都处于渐变状态，变化曲线相当平缓（分别如带x的实线和虚线的走势所示）。可是，英语的/ai/就不同，它的第一成分和第二成分都有较长的稳定段，而且，两者之间的过渡几乎是突变，变化曲线非常陡峭（分别如带·的实线和虚线的走势所示）。这个例子充分说明，一般听感上觉察到的微妙差异往往不容易把握，假如通过实验分析，揭示内部微观的信息分布方式的异同，就可能比较精确地去把握这种看似相当、而实质不同的音色区别。譬如，这里关于汉、英复合元音/ai/的对比实验研究结果，既可用来纠正中国学生，尤其是北京话母语学生对英语复合元音/ai/的发音偏误，又可为纠正英美学生学习汉语复合元音/ai/过程中的发音偏误提供理论指导。让学生不仅仅是单纯的模仿，而是通过对发音生理加深理解，从而提高对学习难点的理性认识和掌握能力。

3.3.2 二语习得中母语负迁移机理的语音学分析

（1）母语负迁移效应的语言学和语音学机理

语音是语言的物质外壳，无论是第二语言学习还是母语的习得，都要通过语言符号这个外壳建立名称/叫名（例如普通话的/gou/或者英语的/dog/）与事物（例如，狗）之间的联系。这就涉及语言与思维的关系了。

语言与思维之间存在一种辩证的关系，表现为语言符号（首先是语音符号/音响印象，即语音的内部存在形态，它是语音的外部物质形态在大脑意识活动中的存在形态）跟概念（事物及其相互关系的抽象）之间的连接关系既是任意的、又不是绝对任意的特性。这种联系的实质就是索绪尔所说的概念（即客观事物及其相互关系的抽象）和语音符号（语音的“音响印象”，即物质声音在大脑中的“心理印迹”）之间的连接关系。

一方面，语言与思维之间的连接关系是任意的。一个人一生下来，他/她的思维究竟跟哪种语言联系完全取决于所处的语言社会，它可以跟任何不同语言语音的音响印象建立连接关系。从这个意义上说，思维与语言的联系没有必然性、而具有偶然性。所以，一个人究竟用哪种语言的音响印象（头脑中的语音符号）来思维是任意的，本质上是可以随机转变的，这就为二语学习时排除母语干扰、即暂时解除母语的音响印象跟思维的连接关系提供了可能。

另一方面，语言与思维之间的连接关系又不是绝对任意的。在一定的语言社会里或一定的语言交际环境中，人们的思维就必定跟那种语言相关联，这种联系一经建立，约定俗成，便相对稳定，任何个人不能任意违背；否则就无法实现正常交际。这种关联是具有认知心理基础和神经心理根源的。当一个人长期使用某种语言思维，该语言的音响印象就会跟他大脑相关部分的神经细胞建立起相对固定的联系，从而确保了他在该语言社会的正常交际。然而，与此同时，也正是这种连接关系的相对必然性和稳定性，构成了必要时解除这种联系的困难和障碍，那就是为什么母语会干扰二语习得的根本原因。

从语言与思维、事物及其概念跟语言符号及其音响印象之间的辩证关系来看，二语习得涉及从一种语言与思维的联系（的暂时解除）到另一种语言与思维联系（的建立）的转移。所以，二语教学尤其需要了解必要时怎样有效地解除这种联系的策略和根据。

（2）思维跟语言关系的认知心理和神经机制

根据对婴儿言语知觉技能的研究①结果表明，婴儿最初（1—4个月）可以分辨几乎世界语言所有的语音范畴对比；但是，在6个月以后，婴儿言语知觉逐渐表现出母语语音特征的影响，对非母语语音对比的分辨能力逐渐下降，对母语语音的分辨能力有所改进。例如，对辅音知觉表现为对母语语音范畴界限敏感性的提高和对非母语范畴界限敏感性的下降，非母语范畴开始同化到母

① 刘文理、杨玉芳、伊廷尉：《婴儿期母语音位范畴习得：来自言语知觉的证据》，《心理科学进展》2008年第1期。

语音系中去，对母语元音表现出知觉磁场（perceptual magnet）效应。

这种现象进一步说明，思维与某种语言的联系原本并没有先天性和必然性。婴儿在习得或者不断接触某个语言之前，所能感知的只是一般声学刺激的差异；而在接触和习得某个语言的过程中，通过对该语言反复呈现的语音范畴相关的声刺激的适应而导致的神经专职化，使得这种差异不断强化，从而逐渐习得和发展出对该语言语音的范畴意识，同时忽略以致逐渐淡化与此无关的一般的声刺激差异。譬如，辅音 n 与 l 的客观声学差异很明显，可是在不少汉语方言中并不构成音位对立，于是，说那个方言的人们就完全忽略了、甚至觉察不到两者之间的声学差异。

上述实例充分说明，是后天的语言环境决定了思维与某个特定语言的联系，在这个过程中，人对某个语言语音范畴意识的不断加强（在这里就是经过母语环境 6 个月以上的潜移默化而建立起来的那种语言音响印象跟思维的相对稳定的联系），这对于该语言的习得来说，是一种进步和发展；可是，对于这个语言以外的二语习得来说，却是积累了困难和障碍。因为随着母语语音范畴意识的不断强化，一旦需要再建立思维跟其他语言联系的时候，原来的母语跟思维之间的连接关系就不容易解除，因而必然出来干扰。这就是所谓母语负迁移作用的神经心理根源。

（3）思维用的语言形态与外部表达用的语言形态的关系及其相互转换

通常外部表达所用的语言形态，是语言的外部存在形态，主要是存在于口耳之间的言语物质声音。

思维所用的语言形态是语言的内部存在形态，它不是外部言语的那种物质声音，而是一种意识活动形态，是外部言语的物质声音在大脑意识中的反映。所以，语言的内部存在形态是外部的言语物质声音在头脑中的音响印象，而不是这物质声音本身。

任何语言的习得，都离不开这两种存在形态之间的转换。在母语习得中，由于潜移默化，这两种语言存在形态之间的转换已经成为习惯而不假思索。相对于母语的习得而言，这种转换过程在二语习得中要复杂得多。

因为，思维与语言的联系，涉及具体语言符号及其音响印象跟事物和概念之间的辩证关系。索绪尔指出，语言符号连接的不是事物（或关系）和名称本身，而是代表事物（或关系）的概念跟代表名称的音响印象。因此，同一个事物或关系，在不同的语言里所连接的音响印象就不同。譬如说，当有人用普通话说“狗”这个名称时，就能立刻唤起你脑海中/gou3/的音响印象及其所代表的那个动物的概念（一种四条腿、喜欢汪汪叫的动物）；可是，对于同时听到这个词的不懂普通话或者外国人来说，他可能毫无反应，最多也就耸耸肩膀表示不明白这是什么意思。同样，如果外国人说/dog/，你若不懂英语，也就不明白是什么意思。其实，在这两种情况下，狗作为一种客观事物及其概念，在中国和外国都是一样的，所不同的，只是跟它连接的语言符号的音响印象在汉语里跟外语里不同。

因此，在二语习得中、特别是学习的初期，当你听到二语的某个词的物质声音时，往往首先会下意识地从母语思维中去搜索可能跟这个音响印象连接的事物或概念，然后才会有意识地从二语思维中去搜索可能跟这个音响印象连接的事物或概念。显然，这种习惯于母语思维的“先入为主”，干扰了目标语的内部形态与外部形态之间的转换，这就是二语习得中母语负迁移顽固性的根源。

3.3.3“洋腔洋调”/“土腔土调”的语音学分析

如上所述，二语习得过程中出现“洋腔洋调”/“土腔土调”，跟对目标语元音和辅音的发音偏误有关。更主要的是，跟对目标语韵律的认识和掌握有着更为密切的关系。每个语言都有独特的韵律，主要包括节奏、重音和语调。这些韵律成分都是具有层次结构的，这种结构是底层语义结构的表层实现。因此，说话时的腔调不仅仅表达情感态度，同样影响对话语的理解，如若掌握不好，有时甚至会引起误解。譬如说，有的外国人在说汉语普通话的“你姓晏，我姓何”这句话时，在中国人听来就像“你姓严，我姓贺”，简直就是给人改了姓了。为什么会这样呢？就是因为他不了解汉语的韵律特点，不知道汉语语调跟声调的内在关系，却简单地以语调调阶的升降代替了声调调形的升降。

从语音学的角度看，声调与语调属于两个不同的音高运动体系，尽管它们都是以音节的音高变化作为载体：声调是发生在音节内部的音高升降平曲变化，而语调是发生在语句层面的音高高度（即音调调阶）的升降起伏变化。声调的音高运动模式是因语言而异的，而不同语言的语调音高运动具有类似的共性模式。赵元任先生早就指出，汉语的声调跟语调之间是一种并存叠加的“代数和”关系。所以，汉语语调的基本结构模式就是：各个局部声调在保持各自升降平曲调形相对不变的前提下，通过调节（抬高或压低）各自的音高高度来适应语句语调升降起伏的要求。大体结构模式如图 4 所示（见次页）。

上面提到的外国人说“你姓晏，我姓何”这句话，之所以听来像“你姓严，我姓贺”，问题就出在不了解汉语声调跟语调的叠加关系。在这句话里，声调为降调的“晏”出现在前半句升语调的位置上，而声调为升的“何”出现在后半句降语调的位置上，就像图 4 中的叠加模式 b 所示的情况。这时，“晏”本身的降调和“何”本身的升调模式都是不能随便更改的，只能通过抬高“晏”的整体音高高度和压低“何”的整体音高高度来顺应语调的要求。许多外国人不知道这个道理，就径直用语调的升降代替“晏”和“何”的声调升降，结果自然就难免地要给人改姓了。

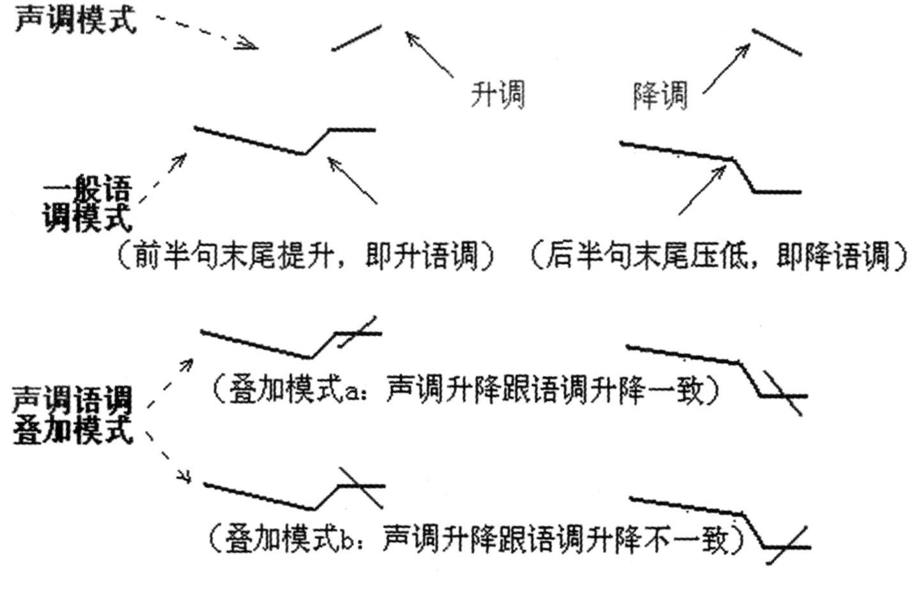

图 4 汉语声调与语调并存叠加关系示意图

在实际语言里，处处都可看到声调跟语调的这种叠加关系。图 5 出示了一段话语实例。其中，“姜文在开拍前，曾自信地预言道”中前后两半末尾的声调与语调的关系属于图 4 出示的叠加模式 a。而“这群小演员中，会出一批很棒的演员”很像图 4 底部的叠加模式 b，从中可以看到，前半句末尾的“中”的整体高度被明显抬高，以适应前半句末尾语调趋升的要求，但其声调的平调形基本不变；而后半句末尾“员”的整体高度被显著压低，以适应后半句末尾语调趋降的要求，而其声调本身的升调模式基本不变。

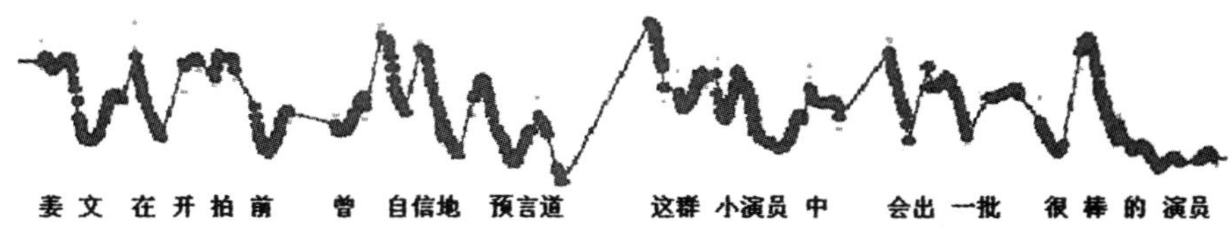

图 5 自然话语音高运动举例

当然，上述情况仅仅是以小句末尾为典型，说明汉语声调跟语调并存叠加的关系；其实，这种关系普遍存在于话语的每一个位置上，而且叠加的因素也不仅限于此，这里先不赘述。但是，仅就小句末尾的情况已经足以说明，在二语教学中要想有效克服“洋腔洋调”之类的顽症，就必须认识和掌握目标语的韵律，而掌握语调的结构模式便是其中关键的一步。

参考文献（略）

语音学与语言教学[①]

前 言

今天这个研讨会交流的议题之一是大学的语音教学与语音学教育。其实，在这方面我根本没有发言权，因为我从未涉足这个领域，无论是中国学生的英语语音教学还是对外汉语教学，我都说不出个子丑寅卯。不过，我是从事语音学研究的，又是一个学习英语的中国老学生，有着很独特的英语学习经历。所以，想从一个老学生、兼语音学工作者的角度谈谈语音学与语言教学问题。

我学英语是不得已而为之。这个“不得已而为之”有以下两层意思：第一，职业和专业的选择迫使我不得不学，而且不得不从死啃英文原著入手；第二，只认识 A，B，C，D……26 个字母的英文起点，四十啷当岁的年龄，加上初入实验语音学大门的百科待学，因而不得已而走了一条跟当时的主流学习模式完全不同的艰苦征程，而且是一条至今尚未走完的长征路。常常有人问我怎样应用语音学知识学好外语。刚才我说了，我学英语是不得已而为之，所以也没有仔细想过怎样学。我的学习方法也都是一般

① 在全国语音科技实验室学术交流与发展规划研讨会上的发言，2011 年 9 月 23—24 日，南京师范大学。

的方法，如果有什么独特之处的话，那也是被逼出来的权宜之计，并非刻意设计的。然而，今天回过头来看看我的英语知识积累和英语能力提高的漫长过程，觉得有些东西可能是符合言语习得的自然规律的，也是符合言语产生和感知的自然机制的。尽管我的英语学习不算成功，但有些体会可能跟今天的讨论有些关系，愿在此与大家切磋。

为便于说明问题，我想首先从“学语言”跟“学语言学”的故事开始。

1　从“学语言的”说起

大学的中文系通常会设两个不同的专业：另一个是语言学专业，一个是文学专业。因此，学生也就相应地分为学语言的和学文学的两部分。我在大学学的是语言学专业，所以每当有人问我学什么的，很自然地就会说“学语言的”。可是，后来在国外碰到一些中国朋友，尤其是留学生，听说我是学语言的，便说：“啊！那你一定是语言专家，会说好多种语言吧?”，或者会说：“真巧！我也是学语言的，咱们是同行。你是学什么语的？英语还是法语？……”每当此时，我都觉得很难回答他们的问题。因为他们对“学语言的”这话的理解显然跟我所说的“学语言的”存在歧义：我说“学语言”，是指学语言学（Linguistics）；而他们理解为学习某种语言，是指语言学习（Language learning），甚至还包括语言习得（Language acquisition）。可是，Language learning 和 Language acquisition 又确实跟 Linguistics 有关系，特别是与非母语教学相关的二语教学，跟语言学，尤其是语音学（Phonetics）的关系尤为密切。所以，我一直觉得有必要说说这两个既彼此相关、却又各不相同的概念和领域之间的关系。在座的各位都是语言教学的专家，今天有机会跟大家一起讨论，很高兴！希望能从“学语言”

跟“学语言学”的区别与联系切入，探讨一下语音学与语言教学究竟是什么样的关系。我相信，我们的讨论不但可能对语言教学，尤其是第二语言教学有点参考价值，而且能够促进现代语音学的研究和发展。

1.2“学语言”跟“学语言学”的区别与联系

通常，学语言学的必定已经掌握某种或某些语言（起码已经习得母语）；相反，学语言的（包括母语习得和二语学习）未必、也不必都学语言学。不过，这并不意味着“学语言”跟“学语言学”不相干；实际上，二者是既有区别又有联系。

1.2.1“学语言”跟“学语言学”的区别

语言是说话和听话的智能（intelligence），是人类最高级的智能。所以，“学语言”是学习某种语言智能。就一般人的语言智能习得而言，都是一生下来就自然而然地开始的，习得的结果起码是能说、会听；至于读、写技能的学习和运用，则是基本语言智能习得基础上的衍生。过去，不少人并不会读和写，但并不等于他们没有“学语言”，只不过没有接受过专业意义上的语言学习而已。就二语学习来说，尽管与母语习得过程不完全一样，主要是学习的语言环境不一样，带有已经习得的母语背景的干扰，而且，往往先要辅以读、写技能的学习和掌握；但是，习得的本质不变，同样是在学习某种语言智能。

语言学是研究人类语言智能的科学，是以语言作为研究对象，分析其组织系统和结构特性，考察其发生和发展的客观历程，等等。所以，“学语言学”是指修读语言学这个专门学科，学习关于语言智能的科学理论，掌握有关语言的组织结构和发生发展等相关的专业知识。当然，学了语言学的人还可能以此为基础，进而去从事语言学的研究，把人类的语言智能作为研究对象，探索其生成机理和感知机制，揭示其变化和发展的客观规律，并应用这些科学理论和知识去解决语言教学、语言研究以及其他应用领域的种种实际问题。

1.2.2 “学语言”跟“学语言学”的联系

首先，学语言是学语言学的基础，这不仅因为语言是必备的交际工具和思维载体，也是学习一切知识的必备手段；更主要的是，语言学研究的对象是语言，如果不掌握任何具体的语言（至少是母语），语言学的学习和研究也就无从下手，这是显而易见的。因此，两者都跟语言有关系，尽管一个是以语言智能本身作为学习的对象，另一个是以语言智能作为认识和研究的对象，而正是这个共同的对象构成了联系这两个不同领域的共同杠杆。

其次，“学语言”跟“学语言学”实际上也不可能决然分开。一方面，如上所说，学语言学的人不可能不学语言，起码是本民族的语言（和/或方言），如能掌握一门或一门以上的外语或方言那就更好。另一方面，学语言的人虽然未必都需要系统地学语言学；但是，在学习语言的时候，特别是在成人的二语习得过程中，或多或少也会涉及语言学的知识或接触语言学的理论，这些理论和知识都可以促进语言学习，使之更自觉、更有效，尤其是学点语音学理论和知识（不仅仅是国际音标之类），更是能使语言学习事半功倍。我的英语学习经历让我深刻地体会到，语言作为最重要、最方便的交际工具，语言作为思维不可或缺的载体，最好的办法莫过于在交际活动中学会和熟练掌握它，最有效的途径莫过于在思维活动中习惯和运用它。

下面，首先简单介绍一下我的自学方法。然后，再跟大家探讨语音学与语言教学的问题。

2　我的自学方法举例

2.1 自觉应用国际音标正确掌握词的发音

学习一门语言，首当其冲的就是力求准确地掌握它的发音，较好的发音有助于听、说能力的提高，这是不言而喻的。就我的实践经历而言，主要手段就是通过词典的国际音标标音掌握词的发音。因为我的英语学习是结合专业学习、从死啃 P. B. Denes & E. N. Pinson 的 *The Speech Chain—The Physics and Biology of Spoken Language* 一书开始的，当时唯一的基础就是认识 26 个英文字母，所以不得不抱着词典一个词一个词地抠词义、学发音；而这正是得益于我的语音学背景，能够较好地掌握国际音标的发音，这就使我的英语学习不但不受任何时间地点局限，而且学得更主动、更理性。

2.2 采用整词语音记忆掌握词汇

我学词汇有两个习惯，一个是从不死记硬背孤立的单词，因为我没有像一般学生那样充裕的时间和年轻人那样充沛的记忆力，所以只能根据阅读或写作的临时需要，通过勤查词典而慢慢积累。这种现用现学的好处不但在于急用先学，节省时间，而且结合语境掌握词汇更容易记住。当然，其缺陷也是不言自明的。另一个习惯是从不去背字母拼写，而是采用整词语音记忆的策略，就是根据字母发音规则去掌握生词的发音，直接通过整词的音响印象跟词义的关联记忆生词。因为活的口头语音是第一性的东西，而它的书写形式只是第二性的。这样做至少有以下几个好处：一是只需系统地记忆发音规则，具体的可以举一反三，达到事半功倍之功效；二是只要能够发出音来，或者能够听出一个词的发音，对它的拼写也就掌握了八九不离十；三是整词音—义直接关联，利于记忆。当然，这种方法也导致了我的拼写常常出错，不过，总体说来，我还是“得”多于“失”。所以，仍然认为这个方法是有效的。

2.3 借助朗读培养语感

通常，都是通过听力练习培养语感。可是，如上所述，我特殊的英语学习任务和学习条件决定了我不得不从死啃英文原著入手，这本来是有违常规的做法。然而，在实践中发现，这种以理解语句的语义为核心的一揽子学习方式倒也有益于英语语感的培养。于是，我便开始在阅读中自觉地利用这一点，在方便的情况下，尽可能把原先习惯的默读改为朗读，努力培养语感，以弥补缺乏听、说训练机会的不足。

3　体会与认识

3.1 整词音—义关联掌握词汇的方法符合母语习得的一般规律和言语产生与感知的自然机制

3.1.1 整词音—联记忆的方法符合母语习得的一般规律

整词音——联掌握词汇，是一种音—义联动记忆的方法。这种词汇学习方法之所以符合母语习得的一般规律，或许可以从婴儿的言语习得过程得到说明。

婴儿的言语习得是从感知开始的，而他们的感知能力的习得过程，也是从对接触到的语声刺激跟它们相关的事物之间的直观联系开始的。尽管实验证明，早期婴儿能够区分所有语言里的语音对立。实际上，那只不过是对跟语音对立相关的声学刺激差异的觉察或敏感；随着母语环境的熏陶，他们对非母语的语音对立就会变得不敏感，而只对母语的语音对立敏感。这个事实说明，早期婴儿对所有语言里语音的那种敏感只能叫听觉（听到了，觉察了)，而并非真正的感知（理解了，认知了)，起码不能叫语音的感知。根据有关语音感知的解释（例如，《语音学和音系学词典》和网上百科全书的解释)，结合一些实验观察，可以发现，婴儿语音感知的发展过程的确要经历以下三个阶段：第一阶段，听到言语声，即对言语声音的听觉。例如早期婴儿对言语声刺激的眼动或转头反应，表明他们听到、并且觉察到了声音或声音的不同，但并不知道这是怎么回事；第二阶段，对言语声音及其异同的分析和归纳。譬如，通过对周围环境中反复出现的语声刺激及其所指称的事物的接触和比较，婴儿慢慢学会把听到的言语声音的异同跟所指称的事物的异同联系起来，也就是把对不同人或同一人不同时间说出的、指称同一事物的言语声判断为同一类声音，把指称不同事物的言语声判断为不同类别的声音，这就是开始初步学习一个语言里的音—义连接关系了。不过，此时的判断和分类还是相对离散和感性的；第三阶段，才是对言语声刺激的理解和认知。譬如，通过潜移默化和进一步的概括、抽象，婴、幼儿逐渐比较全面、系统地掌握了该语言里各种音—义连接的关系网络，从而能够真正听懂和理解他们所听到的言语声刺激所传达的语义，这才算是真正的语音感知。当然，这三个阶段之间并没有绝对的分野，而是一个渐进的过程。

从婴儿语音感知的整个发展过程来看（其实，成人也是如此!)，语音的感知本质上是从对声刺激的感觉到对语义的理解。它自始至终都离不开对某个语言的音—义连接关系的接触和认识，换句话说，总是跟对相关语义概念的认知捆绑在一起的。还有一个旁证可以说明这点。譬如，有一项对词进行辨识的心理实验结果证明："被试对双词素（音节）词的辨识几乎跟对单词素（音节）词的辨识一样快"　(Mark Hasegawa - Johnson. Landmark - Based Speech Recognition: Psychological Processing and the Lexicon. 在清华大学信息学院讲习教授系列学术讲座上的报告，2004

年 10 月 21 日）。这就意味着，在语音感知过程中，头脑中精神词典里用于跟外界输入语音进行匹配的模式必定是以词的整体语音模式为单位的，而不可能以离散的特征或者发音姿势的语音模式为单位，跟字母书写形式更是没有直接关系。

由上可知，婴儿的言语习得是通过对词的整个语音印象及其跟相关词义概念之间关联关系的反复接触，从而潜移默化地逐渐实现对与之相关词义概念的认知，这实际上就是对该词整体音 - 义连接关系的认知。同样，他们的言语产出也是以整个词的语音发出的。由此可见，就言语习得的本质而言，感性地掌握词的整体音 - 义连接关系是第一性的，是每个人必不可少的能力；而理性地认识词的音 - 义连接规则是第二性的，并非人人必备的技能。

3.1.2 整词音 - 义关联记忆符合言语产生和感知的一般机制

通常人们把言语声音只是作为一般的声音信号来看待，却忘记了最最重要的一点：语言是思维和交际的工具，语音是指称和标记语义概念的符号。不跟任何语义关联的声音根本就不是语音。索绪尔在《一般语言学教程》中早就指出，“语言符号连接的不是事物和名称，而是概念和音响印象。后者不是物质的声音，纯粹物理的东西，而是这声音的心理印迹”。显然，他在这里所说的语言符号本质上是一种音—义关联物。每个语言里的音—义关联关系都是由各个语言社会约定俗成的，是第一性的自然存在。因此，要掌握一个语言的词汇，最省事的办法莫过于直接记忆原生态的东西，因为一个语言里词的音—义原本就是捆绑在一起的。否则，假如先从第二性的语音书写符号开始，然后通过语义概念这个中介，再去建立本来就已现成的音—义连接关系，那是本末倒置。那样，不但人为地破坏了语言的自然存在状态，而且正好给母语负迁移作用留下了空当。因为语义概念是各个语言共通的，你若非要以语义概念为中介手段，就必然会把母语的音—义连接关系牵扯进来。于是，要想建立新的、跟二语相关的音—义连接关系，就不得不先行（暂时）解除跟母语相关的音—义连接关系才行。

由此可见，任何语言的词汇总是以音—义连接的统一体形式存在的，它们在大脑精神词典中的存在形态和运行模式注定是音—义关联的。在言语过程中，无论是产生还是感知，都离不开对大脑精神词典中词汇的整词存取。因此，词汇学习时采用整词音—义联动记忆，正好跟词在大脑词库中音—义关联的自然存在形态一致，是符合言语产生和言语感知的一般机制的。

3.2 借助朗读培养语感符合言语产生和感知的编码和解码机制

从母语语感的习得来看，首先是在母语环境的熏陶之下，通过感知，从感性的积累开始的，然后慢慢日积月累，语感就越来越强，说与听的技能也就越来越纯熟。

再从言语的自然机制来看，无论是语音产生时的编码还是感知时的解码，都是以成块的（chunking）方式进行的。具体如下图所示。

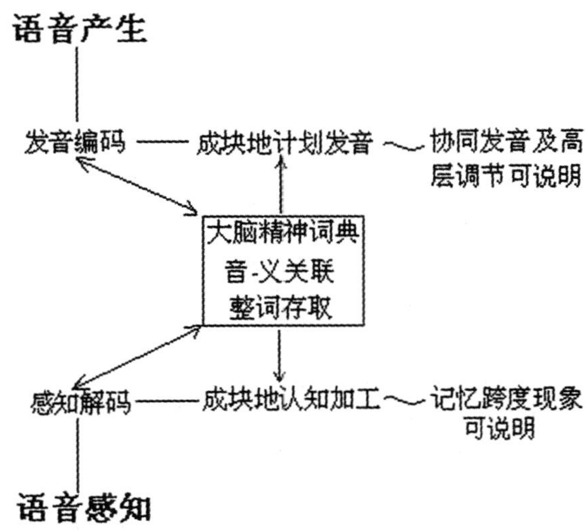

就产生而言，头脑中的发音计划是成块进行的，协同发音现象以及提前计划的韵律表现充分证明了这一点；就感知理解而言，也是成块处理的，记忆板块现象以及韵律单元的跨度常规可以证明这一点。所以，人一出生，所接受的母语环境的熏陶，实际上并不是一个个孤立的单词，而是一群一簇连续发出的语句的熏陶。由此可见，所谓语感，实质上就是在接受某个语言语音产生和感知的编码和解码机制熏陶的潜移默化过程中形成的。

二语习得跟母语习得一样，都涉及言语产生和感知的编码和解码过程。照理说，二语语感的形成也应该经历这种感性积累的过程。可是，对于像我这样的成人二语习得而言，恰恰缺失了这个最最重要的自然环节。所以，就不得不在自我矫正单词发音的同时，尽可能训练听、说连贯话语的能力；而借助朗读，正好有助于这种能力的培养。因为阅读的目的主要在于理解语义，为此，在朗读原著的时候，必然会不断地解析语句的结构层次、并反复诵读和反复听辨。实质上，这种方式既符合语音产生时成块计划的发音原理，又符合语音感知加工的成块处理机制。这样，通过对自身朗读语音的听觉反馈和自我矫正，不但可以从原著习得比较规范的词法和句法结构规则，而且有利于对一些短语和习语在语境中用法的掌握，从而大致领悟英语的基本节律，语感也就逐步得到强化。

4　从一个英语学习者和语音学工作者的角度看英语语音教学

如果说怎么学英语我还勉强可以说点体会的话，要说英语语音教育我就完全没有资格了。为此，我大概了解了一下，有关大学英语语音教学的问题，目前的讨论主要集中在以下两个方面：一个是怎样看待语音教育在英语教学中的地位和作用；另一个是怎样看待“以学习者为中心的教学方法”。关于第一个方面，我想还是可以结合自己的英语学习经历和语音学的知识谈点粗浅的看法；关于第二个方面，我只能用一两个曾经见闻的活生生的事例提供大家思考。

4.1 关于语音教育在语言教学中的位置

4.1.1 语音教育和训练是英语教学最基本的和首要的环节

语言是交际和思维的工具，交际离不开语言，思维同样离不开语言。可是，交际和思维都不可能直接用语义概念或语法结构进行，而必须通过语言的语音形式实施，这是显而易见的。通常说，语音是语言的物质外壳。所谓“外壳”者，首先就是活跃在口头的言语存在（表达）形态，也是耳朵时时接触的言语存在形态。也就是说，正是存在于口耳之间的语音形态才是第一性的语言形式，文字的记录和书写形式则是第二性的东西。学习一个语言，首先要学的当然是第一性的东西。这就是为什么我学英语从不死记硬背字母拼写的缘故。

其实，人即使在沉思默想时候的思维也离不开语音，而思维赖以进行的语音形式就是外部语音的物质声音在头脑中的音响印象，是外部物质的语音在大脑内部的精神存在形态。离开这种语音载体，头脑中对输入和输出信息的言语编码和解码的思维意识活动就无法进行，交际也就必然会中断。

因此，明白易懂的发音不仅仅是交际“至关重要的组成部分”，而应该说是保证交际和思维有效进行的决定性要素。有了良好的发音，才能流利表达，让人听懂，也才能听懂别人的话，这是显而易见的。所以，我认为，语音教学和训练是英语教育最基本的和首要的环节。

4.1.2 抓好起步阶段的语音教育是关键

说到起步阶段的语音教育，人们首先想到的肯定是婴幼儿的语音习得问题。其实，二语的习得同样存在起步阶段，而且，这个阶段的语音教育对于二语的习得尤为重要。因为二语的习得不像母语习得那样在白纸上作画，它必然涉及母语的负迁移干扰。大学英语教育的对象是具有不同方言语音背景的成人，他们的发音可能已经烙上不同程度的母语烙印，还可能存在不同的中学英语教学水准的差异。因此，说得直白一点，作为大学英语教育的起步阶段，语音教学实际上肩负着“拨乱反正”的艰巨任务，这个阶段的语音教学将会对整个习得过程及其效果产生重大的影响。

众所周知，语言作为人类最高级的智能，既是最方便的交际工具，也是思维必不可少的载体和工具。人类的思维是共通的，交际的基本模式也是一致的，所不同的只是所采用的语言手段的差异。而世界上种种语言的不同，主要在于用于指称和标记客观事物及其相互关系的语音形式不同，也就是连接主、客观世界的音—义关联体系的不同。这种关联体系正是一个语言的灵魂所在，是由各语言社会集团约定俗成的，它们以相对凝固的形式存储于该语言社会成员大脑的精神词典之中。因此，二语习得的根本任务就在于习得目标语的音—义关联体系，而不是孤立的语音、语法和语义。

抓好起步阶段的语音教学之所以特别重要，是因为无论母语习得还是二语习得，都是从词汇学习开始的。词是一个语言里音—义关联的最小单位。只有正确掌握词的发音，才能真正在学习者大脑中建立起符合目标语实际的音—义关联体系的精神词典。所以，抓好词的正确发音又是抓好起步阶段语音教学的关键。当然，在整个二语习得过程中，语音教学都应贯穿始终，词汇的学习毕竟只是个起步阶段，它将为后续的韵律掌握打下良好的基础，但却不可能替代韵律掌握所必需的语音教学。

4.1.3 加强成块语音训练是正确掌握重音、节奏和语调的重要途径

常常听到这样的反应，说中国学生很用功，词汇量很大，语法也掌握得很好，就是对英语的重音、节奏和语调掌握不好。对此，我认为问题的关键也许并不是缺乏关于英语的重音、节奏和语调的知识，而在于缺乏相关的“语块”训练。语音的音响特性包括音段和超音段两大方面，所以语音教学不仅限于音素和单词的正确发音，更要关注词组或短语的成块语音训练。首先，如前所述，从人与人的言语交际的自然过程来看，都不是一字一词地说，也不是逐字逐词地理解；而是采用一种“组块”的策略。其次，更为重要的是，这样的“组块”不等于单词的简单串列，而是非线性的层级结构，其内部既有轻重差异，又有缓急的变化。它们是构成话语整体韵律结构的基石。无论是语调的轻重缓急和抑扬顿挫，还是焦点、话题和话轮等语篇信息，都是通过这些组块的音段和超音段语音的适应性调节变化（例如，发音的强化或弱化）来标志和传达的。因此，成块语音训练符合自然言语产生和感知的基本原理，绝对有助于对话语整体轻重、节奏和语调的掌握。

4.2 关于“以学习者为中心的教学方法”的探讨

4.2.1 来自一堂生动的剑桥幼儿英语教学课的启示

偶然一次送外孙女上暑期英语班，我经历了某巨人学校的一堂剑桥幼儿英语教学课，深受启发。在这堂课上，教师自始至终未作任何系统的讲解，而是随时利用图片、情景、音响及分组竞赛等手段，配合教材内容，分若干阶段组织课堂教学，气氛异常活跃。新词汇教学、发音要领以及纠错，随时贯穿在情景活动中进行。整堂课都用英语教学，不作任何汉语讲解，迫使学生用英语思维。

大学的老师们可别小看了这种方法，它实际上营造了一种类似母语习得的自然环境，所以生动而不乏味，连最最顽皮的小男孩也无暇分神淘气了。我认为，这是一种典型的以学习者为中心的课堂教学方式。这样的教学效果极佳，习得的听、说技能特别扎实，我的外孙女便是一个实例。在小学阶段，她利用寒暑假学完了剑桥幼儿英语各级课程以后，很快就跟许多中学生一起参加更高级别的英语培训和相关的竞赛，并且常常名列前茅。现在她就读于北京师范大学附属中学（西城区）英语特长班，不但英语听、说、读、写全优，其他各科也都成绩优异；课余时间，则大量阅读英文原著和观看英语视频，甚至对从未涉足过的专业论文的阅读理解也不含糊。更可喜的是，上述这种教学模式现在已经在不同层次的二语教学中逐步得到推广。据我所知，北师大附中的该特长班不但课堂教学方法不同一般，而且每天课后学生都要上网阅读英语名著或观看英语影视，然后在课堂上组织演示。我看我的外孙女学得相当轻松，还有闲暇写英语小说，而且写得不错。我相信，这一切可能都是得益于那个剑桥幼儿英语培训，那一阶段近似母语环境的教学和训练让她习得了听、说英语的基本技能。当然，成人的二语教学不能与幼儿的相比，但原理应该是一样的，值得借鉴。

这个例子说明，以学习者为中心不等于不要老师讲解，只是不要单纯乏味的讲解和灌输；以学习者为中心并不等于放任自流，而是更需要教师的精心规划和组织，营造近似母语习得的教学和训练环境应该是重中之重。

4.2.2 一个“在游泳中学游泳”的实例

对于成人的二语习得来说，除了组织好课堂的互动教学活动以外，很重要的一点就是授予自主学习的有效途径。最好的办法就是鼓励学生把所学知识积极应用到日常生活中去，让他们在交际实践中发现问题和主动查询学习，千万不要担心“撒出去收不回来”。

说到这里，我忽然想起在一次应用语言学研讨会上，南京大学中文系的徐曼华老师提供的一个极好的对外汉语教学案例：有个美国学生跟班上其他同学不一样，刚来中国还没上几天课，就敢于外出逛街，到处找中国人说话。这种情况下说的汉语自然是错误百出，同学们都笑话他胡说八道，徐老师除了随时纠正他以外，更是担心他这样下去怎么能学好汉语，便劝导他还是先在课堂上按部就班学好基础知识。可是，他却满不在乎，除了上课以外，仍然到处游逛，乐此不疲。结果，结业的时候，这个学生学得比谁都扎实。在我看来，他的这种学习方式之所以有效，实质上是借助了思维和交际这根共通的杠杆，在交际和思维的实践活动中，比较成功地习得了汉语的音—义关联体系。

这个例子生动地说明了“在游泳中学游泳”的道理。这个学生在交际和思维的实践活动中“游泳”，既容易获得语感，又能随时发现和纠正偏误。言语习得是个潜移默化的、习惯成自然的语言能力获得过程，并不需要时时、处处都机械地套用明确的知识和理论。事实上，也只有通过学习者自己的实践体验而领悟的知识和理论，才算真正的习得，才能有效地指导他进一步的学习和运用。这应该是“以学习者为中心”的教学方法的初衷，也是自主学习最有效的途径。

当然，需要注意的是，教师必须在课堂上提供相应的讨论和纠正偏误的平台，既有助于学习者的自我归纳总结以及相互交流，又有利于教师的及时指导和纠正。

参考文献（略）

第　三　编

关于语音随机变化的生成机制及交际意义的理论探讨

音段延长的不同类型及其韵律价值[①]

摘要 本文通过分析话语中音节的时长结构变化，研究音段延长的不同类型及其韵律功能。研究和讨论的基础主要是对连续话语语料库语音的测量和分析。结果表明，在汉语口语里，存在着三种不同类型的音段延长，每一种类型都与一定的韵律事件相对应，都有各自独特的时域变化方式。具体说来，韵律域末尾延长、即边界前的音段延长以音节的韵母为主，韵律域起始延长、即边界后音段延长以声母辅音为主，而与重音凸显相关的音段延长则是涉及整个音节的、相对平衡的延长。因此，音段的不同延长效应，可以作为了解言语韵律结构的有价值的信息。这些信息不但可以加深我们对自然言语产生及感知机制的认识，而且必将有助于提高语音合成、语音识别以及自然语言理解的效率。

Abstract This paper studies different types of segmental lengthening in Mandarin Chinese by clarifying tem-

① 原载《南京师范大学文学院学报》2005 年第 4 期。

poral structure of various lengthened syllables. The discussion is mainly based on an investigation to a discourse speech corpus. The results show that there exist three types of syllable lengthening in spoken Chinese, and each type is matched with certain prosodic events and characterized by certain profile of temporal variation. Therefore, segmental lengthening may be a valuable source of information in understanding prosodic organization of speech. It should be of benefit to recognize the mechanism of speech production and perception, as well as of improving in speech recognition, synthesis and natural language understanding.

1 前言

自然话语中有许多音节比起别的音节来明显地长一些，可是，音节加长（lengthening/elongation）的原因各不相同。有的是因为处于话语的边界位置，有的是因为凸显于周围其他音节的重音地位。因此，如今语音学界已经普遍认同，音段的延长现象可以标志各种各样的韵律事件，诸如韵律边界或语音凸显，等等。作为韵律边界的重要标志之一，语音单元末尾音节延长、即边界前音节的延长效应早就引起人们的注意，而且在许多语言里都有比较充分的研究。此外，在口语里，至少还有两种不同类型的音节延长效应是不可忽视的。一种跟韵律凸显有关[1]，另一种跟韵律单元起始位置上的音节、即边界后的音节有关。不过，这后一种类型的音节延长现象较少有人注意。特别在汉语里，除了陈肖霞和祖漪清[2]曾经提及边界后也存在着音节延长以外，尚未看到进一步的研究报道。

音段延长通常用音节的时长来衡量。可是，事实上，如果只是简单地用音节的整体时长来衡量的话，就很难区分这种延长的不同类型，也就不可能看清楚这些延长的真正意义。

最近，我们通过对普通话里音节内部时长结构的分析，较为系统和细致地考察了连续话语中的音段延长现象。本文将具体讨论音段延长的不同类型及其韵律价值。讨论的主要依据是对一个多人朗读的语篇语料库语音的实验分析。分析结果表明，在汉语普通话里，存在着不同类型的音段延长，它们各自的特点可以通过音节内部的时长分布特性来界定。而且，这种类型区别并非个别的、偶然的现象，而是一种普遍现象，它高度一致地存在于不同话者的话语之中。同时，我们还发现，这种类型的不同主要取决于音节所处的韵律位置和韵律地位，跟自然话语的结构密切相关。因此，不同类型的音段延长具有不同的韵律价值。加强这方面的研究，不仅可以深化对于自然话语结构的认识，而且必将有助于提高自然语音处理的质量。由此可见，深入研究自然话语里的音段延长现象，无论从理论上还是应用上来说都是非常必要的。

2　韵律边界上的音段延长

作为韵律短语切分的功能标志之一，韵律单元末尾位置上的音节延长是最最突出的。它是语音学界普遍认同的，也是言语工程界广为关注和应用的一种音段延长现象。与此同时，目前的这个研究还发现，韵律单元起始位置上的音节同样也存在着显著的延长现象。不过，这种延长（以下简称起始延长）跟韵律单元末尾的延长（以下简称末尾延长）具有各自不同的模式。

2.1 韵律域末尾延长

韵律单元末尾位置上的音段延长，通常称为韵律域末尾延长，也叫边界前延长。

汉语口语里存在着末尾延长，这已经为语音学界和言语工程学界普遍认同。可是，不同的研究也提出了一些不太一致的看法，导致言语工程应用方面的某些困惑。譬如说，根据对新闻广播话语和散文朗诵的实验分析，曹剑芬认为[3]，末尾延长主要存在于语句中的韵律短语末尾，而句子和段落末尾一般没有明显的延长，有时甚至还会出现稍稍缩短的现象。然而，李爱军[4]和冯勇强等[5]的相关研究却表明，末尾延长同样出现在句子层面上，尽管句子末尾跟短语末尾的音段延长之间存在差异，但差异并不显著。总之，关于句尾音节是否延长，大家的看法还不太一致。

表 1　　话语不同韵律位置上的音节时长均值（毫秒）

韵律层次 / 话者 位置	句子		韵律短语		韵律词		话语总体音节均长	
	首	尾	首	尾	首	尾	均值	标准差
女 1	209.2	245.2	171.3	251.4	178.7	139.9	199.3	35.9
女 2	221.4	208.0	213.7	257.5	173.3	161.0	205.8	25.7
男 1	202.4	195.2	201.3	247.2	181.7	203.5	205.2	13.9
男 2	232.6	174.0	174.4	196.4	182.4	168.0	187.9	17.6
不同话者音节均长	216.3	196.6	190.2	235.5	179.0	168.1	197.6	18.8

为了进一步澄清这个问题，我们这里对一个多人朗读的语篇语料库的语音情况作了分析研究。结果如表 1 的数据所示。从表 1 的数据所反映的情况来看，若与话语的总体音节平均时长这个标杆相比，末尾音段延长只有在韵律短语层面上是显著的（$p = 0.006$），而且毫无例外，不同话者表现一致。而在句子层面上，情况就比较复杂。总体看来，假如以不同话者句尾的音节均长跟话语的总体音节平均时长相比，两者大致相当，具体情况可以从表 1 最末一行的相关数据观察到。在这里，不但看不出句末音节的延长，反而看到它还略微缩短了一些。这个结果跟先前曹剑芬[3]对新闻广播话语的实验分析结果是一致的。但是，仍然跟冯勇强等[5]的实验结果不一致。究其原因，可能有两个。

一个原因是不同说话风格或不同话者说话习惯的影响。例如，仔细分析发现，我们这个实验中的不同话者之间存在着一定的差异。有些话者（女1和女2）的话语中的确出现了不同程度的句末音节延长，但显然不如韵律短语末尾的延长显著；而在有些话者（男1和男2）的话语中，句子末尾的音节不但不延长，反而不同程度地缩短了。此外，曹剑芬先前的[3][6]考察结果也曾发现，就新闻广播话语而言，句末并不存在音节延长；而在散文朗诵中，句末音节则存在稍稍延长的现象。

另一个原因、也是更主要的原因，就是考察的语料性质或对象不同。我所考察的对象都是连续的语篇语料。不管是新闻广播、散文朗诵还是朗读语篇，都是具有一定韵律层次结构的完整的话语，所以在时长分布方面也显示出一定的层次分别。而冯勇强等所考察的则是句子语料库中的一个个孤立的句子，这些句子之间并不存在有机的结构关系。同时，这些语料库里的句子一般都是从语篇中截取出来，然后让人朗读。其中，有些句子实际上只是个短语。发音人在朗读这些语料的时候，有时难免会不自觉地按照句中短语来读，而不是真正按句子来读。其结果就必然会在总体上影响句末的韵律表现。因此，基于这样的语料库的分析结果，所体现的只是孤立句子情况下的音节时长分布特性，而不是自然的连续话语时长分布的层次结构。所以，上述关于句尾音节是否延长的争议，表面上看来，是不同研究者认识的不一致，而实质上却主要来源于各自考察对象的不同。

此外，关于韵律域末尾延长的衡量标准也不尽相同，有的仅仅以音节的时长为准，有的则以辅音、元音或者声母、韵母时长分布为准，也就是根据音节内部时长结构的变化来衡量。从不同语言的相关考察来看，后者可能更加能够反映韵律边界的特征。尤其当我们把考察的视野扩大到边界的两边时，就发现边界后跟边界前音段延长的方式不同，其韵律功能也不完全一样。这就充分说明，考察音段延长，不能只看囫囵的音节伸缩，还必须考察其内部的时长结构变化。

为了更加全面地认识韵律域末尾延长的特性，我们又进一步分析了音节内部的时长分布情况。表 2 和表 3 分别概括了话语不同韵律位置上音节内部的韵母和声母的时长分布情况。其中的话语总体韵母均长和总体声母均长分别作为比较的标杆，凡是高于这个标杆的就视为存在音段延长。

表 2　　话语不同韵律位置上音节韵母的时长均值（毫秒）

韵律层次 / 话者 位置	句子		韵律短语		韵律词		话语总体韵母均长	
	首	尾	首	尾	首	尾	均值	标准差
女 1	144.4	185.2	126.5	202.2	122.5	126.2	143.8	48.3
女 2	162.4	153.0	138.7	210.7	129.4	140.4	149.4	49.5
男 1	127.4	69.0	145.5	170.1	121.2	125.4	143.0	51.0
男 2	127.8	113.6	116.5	148.9	93.9	119.0	126.7	48.7
不同话者音节均长	140.5	130.5	131.8	183.0	119.1	127.8	141.0	49.9

表 3　　话语不同韵律位置上音节声母的时长均值（毫秒）

韵律层次 / 话者 位置	句子		韵律短语		韵律词		话语总体声母均长	
	首	尾	首	尾	首	尾	均值	标准差
女 1	80.5	60.0	70.3	52.7	58.2	39.6	55.3	27.1
女 2	97.0	76.0	98.7	62.5	85.1	39.2	69.9	36.8
男 1	98.0	70.0	76.7	59.1	67.9	41.1	64.0	33.0
男 2	108.8	61.0	78.5	50.3	66.9	34.3	56.0	31.1
不同话者声母均长	96.1	66.8	81.0	56.1	69.1	38.6	61.3	32.6

从表 2 和表 3 显示的数据，可以看出以下几个特点：（1）在韵律短语层面上，不管在哪一个话者的话语里，末尾音节的韵母毫无例外地显著延长了，而它们的声母不但都没有延长，反而还都缩短了。由此可见，韵律短语末尾音节的延长只是由它的韵母延长造成的。（2）在句子层面上，情况则明显不同。就韵母而言，总体上看是缩短的，末尾音节的韵母均长（130.5 毫秒）比话语

韵母总均长（141.0 毫秒）略低一些（约低 8%）。不过，具体情况还因人而异。男 1 和男 2 的韵母都是显著缩短的，但女 1 和女 2 的韵母存在一定程度的延长，只是远不如她们韵律短语末尾的延长明显。就声母而言，则不同话者的句尾都存在延长。总体看来，句尾音节的声母均长（66.8 毫秒）比话语声母总均长（61.3 毫秒）略高一些（约高 9%）。所以，如果句子末尾出现音节延长的话，那也主要是由它的声母延长造成的。

上述情况表明，出现在句子和韵律短语这两个层面上的时长分布差异不但是系统的，而且相当一致地存在于不同话者的话语之间。假如采用韵母时长作为判断末尾音段延长的标准的话，那么，汉语口语里的末尾音段延长就仅限于韵律短语层面了。

2.2 韵律域起始延长

跟韵律单元末尾相似，韵律单元起始位置上同样也存在着音段延长现象。

假如只是简单地用音节时长来衡量，那么，从表 1 的相关栏目的数据来看，韵律单元起始的音段延长似乎只出现在多数话者的句首和个别话者的韵律短语首；然而，假如进一步分析表 2 和表 3 显示的声、韵母时长分布概况，就不但会发现这种起始延长不同于末尾延长的特点，而且还不难看到起始延长的普遍性。

首先，从表 2 和表 3 来看，句首音节的韵母均长与话语韵母总均长大致相当，有的话者的韵母甚至还略微缩短了一些；而这些音节的声母却显著地延长了，而且所有话者毫无例外。由此可见，我们从表 1 所看到的句首音节延长基本上是声母加长的效应。这个情况充分说明，跟末尾段延长相比，起始延长具有完全不同的模式：末尾延长是通过音节的韵母延长实现的，而起始延长则是通过音节的声母延长实现的。

其次，如果以声母加长作为衡量的标准，那么，从表 3 的相关数据不难看出，起始延长显然不仅仅限于句子层面，而是普遍存在于所有的韵律层面上。而且，延长效应都非常显著，这可以用表 4 的相关数据来说明。

表 4 分别以话语总体声母均长和韵母均长作为标杆，出示了不同韵律层面上首音节和尾音节内部的声、韵母对总体声、韵母的时长比值。比较表中第一行和第三行的相应数据，就可以清楚地看到，不管在句首、韵律短语首还是在韵律词首，音节内的声母比值不但都明显地高于话语总体平均值，而且高于相同层级上末尾音节内的这种比值。显而易见，以上这种韵律域首音节声母的加长非常典型，尤其是句首音节声母的加长是十分显著的（p = 0.001）。

表 4　不同位置上声母、韵母跟话语总平均值（设为 1.00）的时长比

位置 \ 时长比		话语总平均	句子层面	韵律短语层面	韵律词层面
首音节内	声母	1.00	1.57	1.32	1.13
	韵母	1.00	0.99	0.93	0.84
尾音节内	声母	1.00	1.09	0.92	0.63
	韵母	1.00	0.92	1.30	0.91

事实上，韵律单元起始位置上的音段延长具有它的发音生理基础。早在 20 世纪 90 年代左右，若干研究已经表明，舌、双唇以及小舌的发音动作的尺度在语音单元起始位置上跟非起始位置上是不一样的。例如，英语的硬腭塞音和软腭塞音的发音，当它们处于词首时，舌和腭之间的接触面比处于词尾时更大[7]。同样，Fougeron 和 Keating 的研究[8]也发现，当处于韵律域的起首位置时，英语辅音在发音上都被增强了。上述这些发音特征已经被通称为韵律增强（prosodic strengthening）[9]。因此，我认为，这里

观察到的起始位置上的音段延长，应该就是那种发音增强的效应之一。

通常把韵律域末尾音段延长称为边界前延长，与此相对，我们也可以把韵律域起始音段延长称为边界后延长。

3　重读音节内的音段延长

作为重音的声学相关物之一，话语中的重读音节常常具有较长的时长。在考察汉语普通话语流中音节的时长分布的时候，我们早就发现，音节时长的伸缩跟它的轻重地位的关系最为密切[10][11]。不过，具体情况看来是随语言而定、随重音的类型而定的。

通常，汉语的句子重音可以归纳为两大类型：一类叫语法重音或常规重音，也就是无标记（default）重音；另一类叫逻辑重音或对比重音，等等，也就是有标记（marked）重音。这里分别考察了这两类重音情况下的音节时长实现。

3.1 语法重读情况下的音节时长实现

首先，我们考察了语法重读情况下的音节时长实现。测得的数据可以用表5来概括，其中重读音节的时长数据是从话语里所有非终端位置上的韵律词内测得的。

显然，根据表5的相关数据，无论是跟非终端位置韵律词内音节平均值相比，还是跟话语总体的音节时长均值相比，语法重读音节似乎不存在延长现象。但是，如果跟韵律词内的非重读音节相比，这些重读音节也还是加长了的，只是加长的幅度比较有限。具体地说，在非终端位置上的韵律词内，重读音节的声母均值和韵母均值与话语总均值之比值分别为0.91和0.96，而非重读音节的这两个比值分别为0.63和0.91。相对说来，声母比韵母的延长更为明显一些。

表 5　　常规重音条件下的音节时长均值（毫秒）以及音节内部的时长分布

时长分布 / 条件	音节时长	声母时长	韵母时长	声母/音节时长比	韵母/音节时长比
常规重读音节均长	192.8	55.7	135.7	0.289	0.704
非终端位置韵律词内均长	195.5	55.6	142.6	0.284	0.729
话语总体均长	192.1	61.3	140.8	0.319	0.733

3.2 逻辑重读情况下的音节时长实现

跟语法重读情况下相比，逻辑重读情况下的音节时长实现很不一样。由于语篇语料库中没有系统的语句重音对比的语料，我们就对专门设计的一组具有相同的音节系列、但因语境不同而具有不同逻辑重音的句子内的音节时长分布进行了考察。这组语料具体如下：（1）我说这双鞋不结实，你说呢？（2）这双鞋不结实，别穿了！（3）我是说这双鞋不结实，不是说那双。（4）我是说这双鞋不结实，不是说袜子不结实。由 9 个不同话者自然朗读。逻辑重音分别落在“结”、“不”、“这”和“鞋”上。然后分别测量所有的音节时长，所得 9 个话者的音节均长如表 6 所示。表中的粗体数字代表每个句子中逻辑重读的那个音节的时长均值。假

表 6　　在具有不同位置逻辑重音句子中的音节时长实现

语境 / 音节 时长	在句 1 中		在句 2 中		在句 3 中		在句 4 中	
	毫秒	时长比	毫秒	时长比	毫秒	时长比	毫秒	时长比
这	190	14.5	200	13.8	**280**	21.4	230	15.3
双	220	16.8	240	16.6	240	18.3	260	17.3
鞋	230	17.6	250	17.2	210	16.0	**380**	25.3
不	110	8.4	**270**	18.6	100	7.6	80	5.3
结	**330**	25.2	310	21.4	280	21.4	320	21.3
实	230	17.6	180	12.4	200	15.3	230	15.3

如将这些黑体数字跟其他句子中相应位置上的音节时长均值相比，或者跟同一句子中其他音节的时长均值相比，立刻就会发现，逻辑重读的音节绝对显著地延长了。而且，这种延长毫无例外地普遍存在于各个不同话者的话语之中。

与常规重读相似，逻辑重读情况下也是以声母的加长为主，而且更加典型。具体情况可以从表 7 中最后两列的数据获知。

表 7　不同位置上及不同重读情况下声母、韵母跟话语总平均值（设为 1.00）的时长比值

地位 声韵母	话语均值	句首	韵律短语首	韵律词首	句尾	韵律短语尾	韵律词尾	逻辑重读	常规重读
声母	1	1.57	1.32	1.13	1.09	0.92	0.63	1.3	0.91
韵母	1	0.99	0.93	0.84	0.92	1.3	0.91	0.96	0.96

4　音段延长的韵律价值

根据 Zellner 对法语和德语的研究[12]，具有最大偏离平均时长的音节时长可以构成较大韵律组块的框架（frame），而那些接近于平均时长的音节时长则表现大多数非时域（temporal）边界音节的特性。这就是说，话语中的某个音节偏离平均时长的类型具有指示时域边界大小的功能。与此同时，我们对汉语的实验结果也显示出类似的现象。通过对这些延长音节内部时长结构的系统分析和比较，我们发现，这种现象实质上揭示了自然言语生成和感知过程中的时域调节机制。根据这种延长的类型及其区别性特征，不但可以预测相关韵律边界的大小，而且可以判断相关音节的定位（placement），还可以预测那些非边界上的音节的重轻地位（status）。

4.1 不同类型音段延长的比较

4.1.1 韵律域首、尾音段延长的比较

图1是韵律单元首、尾音段延长比较的图示。这个图示或许能够更加形象地表明韵律域首、尾音段延长模式的不同：前者主要是声母的延长，它普遍发生在各个韵律层面上；后者主要是韵母的延长，一般只发生在句内的韵律短语层面上，具体情况已在2.2中详细说明，这里不再赘述。

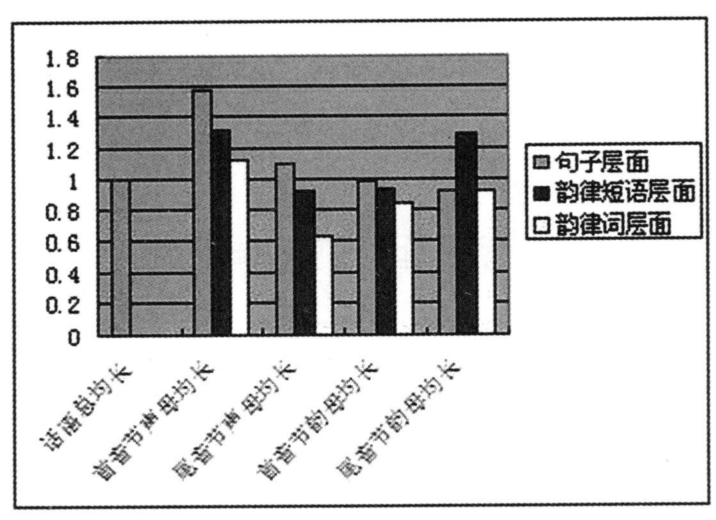

图1　韵律单元首、尾音段延长比较图示

4.1.2 韵律域首、尾音段延长与重读音节音段延长的比较

表8　韵律边界前、后音段延长以及逻辑重音条件下音段延长的比较

地位 时长比	句首	韵律短语首	韵律词首	句尾	韵律短语尾	韵律词尾	逻辑重读	话语均值
声母/音节	0.444	0.425	0.386	0.309	0.294	0.216	0.369	0.319
韵母/音节	0.649	0.693	0.666	0.603	0.962	0.719	0.631	0.733

表 8 出示了不同类型延长音节里的音段时长分布概貌。综合比较表中的相关数据，不但可以再次肯定韵律域首、尾音段延长行为的显著区别，而且还可以看出，带有逻辑重音的音段延长又跟韵律边界两边的音段延长特性不同。逻辑重读音节的音段延长看来主要跟声母的延长相关，这似乎跟边界后延长、即起始延长的特性相似，但是，显然要比边界后的声母延长弱得多。因此，假如以音节内部的时长分布来衡量，那么，相对说来，跟边界标志性音段延长相比，与逻辑重音相关的音段延长更为平衡一些。这跟 Nick Campbell[1] 关于英语和日语的考察结果一致。他曾经报道，当一个音节由于重音凸显而延长时，声母比韵母的延长更典型；而当音节由于边界前位置而延长时，韵母比声母的延长更典型。由此可见，音段延长的类型区别具有跨语言的共通性。表 8 是汉语普通话韵律边界前、后音段延长以及逻辑重音条件下音段延长的比较，分别以声母/音节时长比和韵母/音节时长比来衡量。从表 8 的相关数据，还会进一步发现，当音节由于边界后位置而延长时，声母的延长又比重读音节里的更为典型。

4.2 音段延长的韵律价值

如上所述，不同类型的音段延长各自具有自己的区别特性。因此，通过对各种延长音节的时长结构进行分析，把其中的每一个音段的时长转换为相对延长来度量，就可以更加容易区分其延长的来源，从而给韵律切分和重音定位提供有效的线索，这必将有助于增强语音合成的自然度，提高语音识别和自然语言理解的准确率。

4.2.1 末尾延长的韵律功能

韵律域末尾的音节延长是最最突出的音段延长。作为韵律短语切分的功能标志之一，它通常跟无声停顿相互配合，共同为话语韵律结构的知觉提供客观根据。

许多研究表明，末尾音节延长的位置以及延长量的大小跟知觉到的边界大小之间的关系相当密切。例如，杨玉芳[13]曾经指出，最大末尾延长量出现在韵律短语的末尾，而这种延长与停顿之和随着边界等级的提高而增加。同样，我们早先的研究[6]结果也表明，句子内部韵律短语末尾的音段延长最大，而这个延长的意义不仅在于预示着一个待续的短语边界，同时在听感上给人以连而不断、前后关联的印象，从而反映话语待续的信息；而在句子末尾，主要的边界标志是较长的无声停顿，有时配合较短的末尾延长，这些特征都预示着一个结尾性的边界，从而传达话语结束的信息。

目前的这个实验研究同样也表明，最大的末尾延长出现在句子内部的韵律短语末尾；句子末尾即使出现音段延长，其延长量也是相对较小的；而在非终端、非重读的韵律词层面上，一般不存在末尾音段的延长。具体情况可以从表 1 的数据观察到。

总之，韵律短语末尾的最大延长给人以话语连贯、语义上未完成、话轮待续（turn - keeping）的听觉印象，而句子末尾最大的无声停顿给人以话语阻断、语义上已结束和话轮可转换（turn - taking）的听觉印象。由此可见，韵律域末尾的音段延长的不同模式不仅仅是一种分界标志，还可以反映前后语音单元之间不同程度的连断和松紧关系，因而能在一定程度上体现话语的结构层次。

4. 2. 2 起始延长的韵律功能

根据 4. 1. 2 节的分析可以看出，韵律域起始的音段延长同样具有指示边界的作用。而且，这种作用是不可忽视的。相对说来，就反映韵律边界等级大小的功能而言，它比末尾延长更加直接、更加可靠。例如，从表 3 的相关数据可以看到，凡是韵律单元的起首音节，也就是边界后音节，其声母辅音在音节结构中的时长比例都显著地高。同时，这些数据还表明，韵律单元首音节辅音的延长量跟知觉到的边界大小之间具有正相关关系，边界等级越高，起首辅音的延长量就越大。这跟 Oller[14]对英语的观察结果相似，那个研究提供了词首辅音延长跟知觉到的边界大小之间关系的证据。

同样，韵律域起始的音段延长的意义不仅在于指示一个韵律边界，而且能够对延长的音节进行定位。首先，在语流中，如果发现某个音节具有超长的声母辅音，那就意味着在它的前面紧接着一个韵律边界。因此，可以根据这种音段延长现象，确定韵律边界的具体位置和等级。其次，在听觉上，语句起首音节往往显得较重，所以也称之为节奏强音（IC）[15]。这种节奏强音在听觉上具有预示新话题开始[16]或者表示话轮转折的作用。

4.2.3 重读延长的韵律功能

重读音节的延长是重音的语音表现之一，它跟音高的突出（standing out/accented）一起，都是说话人用以凸显语义重点的语音手段。因此，重读延长可以指示话语信息焦点的位置。

同时，在自然话语里，由于每一个韵律单元内必定有一个相对重读的音节，它们在不同层面上起着提纲挈领的作用，把连续的、看似线性排列的音段系列，组织成了非线性的、具有不同层级的韵律结构，而正是这些重读延长为韵律结构的知觉提供了客观根据。

因此，重读延长不但可以增强说话的表达效果，而且可以提高话语理解的速度，增强听话时感知理解的效果。

5　结论

本研究的考察结果清楚地说明，自然话语里存在着不同类型的音段延长。根据每一类延长音节内部的音段时长分布特性，话语中的音段延长可以大致分为三种类型，那就是：边界前延长、边界后延长以及与重音凸显相关的延长。它们各自以韵母延长为主、声母延长为主和声、韵母相对平衡延长的不同模式为特点。也就是说，它们各自偏离平均时长的类型各不相同。同时，这种类型区别高度一致地存在于不同话者的话语之中。由此可见，这里观察到的现象的确是一种规律性的表现，它代表了汉语普通话里相对稳定的音段延长的韵律模式。

不同类型的音段延长具有不同的韵律功能。边界前延长不但预示一个短语边界的到来，而且传达语义未完、话语待续的信息；边界后延长不但意味着它前面紧接一个韵律边界，而且可以传达新话题开始或者话轮转折的信息；而与重读相关的音段延长则不但指示话者要表达的语义重点，传达话语的信息焦点，而且具有揭示话语层次分别的作用。通常，同一层次的韵律单元之间通过较大的边界前、后延长而彼此区分；同时，在构成某个韵律单元的各个下位韵律成分之间，又通过各自的重读延长而相互呼应和相互关联。因此，三种不同类型的音段延长模式相互配合、相互补充，共同体现话语总体的韵律结构信息。

从说话的角度来看，如果正确掌握了韵律结构，也就是组词断句合理、轻重缓急适当，必然会增强话语的表达效果。从听话感知的角度来看，如果边界判断正确，就可减轻听话人理解话语的负担；同样的道理，如果对音节的轻重地位判断正确，那也必然会减轻听话人理解话语的负担，从而提高理解的速度，增强理解的效果。而话语中不同类型的音段延长既为韵律结构的正确表达提供了有效的语音手段，又为韵律结构的知觉听辨提供了可以捉摸的客观依据。因此，在自然言语处理方面，这些特性可以充当韵律切分以及为重音凸显定位的客观标志。它们既是自动识别中不可忽视的重要信息，也是合成系统韵律建模或开发话者计时行为模型的重要依据。

参考文献

[1] Campbell, N., Automatic detection of prosodic boundaries in speech, *Speech Communication* 13, 1993.

[2] 祖漪清、陈肖霞：《即兴话语中的音节延长及其功能》，《第四届全国语音学会议论文集》，1999 年，北京。

[3] 曹剑芬：《普通话语音节奏的初步研究》（A preliminary study of rhythm in Mandarin Chinese），《中国社会科学院语言研究所 1998 年语音研究报告》［RPR - IL（CASS）/1998］。

[4] 李爱军：《汉语普通话韵律短语时长特征分析》（An analysis to the duration feature of prosodic phrase in Mandarin Chinese），《中国社会科学院语言研究所 1998 年语音研究报告》［RPR - IL（CASS）/1998］。

[5] 冯勇强、初敏、贺琳：《汉语音节时长的统计分析》，《第五届全国现代语音学会议论文集》，2001 年 9 月，北京。

[6] 曹剑芬：《普通话节奏的声学语音学特性》，《第四届全国现代语音学学术会议论文集》，1999 年，北京。

[7] Byrd, D. M., Articulatory timing in English consonant sequences. PhD. Diss. *UCLA Working Paper in Phonetics*, 86, 1994.

[8] Fougeron, C. & P. Keating, Articulatory strengthening in prosodic domain - initial position. *UCLA Working Papers in Phonetics*, 92, 1996.

[9] Chai - Shune K. Hsu and Sun - Ah Jun, Prosodic Strengthening in Taiwanese: Syntagmatic or Paradigmatic? . *UCLA Working Papers in Phonetics*, 96, 1998.

[10] 曹剑芬：《普通话双音节词的时长分布特征——关于语音变量和相对不变量的初步探讨》，RPR - IL（CASS）/1989（《中国社会科学院语言研究所语音研究报告》/1989）。

[11] 曹剑芬：《汉语普通话语句时长分布的基本格局》，《中国语言学报》1995 年第 7 期。

[12] Zellner Keller, B., 2002. Revisiting the status of speech rhythm,

Proc. Of Speech Prosody 02.

[13] 杨玉芳:《句法边界的韵律学表现》,《声学学报》1997 年第 5 期。

[14] Oller, D. , The effect of position in utterance on speech segment duration in English, *J. Acoust. Soc. Am.* 54, 1235 – 1247, 1973.

[15] Rossi, M. , Is syntactic structure prosodically recoverable? *Proceedings ESCA1997* I , 1 – 8.

[16] Xu, Y. Sources of tonal variations in connected speech. Journal of Chinese Linguistics, monograph series #17. 1 – 31, 2001.

发音增强与减缩

——语言学动因及语音学机理①

摘要 发音的增强与减缩，是自然言语的普遍现象。许多语言的相关研究表明，发音的增强与减缩总是出现在一定的韵律位置上和一定的韵律条件下，已经成为韵律结构的另一个重要标志。韵律性的发音增强与减缩不但体现了自然话语的结构信息，而且从另一个侧面揭示了言语产生的计划机制。因此，关注和加强发音增强与减缩的研究，无论对语音学的理论探讨、还是对教学和言语工程等各方面的应用来说，无疑可以提供新的视角和更加有效的手段。本文在概述发音增强与减缩的一般原理的基础上，简要介绍国内外研究概况，并结合对普通话自然话语语料的声谱分析和动态腭位分析结果，讨论发音增强与减缩的语言学动因和语音学机理。

Abstract Articulatory strengthening and reduction is a universal phenomenon in real speech. The related studies

---

① 原载《第七届全国语音学学术会议暨语音学前沿问题国际论坛论文集》，北京，2006年10月20—22日。又见《中国语音学报》第1辑，商务印书馆2008年版。

in many languages have found that articulatory strengthening and reduction always occur in certain prosodic positions, it has become another significant marker of prosodic organization. Consequently, it not only reflects the information of discourse structure, but also reveals the existence of pre－planning mechanism in speech production from another side. Therefore, it is undoubtedly of benefit to both of phonetic research and speech technology to pay more attention to the study of articulatory strengthening and reduction. In this paper, I will briefly introduce the general principium and a survey of relevant studies in the world at first, then, discuss its linguistic motivation and phonetic mechanism based on the acoustic and EPG analysis to the materials of Mandarin speech.

1　发音增强与减缩概说

1.1 发音增强和减缩与语音的变化

说话是为了达到某种交际目的，为此，话者在说话的时候，总是不断地对其发音力度作种种适应性的调节，因而导致语音的种种变化。Lindblom（1990）在他提出的 H&H 理论中，把语音的环境变化解释成言语产生连续适应言语交际的多变要求的结果。由于话者根据听者的信息要求而调整发音的口齿清楚程度，因而产生发音的过度（hyper－articulation）和不足（hypo－articulation）现象，实际上就是发音力度的增强（strengthening）和减缩（reduction），它们是言语交际过程中普遍存在的适应性发音调节现象。

1.2 发音增强和减缩与韵律结构

生理研究和声学分析表明，自然话语里的音段并不是孤立的、离散的，而都是作为按照一定的规则相结合的有机整体的一部分。所以，任何一个音段的发音实施，都不但会涉及与相邻音段的相互影响和交叠，产生协同发音效应；而且会涉及更大时段范围内已经、和将要发生的韵律事件表达需要的影响。这就是言语产生过程中一种提前计划机制的表现，尽管人们说话时，自己并没有意识到这种机制的存在。然而，韵律结构直接影响音段发音在语流中的具体实现，这已是一个不争的事实。

发音的增强通常发生在韵律边界上或凸显位置上，不同层级的韵律边界上的音段，或者语流中重音凸显的音段会产生程度不同的发音增强，而这种发音增强又会对相关音段之间的协同发音产生不同程度的抵抗作用。于是，随着韵律层级的提高，边界音段的发音增强程度会愈来愈高，而边界音段之间的协同发音效应会越来越弱（Cho，Taehong 2005；Yohann Meynadier 2004）。在对汉语音段与韵律关系的初步研究中，我们也发现了同样的现象（Cao & Zheng，2006；Zheng & Cao，2006）。所以，从这个角度看，从韵律的层级高低可以预知音段的语音实现以及音段之间协同发音的程度。反过来，通过观测到的音段发音增强以及协同发音程度的差异，又可以预测相关话语的韵律层级结构。

当前，由于言语处理的方式特点，尤其是语音合成多半采用拼接合成的方式，可懂度基本上不成问题。可是，尽管人们对言语韵律已经异常关注，但合成的自然度仍然差强人意。究其原因，当前的拼接合成方式，除了其拼接处打破了音段之间固有的连续性以外，更重要的是，缺乏必要的、跟韵律结构相关的音段发音强化或弱化的处理，使得大的、整体性的韵律结构得不到充分体现。要解决这些问题，就需要提高对音段的具体语音实现跟话语结构的关系的理论认识，掌握相关的调节规则。

同样，语音识别率的提高问题也跟语音增强与减缩息息相关。迄今为止的自动语音识别模型尚不能自觉和有效地利用自然语音中无处不在的种种语音变化规律，包括发音的增强、减缩和过渡音，等等。前不久，李锦辉（2004）发表了题为《从知识—忽略型到知识—丰满型模型：新一代自动语音识别研究范例》的报告，呼吁言语工程界要自觉地利用言语知识，主张建立新的研究模型。这一呼吁，立刻引起了言语工程界的极大关注。这对于语音学的基础研究来说无疑是个促进和挑战。

从根本上来说，我们对音段的认识还远远不够。尤其是对实际话语中音段生成的动态机理了解甚少。在汉语研究中，我们虽然有对音段之间协同发音的相当大规模的研究和探索，取得了许多重要的、不可忽视的成果。然而，从总体上来看，我们大多数人对于这些变化的由来、生成机制以及它跟话语结构的关系等方面的理性认识还远远不够。在国外，无论是语音学界还是言语工程学界，早就开始探索这方面的问题。尤其是 20 世纪 90 年代以来，不少研究密切关注音段发音跟韵律特征的关系。例如，Fougeron C. & P. Keating（1997）分析了韵律边界上音段的发音增强。Keating 等（1998）考察了英语等四个语言的韵律域起始发音增强。近些年来，这方面的探索越来越多。例如，Yohann Meynadier（2004）的研究发现了法语中音段发音时归因于 4 个韵律层级的舌腭变化梯度，还指出了不同等级的韵律边界对于音段之间协同发音程度的影响。最近，Sung - A. Kim（2006）报道了 Hamkyeong 韩语里韵律对音段的影响，而 Hartmut R. Pfitzinger（2006）在第三届国际韵律学学术会议的主题报告中，更是直接把语音音段的变形（减缩）程度作为韵律的第五个维度。他指出，在语音处理中，如果只是单独地进行语调或时间分配的处理，有时可能产生韵律上矛盾的刺激物，因而会降低感知效果。并且，他以实例为证，详细论述了语音变形的程度在言语处理时的重要性。譬如，把词重音从一个音节移到另一个音节上，决不是简单地移动一下重音的位置，还应该相应调节相关音节的发音增强与减缩的关系才行。

2 汉语发音增强与减缩的相关研究

2.1 汉语方言中的发音增强研究

汉语里的发音增强研究，较早的有 Hsu，Chai－Shune 和 S.－A. Jun（1996）对台湾话韵律域起首辅音的发音增强现象的考察。她们发现，词首声母/p^h/的 VOT 及闭塞（持阻）时长都是语调短语首的比语调短语中的更长。此后，她们又发表了对台湾话里的辅音/t/在音节、词和语调短语三个层面上的发音比较结果（Hsu & Jun，1998）。同时，Hayashi，Hsu 等（1998）又进一步把考察的韵律层级增加到 5 个：语段、语调短语、小短语、词和音节。结果发现，台湾话里也具有跟其他语言里一致的那种增强现象。

最近，Pan 和 Tai（2006）还考察了台湾闽语中不同层级（语调短语、声调群、词和音节）的边界对降调的影响。结果表明，反映声带振动的 F0 下降的速率随着边界的强度而变化：在单元末尾位置上，降调的 F0 下降速率随着边界等级的提高而减慢；相反，在单元起首位置上，降调的 F0 下降速率随着边界等级的提高而加快。

2.2 汉语普通话发音增强与减缩的初步考察

对于汉语普通话发音增强与减缩的相关研究实际上早就开始了，但是，以往的研究往往不是仅仅着眼于语音的音段变化，就是仅仅局限于韵律特性的描写。把汉语普通话音段的语音实现跟韵律结构结合起来考察则是最近的事。这里扼要介绍一下曹剑芬和郑玉玲（Cao & Zheng，2006）的初步研究结果。

2.2.1 基本实验语料及测试参量

为了考察韵律边界和重音对音段发音实现的影响，我们采用了两组测试材料。一组是从中国社会科学院语音研究室的多人朗读语篇语料库 ASCCD 中抽取的 4 个说话人的语音材料，主要通过音高和时长分析，考察普通话里不同韵律位置和不同韵律地位上音段的发音增强；另一组是从中国社会科学院民族研究所的电子腭位（EPG）语音库中选取的两个说话人所说的短句，主要根据发音时的动态腭位测量，通过测得的发音生理参数，考察不同韵律位置和不同韵律地位上音段的语音实现。由于篇幅所限，这里只采用第二组实验语料的测试结果，来分析讨论汉语里不同韵律域边缘音节里以及重读音节里的声母辅音和韵母元音的适应性调节规律。

测量的生理参数主要包括生理时长、舌—腭接触面积以及辅音闭塞（持阻）段或元音段对整个音节的时长比。生理时长以及辅音闭塞（持阻）段或元音段的时长测量点，都是根据各个音段发音时的腭位动态变化确定的，舌－腭接触面积是根据目标音段的典型舌位（如辅音的最大收紧点）测得的。根据这些参量，并结合相关音段的声学显示，通过对它们发音饱满程度的比较，考察它们发音的增强与减缩效应。

2.2.2 初步实验结果分析

这里主要以男女各一个话者所说的“说着说着，来了一个走道（儿）的”一句话的实验结果为例，分析普通话里出现的发音增强和减缩现象。图 1 出示了短语“说着说着”中各个音段的声学及生理显示，表 1 概括了相关的声学及 EPG（电子腭位）参量。

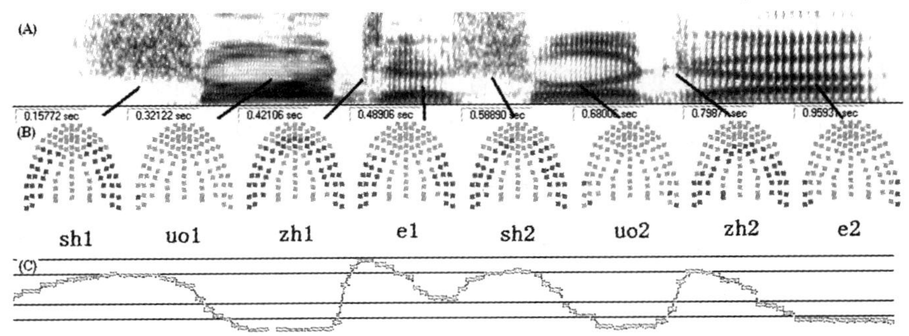

图1　短语“说着说着”中不同位置上音段发音的（A）声谱，
（B）目标点（最大收紧点）舌—腭接触面积，
（C）整个发音过程中舌—腭接触的动态变化轨迹

表1　短语“说着说着”中不同位置上音段发音参量比较

音段 参量	说1		说2		着1		着2	
	sh1	uo1	sh2	uo2	zh1	e1	zh2	e2
音强(dB)	50.45	68.54	50.35	68.36	52.08	70.55	50.48	67.96
生理时长(ms)	239.38	158.50	127.98	129.70	87.50	74.10	107.78	217.00
舌腭接触面积	37	2	41	4	48	26	40	8
持阻时长	119.68		40.4		50.5		38.7	
音节时长	278.18		170.1		124.6		255.7	
音素/音节比	0.43	0.57	0.24	0.76	0.41	0.59	0.15	0.85

2.2.2.1 韵律位置导向的发音增强与减缩

（1）声母辅音发音的增强与减缩

首先，以图1显示的短语起首的sh1和短语中间词首的sh2为例，比较不同层级和不同位置上声母辅音的发音饱满度。根据郑玉玲（2006）对普通话的EPG测量结果，辅音sh的典型舌—腭接部位应该是舌尖与齿龈后（齿龈脊），大约对应于腭位图的第四行到第五行的接触点。从这个角度看，这里的sh1跟sh2在这个关键区域的接触状况大致相当。可是，假如综合比较表1中两者的各个相关参量便会发现，无论是生理时长、持阻时长或在音节中所占的时长比值，都是sh1的显著大于sh2的，这充分说明，sh1的发音力度（strength）比sh2的更大。

其次，表 1 的数据还表明，sh1 的生理时长和持阻时长数值还显著地大于短语中所有其他位置上辅音的相应参数值。而且，男女说话人的表现一致。这就进一步说明，汉语普通话也跟其他一些语言相仿，韵律域开头的辅音不但表现出明显的发音增强，而且，较高层面上的起首辅音比较低层面上的起首辅音具有更为充分的舌腭接触。

（2）韵母元音发音的增强与减缩

首先，以短语末尾的韵母元音 e2 为例，比较一下它跟短语中间韵母元音 e1 的发音饱满度。一般说来，元音 e 发音时，按理本来不应该有明显的舌 - 腭接触的。可是，从图 1 的显示可以看出，在短语中间的 e1 的目标点上，即它的稳定段，出现了相当大面积的舌—腭接触。显然，这是由于前后辅音的协同发音作用引起的目标不到位现象，是明显的元音减缩的表现。而短语末尾的 e2 则不同，在它的目标点上，只有很少的舌—腭接触，非常接近于元音孤立单念时的典型腭位状态。同时，e2 的生理时长不但显示出它对 e1 的绝对优势，而且还显示出它对这个短语中其他位置上所有元音的相对优势。由此可见，e2 不但比 e1 的、而且比 uo1 和 uo2 的发音力度都要大。这就揭示了另一种发音增强，那就是韵律域末尾元音的发音增强。它跟起首的辅音增强相互呼应，起到了指示边界到来的作用。

为了进一步认识元音在不同韵律位置上的发音力度差异，我们还可以把对元音 e 的考察范围进一步扩大到整个句子。表 2 是句子“说着说着，来了一个走道儿的”中所有 5 个央元音的声学参量比较。虽然这 5 个 e 都是同一句话内几个轻声音节的韵母，但是，它们在句中所处的韵律位置不同：“着 2”的韵母元音 e2 和“的”的韵母元音 e5 分别位于韵律短语末尾和句子的末尾，其余的 e1、e3 和 e4 都位于语句中间的韵律词末尾。于是，各个 e 的语音实现就表现出系统的差异。首先，从表 2 中数据反映的共振峰分布模式可以看出，e2 和 e5 的舌位比其余各个 e 的舌位明显的低而后一些，大致接近单念时的 e 的模式；而且，这两个 e 的时长也比其余的明显地延长。由此可见，同样的元音，当它处于韵律域末尾时，它的发音表现出不同程度的增强；而在语句中间位置上的时候，只要不是短语或句子的重音所在，它的发音就往往偏离它的底层目标，表现出显著的减缩。同时，若比较各个元音的时长（尤其是 e2 与 e5）便会发现，韵律域末尾延长现象存在着层级性的差异，无论是男声还是女声，韵律短语末尾元音 e2 的延长绝对地大于句末的元音 e5 的延长。这表明，韵律域末尾的发音增强的力度是受韵律的层级结构支配的：由于韵律短语的末尾既涉及句子内部不同韵律短语之间的分界，又涉及这些短语之间的连贯，以保证话轮的继续，所以这里的发音增强以元音的延长为主，有时辅以较短的无声停顿；而句子末尾则不同，除了指示韵律边界以外，还携带着话语结束的信息，有时，还有提示新话题即将开始或话论可以转换的消息。因此，跟韵律短语末尾不同，句子末尾更多地涉及话题或话轮终止的信息，所以，句末的元音延长空间就会受到较大的限制。

表 2　“说着说着，来了一个走道儿的”中 5 个央元音 e 的声学参量比较

话者 \ 参量 \ 音段		着 1 e1	着 2 e2	了 e3	个 e4	的 e5
男声	F1	502	**707**	609	609	**678**
	F2	1631	**1452**	1857	1580	**1371**
	时长	99	**297**	57	139	**168**
女声	F1	577	**893**	797	797	**938**
	F2	1712	**1489**	2066	1854	**1597**
	时长	115	**280**	87	112	**175**

表 3　“说着说着，来了一个走道（儿）的”中男/女闭塞时长比较

话者 \ 闭塞时长 \ 音段	着 1 zh1	着 2 zh2	个 g	走 z	道 d	的 d
男声	32	25	24	36	57	44
女声	21	25	33	45	63	42

2.2.2.2 重音凸显导向的发音增强与减缩

在“说着说着，来了一个走道儿的”这句话中，最最明显的轻重对比是重读词“走道（儿）的”跟几个轻声音节的对比。图 2 是这句话的声谱显示，表 3 出示了这句话中所有阻塞辅音声母的闭塞时长。首先，从表 3 中的数据可以发现，凡是重读音节［“走”、“道（儿）”和“的”］声母的闭塞段都比轻声音节（“着 1”、“着 2”和“个”）的长。尤其是其中的“道（儿）”最重，其声母闭塞段最长，除阻冲直条也最明显；而且，声谱显示没有浊化现象。这些都是重音音节发音增强的重要表现。最有意思的是，句末的那个“的”虽然也是个轻声音节，但是，由于它是重读词的一部分，它的声母闭塞时长就比其余几个轻声音节的明显地加长。这种微妙的差异，更加显示出重音凸显导向的音段发音增强的效应。

同时，根据图 2（见次页）的音段、超音段语音特性综合显示，重读音节除了声母发音全面增强以外，还合并音高高低差异的凸显、时长的加长以及韵母元音发音的显著增强。以最重的音节“道（儿）”为例，尽管它的位置已经非常接近语调短语的末尾，显然要受到总体音高下倾的制约，但是，其音高的突出仍然是显而易见的。它的韵母 ao 发音非常饱满，包括其儿化音色都很典型到位。不但共振峰模式典型，而且有相当长的稳定段，时长也是全句中最长的。此外，它的音强也明显地高于语句平均水准。

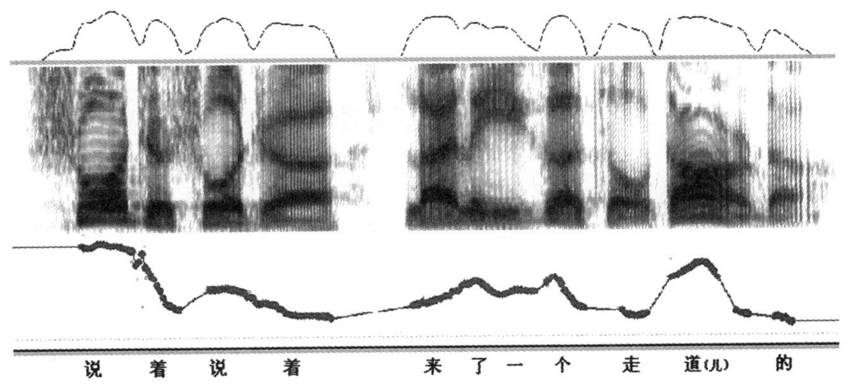

图2　“说着说着，来了一个走道（儿）的”音段、超音段语音特性综合显示

上述重音凸显相关的发音增强与减缩的对比，男、女声的表现也是一致的。以上事实充分说明，跟重轻对比相关的发音的增强与减缩的对比是四要素全方位的对比。语句中重读音段的全方位发音增强跟非重读音段发音的相对减缩之间的对比，同样可以起到指示它们韵律地位的作用。

3. 分析与讨论

——发音增强与减缩的语言学动因和语音学机理

3.1 发音增强与减缩的语言学动因

由上可见，发音的增强与减缩，最直接的促动（motivation）因素就是话语结构表达的客观要求，例如，传达边界信息的需要和凸显信息焦点的需要。总之，为了实施高效交际，无论从产生还是从感知的角度，言语都需要相对强化或弱化的对比，这是由言语交际中的种种对立—统一关系决定的。

3.1.1 言语交际中的对立—统一关系

言语交际过程实际上就是个言语信息发送与信息接收的过程。如同一般的信息交流一样，其中充满着矛盾的对立统一（unity of opposites）。归根结底，就是言语产生与言语感知的对立统一。

从言语产生的角度看，话者总是希望尽量省力地传达尽可能多的信息。因为言语产生的动力源有限，必须在有限的时段内高效地传达想要传达的信息。这涉及发音资源的合理分配，力求以尽可能少的资源（即低能耗地）发送尽可能多的信息（即有效表达），包括词汇信息、语义焦点、节奏组块分合、层次高低以及语气、情感，等等。

从言语感知的角度看，听者总是希望尽量省力地获取尽可能多的信息。因为言语感知的注意力资源有限，必须在有限的时段内高效地获取话者所传达的信息。这涉及听觉资源的合理分配，力求以尽可能少的资源（即低能耗地）接收尽可能多的信息（即有效接收），同样包括词汇信息、语义焦点、节奏层次以及语气、情感，等等。

言语产生与言语感知两者的对立统一，就是锐化必要的特征区别与对比跟淡化次要的特征区别与对比的对立统一，其结果，就导致关键特征的强化和非关键特征的相对弱化。

3.1.2 发音增强与减缩的语言学动因和生理制约

正如许毅等（Xu & Liu 2005）指出的那样：第一，言语的所有成分都是由交际功能来定义和组织的；第二，它们通过发音来编码，因而会受生物物理的制约，如发音器官发音的局限。

实质上，这是言语交际过程中的一对矛盾。一方面，语言学的区别需要要求发音目标到位，这种区别需要包括音段区别和超音段的韵律区别的需要。前者主要涉及词汇的区别，后者则涉及节奏（组块和分界）、重音、语调、语义焦点、新话题（话轮保持与转换）、语气、情感等各个方面表达的需要；另一方面，言语的所有成分都是通过发音来编码的，而发音器官实现发音目标的时间和速度都是有限的。发音的这种生物学局限决定了不可能所有语音目标都能到位。

因此，韵律导向的音段发音增强与减缩现象，客观上可以从发音器官向着发音目标运动的时间是否充裕得到解释。由于任何音段都要有一个起始点和一个假定的目标，而且要在给定的时间内完成达到这个目标的任务。所以，当一个音段具有充分的时间完成它的发音任务，那么，它的发音动作一定比较从容。在这种情况下，舌腭的接触一定较为充分或者持续的时间较长。例如，上述处于短语起首位置的 sh1 和处于短语末尾位置的 e2 就是属于这种情况，这可以同时从图 1 中的声谱和腭位显示得到说明。相反，一个音段如果来不及在给定时间内完成发音任务，那就必须就此打住，并立刻开始往下一个目标进发，所以它就常常达不到预期的目标，如图 1 中处于短语中间位置上的 zh1 和 zh2 的发音实现就是很好的说明。

此外，郑玉玲（2005，研究中间结果）对汉语双音节词内前后声母辅音的动态腭位比较的统计分析也发现，词首音节声母的持阻时间、即闭塞时长，比词中或词尾音节的声母辅音的都明显地长，舌腭接触也更为充分。这跟国外对其他语言的相关研究结论是一致的。由此可见，汉语里的发音增强与减缩跟其他语言具有共通的客观根据：（1）韵律辖域起首或末尾的音段，总是具有更为充裕的时间去实现它们的发音目标。所以，这里的发音增强既是话语表达和理解的需要，也是发音生理允许的。（2）辖域中间的音段——除非是重音凸显者——则往往因为没有充分的发音时间而目标不到位。所以，这里的发音减缩既是话语表达和理解所允许的，也是发音生理局限的结果。

由此可见，在实际的言语过程中，既要满足语言学需求，又要克服发音的局限，唯一的解决之道就是有增、有减，突出重点。这是言语表达需要与发音生理制约矛盾统一的结果。

3.2 发音增强与减缩的语音学机理

发音增强与减缩的语音学机理涉及语音上怎样实施有效的区别与对比的问题。语言中的语音区别与对比不是孤立的、离散的，而是处于一定的结构关系之中，这是语言学的普遍规律。

3.2.1 语言中的结构关系

自然语言是个有机的结构体系，其中的每个音段或大小不同的结构段，无不处于这个有机的结构关系之中。语音的结构关系，不外乎聚合关系（paradigmatic）与组合关系（syntagmatic）两种（R. R. K. 哈特曼、F. C. 斯托克，1981）。聚合关系体现语言学范畴内部的区别与对比（contrast）关系，例如，一个语言的辅音系统或元音系统内部各个辅音音段（如：[t] 与 [k]）或元音音段（如：[i] 与 [u]）的区别性对比关系；组合关系体现语言学范畴之间或结构段之间的区别与对比关系，例如，在一个语音系统内部，辅音音段（如：[ts] 的阻塞性）与元音音段（如：[ɿ] 的通音性）之间的区别性对比关系。

3.2.2 发音增强与减缩的语音学本质

聚合关系的增强与减缩，就是范畴内部区别性对比关系的强化与弱化；组合关系的增强与减缩，就是不同范畴或结构段之间区别性对比关系的强化与弱化。譬如从“说着说着……”这句话的语音实现，既可以看到组合关系对比的增强，又可以看到聚合关系对比的增强。例如，无论是韵律短语起首的“sh1”相对于非韵律短语起首的其他辅音的发音增强，还是韵律短语末尾的“e2”

相对于非韵律短语末尾的其他元音的发音增强，不但扩大了音位上对立的语音之间的对比，导致聚合关系的增强；而且造成相邻音段之间组合关系对比的增强。此外，这句话里重读音节相对于那些非重读音节的发音增强，也是一种组合关系对比的强化；而非重读音节的发音减缩又更加衬托出重读音节的增强，同样使得它们之间组合关系的对比变得更为凸显。因此，从某种意义上来说，发音的减缩对于言语的听觉感知来说，无疑也是十分必要的：它不仅能更为清晰地烘托出必要的对比和区别，而且可以让听者把有限的听觉资源用在刀刃上，能够更为轻松地理解话者所表达的语义。因此，发音的增强与减缩，本质上是语音结构关系的增强与减缩，是单元之间关系松紧调节的客观体现。

4　小结

综上所述，语音的规律性增强或减缩，出自两种对立面的统一：交际双方要求之间的矛盾统一和言语交流的需求跟发音局限之间的矛盾统一。其结果就是，通过规律性地调节音段发音实现的程度，突出话语的结构关系，最大限度地实施有效的言语交际。

音段发音和韵律结构看似相去甚远。事实上，在自然话语里，音段发音与韵律结构是一个有机的统一整体。无论是理论研究还是实际应用，都不可能把它们截然分开。所以，我们必须把音段研究与对更大辖域的超音段韵律结构的探索结合起来，才能从理论上进一步揭示言语产生及感知的机理，也才可能为言语工程和言语教学等应用方面提供可靠的知识和规则。

参考文献

Cao, Jianfen & Zheng Yuling（曹剑芬、郑玉玲），2006. Articulatory Strengthening and Prosodic Hierarchy（《发音增强与韵律结构》），

Proc. of SP 2006, May 2 - 5, Dreston, Germany (《第三届国际韵律学学术会议论文集》, 德国, 德累斯顿)。

Chai - Shune K. Hsu and Sun - Ah Jun. 1996. Is Tone Sandhi Group part of the prosodic hierarchy in Taiwanese? *The Journal of the Acoustical Society of America*, Volume 100, Issue 4, p. 2824.

Chai - Shune K. Hsu and Sun - Ah Jun. 1998. Prosodic Strengthening in Taiwanese: Syntagmatic or Paradigmatic? *UCLA Working Papers in Phonetics*, 96.

Cho, Taehong and Patricia Keating. 2001. Articulatory and acoustic studies on domain - initial strengthening in Korean. *Journal of Phonetics*, 29.

Fougeron & Keating. 1997. Articulatory strengthening at edges of prosodic domains, *JASA*, 101.

Hartmut R. Pfitzinger, 2006. Five Dimensions of Prosody: Intensity, Intonation, Timing, Voice Quality, and Degree of Reduction. *Proc. of SP2006*, May 2 - 5, Dreston.

Hayashi, W., Hsu, C., Keating, P. (1999) Domain - initial strengthening in Taiwanese: A follow - up study. *UCLA Working Papers in Phonetics*, 97, 152 - 157.

Ho - hsien Pan (潘荷仙) & Yi - hsin Tai, 2006. Boundaries and tonal articulation in Taiwanese Min. The *Proc. Of SP2006*, May 2 - 5, Dreston.

Keating, P., 1997. Word - initial versus word - final consonant articulation, *JASA*, 102 (5).

Keating, Cho, Forgeron and Hsu. Domain - initial articulatory strengthening in four languages, *UCLA Working Papers in Phonetics*, 1998, 96.

Lindblom, B. 1990. Explaining phonetic variation: A sketch of the H&H theory. In *Speech Production and Speech Modeling*, (A. Marchal, editor). Dordrecht.: Kluwer Academic Publishers.

Meynadier, Y., 2004. Gradient linguopalatal variations due to a 4 - level prosodic hierarchy in French. 9th *Conference on Laboratory Phonology*, Urbana - Champain, IL, USA, June 2004.

Sung - A. Kim, 2006. Preliminary results of prosodic effects on domain - initial segments in Hamkyeong Korean. *Proc. of SP2006*, May 2 – 5, Dresten.

Xu, Y. & F. Liu, 2005. What can tonal alignment tell us about segmental alignment?

Zheng, Yuling & Cao, Jianfen（郑玉玲、曹剑芬）, 2006. Coarticulation and prosodic hierarchy（协同发音与韵律层级）. *Proc. of Tal 2006*, April, 27 – 29, Laruchel, Frenth（《第二届国际音调问题研讨会论文集》，法国，拉乎榭尔）。

曹剑芬：《发音增强与韵律结构》（在 2005 年暑期语音讲习班上的讲演）。

哈特曼等著，黄长著等译：《语言与语言学词典》，上海辞书出版社 1981 年版。

郑玉玲：《基于 EPG 的普通话辅音发音部位及约束研究》，《第七届全国语音学学术会议暨语音学前沿问题国际论坛论文集》，北京，2006 年 10 月 20—22 日。

Coarticulation and Prosodic Hierarchy[①]

(协同发音与韵律结构)

Abstract This paperattempts to discuss the relationship between segmental coarticulation and prosodic structure in Mandarin Chinese. The discussion is mainly based on the EPG measurements to a set of phrases and short sentences produced in moderate speed. Main parameters measured in this study include (1) inter-gesture timing: temporal intervals overlapped between different articulatory gestures of V1#C2 at prosodic boundaries with different strength. (2) articulatory integrality: linguo-palatal contact state of different articulatory gestures for the related segments.

The preliminary EPG evidences obtained from this study show that, all the pre-boundary vowels (V1) at PW level strongly coarticulate with post-boundary consonants (C2); while there are less cross-boundary coartic-

---

① 与郑玉玲合作，本人为第一作者。原载 Proc. of Tal2006, April, 27-29, Laruchel, France.

ulation between V1 and C2 at PP and IP levels; especially in IP level, the pre – boundary vowels are almost not interfered from the post – boundary consonants. These evidences suggest a close link between segmental articulation and prosodic control in speech production.

The results of data analysis show that there exist a negative correlativity between the extent of coarticulation and the height of prosodic hierarchy, it offers an account of that the higher the prosodic level, the less the cross – boundary segmental overlapping, and the more sufficient segmental articulation.

These evidences indicate that segmental coarticulation and suprsegmental (prosodic) organization is originally indivisible in speech production. Therefore, in modeling of articulatory planning of speech production, one must take account of the close link between prosodic structure and segmental phonetic manifestation.

摘要　本文探讨协同发音与韵律层级之间的关系。讨论的基础主要是对普通话里一组短语和短句的中速发音的电子腭位测量结果。主要参量包括（1）inter – gesture timing：不同层级韵律边界上边界前元音与边界后辅音之间（V1#C2）的不同发音态势交叠的时长区间；（2）articulatory integrality：相关音段发音态势的舌 – 腭接触状态。从这个研究获得的电子腭位证据来看，在韵律词层面上，所有的边界前元音都与边界后辅音产生强烈的协同发音效应；可是，在韵律短语和语调短语层面上，边界前后音段之间的协同发音程度较低，尤其是在语调短语之间，边界前元音的发音姿势几乎不受边界后辅音的影响。上述证据说明，在言语产生过程中，音段的发音与韵律控制之间存在着非常密切的关系。数据分析显示，协同发音的程度跟韵律层级的高度之间呈负相关关系，韵律层级越高，边界两边音段之间的发音态势交叠就越弱，各自的发音就越到位。这个事实说明，在言语产生过程中，音段的协同发音跟超音段的韵律组织原本就是不可分割的。因此，在构建言语产生的发音计划模型的时候，必须考虑韵律的层次结构与音段的语音实现之间紧密的关联关系。

1 Introduction

Traditionally, coarticulation and prosody were treated as two independent areas either in theoretical research and spoken language processing. While various evidences come from natural speech strongly remind that segmental coarticulation and suprsegmental (prosodic) organization is originally indivisible in speech production. Therefore, in recent years, more and more interesting has been paid to the relationship between segmental processes and prosody controls of connected speech.

Experimental results from many languages have shown that the phonetic realization of consonant or vowel varies not only with phonemic identity, but also with suprasegmental factors such as stress/accent and prosodic position in the context. It indicates that segmental and prosodic planning in speech production is virtually not independent, since planning segmental articulation depends crucially on prosody[2]. Thus, the relative magnitude and timing of vocal articulatory gestures are the important correlates, which can cue the prosodic organization including prosodic boundary strength and accent status[3][4]. In Chinese, we have also found that articulation of the segments at prosodically stronger positions, i. e., at the edges of prosodic domains and the accented positions, are usually strengthened[1], and as an effect of counteraction, such strengthening likely result in relative weaker coarticulation between adjacent segments at prosodically stronger positions.

To make a deeper understanding, we have conducted a further investigation through a case study upon the variation of segment articulation at different prosodic positions. The preliminary results from EPG measurements have shown that either articulatory strengthening or coarticulation is highly sensitive to prosodic structure. However, the goal of this paper is just concentrate on how the strength of cross – boundary coarticulation varies depending on prosodic hierarchy. As for articulatody strengthening, it will be specified in Cao and Zheng in SP2006[1].

2 Test materials and methods

2. 1 Test materials

In order to examine how the inter – segmental coarticulation sensitive to prosody structure in real speech, here the observing is concentrate on the cross – boundary segments in (c1) V1#C2 (v2) sequences in different prosodic levels. Test materials employed here are the following sentences:

说着/说着///来了/一个//走道儿的
(Shuo1 zhe0/shuo1 zhe0///lai2 le0/yi1 ge4//zou3 dao4 er0 de0).
它们俩//就/商量/好了///说
(Ta1 men0 lia3//jiu4/shang1 liang0/hao3 le0///shuo1).

These sentences were selected from a speech corpus of EPG in Mandarin Chinese [5], which was produced by one male and one female native speaker. Here the prosodic hierarchy was annotated in terms of perceived boundary strength, the symbols of "/", "//" and "///" represent the boundaries of prosodic word (PW), prosodic phrase (PP) and intonation phrase (IP) respectively.

The examined tokens were chosen from above sentences, they are **"zhe0/shuo1"**, **"ge4//zou3"**, **"zhe0///lai2"** and **"jiu4/shang1"**, **"lia3//jiu4"**, **"le0///shuo1"**, where the boundaries between PWs, PPs and IPs are involved respectively.

2.2 Methods

The means used in this investigation is EPG, the main parameters involve: (1) inter-gestural timing, including durational ratio of intervals overlapped (RDIO) between different articulatory gestures in (c1) V1#C2 (v2), and duration of interval (DI) between target V1 and v2, at PW, PP and IP boundaries respectively; (2) articulatory integrality represented by the RCA (ratio of linguo-palatal contact area) of the target V1, C2 and the transition of V1#C2 at PW, PP and IP boundaries.

3 Results and analysis

Generally, in the process of speech production, coarticulation is realized as articulatory gesture overlapping between adjacent segments and target reduction of the segments. The corresponding results, including the data on inter – gesture timing and articulatory integrality, are summarized in the Tables and Figures below, through which we can observe how the inter – segmental coarticulation is sensitive to prosodic structure in spoken Chinese.

3. 1 Inter - gestural timing

Table 1 shows a comparison on inter – gesture timing of cross – boundary segments in different prosodic levels, in which the RDIO is durational ratio of interval overlapped between V1 and C2, and the DI is the duration of interval between the onsets of V1 and v2. The onset time of V1 and v2 were determined in terms of their linguo – palatal contact state as what illustrated in Fig. 1.

Table 1. Comparison on gesture timing of cross – boundary segments in different prosodic levels

Level / Gesture	PW			PP			IP*		
		male	female		male	female		male	female
RDIO	(j)iu/(sh)ang	0.148	0.109	(l)ia//(j)iu	0.135	0.192	(l)e///(sh)uo	-0.206	0.113
	(zh)e/(sh)uo	0.139	0.127	(g)e//(r)ou	0.108	0.093	(zh)e///(l)ai	-0.235	-0.27
DI	(j)iu/(sh)ang	207	243	(l)ia//(j)iu	270	283	(l)e///(sh)uo	521	229
	(zh)e/(sh)uo	221	223	(g)e//(r)ou	238	258	(zh)e///(l)ai	460	509

Fig. 1 gives the details both of the variation of overlapping interval and the variation of linguo – palatal contact state depending on the prosodic structure. In this picture, the upper shows the spectrogram, where the dark lines superposed on them illustrate the inter-gesture timing between different articulatory phases for tested segments. The bottom line presents the linguo – palatal contact state for V1 (here is the first /e/), C2 (here is the /sh/) and the transition between V1 and C2.

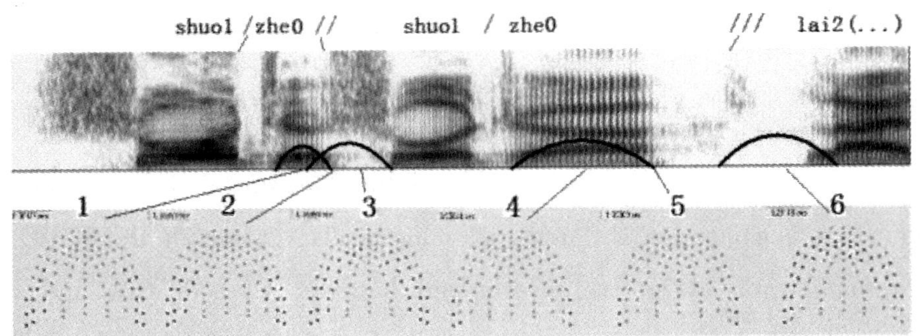

Fig. 1 *Illustration on coarticulation between cross – boundary segments at different levels*: 1 *first /e/'s target*, 2 *transition of /e#sh/ and* 3 */sh/'s target at PW boundary*; 4 *second /e/'s target*, 5 *transition of /e#l/ and* 6 */l/'s target at IP boundary*

From Fig. 1, We can see that, if there is gesture overlapping between V1 and C2, such as the case of **zhe/shuo,** then the corresponding dark lines are crossed each other, and the greater the overlapped interval, the larger the RDIO value is; if there is no obvious gesture overlapping between V1 and C2, for example in the case of **zhe///lai** , then the corresponding dark lines are separate, and the greater the distance between V1 and C2, the smaller the RDIO value is.

According to the RDIO data listed in Table 1, the value of RDIO is decreasing with the increasing of prosodic level, i. e. , the overlapped interval is largest in PW boundary, then relatively smaller in PP boundary, and it is a minus value in IP boundary, apparently, it means that there is no obvious coarticulation between pre – boundary vowel and post – boundary consonant in IP case.

At the same time, the data of DI indicate that the interval duration between target V1 and v2 also varies depending on prosodic hierarchy. Specifically, the higher the prosodic level, the greater the interval duration is, and the less the coarticulation exists.

3. 2 Articulatory integrality

Articulatory integrality is another indicator that reflected the extent of coarticulation, here it is examined through linguo – palatal contact state and described in terms of RCA, the ratio of linguo – palatal contact area. The specific contact state can be observed from Fig. 2 and Fig. 3, and the corresponding RCA data are listed in Table 2.

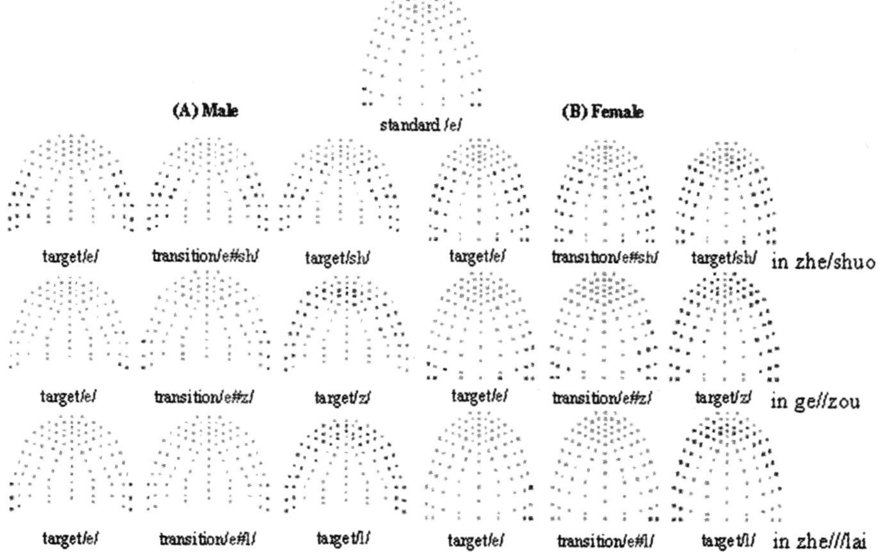

Fig. 2 Comparison on the linguo – palatal contact state of cross – boundary segments in different prosodic levels in the sentence
"Shuo1zhe0/shuo1zhe0///lai2le0/yi1ge4// zou3dao4er0de0"

From these pictures and data, a systematic difference on the extent of coarticulation can be observed in different prosodic levels.

For example, in the sentence of "**Shuo1zhe0/shuo1zhe0///lai2le0/yi1ge4//zou3dao4er0de0**", there are 3 /e/ vowels to be tested. Generally, for typical /e/, there should be few linguo-palatal contact during its articulation, however, as the palatal graphs shown in the left column of Fig. 2 in both male and female cases, the linguo-palatal contact state of the 3 /e/ is quite different. Specifically, in the case of **zhe/shuo**, i. e., at the PW boundary, the articulatory gesture of /e/ is obviously undergoing a greater interference from the planned gesture of the next segment /sh/, and such interference also can be revealed if compare the first line figures among the RCAs of V1, transition V1#C2 and C2 in Table 2.

Table 2 The RCA of cross-boundary segments in different prosodic levels

token & speaker / level		RCA of V1	RCA of transition for V1=C2	RCA of C2
PW	(zh)e/sh(uo) male	37	29	41
	female	37	38	48
PP	(g)e//z(ou) male	5	6	57
	female	13	16	61
IP	(zh)e///l(ai) male	7	6	46
	female	3	2	43
PW	(j)iu/sh(ang) male	13	18	46
	female	25	26	49
PP	(l)ia//j(iu) male	1	8	70
	female	0	22	71
IP	(l)e///sh(uo) male	3	3	35
	female	21	23	48

Consequently, the tongue position of this /e/ must be higher and much more front than that in **ge//zou** at PP boundary and in **zhe///lai** at IP boundary. It indicates that the target of /e/ in **zhe/shuo** is quite undershoot. On the contrary, the articulation of /e/ is almost ideal at the IP boundary of **zhe///lai**, its tongue position is

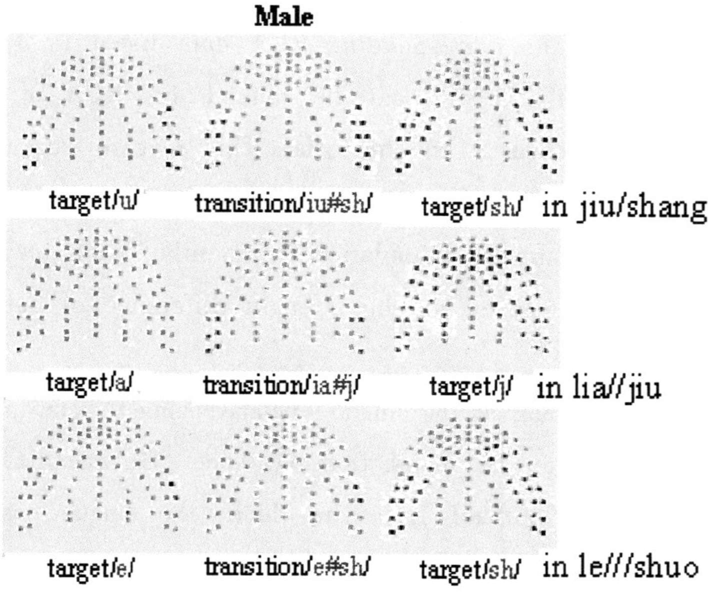

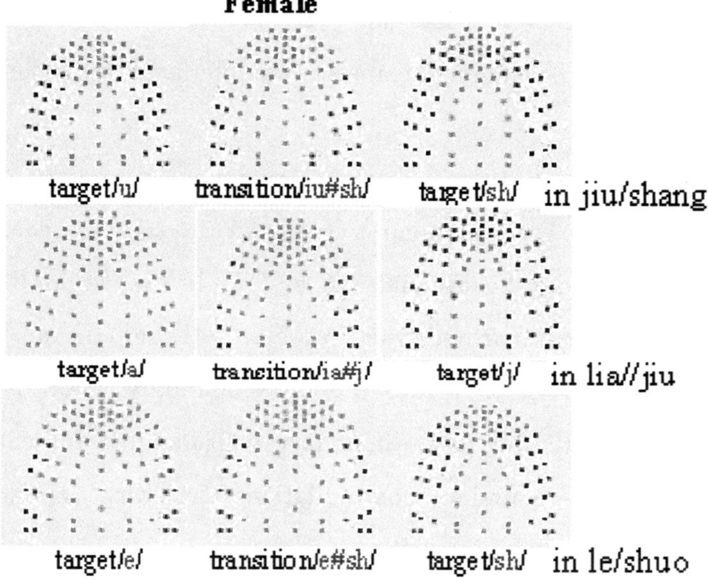

Fig. 3 *Linguo – palatal contact state of different cross – boundary segments in sentence* ***Ta*1*men*0*lia*3//*jiu*4/ *shang*1*liang*0/*hao*3*le*0///*shuo*1**

highly closed to that of isolated /e/ as shown at the top in Fig. 2. According to the corresponding RCA data listed in Table 2, the RCA value of the 3 /e/ can be ranked as: RCA of /e/ in **zhe/shuo** > in **ge//zou** > in **zhe///lai**. This fact reveals that the articulation of vowel /e/ is most undershoot at PW boundary, but more typical at PP and IP boundaries. Apparently, such articulatory difference is mainly caused by the strength difference of boundaries that they located.

In addition, if look at the linguo – palatal contact state in Fig. 3, the same tendency can be found from sentence "**Ta1men0lia3//jiu4/shang1liang0/hao3le0///shuo1**", too. In which, the tongue position of target vowel /u/ in "**jiu/shang**", i. e., in the case of PW boundary, is clearly interference from the gesture of the adjacent /sh/; while the gesture of vowel /a/ in "**lia//jiu**" at PP boundary and /e/ in "**le///shuo**" at IP boundary are almost not interfered from the gesture of next consonant.

Accordingly, such linguo – palatal evidence from various cases have revealed that, pre – boundary vowel V1 is strongly coarticulated with post – boundary consonant C2 at PW level; while there are less cross – boundary coarticulation between V1 and C2 at PP and IP levels; especially in IP level, the pre – boundary vowel is almost not coarticulated with the post – boundary consonant. It indicates that the extent of cross – boundary coarticulation does vary depending on the strength of prosodic hierarchy.

Another interesting phenomenon may be worth to mention that, the prosodic hierarchy of sentence 他们俩就商量好了说 in the female speaker's speech is some what different from that of the male speaker's case. Specifically, it should be prosodically segmented as

Ta1men0lia3//jiu4/shang1liang0/hao3le0/shuo1, where the boundary between **le/shuo** is a PW boundary, instead of an IP boundary like that in male speaker's speech. Thus, as the situation shown in the right side of Fig. 3, the linguo – palatal contact state of /e/ in "**le/shuo**" is quite different either from that of corresponding male speech (see the left side of Fig. 3) or that of standard /e/ (see Fig. 2). Obviously, it is result in the strength change of prosodic boundary, a stronger interference from the gesture of the followed /sh/ is introduced here. This phenomenon further reveals that the extent of coarticulation is crucially sensitive to the variation of prosodic structure.

3.3 Data analysis

As a case study, the data obtained so far are relatively limited. To make sure whether the findings observed here is credible or not, a further statistical analysis was conducted as well. Considering of the small tokens and less speakers, we examined all the data by using the NPar Tests.

Table 3 Result of correlation analysis

Proximity Matrix

	Correlation between Vectors of Values					
	PL	DI	RDIO	RCAv	RCAt	RCAc
PL	.000	.900	-.824	-.753	-.850	-.053
DI	.900	.000	-.954	-.531	-.708	-.405
RDIO	-.824	-.954	.000	.382	.673	.550
RCAv	-.753	-.531	.382	.000	.847	-.380
RCAt	-.850	-.708	.673	.847	.000	.021
RCAc	-.053	-.405	.550	-.380	.021	.000

*This is a similarity matrix

The result summarized in Table 3 shows that all the variables tested in this study are highly correlated with the distinction of prosodic level (PL) though the linguo – palatal contact area of C2 (RCAc) shows a lower correlation.

However, according to the result summarized in Table 4, all these prosodic strength – dependent articulatory differences are quite significant. Consequently, we would claim that, all these coarticulatory correlates may be served as one of the markers for the prediction of prosodic hierarchy. Of course, as what pointed by Yohann Meynadier[4], they still cannot be considered as very good "predictors" of the hierarchical nature of prosodic constituent structure, because they appear to be largely both speaker and phonotactic context – specific. The similar situation also found in the present study. However, we believe that there must be certain rule hidden in such complex phenomenon. Exploring the rule should be the next research object.

Table 4 *Result ofprobability analysis*

Test Statistics a,b

	DI	RDIO	RCAv	RCAt	RCAc
Chi-Square	9.035	6.369	7.731	8.788	8.469
df	2	2	2	2	2
Asymp.Sig.	0.11	0.041	0.021	0.012	0.014

a, Kruskal Wallis Test

b, Grouping Variable: PL

4 Conclusions

The preliminary EPG evidences obtained from this study show that, all the pre – boundary vowels (V1) at PW level strongly co-articulate with post – boundary consonants (C2); while there are less cross – boundary coarticulation between V1 and C2 at PP and

IP levels; especially in IP level, the pre – boundary vowels are almost not interfered from the post – boundary consonants. These evidences suggest a close link between segmental articulation and prosodic control in speech production.

The results of data analysis show that there exist a negative correlativity between the extent of coarticulation and the height of prosodic hierarchy, it offers an account of that the higher the prosodic level, the less the cross – boundary segmental overlapping, and the more sufficient segmental articulation.

Accordingly, we would claim that prosodic structure also can be cued by inter – segmental coarticulation in terms of its extent distinction.

References

[1] Cao, Jianfen. & Yuling. Zheng, 2006. Articulatory strengthening and prosodic hierarchy, *Proc. of SP2006*, Dresden, Germany, May 2 – 5, 2006.

[2] Keating, P. & Shattuck – Hufnagel, S., 2002. A prosodic view of word form encoding for speech production. *UCLA working Papers in Phonetics*, 101.

[3] Keating, P. A., 2004. Phonetic encoding of prosodic structure. *UCLA Working Papers in Phonetics*, No. 103.

[4] Meynadier, Y., 2004. Gradient linguopalatal variations due to a 4 – level prosodic hierarchy in French. *Proc. of 9th Conference on Laboratory Phonology*, Urbana – Champain, IL, USA, June 2004.

[5] Zheng, Y. and Zu, S., 2001. The dynamic EPG corpus of Mandarin speech and the flat for corresponding research. *Acoustics and Electronic Engineering*, pp. 3 – 13.

韵律标志性的音段发音增强①

摘要　本文根据基于朗读语料库的声谱测量结果及电子腭位测量结果，分析考察汉语普通话音节及其声、韵母发音的具体实现跟韵律边界等级和重音重度之间的关系。结果显示，汉语里存在着韵律导向性的发音增强，其声学和生理相关物并不仅限于音段的延长，而是涉及音色、音长、音高和音强四个要素的普遍强化。而且具有明显的分布规律：第一，具有相对稳定的区别性模式；第二，增强的程度跟边界的强度或重音的重度成比例；第三，位置导向的发音增强比重音导向的更为突出。显然，音段的这种发音增强是一种显著的韵律标志。韵律性发音增强研究已成为国际学术会议热门话题之一，国外相关应用研究结果已经表明，它在口语处理上具有重要的实用价值。

1　前言

在自然言语交际中，说话人为了能够让听话人有效地理解其

① 与郑玉玲合作，本人为第一作者。原载《第九届全国人机语音通讯学术会议（NCMMSC2007）论文集》。

话语，会努力通过提高关键部分发音的区别性对比来增加感知上的显著性。这种努力的结果就导致语音的各种适应性调节变化，其中，音段的发音增强/强化（articulatory strengthening）便是最重要的一种。所谓发音增强，一般定义为发音的空间与时间的扩展以及对协同发音的抵抗[1]。实际上，音段的发音增强就是发音实现（realization）程度的强化，跟发音的减缩/弱化（reduction）相对。通常，处于韵律边界两边的音节以及处于重读位置上的音节，都会出现不同程度的发音增强。人们熟知的边界前延长便是这种现象之一，它已经在语音处理中得到普遍应用。但是，这种韵律导向的发音增强并不限于音段的延长，而是涉及语音的音色、音长、音高和音强四个要素的普遍强化。

英语、法语和韩语等许多语言的研究已经表明，音段的发音增强或强化，通常发生在韵律域（prosodic domain）的边缘。因此，它是反映韵律层次结构的一种函数[2,3]，具有指示韵律结构的功能，在自然语音处理上具有重要的应用价值。譬如说，由于边界上发音的加强，使得骑跨边界两边的音段的区别性对比增强，这种增进能够通过加强词的区别性而最终促进词的识别。

在汉语的研究和处理中，目前尚缺乏这方面的直接探索。不过，在此前的相关研究中，事实上也已经观察到了这样的证据。譬如说，曹剑芬[4,5]曾经报道过，在韵律边界上和语句重读的位置上，的确发现显著的音段延长和音高凸显。这些取决于韵律位置和韵律地位的音高和时长变化，就是发音强化的一种反映。为了考察这种现象是否能够得到发音生理资料的确证，我们又采用电子腭位测量术，进一步比较分析了不同韵律位置上音节的声母辅音和韵母元音发音时的舌—腭接触状态。测量结果与上述声学证据非常匹配。本文分别介绍和分析声学和生理的测量结果。

2 测试语料和测量的参数

本文采用了两组测试材料。一组是从中国社会科学院语言研究所语音研究室的多人朗读语篇语料库 ASCCD[6] 中抽取的 4 个说话人的语音材料；另一组是从中国社会科学院民族研究所的电子腭位（EPG，即内部植有 96 个接触电极的电子假腭）语音库中选取的 2 个说话人所说的短句。测试样本包括不同韵律域边缘的音节以及重读的音节；考察的目标音段是声母（辅音）和韵母（元音和可能的鼻韵尾）。

声学参数，包括音高和时长，是从第一组测试材料中测得的；生理参数是从第二组材料中测得的，包括（1）生理时长，即从一个音段进入它的发音姿势到完全撤出它的发音姿势的整个时程。（2）最大舌—腭接触的面积比（RCA），即某个音段发音最充分的那一时刻的舌—腭接触点数跟 96 电极数之比以及（3）辅音闭塞（持阻）段或元音段对整个音节的时长比（DRCS）。通过上述各项参数，可以比较相关音段的语音实现程度、即发音饱满的程度。这些参数是国际上在这个领域通用的考量标准。

3 结果和讨论

3.1 声学数据及分析

声学参数的测量结果显示，无论是韵律边界前后的音节，还是重读位置上的音节，都表现出比其他位置上的音节具有更长的时长和更突出的音高。这说明，它们在发音上的确存在着空间域与时间域的扩展。

3.1.1 时长变量

（1）韵律边界标志性音段延长

基于第一组语料的时长测量数据可大致归纳为表1，其中的黑体字代表该音段具有相对于话语总体均长的、大小不等的延长。

首先，就整体音节的时长变化来看，边界后—延长只出现在句子层面的开头；而边界前—延长只出现在句子内部的韵律短语末尾。可是，假如进一步观察音节内部时长分布的话，就会发现，边界后—延长普遍存在于所有的韵律层面上，而且，其延长的程度是随着层级的提高而渐增的：层级越高，边界后—延长越显著。

与此相反，边界前—延长只有在韵律短语层面才是显著的（$p=0.006$）。

表1 不同位置音节的平均时长（毫秒）及其内部时长分布

位置 \ 时长	音节时长	声母与音节时长比	韵母与音节时长比
边界后:			
句子层	**216.3**	**0.444**	0.649
韵律短语层	190.2	**0.425**	0.693
韵律词层	179.0	**0.386**	0.666
边界前:			
句子层	196.6	0.309	0.603
韵律短语层	**235.5**	0.294	**0.962**
韵律词层	168.1	0.216	0.719
话语总体音节均长	*197.6*	*0.319*	*0.733*

（2）重音标志性音段延长

汉语语句重音可以粗略地分为语法重音（即无标记重音）和逻辑重音（标记重音）两大类。

根据本文测得的结果，如果跟话语总体音节均长相比，语法重读音节似乎不存在延长现象；但是，如果跟韵律词内的非重读音节相比，这些重读音节也还是加长了的，可见这是一种相对的延长。逻辑重读的音节则不同，它是绝对显著地延长了，包括声母的延长和韵母的延长。而且毫无例外地普遍存在于各个不同话者话语之中。

（3）音段延长的区别性模式

图 1 是不同位置和不同条件下音节内音段时长实现的比较，分别显示各自声、韵母时长与话语总体声、韵母均长（左侧第一条柱体所示）的比值。从这个图中可以看出，音段延长具有相对稳定的类型区别。

a. 韵律边界前、后音段延长模式的不同：前者主要是声母的延长，它普遍发生在各个韵律层面上，以句首的为最，其次是韵律短语首，韵律词首延长不太明显；后者主要是韵母的延长，一般只发生在句内的韵律短语层面上，从图中可以看出，韵律短语末尾韵母延长特别显著，而韵律词尾韵母基本不延长，句尾的韵母不但不延长，而且还缩短了。

b. 重音标志性音段延长跟边界标志性音段延长模式的不同：与边界标志性音段延长相比，重音相关的音段延长相对平衡地出现在整个音节上。而且，相对而言，声母比韵母的延长更明显些，但又不如边界后声母的延长那么典型。这跟 Nick Campbell[7] 关于英语和日语的考察结果大体一致。

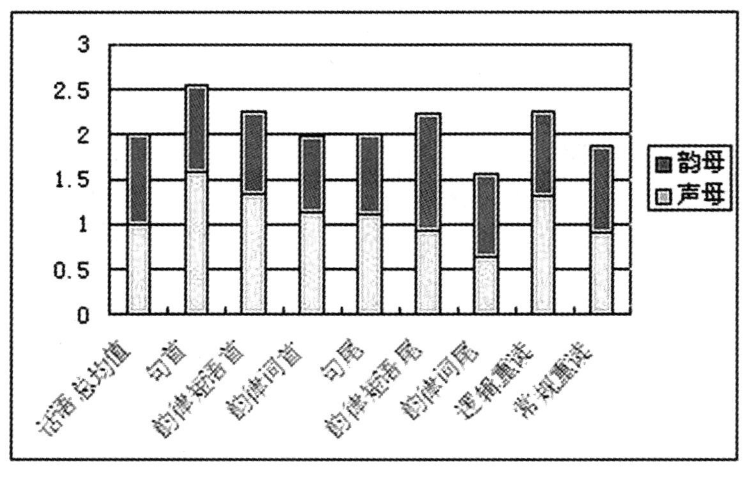

图 1　不同类型音段时长实现比较图示

3.1.2 音高变量

（1）韵律边界的音高突出

表2列出了根据各个音节的高音点和低音点计算出来的音高高度均值，它们分别代表不同韵律位置上音节所处的实际音高水平和音域变化范围。从中可以看出，无论哪个韵律层面上，边界后音节的音高高度和音域变化范围总是大于边界前音节的。这就是通常所说的音高重置，是韵律边界标志的一种。

表2　不同位置音节的平均音高水平及音高变化范围（赫兹）

位置 / 音高	句子层		韵律短语层		韵律词层		话语总体均值
	边界后	边界前	边界后	边界前	边界后	边界前	
音高水平	187.9	113.5	180.0	152.0	174.4	156.6	166.7
音高变化范围	32.9	19.1	44.2	35.3	31.8	26.6	32.4

根据表2音高变量的分布概貌，我们可以看到，各个韵律层面上都存在着系统的音高重置现象，在各个边界上，边界后音节的音高水平一般都是高于边界前音节的。不过，必须指出的是，由于普通话第三声声调的低音区特征［+L］，当边界后音节为第三声音节时，那么，它的音高水平通常就不是高于、而是低于那个边界前音节的。

显然，这也是一种区别性特征的增强，那就是，韵律域起首的特高 H^* 特征跟韵律域末尾的特低 L^* 特征之间区别性的增强。通常，韵律域末尾的特低 L^* 还是语调区别中的一种边界调 L%。

（2）重音的音高突出

正如在其他许多语言里发现的那样，重读音节在汉语里同样表现出明显的音高突出。它通常表现为音高水平的上浮和音域变化的扩大。表3归纳的是4个话者说同一个韵律短语时的音高水平数据，其中的韵律词“恢宏”由于负载着这个短语的重音，因而整词的音高水平比其余任何词的都要突出。而且，所有话者表现一致，具体如表中的黑体数据所示。

表 3　　重音导致的音高突出示例

韵律词 话者	罗尔斯的	恢宏	巨著	正义论
女 1	259.6	**276.4**	253.7	256.8
女 2	188.7	**197.9**	173.5	194.4
男 1	166.9	**177.9**	132.9	146.4
男 2	117.5	**132.5**	96.3	110.9

通常，由于普通话四声的区别特征，即第一声为高，第三声为低，第二声为升，第四声为降。因此，普通话重音导致的音高突出方式跟负载重音的音节的声调密切相关，一般遵循如下规律，即：高者愈高，低者愈低，升降变化也就愈明显。详细情况可以从图 2 的例子中观察到。

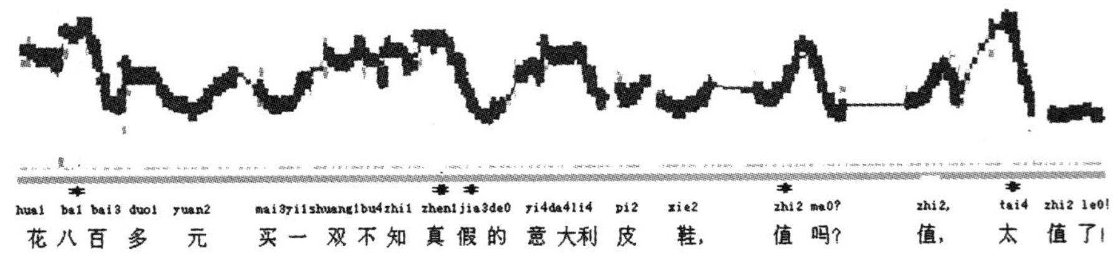

图 2　重音导致的音高突出举例

具体说来，在第一声或第四声音节重读时，例如其中的“八”、“真”和“太”，它们的音高突出就表现为高音点特高H*；而第三声音节重读时，其音高突出却表现为低音点的特低L*而不是特高。换句话说，它是通过降阶、而不是升阶来实现音高突出。同时伴随的就是音域的特别扩大，就使得其声调模式更加完整、更加典型。例如，原始的第三声和第四声的模式分别为低低 LL 和高降 HF，因此，图 2 中的重读音节“假”与相对不重读的音节“买”相比，不但是低音点明显更低，而且是音域动程特别大。同样，重读的“太”比起相对不重读的“不”“意”和“利”来，无论是它的高音点抬高、还是音域的变化都要突出得多。

综观上述时长变量和音高变量两个部分的结果分析，在汉语普通话里，韵律导向的音段发音增强的存在已是个不争的事实。其主要的声学相关物就是音长的额外加长和音高的特别突出。

3.2 生理数据及其分析

由于原始语料库设计的限制，在这部分资料中，对韵律位置效应的考察仅限于韵律短语层面。为便于说明，这里仅以“说着说着”这个韵律短语为例加以分析。在这个短语里，两个韵律词都是由一重一轻两个音节构成的轻声词，第一个“说着”位于韵律域起始位置，而另一个位于韵律域末尾位置。因此，通过这个语料，我们既可以考察随韵律位置而定的发音增强，又可以测试由重音导致的发音增强效应。图 3（见次页）是这个短语发音状况的声学和生理显示，表 4 归纳了男女两个不同话者的电子腭位数据。通常，辅音发音实现程度主要通过生理时长和持阻时长来衡量，元音发音实现程度的衡量指标主要是时长和舌—腭接触状况。

表 4　　韵律短语“说着说着”的动态腭位测量数据

参量＼话者＼音段		/sh/ 1	/uo/ 1	/sh/ 2	/uo/ 2	/zh/ 1	/e/ 1	/zh/ 2	/e/ 2
生理时长（毫秒）	男	239.38	158.5	127.98	129.7	87.5	74.1	107.78	217.0
	女	740.02	187.13	180.79	150.65	128.45	87.2	144.31	244.22
舌-腭接触面积比（%）	男	37	2	41	4	48	26	40	8
	女	50	7	47	6	46	37	46	3
辅音持阻或元音时长比（%）	男	43	57	24	76	41	59	15	85
	女	49	51	24	76	41	59	15	85

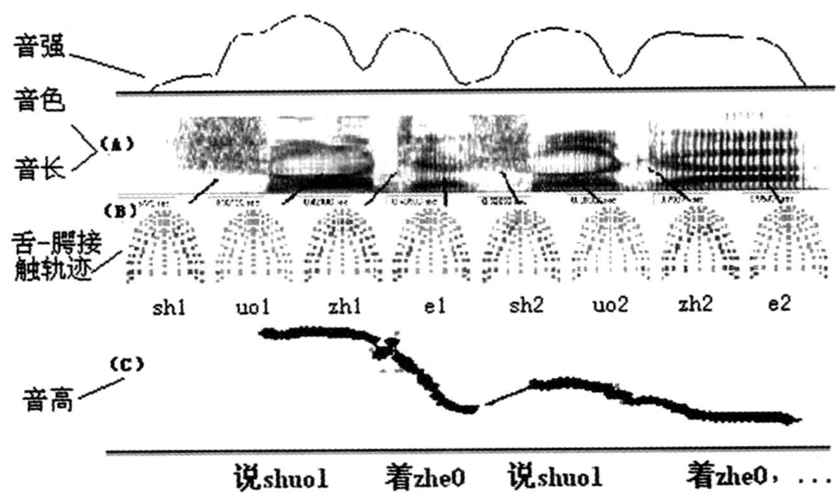

图3　发音的声学和生理显示：（A）声谱，（B）反映舌－腭接触动态变化轨迹的腭位图，（C）音高变化轨迹

3.2.1 韵律边界上的发音增强

从目前已经获得的两个发音人的电子腭位测量数据来看，处于韵律域边缘的音段，不但生理时长明显加长，而且舌－腭接触状况跟韵律单元内部的音段具有显著差异。图3中短语起首（即边界后）的/sh/和末尾（即边界前）的/e/就是最直接的例证。这种韵律边缘音段的发音增强现象在两个话者话语中的表现是一致的。从表4的相应数据，可以看出如下情况。

（1）短语的起首辅音、即第一个“说”里的声母/sh/1不但比短语中间的/sh/2长，而且比短语中任何其他位置上的声母都显著地长，与此相应，该辅音发音时具有较长的持阻区间和较强的能量（如图3上部的音强所示）。这是韵律短语起始位置辅音发音增强的生理证据。

（2）短语末尾元音、即第二个“着”里的元音/e/2比这个短语内部任何其他位置上的元音都显著地长；同时，从图3可以看到，它跟/e/1 不同，末尾没有明显的因协同发音而产生的后过渡，电子腭位图上也没有明显的舌—腭接触，说明它的舌位非常接近单念的典型/e/的舌位。这表明，跨韵律短语大边界的音段比跨韵律词小边界的音段表现出更加饱满的发音实现和更大的对协同发音的抵抗，这是跟韵律短末尾延长共生的、末尾元音发音增强的更加充分的生理证据。

（3）辅音持阻时长比值和元音段时长比值进一步表明，短语起首辅音/sh/1 的确比任何其他位置上的辅音具有更长的持阻过程。这就证实，韵律边界之后、也就是韵律域起首位置上的声母辅音的发音实现确实更加到位、更为丰满强壮；与此同时，短语末尾的元音/e/2 占有比任何其他位置元音绝对大的时长比，这就证实了韵律边界之前、也就是韵律短语末尾位置上韵母元音的发音实现确实更加到位、更为典型。

（4）根据最大舌—腭接触面积比值，第一个“说”的声母辅音/sh/1 跟其他位置的声母辅音之间似乎没有明显区别。这并不奇怪。因为，一定程度和一定部位的舌—腭接触是构成不同辅音发音音质所必需的，否则，就不可能实现不同辅音的音色区别。但是，对于不同发音部位和发音方法的辅音而言，它们发音时在舌—腭接触状态方面的差异并不仅仅在于面积的大小，更主要的在于声腔收紧处舌—腭接触位置的前后以及接触的厚度。/sh/是个舌前辅音，从理论上讲，它的发音越饱满，舌前性就应当越明显。而这里的实际腭位显示的确证实了这一点，/sh/1 舌前与腭接触的厚度比/sh/2 的大些，说明/sh/1 比/sh/2 发音时舌—腭收得更紧些，这正是/sh/2 的发音更加用力的表现。所以，在衡量韵律位置对辅音音段发音饱满度影响方面的差异时，还应该同时考虑舌—腭接触的时长和关键部位的接触厚度。

（5）与辅音相反，对于元音而言，可以直接采用最大舌—腭接触面积比值来衡量它的发音丰满程度。因为元音发音期间，口腔里气流通畅，从理论上讲，它们的腭位图上，一般应该没有明显的舌—腭接触显示。而通常我们所看到的、事实上存在着的不同程度的舌—腭接触，显然主要是来源于语境音段之间的协同发音，而不是元音本身的本质特征。因此，元音发音期间的舌－腭接触面积的变化主要反映它与相邻音段之间协同发音的程度。而且，一个元音发音时的舌—腭接触面积越是大，就说明这个元音弱化的程度越高。例如，在这个短语里，/e/1 的舌—腭接触面积显著地大于/e/2 的。就是因为/e/1 既受音节内声母/zh/1、又受后接音节的声母/sh/2 发音姿势的干扰而产生的协同发音效应，必然就会导致更多的舌－腭接触，因而这个/e/1 自身的发音就不饱满、不到位；而/e/2 则不同，它除了受音节内声母辅音/zh/2 的协同发音作用以外，后面并没有其他音段发音的协同作用影响。所以，/e/2 自身的发音就更加典型和充分，舌－腭接触面积自然就较小，甚至没有接触。

（6）发音增强的程度也是随着韵律层级的提高而累积的。以这里的两个“说”中的声母辅音/sh/1 和/sh/2 为例，它们都处于韵律词的开头，但是，从声谱图上就可以看出，/sh/1 的发音比/sh/2 的更强。显然，这是因为，/sh/1 比/sh/2 处于更高的韵律层面上：/sh/1 处于整个韵律短语的起首位置，而/sh/2 只是处于那个韵律短语内部的一个韵律词的开头。这说明，发音增强的程度会随着韵律层级的提高而提高。

以上的生理测量数据所反映的发音增强规律，跟前面 2.1 节中所说的声学表现是一致的。统计分析结果表明，声学跟生理数据的确是高度相关的（R =0.98）。

3.2.2 重读位置上的发音增强

通过图 3 和表 4，可以观察到重音音节发音增强的生理表现。

（1）词重音相关的发音增强

首先，考察第一个“说着”的发音情况。无论是根据生理时长和舌－腭接触状况，还是根据能量显示和音高显示，“说”的发音比“着”要强得多。很显然，这首先是重音地位的对比使然，因为它是个轻声词，前音节重，后音节轻，因此，相对于“着”的发音弱化，“说”的声母辅音和韵母元音的发音不但明显加长，而且腭位图表明元音发音相当到位。同时，由于这个“说”处于整个韵律短语的起首，于是，这里还叠加上了边界后音段发音增强的合并效应，就使得这里由重音导致的发音增强更加凸显。

其次，第二个韵律词“说着”的情况则比较复杂，尽管它同样也是轻声词。根据表4中的辅音持阻段对音节的时长比数据，/sh/2的发音比/zh/2的强壮，说明重音音节的声母辅音具有更为充分的发音实现；可是，这个音节的元音/uo/2反而不如轻声音节中/e/2的发音丰满，不但时长不如/e/2的长，舌—腭接触面积也比/e/2的大，说明它的发音不如/e/2到位。其实，这主要是跟/e/2作为韵律短语边界前音段的身份有关。在这种情况下，因重轻对比需要而导致的发音增强，在很大程度上受到了边界前音段发音增强效应的制约。因为/e/2的身份既是弱读音节的元音，又是韵律短语边界前音节的元音。作为弱读音节的元音，它应该弱化；而作为短语边界前音节的元音，它应该明显地强化。两种效应并存叠加的结果显示，这个轻声音节里的/e/2不但没有弱化，而且比整个短语中的任何其他元音都要加强得多。这就表明，在自然言语中，低层次的区别性对比必须服从韵律上高层次的区别性对比的需求。所以，处于韵律上较强位置的音段的发音必定会绝对增强，哪怕它是处在音系学上的弱音节里。

（2）短语重音相关的发音增强

在这个短语里，尽管两个“说”都是词内的重音音节，但是两者的重音等级不同，“说”1还携带着短语重音，所以，其发音显然又比“说”2更为丰满，不但时长更长，而且从腭位图上/uo/1的舌－腭接触比/uo/2的更少，可以得知/uo/1的发音要比/uo/2的更加到位一些。此外，“说”1的音强和音高高度也都高于“说”2的，这就再次反映出发音增强的程度会随着韵律层级或重音等级的提高而提高。

4　结论

本文出示的声学和生理的实验结果充分说明，语流中的每个音节及其声、韵母音段的发音实现程度及实现模式取决于它们在韵律结构中的位置和地位。因此，从某个音段的语音实现程度及模式，可以获知它在话语中的具体身份，进而获得它们所载荷的韵律结构信息。

发音的增强通常发生在韵律域的边缘和重音位置上，实质上导致边界附近音段之间或者重轻音段之间更大的语音学区别，那就是，使得相关音段的辅音性或元音性都变得更加典型，从而使得边界两边音段之间或者重轻音段之间的区别特征对比更加突出，这就为边界或重音的感知提供了更加突显的信息。这个事实同时也说明，在自然话语里，韵律结构的边界标志以及层级信息实际上是由边界两边的音段同时提供的。边界后音段的发音实现状况甚至更为重要，因为它还携带着更多的话语结构信息（此点将另文介绍），因此，在自然语音处理时是不可忽视的重要资源。

汉语里的发音增强具有如下的规律性：第一，具有相对稳定的区别性模式，边界前的音段发音增强以音节的韵母为主；边界后的音段发音增强以音节的声母为主；而重音导致的发音增强则相对平衡地发生在声母和韵母上。第二，增强的程度随着边界等级或重音等级的提高而累加。第三，韵律边界位置导向的发音增强比重音导向的更为突出。而且，两者之间也是一种并存叠加的代数和关系。

很显然，上述分布规律是跟它们各自在韵律上的标志功能相匹配的。在口语处理中，特别是在语音识别和理解方面颇具应用价值。国外口语处理的一些相关实践已经证明，由于边界上发音的加强，使得骑跨边界两边的音段的区别性对比增强，这种增进能够通过加强词的区别性而最终促进词的识别。相信在汉语的口语处理中，特别是在语音识别和理解方面，这种区别性的音段发音增强模式应该也具有较好的应用前景。例如，汉语连续话语里缺乏十分可靠的词边界形态，而发音增强的声学－语音学相关物正是可资利用的有效手段，它能够指示连续语流中可能的词边界和短语边界，从而整体提高口语的识别率。

参考文献

[1] Jonathan Barnes, 2003. Initial – syllable prominence: What is it and where does it come from? *MIT Phonology Circle*, May 2, 2003.

[2] Meynadier, Y., 2004. Gradient linguopalatal variations due to a 4 – level prosodichierarchy in French. *Proc. of 9th Conference on Laboratory Phonology*, Urbana – Champain, IL, USA, June 2004.

[3] Cho, Taehong (2004) Prosodically – conditioned strengthening and vowel – to – vowel coarticulation in English. *Journal of Phonetics* 32 (2).

[4] 曹剑芬：《汉语普通话节奏的声学语音学特性》，《第四届全国语音学学术会议论文集》，8 月 25—27 日，北京。[Cao, Jianfen, 1999. Acoustic – phonetic characteristics of rhythm in Mandarin Chinese [C]. (in Chinese). *Proceedings of 4th National Conference on Phonetics*, Beijing, August 25 – 27, 1999].

[5] Cao, J. (曹剑芬), 2004. Restudy of segmental lengthening in Mandarin Chinese (普通话音段延长再探). *Proceedings of Speech Prosody' 2004*,

Nara, Japan, 2004（《第二届国际韵律学学术会议论文集》，日本，奈良）.

[6] www. cass. net. cn/chinese/s18_ yys/yuyin/product/product_ 6. htm

[7] Campbell, N. , 1993. Automatic detection of prosodic boundaries in speech, *Speech Communication* 13, 1993.

语音的变化：生成机制和交际意义[①]

摘要 本文从音段和超音段两个方面，探讨语音变化的生成机制和交际意义。全文由三个主要方面组成：一，概述语音变化的种种现象及变化的不同层次；二，重点考察语音为什么变和怎样变，通过分析语音变化的原因，探讨变化的生成机制，揭示变化的方式和规律；三，分析语音变化的交际意义，说明变化的实质。

Abstract This paper discusses the generated mechanism and communicative significance of speech variations by reviewing the pitch realization in spoken Mandarin Chinese. Main data were measured from 4 speakers utterance of a multi - speakers' corpus. The high - point, low - pint and natural height of corresponding syllable were calculated accordingly. The results show clearly that locally observed pitch variations, just like that of segmental variations, is not only involved in the regulation with its neighbors, but also related to the regulation among various

---

① 原载《第八届中国语音学学术会议暨庆贺吴宗济先生百岁华诞语音科学前沿问题国际研讨会论文集》。北京，2008 年 4 月 18—20 日。

speech units in different positions within certain prosodic domain, and at the same time, related to the contrastive requirement between prosodic domains in different layers. The former one is mainly caused by coarticulation among neighboring tonal features, while the later one is controlled by the organizing constraint in higher speech levels. Both of them further reveals the existence of pre-planning mechanism in speech production, and all of them are essentially motivated by the goal of efficacious communication. Consequently, various phonetic variations are the radical pledge in keeping the vitality of natural speech.

1 引言

在自然话语里，语音的实际存在形态，或者说具体的发音实现（realization）会发生各种各样自然产生的随机（stochastic）变化。国内外许多相关研究指出，语音的变化跟言语产生和感知的自然机制具有千丝万缕的关系。因此，加强对语音变化现象的考察和研究，不但可以提高对语音变化规律的认识，而且有望进一步地揭示自然言语运行的深层机制，提高和丰富语音学的理论宝库。另一方面，当今语音合成，尤其是语音识别中面临的巨大困难，就是难以掌握和处理自然口语中的语音音段和超音段特征相对于规范形式的巨大变异。因此，加强对口语中语音变化规律的研究和变化模式的归纳已经成为当务之急。在 2007 年的国际语音科学会议上，一个题为《语音学细节与交谈结构》的主题报告，更是呼吁人们把语音学细节和语音的变化作为互动会话的事项，特别是话语形成话轮系列结构的首要事项加以分析和认识[1]。

语音的变化，包括音段和超音段两大方面。音段变化的现象多种多样，诸如同化、异化、清化、浊化、央化、喉化，等等。不同文献所用的术语不完全一致，同一术语所指也不完全相同。近来，人们又越来越关注另一类语音变化，那就是增强（strengthening）与减缩（reduction）。事实上，由于变化的原因错综复杂，这些术语反映的现象可能属于不同的层次。例如，协同发音与同化常常并提，而事实上，协同发音是因，而同化是果[2]。又如增强和减缩跟清化、浊化、央化、喉化等等也属于不同的层次，增强和减缩是自然话语中发音精确性或饱满度调节的基本手段，而清化、浊化、央化、喉化等等则是增强和减缩导致的语音强化或弱化的具体表现。

音段的语音变化，绝大部分是由发音的增强或减缩引发的种种音色变异。例如，元音发音的增强可能导致舌位特征的典型化以及零声母情况下起始元音段的摩擦化或喉塞化，摩擦化多半发生在高元音情况下，喉塞化多半发生在较低元音情况下；而元音发音减缩的结果一般是央化。辅音发音的增强一般表现为相关舌腭接触部位的典型化和接触程度的加强[3]，导致声谱上表现出更强的摩擦或除阻破裂等特点；而辅音发音的减缩一般表现为相关舌腭接触部位的中和化和接触程度的减弱，导致清辅音的浊化、鼻韵尾的脱落而代之以前邻元音的鼻化，等等。

超音段的语音变化，既有协同发音引起的，又有声调、重音、节奏、语调等韵律因素引起的音高、时长、音强等各种超音段特征的变化。在实际话语里，超音段的语音变化非常突出。相关研究表明，对于语音的知觉来说，韵律因素变化引起的音节知觉差异比起由协同发音引起的音节知觉差异要大得多，这说明超音段的变化比音段的变化可能具有更加重要的影响[4]。

本文试图以普通话语流中音节音高变化作为考察对象，重点讨论由协同发音引起的相对微观的变化以及由话语结构制约导致的较为宏观的适应性调节变化，探讨语音变化的生成机制和交际意义。

2 语音变化的生成机制

导致语音变化的原因错综复杂，既有内在的，又有外部的。但是，最根本的还是来源于言语产生的自然机制和它的交际（communication）职能。

2.1 产生语音变化的一般机制

就语音产生的自然机制而言，又有两个方面的因素会引起语音的变化：第一，协同发音机制决定的不同音段姿态间的交叠必然产生相互干扰，因而导致各个语音的变化，包括过渡音的产生和目标段的不到位[5]。第二，人的发音生理局限必然导致对实际发音精确度的调节。根据相关的语音时域结构模型[6]：言语的所有成分都是通过发音来编码的，而发音器官实现发音目标的时间和速度都是有限的。发音的这种生物学局限决定了不可能所有语音目标都能充分实现，因此，它们在语流中的实际发音饱满程度，必然会随着语境的实际需要和可能而调节变化。

就语音的交际/通讯功能而言，交际/通讯双方的基本要求是，说话人总是力求尽可能省力地说，也就是以尽可能少的发音资源（即低能耗地）正确地传达尽可能多的有效信息；而听话人总是希望尽可能省力地听辨和理解，也就是以尽可能少的听觉感知资源（即低能耗地）准确清晰地接受尽可能多的有效信息。这就需要发出的语音不但提供基本的词汇信息，更要提供各种更高层次的话语信息，包括节奏边界、语义焦点、语气语调、情感态度，等等，以便实现最高效的交际/通讯。这是交际双方的主观需求。可是，在客观上，除了上述发音生理局限以外，听觉感知方面也存在一定的生理和心理局限。例如，短时记忆板块跨度的局限，决定了听觉感知过程中每次处理组块的长度有限，这就要求说出的语音流能够提供相应的组块分界和连接的信息。

为了克服上述主、客观之间的矛盾，每个语音成分的实际发音力度就必须适当调整、有张有弛，以便既承载低层次（例如词汇）的信息，又承载高层次（包括短语、句子、段落和篇章结构）的信息。在这个过程中，音段和超音段的调整是同时并存、有机统一的。语流中的音高变化便是超音段变化的一个重要方面。

2.2 语流中音高变化的生成机制

2.2.1 协同发音导致的音高微观变化

在中国语音学界，吴宗济先生首开汉语协同发音研究的先河，通过对汉语音节内和音节间的协同发音现象的系统而全面的分析，探讨了音段的同化和异化等语音变化的生成机制，极大地推动了语音学相关领域的研究。更重要的是，早在 20 世纪 80 年代初，吴先生就展开了语句中声调变化的研究，在系统地归纳出二字组、三字组和四字组的相对稳定的连读变调模式的基础上，进一步揭示了语句中相邻声调边界上音高的微观变化现象[7,8]。例如，三字组的中字怎样跟前字调尾和后字调头的音高特征“顺势相连”“平滑过渡”。尤其对三字组的中字阳平的变化，吴先生发展了赵元任先生的理论[9]，首先发现，在首字为阴平或阳平时，中字的阳平除了会变成阴平以外，还会变为类似去声的高降调。条件是：在双单格结构中，后字为阴平或去声（即高起的声调）时，中字阳平会变成高平，而当后字为阳平或上声（即低起的声调）时，则会变成高降。吴先生的这个发现，不但充分揭示了普通话语流中阳平调型表现不太稳定的根源，而且为进一步探索话语音高变化的规律打下了坚实的基础。我们从中获得启发，便进一步去审视相邻音节边界上音高“顺势相连”“平滑过渡”的背后，究竟包含着怎样的产生和变化过程。

首先，根据许毅的目标逐渐逼近理论[10]，每个声调都会在音节的范围内逐渐接近它的音高目标，到音节末尾才最终实现，而在声调环境中，则存在着遗留的和提前的变化特性，具体如图 1 所示。图中上半部表示，在普通话里，当读阳平（升）的/ma/音节分别前邻阴（高）、阳（升）、上（低）、去（降）不同声调的/ma/音节时，这个阳平将如何实现它的音高目标，会发生怎样的变化。图的下半部则表示，当这个阳平音节后接阴（高）、阳（升）、上（低）、去（降）不同声调的/ma/音节时，它又将如何实现它的音高目标，会发生怎样的变化。

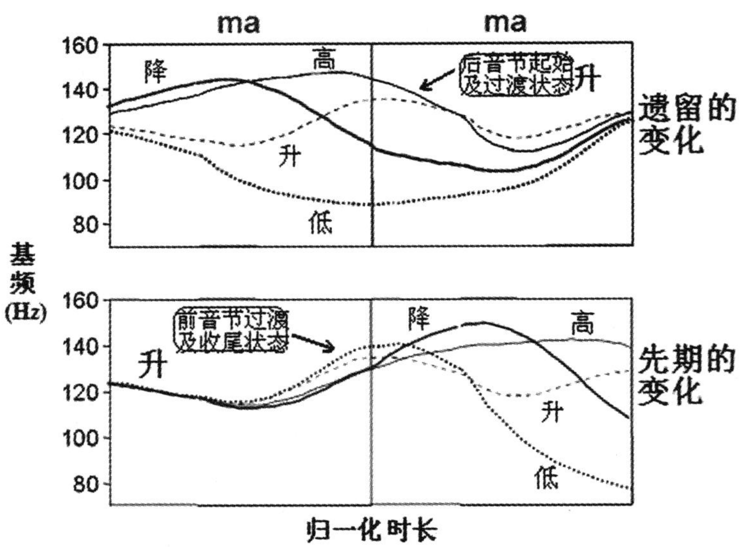

图 1　声调的语境变化特性（根据 Xu，Y. 2007 翻译改编）

根据这个图示，我们可以窥见相邻音节边界附近声调音高变化的产生过程。那就是，由于前邻声调收尾目标音高的不同而产生的顺向遗留的协同发音作用，不但会改变后接声调的起始音高实现，而且会影响其向着自己的起始目标过渡的状态。同样，前邻声调的收尾目标的具体音高实现，也会因为后接声调不同起点音高先期的逆异化效应而产生微妙的变化，这种变化实质上取决于后接声调底层目标的不同：当后音节声调目标特征为低或较低的声调（上声、阳平）时，前音节的收尾目标的音高实现就被提升；而当后音节声调目标特征为高的声调（阴平、去声）时，前音节收尾目标的音高实现就被压低了。

同时，根据此图显示的情况，某个音节声调的大约前 1/3 基本上是个过渡段，主要是逐渐摆脱前邻调尾顺向的遗留效应、而向着本身的起始目标逐渐趋近的过程；而后 2/3 才是调形段，是从它本身的起始目标逐渐向着收尾目标趋近的过程，同时，这个部分也是通过逆向效应而承载后接声调起始目标音高信息的过程。因此，从这个意义上说，前、后音节的声调之间实际上也是“瞻前顾后”、彼此交叠的协同产生过程。从这个过程中，不但可以更好地理解吴先生所说的“顺势相连”“平滑过渡”的实质，而且进一步加深了我们对相邻声调边界附近音高变化的生成机制的认识。

2.2.2 韵律结构和话语篇章信息制约导致的较为宏观的音高调整

这部分的研究仅以双音节韵律词前后音节在语流中的音高实现作为考察目标，通过分析其高、低音点以及音高水平方面的系统差异，探讨语句更大跨度范围内音高变化的生成机制。表 1 归纳了语句中不同位置上双音节韵律词内音节音高水平的实现情况，数据来自对 CASS 朗读语篇语音库中 4 个发音人的语音分析结果。其中 PP 和 PW 分别为语流中非终端位置的韵律短语和韵律词，音高水平是指各个音节在语流中所处的自然高度，通过各自具体的高、低音点计算获得。

表 1　　不同位置双音节韵律词内音节音高水平比较

双音节词位置	前音节	后音节
语句均值	170.2	154.9
句首	187.9	183.3
句尾	153.4	115.4
PP 首	188.3	174.4
PP 尾	154.1	144.1
非终端 PW	167.3	157.7

从表 1 数据可以看出，双音节韵律词内各个音节的音高水平在语流中存在着非常系统的变化。这种系统变化充分反映了它们在语句结构中扮演的多重身份和作用。实质上，每个音节的音高实现除了体现低层的区别词义的信息以外，至少还载荷着以下几方面的高层结构信息：一是韵律层级结构信息；二是语调信息；三是重音信息。首先，句子首、尾之间和韵律短语首、尾之间的系统差异，不但充分体现了语调短语内部和韵律短语内部的音高下倾特征，而且反映出语调短语边界上和韵律短语边界上不同程度的音高重置，提供了不同层次的韵律边界信息。其次，句尾韵律词的后音节跟韵律短语尾的后音节音高之间的系统差异，同样显示出语调短语跟韵律短语不同的边界调特征对比，即语调短语末尾的低 L% 特征跟韵律短语末尾的不低性 NON – Low 特征之间韵律层级高低的对比。再次，相对于语句首尾而言，非终端位置上的音节往往会出现发音的减缩，按理说，这时的音高水平应该明显低于语句的平均水准；可是，实际上却非常接近平均水准，尤其是后音节的音高甚至还略高于语句的平均水平。出现这种现象的最大可能是语句重音因素的作用。为此，我们调查了语句重音在非终端位置上的分布情况，发现果然有 20% 左右的语句重读音节出现在这个位置的韵律词内。显然，正是这部分重读音节音高水平的提升，拉高了非终端位置上音节的整体音高水平。由此

可见，非终端韵律词内音节的音高特点局部地载荷了语句的重音信息。

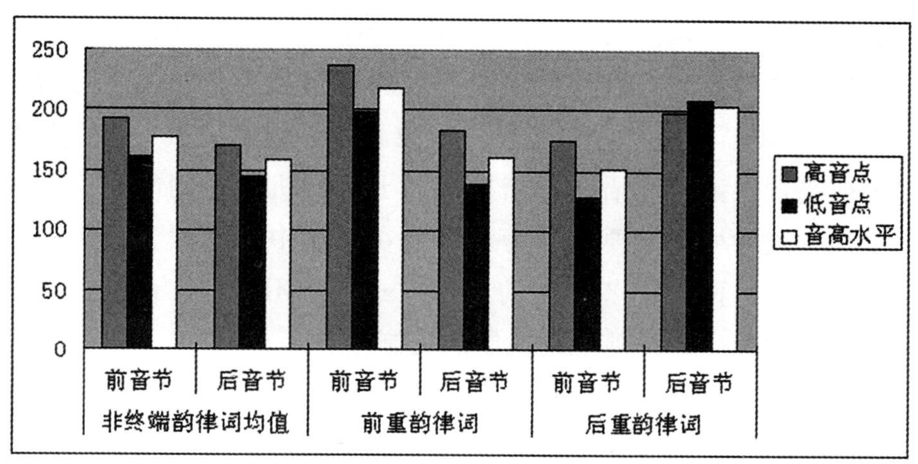

图 2 前重韵律词与后重韵律词内前、后音节的高、低音点及音高水平比较

通常，携带重音的词或音节总是具有音高凸显，为了更好地认识具体的凸显方式，这里又通过对听感上明显的前重词与明显的后重词在音高实现方面的差异，进一步分析了不同类型重读词内部的音高变化特点，结果如图 2 所示。

图 2 的情况显示，无论是高音点还是低音点以及音高水平，在前重型词内，凸显出现在前音节上，在后重型词内，凸显出现在后音节上；而前重型词的后音节和后重型词的前音节的音高实现，则都接近于非终端韵律词前、后音节的均值。这种情况说明，体现重音信息的音高凸显在重读词内并非平均分配，而是根据相关韵律词的重音类型的不同而落实在其中的某个音节上，其余音节的音高则会相对减缩。

以上研究结果说明，语流中的音高变化跟音色变化一样，虽然看起来只是一个个局部音节的语音特点，但无一不与它们在话语总体中的身份与地位息息相关，无一不是由不同层次的语言学制约影响的并存叠加和共同作用而产生的。

综上所述，语流中的音高变化涉及两个大的方面，一个方面是发生在毗邻声调间的、基本上由言语产生的协同发音机制决定的适应性调节变化，这种变化主要表现在相邻声调的前尾与后头的“顺势相连”和“平滑过渡”等微观调节现象。另一方面是发生在较高层次上，受语言学结构层面上运行机制控制的适应性调节变化，这种变化主要表现为对音节在语流中的自然音高水平的宏观调节。这两种调节变化的具体方式虽然不一样，但是，都受言语产生过程中的提前规划机制的控制。

3　语音变化的交际意义

3.1 语音变化与言语产生和感知的对立统一

言语交际中存在着种种对立—统一关系，最根本的就是言语产生和言语感知的对立统一关系。相关的分析考察表明，语音必须通过它的种种调节变化，才能适应交际双方要求之间的矛盾统一和言语交流的需求跟发音局限之间的矛盾统一，从而最大限度地实施有效的言语交际[11]。这里观察到的音高的系统变化再次说明了这个道理。

语音的变化，本质上是言语交际过程中对发音精确度进行调节的表现，具体表现为对它的规范发音模式的种种偏离，包括过度或不足[12]。而这些调节的根本目的就是为了提升感知的区别性，确保有效交际。但是，就发音生理制约而言，不可能做到每个音段都百分之百地实现其语音目标[13]；就感知心理制约而言，也不需要每个音段都百分之百地在语音上实现其目标[14]，因为听者没有足够的时间去处理和辨别一个音素的所有方面，因而就不“值得”花费精力把它们完完全全地发到家。所以，语音的变化是为了有效交际而做的努力的结果。假如语音里仅仅包括了为理解话语所必需的信息，那么这样的说话应该是最有效的。

通常，听辨话语里的一个词，往往很大程度上可以依靠语境信息预测，而并不需要听清楚这个词本身的所有特征细节，显而易见，这些地方的发音就不必特别精确。相反，语句终端位置（尤其是跟话题转换/话轮转移相关的位置）或重音（尤其是代表语义核心转移的逻辑重音）位置等结构信息不易预测，因此需要通过高度精确、甚至过度的发音（Hyper - articulation），以形成相对于其他非关键部位语音的区别性对比的凸显，提升感知上的显著性；而非终端位置的信息则往往可以根据上下文语境预测，允许不足的（减缩的）发音（hypo - articulation）。因此，提升对于不易预测的关键部位的发音精确度，减缩可以预测部位的发音精确度，既可实现说话和听话双方都省力，又可达到有效交流的目的。由此可见，实现有效交际是主宰语音变化的杠杆，而语音变化是实施其交际职能的必要手段。

3.2 语音变化的多重载信功能

这个研究的结果表明，无论是语流中相邻音节边界上音高的微观变化，还是不同位置和不同地位上音节音高水平的宏观调节，都充分揭示了自然话语中的每个音节在以相对不变的音高升降平曲模式确保词义区别功能的同时，怎样既实现其对前、后邻接声调部分信息的承载功能，又载荷话语更高层次的结构信息。这说明，自然话语中的每个音段或音节所携带的信息，除了足以识别它本身的词义区别以外，还必定包含着一定量的、本质上跟它在语境中的某种身份（地位）相关（相称）的语言学信息。变化的模式不同就意味着它所载带的语言学信息的不同。音高的变化也不例外。例如，三字组中字阳平的不同变化模式，不但反映了它所在字组的不同结构类型，而且反映出它前后邻接的不同声调特征。又如句末位置上韵律词后音节音高水平的明显减缩，正是适应其多重身份而发生的调节：一是体现底层的语调短语音高下倾特性；二是作为边界调，既体现语调类型，又指示大边界的到来和新的韵律单元即将开始。在篇章层面上或在会话中，更是指示话题转换或话轮转移等信息的重要标志。因此，语音的变化及其多重载信功能是语音在语境中的一种身份证明（identification card）。

3.3 语音变化与语音产生的规划机制

语音变化的生成机制充分说明，某个语音在语境中的种种调节变化，都是代表着某种受自然规律支配的有意义的不同规划。这些不同的语音规划意味着话者对话语的连续系列组织包括韵律层次、篇章结构等等的安排。目前这个研究测量到的不同位置和不同重音双音节词内前后音节音高实现的对比，就充分体现出语音产生过程中超音段层面上的提前规划机制。以音节音高水平实现（见表1）为例，前后音节之间、不同位置之间、不同层次之间都存在着系统差异。这些差异既体现了每个音节在该韵律词内位置相关的信息，又载带着它所在韵律词在更高韵律域内的身份信息，还载带着不同韵律层次之间相应的对比信息。这些变化现象，不但说明言语产生过程中提前规划机制的存在，同时说明这种机制，不仅涉及对邻近音段发音实现的规划，而且涉及跟更大跨度结构段相关的发音实现的统筹规划。

4　结语

语音变化的形式多种多样，基本上可归纳为两大类型，一种是由于毗邻音段（音节内或音节间）之间协同发音所产生的连接音变，相对微观，主要受言语产生的较低层次上生理机制的局限和交际职能的制约；另一种是因适应交际需要，即传达高层次、大尺度的话语结构信息的需要而产生的调节变化，相对宏观，主要受较高层次言语产生机制和交际职能的支配。但是，这两种类型并非绝对独立，而是同时叠加、有机统一的。

连续话语中每一个语音成分的具体语音实现，不仅涉及相邻音段或音节之间的发音协调，而且必须至少顾及同一韵律域内不同位置音段或结构段之间的协调以及跟前后相邻韵律域之间的区别与对比。而这一切，无不通过一个个具体音段的适应性调节变化而得以贯彻。由此可见，自然话语唯有通过语音的变化，才能实现其交际功能。很难设想，如果没有种种适应性的调节变化，人们怎么可能通过如此简约的语音系统，来传达如此丰富多彩的语言信息。可以说，语音的变化正是语音的生命活力所在，是维持自然言语生命力的根本途径。

语音的变化尽管错综复杂，有时甚至令人烦恼，但是，这是不以人的意志为转移的，无法规避；同时，这些变化并非杂乱无章，而是有规律可循的。我们语音研究者的根本任务，就是努力揭示和掌握自然语音的变化规律，以便更好地发挥语音在人—人交际和人—机通讯中的作用。

参考文献

[1] John Local, 2007 Phonetic detail and the organization of talk - in - interaction, *Keynote talk given at 16th ICPhS*, Saarbrucken, August 6 - 10, 2007.

[2] Keating, P., 1988. Coarticulation and timing. *UCLA Working Papers in Phonetics*, 69: 1 - 2.

[3] Jianfen Cao & Yuling Zheng, 2006. Articulatory Strengthening and Prosodic Hierarchy. *Proc. Of Speech Prosody' 2006*. Dreston, Germany, May 2 - 6, 2006.

[4] 周迅溢：《汉语音节知觉多维空间的研究》，中国科学院心理研究所硕

士论文。

[5] 曹剑芬：《从协同发音看语音的结合与变化》，《中国语言学的新拓展》，香港城市大学出版社 1999 年版。

[6] Xu, Y. and Liu, F., 2006. Tonal alignment, syllable structure and coarticulation: Toward an integrated model. *Italian Journal of Linguistics.*

[7] 吴宗济：《普通话语句中的声调变化》，《中国语文》1980 年第 6 期，又见《吴宗济语言学论文集》第 141—161 页。

[8] 吴宗济：《普通话三字组变调规律》，《中国语言学报》1984 年第 2 期，又见《吴宗济语言学论文集》第 162—189 页。

[9] Y. R. Chao, *A Grammar of Spoken Chinese*, University of California Press, California, 1948.

[10] Xu, Y. 2007. Target approximation as core mechanism of speech production and perception, *Invited lecture given at Institute of Linguistics of CASS.*

[11] 曹剑芬：《发音的增强与减缩：语言学动因及语音学机理》，《第七届全国语音学学术会议暨语音学前沿问题国际论坛论文集》，2006 年 10 月 20—22 日，北京。又见《中国语音学报》第一辑。

[12] Lindblom, B. 1990. Explaining phonetic variation: A sketch of the H&H theory. In *Speech Production and Speech Modeling*, (A. Marchal, editor). Dordrecht.: Kluwer Academic Publishers.

[13] Xu, Y. (1997). Contextual tonal variations in Mandarin. *Journal of Phonetics* 25: 61 – 83.

[14] R. J. J. H. van Son, Florien J. Koopmans – van Beinum, and Louis C. W. Pols, 1998. Efficiency as an organizing principle of natural speech. *Proceedings of ICSLP98*, Sydney.

How do Speech Sounds Vary and Serve Speech Communication Efficiently[①]

（语音怎样变化以充分适应交际的需要）

Abstract This paper discusses how do speech sounds vary and serve efficient communication by reviewing the phonetic realization of pitch movement in context, and combined with some former results related to segmental and suprasegmental studies in spoken Mandarin Chinese. Main data were measured from 4 speakers utterance of a multi – speakers' discourse corpus. Obtained results show clearly that locally observed pitch variations, just like that of segmental and other suprasegmental variations, are not only involved in the regulation with its neighbors, but also related to the adjustment among speech units in different positions within certain prosodic domain, as well as the accommodation accorded with the contrastive requirement between prosodic domains in different lay-

① 原载《庆祝吴宗济先生百岁华诞纪念文集》，商务印书馆 2009 年版。

ers. These data suggest that phonetic variations of speech sounds in discourse are mainly rooted in the natural mechanism of speech production and its communicative function. Thereby, they can be roughly classified into two types: the one is relatively microcosmic regulation taken place at low level; the other is relatively macrocosmic adjustment involved in higher speech levels. The former type of variation is mainly caused by physiological restriction of articulation, and controlled by co – production mechanism between neighboring segments or syllables; and the latter one is subjected to the expressive demands for the organization of global utterance, and governed by pre – planning mechanism in speech production. However, these two aspects are not completely independent, but intercurrent and unified on certain segments or syllables simultaneously, they are all based on the essential motivation of achieving an efficient communication. Consequently, phonetic variations in utterance are the radical pledge in keeping the vitality of natural speech.

摘要 本文通过分析语流环境中音高运动的语音学实现，并结合此前对汉语普通话口语的音段和超音段特征的实验结果，探讨语音究竟是怎样变化以满足有效交际需要的？主要数据是从多人语篇语料库的说话人的话语分析中获得的。考察结果清楚地表明，正如音段或其他超音段的变化那样，语句中局部的音高变化不仅跟相邻的音高相互影响，而且受更高层面因素的制约，这些因素既包括它们在韵律层级的同一韵律域内部或不同韵律域之间的位置分布及地位区别，又涉及它们在话语篇章结构中的身份状况和承载功能，等等。同时，这个考察结果还说明，话语中语音的声学语音学表现主要植根于言语产生的自然机制以及言语的交际功能。因此，语音的变化可以依据它们的生成机制粗略地分为两大类型：一类是相对局部的效应，是受较小范围内起作用的因素驱动的；另一类是全局性的效应，是受较大或总体范围内起作用的因素驱动的。具体地说，前一类变化主要是由发音的生理制约引起的，它受相邻音段或音节之间的协同产生机理的控制；后一类变化取决于整体的话语结构，它受言语生成过程中的提前计划机制的统制。但是，语音的这两个方面的变化并不相互矛盾，而是通过同一个音段或音节同步实现和有机统一的。这种同步实现和有机统一的基础就是实施有效交际的根本要求。由此可见，语音的变化是自然言语保持其生命活力的根源。

1 Introduction

The phonetic realization of speech sounds, i. e. specific articulatory configuration of the sounds in real speech are varied naturally. Related researches have pointed that sound variations are closely tied to the mechanism of speech production and perception. Thus, reinforce the investigation of speech variation will not only can improve our cognition to the rule of speech variation, but also benefit to understand the deep operational mechanism of natural speech, and further heighten and enrich the theoretic treasury of phonetics generally. On the other hand, one of the most troublesome difficulties faced in speech processing, especially in automatic speech recognition in nowadays, is how to predominate and process various variability of segmental and suprasegmental features in natural speech. Consequently, it has become the urgent affairs to reinforce the investigation to speech variations and extract the related rules in phonetics. As what pointed by Local, J. that "One of the 'grand challenges' we face as phoneticians is how to make sense of the phonetic detail and phonetic variation we observe in everyday talk"[15], thus, he called upon phoneticians to treat the phonetic detail and phonetic variability in speech as "the first instance be analysed and understood as shaped by interactional considerations—specifically by the organization of utterance into sequences of turns".

Phonetic variations include segmental and suprasegmental aspects.

Segmental variations are multifarious, such as assimilation, dissimilation, voicing, devoicing, centralization, laryngealization, and so on; in addition, another relevant aspect of the variation, i. e., articulatory strengthening and weakening (or reduction), has attracted attention more and more recently. As we know, sometimes, the term used in different literatures may be not identical, and the connotation of the same term used in phonetics and phonology may be different more or less. In the fact, such diversity might reflect the different level of speech variation due to the complicated reasons. For example, coarticulation and assimilation are usually mentioned in the same breath, but it is actually in the relationship of cause and effect, in which coarticulation is the cause, while assimilation is an effect[9]. Similarly, strengthening and reduction is the basic modulation means of articulatory accuracy or satiation degree in natural speech; while the voicing, devoicing, centralization and laryngealization, etc are the specific effects caused by articulatory strengthening or reduction.

A majority of segmental variation is the variance of sound quality due to articulatory strengthening or reduction. For instance, in the case of vowel, centralization is the typical phenomenon of reduction, while articulatory strengthening of vowel is usually exhibited as the typification of lingua features, which may be presented as fricativization or glottalized stops when the vowel is in initial positions, the fricativization occurred mostly in high vowels and glottalized stops in lower vowels. On the other hand, in the case of consonant, the reduction is often exhibited as neutralization of lingua – palatal contact position and weakening in lingua – palatal contact degree[4], thus, results in the voicing of voiceless consonant, disappearing of the nasal coda and substituted by nasalization of the frontal vowel, and so on.

Phonetic variations in suprasegmental aspect include the feature variance in pitch, duration and intensity, these variations could be caused either by coarticulation between adjacent segments, or by large – scale prosodic factors including tone, intonation, rhythm and stress or accent in the discourse. Moreover, for the role in perception distinction, the variations motivated by prosodic factors are much greater than those caused by coarticulatory ones[25]. It indicates that suprasegmental variations might have more important influence in speech perception.

Comparing with the segmental aspect, the study on suprasegmental variations are relatively insufficient. Therefore, it seems even more urgent to reinforce the research on this aspect no matter for the demands of theoretical development in phonetics or of practical application in speech technology.

This paper discusses how the speech sounds vary and satisfy efficient communication by reviewing the phonetic realization of pitch movement in context, and combined with some former results related to segmental and suprasegmental studies in spoken Mandarin Chinese. Main investigation is concentrated on the examining of pitch variations of syllables in disyllabic words, including the relative microcosmic variance caused by coarticulation and macrocosmic ones due to the restriction of discourse organization. Based on this investigation, a general discussion on the generated mechanism and communicative significance of the variations will be followed as well.

2 Generating of Pitch Variations in Mandarin Chinese

2.1 Generating of tonal junctures between adjacent syllables

In earlier stages, studies on pitch variation are usually related to the tonal junctures between adjacent syllables, Professor Wu Zongji is one of the pioneers in this field in China. Early in the 80's of last century, he investigated tonal variations through systematic analysis to the coarculatory phenomena occurred both intra – and inter – syllables in Mandarin Chinese, and further indicated the generated mechanism of pitch variation at syllable boundaries[20,21]. For instance, how pitch feature of the mid syllable in trisyllabic words is connected harmoniously and transformed smoothly from the tail of preceding tone to the onset of next tone. Especially in the case of the mid syllable with the 2nd tone, its pitch variation seems astaticism and irregular. Originally, Y. R. Chao[6] had pointed that, the mid syllable usually change from 2nd tone to 1st tone in the case of preceding syllable with 1st or 2nd tone. Besides this, Wu further found that this mid 2nd tone also could change to a high falling tone, which is similarly to the 4th tone when it is followed by a 2nd or 3rd tone in a 1 + 2 type trisyllabic words.

The significance of Wu's finding not only fully discovered the origin of this instability, but also benefit to further exploring the rule of pitch variation in discourse. It promotes people more closely to examine the process and principle of pitch variation occurring at syllable boundary, Xu's TA theory[24] has provided a most elaborate model so far.

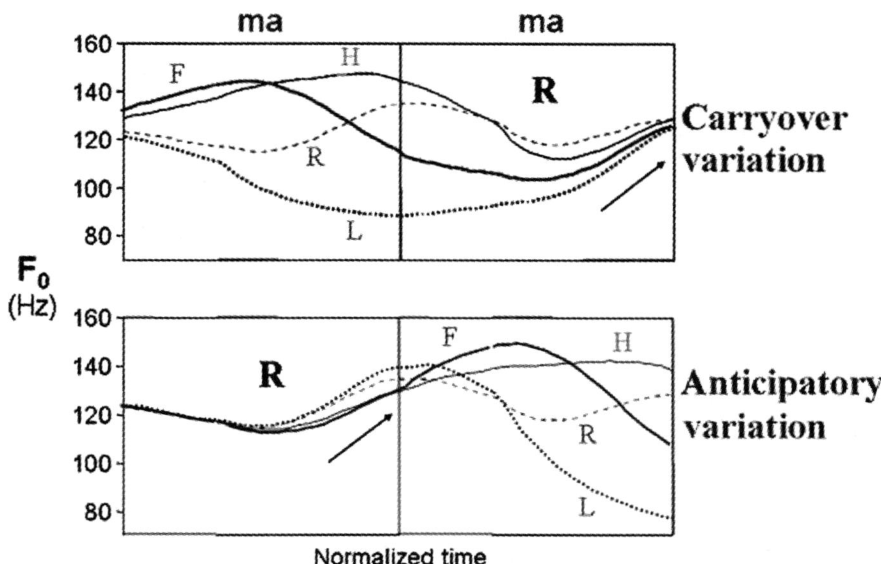

Fig. 1: *Nature of contextual variability* (*quote from Xu*, *Y.*, 2007)

Following Xu's theory[23], pitch target of each tone must approximate within a syllable and reach the target at the end of the syllable, and there exist carryover and anticipatory variability in tonal context, an illustration for the nature of such variability is given in Fig. 1 (see preceding page).

According to the illustration in Fig. 1, the generating process of pitch variations at syllables boundary can be observed clearly. That is, on one hand, the carryover effect caused by ending pitch target of preceding tone, can change the pitch height not only at the onset of next tone, but also influence the transition state from this height to its own beginning target; on the other hand, the specific pitch realization for the ending target of preceding tone, also vary delicately due to the dissimilation effect coming from the different beginning pitch height of the next tone, and essentially, such variance is determined by the different beginning target of the next tone: when the feature of beginning target of next tone is low or lower, like in the L (3rd) or R (2nd) tone, the ending pitch height of preceding tone will be upgraded; in contrary, it will be depressed when the beginning feature of next tone is high, like the situation in the H (1st) or F (4th) tone.

At the same time, some interesting phenomena could be observed from Fig. 1. First of all, in certain tone, no matter it is located in former or latter position in the word, there is about one third of front portion is basically involving in a transition state. Obviously, it reflects a process of getting rid of the carryover influence from preceding tone and that of approximate gradually to its own beginning target. Secondly, only the rest two – part can match with its corresponding tone contour, that represents the approximation process from its own beginning target to ending target; and through the anticipatory effect, this part also bear the beginning pitch information of next tone, it can be seen from the different ending pitch height in the case of the same rising tone followed by different tones, though the difference appears quite thin and might imperceptible, but it is actually existed and reasonable. Consequently, in this sense, the generating of adjacent tones is actually co – produced, in which the realization of their pitch targets involves both of assimilation and dissimilation.

2.2 Generating of pitch variation in discourse

Discussion of this part is based on the pitch variation of syllable referred to larger scale effect of speech context. The investigating object involved in this part is pitch realization of syllables within disyllabic words in context, since disyllabic word is the most common structure in Mandarin Chinese, it is not only the basic domain for the operation of phonological rules, such as tone sandhi and lexical stress patterns, but also can serve as the minimal context for the variation of a syllable. Therefore, to employ disyllabic words in utterance as the object of investigation, just like "kill two birds with one stone", is appropriate for observing pitch variation of a syllable both in minimal context and larger scale of context. The test materials were extracted from4 speakers' utterance in a discourse corpus (ASCCD, ling. cass. cn/yuyin/product), where these words are located in different prosodic positions, such as domain – initial, domain – final and stressed or accentual ones. Considering of the contour feature of pitch movement in syllable has been occupied for lexical distinction in Chinese, here we use pitch height of syllable as the exam scale for the variation in discourse.

The data summarized in Table 1 (next page) represent the average value of syllable's pitch height, which was calculated from the measurements of high point and low point of each syllable within these words. The IP, PP and PW used in the table are the abbreviations of intonation phrase, prosodic phrase and prosodic word respectively, so the figures listed in first 4 lines reflect the pitch realization of syllables in terminal PWs of intonation phrase and prosodic phrase, while those in the rest of lines just serve as the reference.

Table 1 *Comparison in pitch height* (*Hz*) *of syllables within PW in different positions*

PW position / syllable location	1st syllable	2nd syllable
IP initial	Av. 187.9	Av. 183.3
	Sd. 23.2	Sd. 25.6
IP final	Av. 115.4	Av. 113.6
	Sd. 16.1	Sd. 13.5
PP initial	Av. 180.0	Av. 174.4
	Sd. 31.3	Sd. 26.8
PP final	Av. 152.1	Av. 144.1
	Sd. 24.9	Sd. 15.8
Non-terminal	Av. 176.9	Av. 157.9
	Sd. 22.4	Sd. 18.8
General mean	Av. 162.5	Av. 154.6
	Sd. 33.1	Sd. 30.2

2. 2. 1 Position – determined pitch variation

Table 1 lists the specific realizations of syllables' pitch height within PW in speech flow, where an extremely variation in pitch height can be seen in the context. Comparing the figures in the table, we find that such variation is not random, but show a systematic difference dependent either on PW position in the utterance and the syllable location within the PW.

First, the pitch height of syllables in the PW at domain start, no matter it is at IP initial or PP initial, is systematically higher than that at domain end, i. e. , at IP final or PP final. Second, comparing with the situation in non – terminal PW, or relative to the general mean of whole utterance, the pitch height is run up in initial words and drop down in final words clearly, and it is the same true for either of 1st and 2nd syllable. The third, pitch height of both syllables in initial PW of IP is higher than that of PP; while those in final PW of IP is lower than those of PP, in the other words, the lowest pitch height occurred at the end of intonation phrase. And finally, the pitch height of 1st syllable usually higher than that of 2nd syllable in the PW, except for the case of the 2nd syllable is perceptually more prominent in accented PW, which will be specified later soon.

What interested is that all the pitch variations described above are well – matched with the corresponding prosodic structure of speech, though the variations are taken place in local PWs. Specifically, (1) pitch height of syllables in the PW at domain start is systematically higher than that at domain end, it is well – matched with not only the feature of pitch declination in intonation phrase and prosodic phrase, but also accord with the feature of pitch resetting at prosodic boundaries; (2) the systematic pitch difference occurred between pre – and post – phrase boundaries is well – accord with the feature of pitch resetting, that is one of the boundary markers in prosodic structure; (3) the prominent of pitch height of both syllables in initial PW is matched with the feature of prosodic strengthening taken place at domain start[4]; and (4) pitch height of the syllables in final PW of IP is lower than those of PP, it is matched either with the level distinction of prosodic hierarchy and the feature of boundary tone type, i. e. , it rightly accord with the distinction between the L% feature at the end of intonation phrase and NON – Low feature at the end of prosodic phrase.

At the same time, we also find another interesting phenomenon, i. e. , pitch height of the syllables in non – terminal PW is closed to the level of general mean, it seems not conform to the rule of reduction generally taken place in this position. We deduced that it might be influenced by accentual factors in the speech. To validate whether it is true or not, a relevant investigation was conducted, the result shows that, there does exist about 20% of non – terminal PW were stressed in the test materials. Correspondingly, a further investigation to the stressed PWs was executed afterward. The result are illustrated in Fig. 2, where the terms of left – stressed and right – stressed represent a relative difference on stress degree of the syllables in the PW: perceptually, the 1st syllable sounds more prominent in the former type, while 2nd syllable more prominent in latter type.

From the illustration of Fig. 2, we can see that the pitch is prominent obviously in more stressed syllables. Specifically, the pitch value of 1st syllable in left – stressed PW and 2nd syllable in right – stressed PW is more prominent than that of other syllables, while that of 2nd syllable in left – stressed PW and 1st syllable in right – stressed PW is close to the scale of reference (as shown in the left column of Fig. 2）. Obviously, this situation is corresponding to the degree of perceptual accentuation of certain syllable, it indicates that pitch realization of certain syllable in context is not only restricted by stress status of the PW that it stays in, but also controlled by stress degree of itself in that PW.

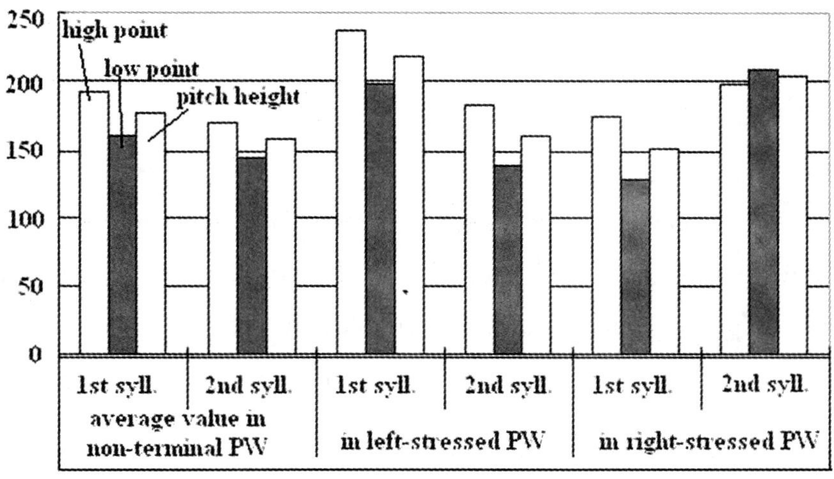

Fig. 2 *Comparison on pitch realization among the syllables in different type of stressed PW*

Summarily, all these variations observed in this section just draw an outline of prosodic structure of the speech. Thereby, we can predicate that, speech variations in discourse are definitely motivated by the expression demands for prosodic organization of the discourse, though they appear in local words and syllables. Obviously, such manner of variation must be not an accidental coincidence, but a necessary result due to the pre－planning mechanism in speech production and the constraint of speech communication.

2.2.2 Role – determined pitch variation

Combined with the observations in previous section, we can see that pitch variations in Mandarin speech can be roughly classified into two main categories depending on their role in the speech and the manner of manifestation.

The first category of variation is the accommodation taken place between adjacent tones due to the effect of coarticulation, such kind of variation is manifested mainly as a smooth transition between the ending of previous tone and the beginning of next tone, as well as the under – shoot on tonal target of itself. This type of variation is relatively microcosmic and limited, so that to keep relatively stable pattern of pitch contour within a syllable, it belongs to inherent variety[22] referred to the constraint of distinctive tonal function of the syllable in Chinese.

The second category of variation is the accommodation referred to linguistic or paralinguistic structure in higher layers, such variation is mainly manifested as the adjustment on pitch height of a syllable in speech flow. This kind of variation is relatively macrocosmic and belongings to probable variety, it is relatively free and all depending on its role in conveying structural information, which referring mainly to prosodic organization, such as stress / accent, intonation, rhythmic hierarchy, and even more discourse information in speaking, such as semantic focus, speaker's emotion and attitude, topic switching, tern taking, and so on.

Obviously, different category of pitch variation executes through different manner, it makes fully use of pitch movement within a syllable to meet multiple requirements in speech. That is, the first category utilizes the contour feature of its pitch movement to meet the need of lexical distinction in lower level; while the second category utilizes its register feature, i. e., pitch height, to satisfy the demands of expression for high level's configuration. Perhaps, it is the unique peculiarity of Chinese as a typical tone language.

2.2.3 Different category of pitch variation generated by different mechanism

According to the situations described above, different category of pitch variation is generated by different mechanism, though they occurring within the same individual syllable at the same time.

Specifically, the first category of variation is taken place between adjacent tones due to coarticulatory overlapping, and generated mainly by the "look ahead" mechanism in lower level of speech production; while the second category of variation is controlled by the factors referred to larger scale of restriction in the discourse, and generated by the pre – planning mechanism acted in higher layers of speech production.

On the other hand, however, these two categories of pitch variation are well unified at the same base, i. e., they are all rooted in the natural mechanism of speech production and driven by its function in speech communication.

In summary, pitch realization of individual syllable in Mandarin speech not only sensitive to adjacent tones, but also referred to its status and roles acted in discourse. All these variations appear in individual syllables in surface, but virtually constrained by deep – seated demands of speech communication. It is hard to imagine that how to achieve such delicate realization in individual syllable at the same time if it is not pre – and well – planned in speech production.

3 Discussion: How do Speech Sounds Vary and Serve Efficient Communication?

The factors that bring on speech variations are multiplex that coming either from internal and external aspects. However, the most ultimate one is the internal factors, which is originally come from natural mechanism of speech production and perception, as well as the function in satisfying an efficient communication.

3.1 General mechanism of speech variation

3.1.1 Co – production of adjacent segments and biological limitation of articulators in target achieving

The natural mechanism of speech production is the predetermination factor in generating the variety of speech sounds.

At first, just like the gesture overlapping during the process of athletes' hand over and take over the baton in relay race, gestural overlapping between adjacent segments in articulation is inevitable and has been proved in real speech including in Mandarin Chinese[1]. It is determined by coarticulatory mechanism, especially for the 'look ahead' ones, and must introduce the interaction one another and result in various aberrance, such as the occurrence of transitions and the deviation from phonological / segmental target.

Next, the inherent limitation in articulation must lead to the regulation of articulatory precision in real utterance. Take the vowel production as an example, as what pointed by Van Son, R. J. J. H.[18], each vowel has a unique target – position for each of the articulators, when time is ample for the different articulators to reach their respective target positions, it will produce the ideal, or canonical realization of that vowel. However, if there is no enough time and the context forces the articulators to cover relatively large distances, it will result in target – undershoot of that vowel. Such biological limitation of articulators in target achieving also exists in tonal realization. According to Xu's model[24], contextual tonal variations are articulatorily inevitable, since all elements in speech are coded through articulation, while it is limited both of time and velocity in achieving a target of the articulators. Thereby, it is impossible to completely achieve every target in speech flow, and their real articulatory precision must be modified at any moment depending on actual requirement and possibility in certain context.

3.1.2 Accommodation determined by specific role of the element in the utterance

It is indubitable that the information for lexical distinction is the fundamental base to execute a communication. However, it is far not enough for an efficient communication.

Relevant studies have approved that in speech perception, listeners are sensitive to different size of chunks, instead of individual syllables or words. Moreover, in perception process, the length of speech chunk processed each time is restricted because of the span limitation in immediate – memory[17] and the nature of timing control of language[12], and it has been proved in many case studies of different languages[11,2]. Hence, for the requirement of perception, speaker's utterance can not be around – the – clock without any break, the corresponding indications about both of boundary and connection information between different size units and different levels of speech chunks have to be provided as well.

In addition, as a kind of cognition structure, human speech is organized as a hierarchy, thus, all the information referred to the configuration nature of the discourse must be provided at the same time.

All these indicate that natural speech just like the most powerful and complex network, in which every constituent, such as syllable or word, all stand at certain node and engage in the complicated relationship of the network without any exception, thus, their phonetic realization must be adjusted to accord with their status or roles in the speech[2,3]. Therefore, multiple accommodations of speech sounds occurred naturally.

3.2 Speech variation as the adaptation to the demands of efficient communication

What is essential demand of efficient communication? Van Son, R., et al.[19] provided a concise answer that "Speech communication is efficient if the speech signal contains enough information to be identified, and not more", because "speaking for listening"[7].

Then, what does the "enough information" mean?

First of all, based on the study on speech production and perception so far, we know that the information that required for an efficient communication includes at least two basic aspects, the one is needed for lexical distinction in lower level of linguistics, the other is demanded for the expressing of structural configuration in higher layers of linguistics and paralinguistics, such as prosodic organization, semantic focus, modal or intonation, expression or attitude, and so on. Moreover, in nowdays, it is realized more and more that the latter ones are as obligatory as the lexical distinction in communication, some relevant perception test showed that the latter aspect even more important for the hearing and understanding[25]. Thus, to satisfy multiple needs with the limited resource in speech communication, the individual elements must be able to load both of low level and higher levels information at the same time.

On the other hand, however, "enough information" does not mean "everything" that possible contained in an element potentially. In terms of the organizing principle of natural speech[19], for the perception, to identify a word, not all information has to be present in the word itself, part of it can be extracted from the context. That is to say, "enough information" does not contain the part that "can be extracted from the context". So the speakers have to estimate the ease with which the listener can understand their utterance and adapt some aspects of their speech to strike a balance between their own efforts and those of their audience. This adaptation not only can increases the efficiency of communication, but also can lighten speaker's articulatory effort and listener's perceptual cost at the same time. Therefore, "enough information" also means that the speakers need not provide more information than they consider necessary to be understood.

3.3 Speech variation and the relationship of contradiction – unification between speech production and perception

The next question likely to be raised is that in what sense the information is necessary? And how do achieve this object in communication? It might be helpful to realize the relationships of contradiction – unification between speech production and perception.

Linguistically, there are multifarious relationships of contradiction – unification in speech communication, the most essential one among them is the relation between production and perception.

3.3.1 Contradiction – unification relationship between the demands from speakers and listeners

From the viewpoint of speech function, the basic requirement of the two parties in communication is that, on one hand, the speakers always follow the rule of save labour, i. e., try to accurately convey speech information as much as possible but using articulatory resource as less as possible; on the other hand, however, the listeners always want to listen and understand with the effort as less as possible, i. e., try to receive effective information as much as possible, but spend the resource of hearing and perception as less as possible.

Apparently, the requirement from the two parties is incompatible; in the fact, however, it is unified on the same base, i. e., both sides all require speech to transmit information as much as possible but spend effort as less as possible; in one word, they all require speech to transmit maximum amount of information with the minimum cost. So in this sense, the demands from speakers and listeners are unified actually; thus, here the real contradiction is that between "maximum information" and "minimum cost".

3.3.2 Contradiction – unification relation between the "maximum information" and "minimum cost"

As mentioned above, requiring speech to transmit maximum information with minimum cost is the demands from both of speakers and listeners. Then, what is "maximum information" and "minimum cost"?

First, "maximum information" does not mean everything contained in a speech sound potentially.

Objectively, it is not only impossible to sufficiently achieve every target of speech sound because of the articulatory limitation in production, but also unnecessary to do that due to the psychological limitation in perception. It is well – known that natural speech is organized as a hierarchical structure, in which the syllable or words are grouped into certain size of chunks according to the needs of semantic expression[3]; and in perception, listeners are sensitive to such kind of chunks, instead of individual syllables or words, this phenomenon is based on human cognitive mechanism[13], it indicates that there also exist physiological and psychological restrictions in speech hearing and perception. Therefore, the information required for perception should be more related to the chunking strategy.

Accordingly, so – called "maximum information" is the "necessary information" that just enough, but no more, to achieve the communication, instead of everything contained in it without distinction of primary and secondary.

On the other hand, it is clear that so – called "minimum cost" just mean the effort expended in speech is necessary for executing an efficient communication only and without redundancy. So in this sense, the "maximum information" and "minimum cost" is actually unified at the same goal, i. e. , to pursue the greatest efficiency in communication.

Thus, here the key point is that how to satisfy this goal properly.

3. 3. 3 Speech variations as right strategy in adapting to the relationships of contradiction – unification in speech communication

All relationships described above predestine that, for the purpose of achieving efficient communication, speakers must manipulate and adapt their speech, so that to achieve a balance between artiulatory precision and perceptual distinctiveness.

To execute this goal, the most economic and possible strategy should be: (1) to strengthen the articulation for the unpredictable part, and weaken those for more predictable part, so that to increasing perceptual distinction but without excess effort; and (2) to make adequate use of different aspects of the features, so that to meet different requirement by the same carrier simultaneity. Thus, as an inescapable result, the variations of speech sounds are emerged as the times require.

This strategy is feasible and supported by objective foundations. First, it is accord with the rule of information distribution in natural speech theoretically, as is commonly identified that distribution of speech information is nonlinear either in temporal and spectral dimensions, instead of averaged linearly[2,3]. Next, it is accord with the principle of perception. As mentioned above, to identify a component or a word, not all detailed features of themselves have to be heard clearly, part of them could be extracted from the context. For example, some information related to the non – terminal components can be detected according to the environment of context, so such part is not necessary to articulate very exactitude and usually allow hypo – articulation, and then, more or less reduction will be occurred naturally. In contrast, however, the information about terminal position or stress / accent location are not easy to be detected, especially for those related to topic switch or tern shift / transfer, as well as the semantic focus shift in discourse, usually need to show distinctive indications through precise and even hyper – articulation, so that to highlight their prominence in perception. Therefore, the alternation between hyper – and hypo – articulation does have objective feasibility.

Furthermore, this strategy has been validated by real evidences in different languages[14], the most powerful illumination is the articulatory strengthening at prosodic domain edges, it is observed commonly in many languages[16,10,8]. Generally, as we know that the information of prosodic boundary or accentual status in utterance is relatively unpredictable, thus need more accurate articulation to insure enough distinctiveness for the perception; while those of non – terminal positions are more predictable from the context, thus, allowing reduced articulation. For example, in Mandarin Chinese, articulations of the syllables at the edges of prosodic domains show a systematic strengthening than those of in non – terminal positions significantly[4], and it is manifested by either segmental and suprasegmental parameters. Furthermore, segmental strengthening at pre – boundary position is referred mainly to the vowels, while those at post – boundary is referred to the consonants, and for the prominent demand of stress or accent, either vowel and consonant lengthening are employed at the same syllable in one time[3]. This situation is similar to the manner of pitch variation described above, it provides another instance to account for that, how the speech sounds varied to fulfill different requirement in communication.

Accordingly, in this sense, speech variation is the right solution in adapting to the relationships of contradiction – unification existed in speech communication.

4 Conclusion

Based on the investigation conducted in this study, the conclusion may be summarized as follows:

The results from this study adequately illuminate that, how the pitch variation of individual syllable in Chinese speech insures its lexical distinction on one hand, and loads the information both related to the interaction between adjacent tones and the organization relationship of global discourse on the other hand at the same time. That is, the basic lexical information is distinguished by relative stable pattern of pitch curve within a syllable, while the interaction relationship between adjacent tones is bring by coarticulatory assimilation or dissimilation occurring between syllables, and the structural information of discourse is carried through the accommodation in pitch height of the syllable. It indicates that speech variation of a syllable can be used to recognize not only its lexical meaning, but also its status in utterance; the key point is that different form of variation predicates different linguistic and paralinguistic information. So we can say that, the phonetic variation is a kind of identification card for the individual component in speech context.

Pitch variations, just like those found in segmental and other suprasegmental aspects in Mandarin Chinese, strongly show that the exact phonetic realization of individual speech sounds must be modulated in context. The ultimate motivation of these modulations is to highlight perceptual distinction with lest effort, so that to achieve optimal efficiency in communication. It is obliged by the demands of efficient communication, which requiring speech sound to transmit the maximum amount of information at the minimum cost. To satisfy this goal, the most economic and possible way is to adjust the articulatory strength of individual element according to their specific status or roles acted in the utterance. The main strategy is that, strengthen the articulations of unpredictable components, such as those staying at domain - terminal positions or in accentual status; and weaken those more predictable ones, such as those staying at non - terminal or unstressed positions, thus, the specific effects like assimilation, dissimilation, voicing, laryngealization, and so on occurred naturally.

Accordingly, to execute their communication duty, speech sounds have to be modified at any moment and any place, so that to adapt the relationship of contradiction - unification between the demands and possibilities in speech communication. In this sense, speech variation is the indispensable means in executing of efficient communication.

It is hard to imagine that, how speech can convey so profuse and polychrome linguistic and paralinguistic information with so contracted sound system if without phonetic variations. Therefore, it may be not overrated at all to say that, speech variation is the foundation stone in keeping the energy and livingness of spoken language.

Phonetic variation of speech sounds is very complicated and even bothersome sometimes; however, it is avoidless. Fortunately, they are not disorder, but follow certain rules systematically. Whatever, if the condition is given, then the direction of variance could be predicted. Consequently, our phoneticians should try to discover and master the variation rules, so that to exert the functions of speech in both of human – to – human and human – to – machine communication.

References

[1] Cao, J. 1999. Comprehending of speech integration and variation from co-articulation. In: Shi, F. , Pan, W. (eds), *Recent Advances in Chinese Linguistics.* City University of Hong Kong Press.

[2] Cao, J. 1999. The rhythm of Mandarin Chinese. *The Proc. of International Workshop on the Stress, Tone and Rhythm of Spoken Chinese.* Prague, Czech, May 6 – 9, 1999; Full paper published in *Journal of Chinese Linguistics*, Monograph Series No. 17, 2001, University of California, Berkeley, USA.

[3] Cao, J. 2004. Restudy of segmental lengthening in Mandarin Chinese. *Proceedings of Speech Prosody'* 2004, Nara, Japan, 2004.

[4] Cao, J. , Zheng, Y. 2006. Articulatory Strengthening and Prosodic Hierarchy. *Proc. of Speech Prosody'* 2006. Dreston, Germany, May 2 – 6, 2006.

[5] Cao, J. 2006. Articulatory strengthening and reduction: Linguistic motivation and phonetic mechanism. *Journal of Phonetics of China*, Vol. 1 (The start publication).

[6] Chao, Y. R. 1948. *A Grammar of Spoken Chinese*, University of California Press, California, 1948.

[7] Cutler, A. "Speaking for listening", in A. Allport, D. McKay, W. Prinz and E. Scheerer (eds.) *Language perception and production*, London; Academic Press, 23 – 40, 1987.

[8] Fougeron & Keating, 1997. Articulatory strengthening at edges of prosodic domains. *J Acoust Soc Am.* 1997 Jun; 101 (6): 3728 – 40.

[9] Keating, P. 1988. Coarticulation and timing. *UCLA Working Papers in Pho-*

netics, 69: 1 – 2.

[10] Keating, Cho, Forgeron and Hsu. 1998. Domain – initial articulatory strengthening in four languages, *Draft of LabPhon6 paper*, August 1998.

[11] Kohno, M. and T. Tsushima, 1989. Rhythmic phenomenon in a child's babbling and one word sentence, *Bulletin*, *The Phonetic Society of Japan*, No. 191.

[12] Kohno, M. and & T. Tanioka, 1990. The nature of timing control in language, *Proceedings of ICSLP' 90*, Kobe, Japan.

[13] Laver, John. 1994. *Principles of phonetics.* Cambridge: Cambridge University Press. (Bibliographical annotation by Malone 2000.)

[14] Lindblom, B. 1990. Explaining phonetic variation: A sketch of the H&H theory. In: Marchal, A. (eds), *Speech Production and Speech Modeling.* Dordrecht: Kluwer Academic Publishers.

[15] Local, J. 2007, Phonetic detail and the organization of talk – in – interaction, *Keynote talk given at* 16th *ICPhS*, Saarbrucken, August 6 – 10, 2007.

[16] Meynadier, Y., 2004. Gradient linguopalatal variations due to a 4 – level prosodic hierarchy in French. *Proc. of* 9th *Conference on Laboratory Phonology*, Urbana – Champain, IL, USA, June 2004.

[17] Miller, G. A., 1956. The Magical Number Seven, Plus or Minus Two: Some Limits on Our Capacity for Processing Information. *The Psychological Review*, *vol.* 63, pp. 81 – 97.

[18] Van Son, R. J. J. H. 1993. Spectro – temporal features of vowel segments. In series: Studies of language and language use, IFOTT3, *PhD thesis*, *University of Amsterdam.*

[19] Van Son, R. J. J. H., Koopmans – van Beinum, F., Pols, J. Louis C. W. 1998. Efficiency as an organizing principle of natural speech. *Proc. of ICSLP98*, Sydney.

[20] Wu, Z. 1980. Tonal variation in Standard Chinese, *Zhongguo Yuwen*, No. 6. Also appears in *The Collection in Linguistic Articles of Wu Zongji*, Commercial Press, Beijing, 2004.

[21] Wu, Z. 1983. Tone sandhi rules of trisyllables in Standard Chinese. *The Transaction of Chinese Linguistics*, No. 2, 1984. Also appears in *The Collection in Linguistic Articles of Wu Zongji*, Commercial Press, Beijing, 2004.

[22] Wu, Zongji, 1997. Discussion on the Phonetics in Human – Machine Communication. *Teaching of Chinese in the World*, No. 4.

[23] Xu, Y., 1997. Contextual tonal variations in Mandarin. *Journal of Phonetics* 25: 61 – 83.

[24] Xu, Y., 2007. Target approximation as core mechanism of speech production and perception, *Invited lecture given at Institute of Linguistics of CASS*, Beijing, China.

[25] Zhou, X., 2001. A perception test to the syllables in Chinese using multidimensional method. *A Master's thesis*, *Institute of Psychology of Chinese Academy.*

韵律结构与语音的变化[①]

摘要 本文由三部分组成。第一部分是韵律结构概述，主要介绍韵律结构的层次特性及其基本要素；第二部分是语音变化概述，重点从交际需求与生物学局限相矛盾的角度，从言语产生和感知对立统一的自然机制的角度，分析语音随机变化的根本动因，阐述变化的生成机理，揭示语音变化的规律；第三部分讨论韵律结构与语音变化的关系，主要阐述韵律结构与语音随机变化的语言学内涵及其相互关联。

Prosodic structure and speech sound variation

Abstract This paper consists of three main portions as follows. (1) An overview on prosodic structure. In which the hierarchical characteristics and primary elements of prosodic structure is introduced. (2) An overview on speech sound variations. From the angle of the contradiction between communicative demands and biological limitation of articulation, as well as the angle of natural mecha-

---

① 原载《南京师范大学文学院学报》2011年第3期。

nism of opposite - unified relationship between speech production and perception, the analyzing on the motivated factor, generated mechanism and regular patterns of stochastic speech variation are focused. (3) A brief expound on the relationship between prosodic structure and speech sound variation. In this portion, the linguistic connotations respective to the prosodic hierarchy and stochastic speech variation are sketch out, and their inter - relationship is discussed.

前言

为什么要研究韵律结构与语音变化及其相互关系？从某种意义上说，这个课题是被现实应用的需求逼出来的。一般认为，汉语是所谓音节性语言，一个音节就是一个字，一句话有几个字就有几个音节，简单明了。于是，不少人以为，只要掌握了汉字的声、韵、调的正确读音，学会说汉语或对汉语进行语音处理就会指日可待。然而，一到实践中却发现满不是这么回事。第一，不但一个音节的声调会变，声母、韵母也会变，整个音节都会变。而且，语音的这些变化错综复杂，无处不在，无法回避。第二，无论是语言教学还是自然语音处理都从不同角度发现，韵律的作用也是无处不在，同样无法回避；否则，就不可能习得或处理自然话语的轻重缓急与抑扬顿挫。如今，对韵律结构的认识与处理已经成为计算机语音合成与自动识别不可或缺的关键。更不用说日益频繁的世界性交流使得语言学习，尤其是非母语教学成了日常生活中的一种普遍需求，而韵律习得问题在非母语教学中越来越突出，学界普遍认为，掌握目标语言的韵律结构规律是克服“洋腔洋调”顽症的关键。第三，更为重要的是，人们发现，导致语音变化的最最活跃的促动因素就是话语的韵律结构，而话语的韵律表达也总是离不开语音四要素的种种调节变化。可是，如今我们对问题的实质及相关规律的认识还远远不够。因此，这就不得不加强研究，提高对这些问题的实质及其相互关系的认识，以便更加有效地掌握和利用相关的规律。

活的口头话语是语言作为人类交际工具的最重要和最方便的形式。在口语交际中，说话和听话都离不开一定的话语结构，包括句法、语义和语音（包括音段的和超音段韵律的）几个方面，而这几个方面又是密切相关的。举个简单的例子。以常阴沙话第三人称代词“他”“她”或“它”的读音变化为例，在作主语或定语时读［gi］，阳平本调；而作宾语时读［ji］，阳平变调，这是以语音的变化体现语法结构上的差异。同样，在韵律域起首位置或重读地位读［gi］，阳平本调；在非起首位置或非重读地位读［ji］，阳平变调，这是以语音的变化体现韵律结构上的差异。而语法结构和韵律结构本质上都是底层语义结构的表层表现，所以，归根结底，语音的变化所反映的又是语义结构的不同。

上述实例说明，韵律结构是话语整体结构关系的语音体现；韵律结构导向的语音变化，实质上反映出话语整体结构信息表达需要所决定的发音上的种种调整；对韵律结构与语音变化关系的认识，本质上是对口头话语（speech/spoken language）的整体结构关系及其表达需求所触发的语音变化的生成机制及运行规律等方面的理论探讨。

1　韵律结构概说

对于自然话语的韵律结构，大家都已经很熟悉。这里只是简要地介绍一下韵律结构的层级特性以及基本构成要素。

关于韵律层级（prosodic hierarchy）的多寡，各家的说法不尽一致。比较一致的分为韵律词和语调短语两层，或者再加上中间短语层。但是，中间短语这一层实际上是很难定义的（因为它跟语调短语具有同构性，而且在语境中极其复杂多变），叫名也不一致。有的称之为韵律短语，也有的称之为音系短语或语音短语，因为这些术语本来就来源于韵律音系学。关于汉语的韵律层级，一般认为包括韵律词（prosodic word）、韵律短语（prosodic phrase）和语调短语（intonation phrase）三个基本层级（曹剑芬，1999）。韵律词是最基本的、也是最重要的韵律单元，它是构成话语整体结构关系动态变化的基石。

1.1 韵律的层次结构特性

1.1.1 非线性特性

作为话语整体结构关系语音体现的韵律结构，是一种非线性的层级（hierarchical）结构。不仅限于句内，还涉及句间甚至语段间的全局关系，它们彼此关联，有机统一。如今，无论是语音处理还是二语习得中的许多问题，都跟这种内在关系的失调有关。

在自然话语里，各个语音单元看似线性排列，实际上彼此之间却是一种非线性的关系。无论是句子还是短语，尽管他们都由音节串构成，但由于各个音节在话语整体结构关系中所扮演的角色不同，因而各自在音节串内或在整体语句中的韵律地位也就各异。例如，“他们俩一起回到了久别的家乡”这句话由 13 个音节组成，但每个音节的身份和地位不尽相同。首先，它们各自要与毗邻的音节构成不同的韵律词（PW），然后，各个韵律词又按各自的身份构成不同的韵律短语（PP），进而再构成不同的语调短语（IP），具体如图 1（见次页）所示。

图 1 展示了这句话的两种常见的（常规的 default）韵律层级结构模式。我们不妨先从韵律词入手，以 U（1）为例，分析一下其中各个语音单元的身份和地位的差异。

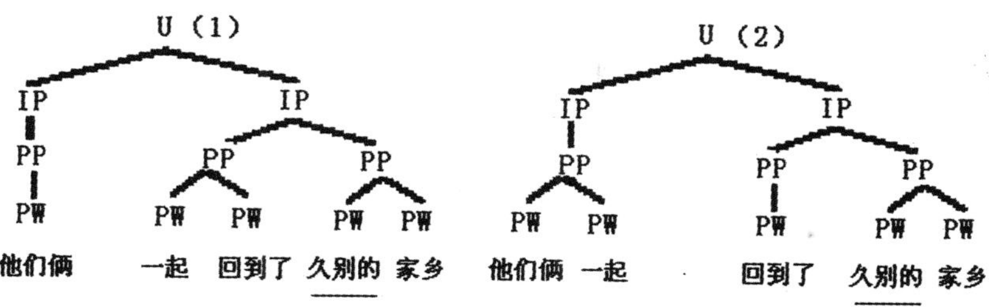

图1　常规的韵律层级结构模式举例

首先，从图中可以看出，同样是韵律词，在进入话语以后便分出了层次的高低："他们俩"不仅取得了韵律短语的身份，而且最终充当了语调短语的角色，同时，还处于一个语调短语兼整个句子——该话语最高韵律域——的起始位置。可是，其余几个韵律词则仍然是不同韵律短语的下位单元，而且，它们在韵律短语内所处的位置又有起始与非起始的分别。

其次，根据常规重音分布规律（Zheng Bo，et al.，2000），也就是取决于语法结构的重音分布规律，韵律词"久别的"获得了句子主要重音的地位，而其余各个韵律词在语句中的轻重程度则各不相同，此处暂不细说。

同样的道理，句中的三个韵律短语和两个语调短语的层次地位也各不相同。如前所说，"他们俩"兼备了韵律短语和语调短语的身份，而"一起回到了"和"久别的家乡"则仅仅是另一个语调短语内的两个下位成分。然而，就重音地位而言，根据该句的语法结构，句子重音落在了"久别的家乡"这个韵律短语上，其重音地位不但高于韵律短语"一起回到了"，更是高于韵律短语"他们俩"。

最后，再来看看语句中音节身份和地位的差异。这里仅以"他们俩"为例，看看这三个音节在韵律词内部的差异情况。在进入韵律词之前，它们都是平等的。可是，一旦进入韵律词，便有了位置上的差异："他"和"俩"分别处于韵律词终端位置，而

“们”处于韵律词内非终端位置。更重要的是，它们在词内的轻重地位发生了变化：一方面，构词上注定了“们”必须读轻音，“他”和“俩”虽然都是可轻可重，但二者必分伯仲。另一方面，“他”和“俩”究竟孰轻孰重，具体情况则视更高的语境因素而定。譬如，在常规情况下，“俩”一般比“他”要重一些。但是，假如在“我们俩一直没再回去，而他们俩一起回到了久别的家乡”这个语境中，“他们俩”与“我们俩”对举，重音就会从“俩”转移到“他”上。由此可见，即使是同样一个词内的同一个音节，其身份和地位不仅受词内局部因素的制约，还会受更高层次语境因素的控制。

1.1.2 动态特性

自然话语的韵律结构模式并非一成不变，而是随机可变的。这种动态特性取决于诸多因素，最常见的是个人说话习惯或流利程度因素以及语言学的因素。一般说来，由于个人说话习惯不一样，同样一句话，有时会导致不同的韵律结构。尤其是流利程度的不同，有时甚至会导致不怎么规范的韵律结构模式，轻者听起来不自然（譬如有人习惯于一词一顿或一语一顿，平铺直叙，平淡无奇），严重的还会影响听者理解（譬如读破句子的情况）。作为初步的理论探讨，这里主要考虑由语言学因素决定的韵律结构的动态特性；认清了这种动态特性原理，也就不难理解那些由流利程度等因素导致的不自然或不协调现象了。

影响语音变化的语言学的因素主要指两个方面，一个是话语常规表达需要决定的语境结构因素，另一个是随机的交际表达需要决定的语境结构因素。

话语的常规表达一般取决于语法结构特点，由此决定的韵律结构模式相对稳定，因而影响语音动态变化的范围和方式都相对有限。例如，图 1 中的 U（2）跟 U（1）相比，除了韵律单元分合的局部改变和轻重音的局部调整以外，句子主要重音位置保持不变，所传达的语义信息也基本不变。

然而，在自然话语中，随机的交际表达需要所决定的语境结构因素，就会对语音的动态变化产生更大的影响。它不但会使韵律词之间或韵律短语之间的松紧关系发生改变，而且还会在较大范围内改变它们在句中的轻重地位。不过，这种动态变化也不难理解。譬如，仍以图 1 中的那句话为例，假如因为某种随机的交际表达需要，而要求特别强调和突出“他们俩一起”回家乡这个语义信息的话，那么，这句话的韵律结构就会发生明显的调整，可能变成图 2 中 U（3）或 U（4）那样随机标记性的（marked）结构模式。

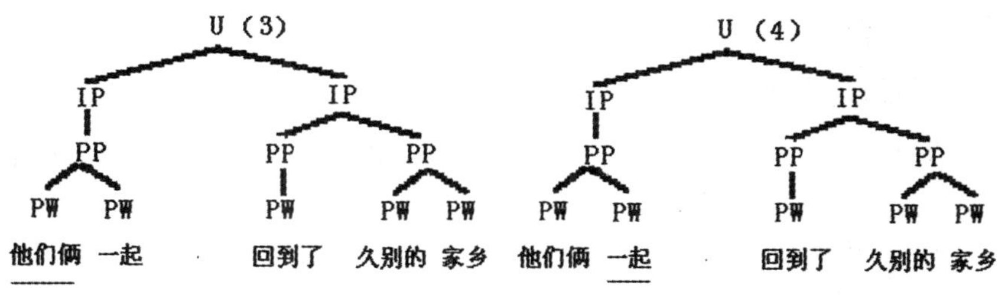

图 2　随机标记性韵律层级结构模式举例

在这里，最明显的是韵律词“一起”，不但离开了原来的那个韵律短语（“一起回到了久别的家乡”），改与“他们俩”组合为一个新的韵律短语（“他们俩一起”），而且还可能取得句子主要重音的地位，如图 2 中的 U（4）模式所示。因此，图 2 中的 U（3）或 U（4）模式就会比图 1 中的 U（1）或 U（2）模式传达出更多的语用信息。

当然，韵律结构动态变化的方式很多。例如，这句话原则上也可以说成“他们俩一起回到了//久别的家乡”，即把最高层次的边界放在“回到了”跟“久别的”之间，句子主要重音分布也可随机更改。但是，在自然话语中，同一层级的韵律单元之间通常倾向于相对的平衡，尤其避免头重脚轻的现象。所以，像“他们俩一起回到了//久别的家乡”这样的韵律结构模式就显得有点头重脚轻，一般较少出现。

1.2 韵律层级所体现的基本结构关系及其多重载信功能

语言的口头形态具有书面形态多半不具备的韵律结构，因而最能实施多重载信功能。口头言语能够以同样的音系结构形式，通过发音上随机的音段和超音段的调节变化，传达不同的语言学和副语言学的信息，诸如不同的语气情态、焦点位置、重音分布以及新旧话题或话轮转换等篇章结构信息。

从上述分析可见，韵律结构的层级特性主要体现在话语里两个维度上的基本结构关系上：一个是韵律单元在时间维所处的位置，主要反映韵律单元之间在结构上的松紧关系；一个是韵律单元在空间维所处的位置，主要反映各韵律单元在话语整体结构关系中的身份和地位关系。

就位置关系而言，除了线性的前后差别以外，起码还包括终端与非终端位置的不同；终端位置又有处于韵律域左端（即边界后）还是右端（即边界前）的分别。就地位关系而言，既有层次高低的差异，又有轻重对比的不同。

1.2.1 韵律单元及其在韵律域的位置关系

韵律单元就是大大小小、承载不同层次韵律信息的语音单位。韵律单元相互结合，又构成大小不同的韵律域（prosodic domain）。较大的韵律域（即上位单元）一般包含若干较小的韵律域（即下位单元）。因此，要考察各个单元在韵律域的位置关系，首先就涉及单元之间的联结与分界和边界层次的高低。

（1）韵律单元之间的联结与分界

韵律单元的联结与分界，就是通常所说的组词断句（chunking/grouping）问题。实质上，分界与联结是边界（border/boundary）关系的两个不同方面，或者说是看待边界问题的两个不同的角度。一方面是怎样把一个个离散的音节、词或短语组织成连贯的句子，这涉及韵律单元之间的联结（connection）关系；另一方面是怎样把连续的话语分析为离散的语音单元，这涉及韵律单元之间的分界关系。

（2）韵律边界层次的高低

说到韵律边界层次的高低，必定涉及韵律单元的大小和韵律层级的多寡。对此，各家的说法不尽相同。小到莫拉，大到韵律语句；少者两三级，多者七八级。比较一致的分为韵律词（prosodic word）和语调短语（intonation phrase）两层，或者再加上中间短语（intermediate phrase）层。但是，中间短语这一层实际上很难定义（因为它跟语调短语具有同构性），叫名也不一致。有的称之为韵律短语，也有的称之为音系短语或语音短语（因为它们本来就是源于韵律音系学）。

关于汉语的韵律层级，一般认为包括韵律词、韵律短语（prosodic phrase）和语调短语三个基本层级（曹剑芬，1999）。韵律词是最基本的、也是最重要的韵律单元，它是构成话语韵律结构的基础。韵律短语和语调短语则是更高层次的韵律单元，一般由若干韵律词或韵律短语构成。

（3）联结与分界所反映的结构松紧关系

韵律单元之间的联结与分界是一种辩证统一的关系。一方面，没有分界，就无所谓连接；没有连接，也就无所谓分界，这是显而易见的。另一方面，连接越紧，意味着关系越紧密；而边界层次越高，就意味着边界两边语音单元之间的结构关系越松。因此，话语在时间域的结构关系松紧，正是通过这种辩证统一关系体现的。

可以自上而下看，主要反映不同层次的下位单元之间联结关系的松紧或相应边界层次的高低。也可以反过来自下而上看，主要关注各个下位单元在构成不同层次的上位单元时，彼此之间连接关系的松紧或彼此之间边界强度（strength）的高低。仍以话语U（1）的结构为例，从话语的角度自上往下看，首先是关注“他们俩”、“一起回到了”和“久别的家乡”三个韵律短语之间关系的松紧或边界的高低。在这里，“一起回到了”跟“久别的家乡”之间的连接关系显然要比“他们俩”跟“一起回到了”之间的关系更紧一些，这也就区分出了第一道边界层次的高低。二是关注各韵律短语内部各个下位单元之间、也就是各个韵律词之间关系的松紧。在这里，“一起”跟“回到了”或者“久别的”跟“家乡”之间的连接关系要比“回到了”跟“久别的”之间的关系更紧一些，这也就区分出了第二道边界层次的高低。当然，还可以细分出第三道边界层次高低、即音节之间的紧松关系。相反，假如自下而上看，首先关注的自然就是不同音节之间联结关系的松紧或边界层次的高低。从联结关系角度看，相对较紧者（譬如“他”跟“们”和“俩”之间，或“一”跟“起”之间）组合为同一个韵律词，相对较松者（譬如“俩”跟“一”之间，或“了”跟“久”之间）就分归于不同的韵律词、甚至不同的韵律短语；从分界角度看，韵律短语内韵律词间的（譬如，“起”跟“回”之间的）边界层次自然高于韵律词内部音节之间（譬如，“回”跟“到”以及“到”跟“了”之间的）边界层次。

1.2.2 韵律单元在韵律域的地位关系

（1）不同层次韵律单元之间的轻重对比

韵律单元之间的轻重对比是韵律结构的另一个重要因素。例如，“这群小演员中会出一批很棒的演员”这句话，首先可以根据听辨作如下的韵律切分：

这群//小演员/中///会出/一批//很棒的/演员

同时，还可以根据它们的音高运动轨迹来标示这句话的重音分布情况，具体如图 3 所示。

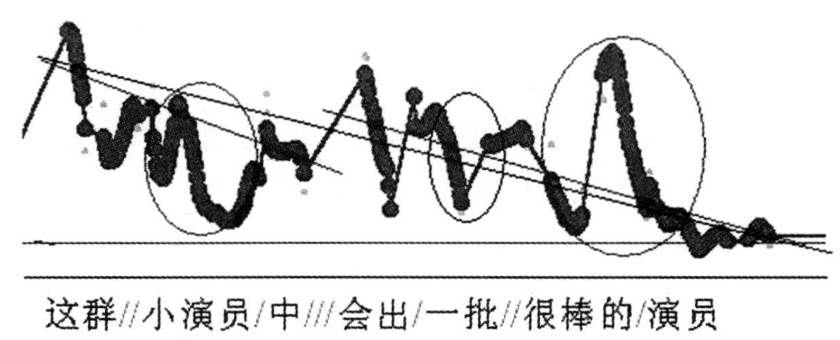

图 3 语句重音分布的音高显示示例

从图 3 所示的音高运动轨迹来看，这句话中的轻重对比不仅普遍存在，而且其层次分别具有客观的声学根据。譬如，不仅在像“这群小演员中”跟“会出一批很棒的演员”这两个较大的韵律域之间存在着明显的轻重对比（后一部分更重），而且在像“会出”与“一批”这样较小的韵律域之间同样可以观察到轻重的对比。前者属于句子层面上大的韵律短语之间的轻重对比，后者属于韵律短语内部不同韵律词之间的轻重对比。实际上，在大的韵律短语内部，还存在较小韵律短语之间的轻重对比，例如“这群”跟“小演员中”的对比以及“会出一批”跟“很棒的演员”的对比。因此，在这句话里，语句的重音起码存在三个不同的等级（图中分别以不同的下划线表示），体现三个不同的结构层次。具体表现为：“一批”相对于“会出”的音高突出相对不那么明显，它所体现的是较低层次上的韵律结构关系（即小的韵律短语内部的韵律词之间的轻重对比关系）；而“小演员”相对于

“这群”，“很棒的”相对于“一批”，它们的音高突出则非常显著（注意：由于普通话上声、即第三声的低音区特征，在重读时的音高突显不同于一般的向上突出，而是向下突出。这是一般规律。所以，这句话里的“小”、“演”和“很”的音高都是向下突出），它们所体现的是较高层次上的韵律结构（即较大的韵律短语或语调短语内部的下位单元之间的关系）。尤其值得注意的是，“很棒的”尽管处于句末，但无论是上声音节“很”的音高向下突出，还是去声音节“棒”的音高向上突出，都是全句中最为显著的，它所体现的是这句话最高层次上的韵律结构关系（即句子的两个语调短语之间的轻重分布关系）。

（2）轻重对比所反映的身份与地位关系

韵律单元在韵律域的轻重差异也是一种辩证统一的关系。一方面，没有重，就无所谓轻；相反，没有轻，也就显不出重，这是显而易见的。另一方面，越重，意味着在结构关系中的身份越重要，说明其处于话语结构的关键地位；而越轻，就意味着在结构关系中的身份相对不怎么重要，说明其处于话语结构的非关键地位。因此，正是通过这种轻重对比的辩证统一关系，体现了语音单元在话语整体结构关系中的不同身份与地位。

2　语音变化概说

凡是涉及语音的变化，现在统称音变。其实，两者不完全是一回事。音变（sandhi/sound change）本来是个更为专门的术语；而语音变化（speech variation）则是更为一般的泛称。前者的研究更多地关注音系学的变异，一般不细究语音的生理或声学细节的变化；后者更多地关注语音学的变异，必须通过对生理或声学细节变化的考察，探索其生成机制及变化规律。本文的探讨属于后者，但是，为了方便起见，术语名称不予严格区分。

语音的变化，有的是音系性的固有变化，诸如儿化、轻声、变调，等等；有的是语流环境中的随机变化。音系性的固有变化与本文主题关系不大，故不在讨论之列。这里集中讨论语流中的随机变化。对于这类音变现象大家都很熟悉，引起此类音变的因素也很多，这里只考虑跟语言学相关的因素，重点探讨此类音变的产生机制和变化方式。

2.1 两种主要的触发机制

不同语言的相关探索表明，自然话语中语音的种种随机变化，主要是由言语交际的客观需求跟言语产生与言语感知的内在机制决定的。具体可归纳为如下两种主要的触发机制。

2.1.1 言语交际的无限需求与有限的发音资源和听觉感知资源之间的矛盾迫使语音不得不变

导致语音变化的因素错综复杂，而最根本的缘由，就在于它的有限资源和能量与客观上无限载信需求之间的矛盾迫使说话时不得不随时调整发音饱满度（plump - ness），这是不由自主的。因为从言语交际的角度看，客观的交际需求几乎是无限的。口头话语既要保证基本的语义区辨，又要兼顾情态表达，还要为听者提供清晰、明确的关于话语全局的韵律层次和篇章结构信息。可是，无论从言语的产生还是感知的角度看，其资源和能量都十分有限。

首先，从言语产生的角度看，由于天然的生物学局限（Xu, Y.，2001），人的发音资源和语音信号本身的能量都是有限的。显然，这跟无限的交际需求之间存在不可回避的矛盾。为了在有限的时段内高效地传达想要传达的信息，人说话时就必须合理地分配发音资源（尽管这是不假思索的），以便以尽可能少的资源发送尽可能多的信息，包括基本的词汇信息和全局性的语义焦点、节奏组块分合、结构层次高低以及语气、情态信息，等等。

其次，从言语感知的角度来看，由于神经、心理等生物学局限，人的听觉感知资源也是有限的。例如，相关的认知心理研究表明，言语感知的注意力资源有限，它会受到记忆跨度等因素的制约。因此，对于听觉感知而言，在有限的时段内也不可能处理语音信号的所有细节。这跟客观交际需求之间同样存在不可回避的矛盾。所以，同样需要合理分配听觉资源（尽管这也是不假思索的），以便有限的时段内、以尽可能少的听觉资源接收上述种种信息。

由此可见，为了克服上述主、客观之间的矛盾，每个音段的实际发音就必须随机调整、有张有弛。例如，增强关键位置音段的发音以最大限度地为感知提供方便，减缩非关键位置音段的发音以尽可能节省言语产生和感知资源。这样的调节就使得每一个音段的具体语音实现同时既承载低层次的信息，又承载高层次的信息。惟其如此，才能以有限的资源满足无限的交际需求，这就决定了语音不得不变。

2.1.2 言语产生和感知的内在机制决定了语音不可能不变

第一，根据言语产生的动作理论（action theory）（Fowler，C. A.，Rubin，P. E.，Remez，R. E.，& Turvey，M. T.，1980），言语的产生具有提前规划（pre - planning）机制，它促使更大范围内音段的发音普遍具有向前看（look ahead）现象。这种自然机制导致邻近音段发音姿态之间相互交叠（overlapping）的协同发音（coarticulation）（Keating，P. 1988）。这种不同音段发音姿态之间的交叠必然导致两方面的变化，一是发音目标的不到位（undershoot），二是过渡（transition）音段的产生。这是产生邻接音变的最根本的促动因素。图 4 显示的语音实例的声谱图以及相应位置的腭位图可以充分说明这一点。

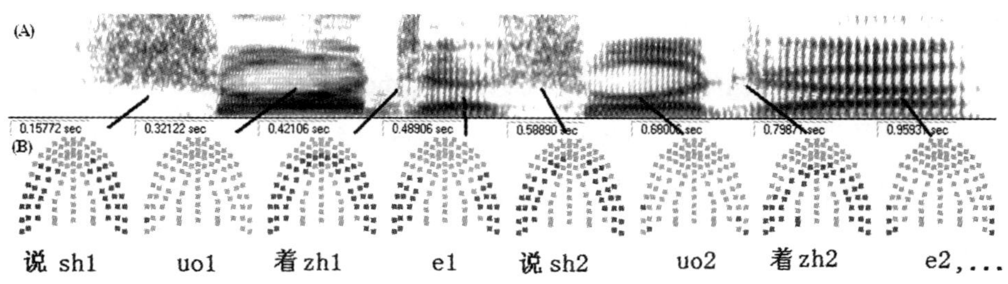

图 4　“说着说着……”的声谱图及腭位图

从图 4 的声谱图中，音段或音节之间的过渡音随处可见。再以两个“着”的元音为例，比较一下各自的共振峰及相应的腭位图，就会发现，第一个“着”的元音/e/1 的发音显然很不到位，这是发音减缩的表现；而第二个“着”的元音/e/2 的发音就相当到位，是发音增强的表现。通常，元音发音时声道畅通，舌与腭应当没有接触；而这里/e/1的腭位图却显示出相当大面积的舌腭接触，说明由于跟相邻音段发音姿态的交叠，使它的语音实现明显地偏离了规范的发音目标。这说明，言语产生的自然机制决定了实际话语中的语音必然会产生偏离底层目标的变化。这是协同发音导致的语音变化。同时自然话语是个有机的统一体，具有复杂的结构关系。各种结构信息，无论是局部的还是整体的，都必须通过局部的音段或音节的发音调节来体现。因此，每个局部的音段或音节的发音行为都不可能是孤立的，它们无不处于话语总体结构关系的制约之中，它们的发音都不得不作出种种适应性的调节，它们的语音实现也就必然会随机变化。上述元音/e/2 的发音变化就属于这一类。因为这个元音处于韵律短语的末尾，客观上存在边界标志性发音增强的需要，所以不但发音的时长明显延长，而且舌与颚的接触就比/e/1 的少很多。这是韵律表达需要导致的变化。

以上这两个/e/的不同发音实现充分说明，言语产生的自然机制决定了实际发音必然会偏离底层目标，不是增强，就是减缩，不变不行。

第二，根据言语感知的机动理论（motor theory），言语感知的目标是说话人意向的语音姿态（Liberman & Mattingly，1985），人对口语词的感知是通过辨别和揣摩发出这些词的时候的声腔姿态实现的。由此可见，人对所听到的语音的感知必定跟说话人发音时的适应性调节密切相关。同时，言语感知看来是以一种理想的方式综合利用多重资源实施的。除了上述产生机制的因素之外，还受各种来源于非产生因素、例如语境因素的影响。感知心理实验业已证明，人对语音的感知往往可以通过相关的语境信息，而并不需要听清楚每一个语音的详尽细节。这就说明，人的发音既不可能、也不需要把每一个语音都发得那么到位。这种内在机制既决定了人的自然发音必须统筹计划（尽管那是不假思索的），有张有弛，该充分的必须充分，不必充分的必须减缩；同时这种内在机制也为发音的统筹规划提供了可能。因此，语音的变化不仅是必要的，而且是可行的。

2.2 两种主要的调节变化策略

由上可见，一方面，自然话语的发音既要解决交际需求跟言语产生与言语感知资源局限的矛盾，又要满足对立统一的言语产生与言语感知的要求；另一方面，可资利用的语音手段实际上也是有限的，无非是对音色、音高、音长和音强四个要素的调节。因此，唯一的解决之道，就是锐化必要的特征区别跟淡化次要的特征区别。具体地说，如果空间允许，时间充裕，而且客观表达需要（例如韵律结构的体现），某个音段就能充分实现其目标；反之，就会目标不到位。因此，同样一个音段，（譬如上述的两个/e/元音）由于在语流中所处的位置不同，其发音空间和时间的充裕程度就不一样，因而其语音特性的实现程度必然时而充分（甚至过度发音 hyper - articulation，因而产生增强 strengthening）、时而不足（不足发音 hypo - articulation，因而产生减缩 reduction，甚至脱落或减音 deletion），而一切语流音变都不外乎过度发音或不足发音的具体表现（Lindblom，B. 1990）。这就是自然语音两种主要的调节变化策略——发音的增强和减缩（曹剑芬，2008）。一方面，通过增强，突出关键位置音段的发音，以最大限度地为感知提供方便；另一方面，通过减缩，淡化非关键位置音段的发音以尽可能节省言语产生和感知的资源。正是这样有张有弛的调节策略，才使得每一个音段的具体发音能够同时既承载低层次信息、又承载高层次信息。

2.3 语音变化的具体实现方式

语音随机变化的具体实现方式多种多样，主要分为局部范围的连接音变和大跨度语境相关的音变。局部范围的连接音变主要是由协同发音触发的音段变化，也包括毗邻声调之间的协同产生。大跨度语境相关的语音变化，主要是由全局话语结构表达需求触发的超音段变化，也涉及相关局部的音段变化。这里主要讨论跟韵律结构相关的语音变化，也就是大跨度语境相关的语音变化，包括音段的和超音段的实现方式。

2.3.1 跟韵律层级结构相关的语音变化方式

边界上的停与连、即分界与连接，都是主观感知印象，这种边界关系的客观标志就表现为不同方式的语音调节变化，主要包括边界标志性音高重置、终端音节延长（lengthening）以及边界标志性音色饱满。

（1）边界标志性音高重置

边界标志性音高重置本质上是边界前后音高高度的跃变。所谓音高重置（pitch resetting），是相对于不同层次语调单元的总体音高下倾（pitch declination）而言。无论是韵律短语还是语调短语，就其底层骨架而言，都存在着由固有的发音生理制约决定的音高高度（pitch height）的下倾，也就是音域高度的自前向后逐步下降（decline）的趋势。因此，每开始一个韵律短语或语调短语，就会重新启动一个自前向后逐步下倾的走势，也就导致边界前、后音高高度的跃变，这种现象称之为边界标志性音高重置（曹剑芬，2002）。

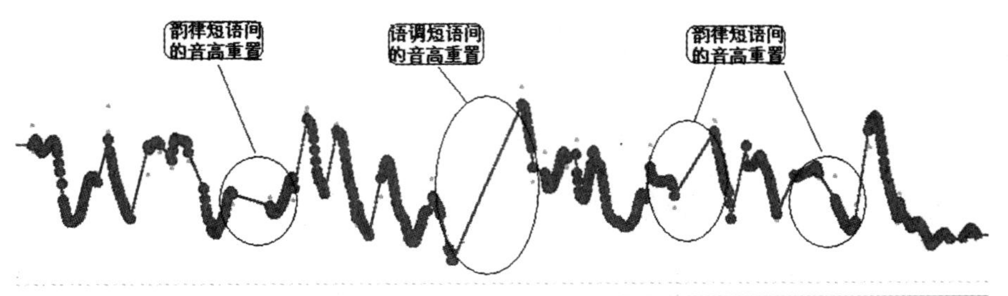

图 5　自然话语音高运动举例

图 5 显示的是一段自然话语的表层音高运动轨迹，尽管由于焦点和重音等因素的影响，表层音高运动形式显得非常复杂；但是，仍然可以观察到底层音高骨架的总体下倾走势以及边界上的音高重置。例如，这句话可以作如下韵律切分：

姜文//在/开拍前///曾//自信地/预言道////这群//
小演员/中///会出/一批//很棒的/演员

其中单、双、三斜杠分别代表韵律词、韵律短语和语调短语边界，四斜杠是小句或句子的边界。从图中可以看出，无论是韵律短语或语调短语，都存在着底层的总体音高下倾走势。同时，在这些短语边界前后，都存在着音高重置，如图中圆圈所标记的部位所示。

通常，音高重置是边界后的音高高度高于边界前的；但是，当韵律边界以低特征的声调（例如，普通话的第三声）起始时，边界后的音高高度就可能不是高于，而是低于边界前的，如图 5 中最后那个圆圈标记的部位所示。

（2）边界标志性终端音节延长

边界标志性终端音节延长，包括韵律域末尾音节延长和起首音节延长。对于末尾延长，大家都很熟悉，似乎不必多说；而起首延长则尚未引起足够的重视。其实，起首延长跟末尾延长一样，同样具有标志边界的作用，只是两者延长的方式不一样：末尾延长主要是韵母的延长，起首延长主要是声母的延长（曹剑芬，2005）。正是这种差异，在标志边界及其层级高低的同时，它们还能指示音节在边界上的位置差异。

表 1　　不同韵律位置上声母、韵母跟话语总平均值（设为 1.00）的时长比

位置＼层面	句子层面	韵律短语层面	韵律词层面	话语总平均
首音节内：声母	1.57	1.32	1.13	1.00
韵母	0.99	0.93	0.84	1.00
尾音节内：声母	1.09	0.92	0.63	1.00
韵母	0.92	1.30	0.91	1.00

表 1 是不同等级韵律边界前、后音节延长的比较，分别以话语总体声母均长和韵母均长作为标杆，出示了不同韵律层面上首音节和尾音节内部的声、韵母相对于话语总体声、韵母的时长比值（数据来自对一个朗读语篇语料库中男、女各两人话语的测量）。首先，比较表中第一行和第三行的相应数据，就可以清楚地看到，不管在句首、韵律短语首，还是在韵律词首（非终端位置）的音节内，声母时长的比值都不但明显地高于话语总体平均值，而且高于相同层级上末尾音节内的这种比值。显而易见，以上这

种边界后音节的声母加长非常典型；而且，这种延长也是累加的：句首的最强，其次是短语首和词首的。这就不但指示出韵律的边界和音节在边界上的位置，而且显示出不同韵律层级的差异。在这里，我们测量的是生理时长，因为有协同发音，声、韵母的区间存在一定的交叠，因此，声、韵母的时长比之和有可能略大于1。

再比较一下表中第二和第四行的数据，就会发现，通常熟悉的末尾延长也并非那么简单。第一，并不是凡是末尾音节都会延长，而只有韵律短语末尾才存在绝对的延长；第二，是否存在末尾延长，不能只看囫囵的音节时长，而且要看音节内韵母的时长伸缩。如上所述，末尾延长不同于起首延长，这种差异，既是发音生理制约的结果，又是对多重载信的客观需求的适应。表2分别以话语总体声母和韵母各自对音节的时长比作为标杆，出示了不同韵律条件下的音段延长的比较，其中粗体数据代表有延长。表中数据的分布情况表明，相对于话语总体时长比的均值而言，第一，在韵律域起首（即边界后）位置上的音节，都是声母延长而韵母缩短；而在韵律域末尾（即边界前）位置上的音节，除了韵律短语末尾的韵母绝对延长之外，无论声母还是韵母都呈缩短趋势。第二，单就韵律域末尾而言，只有韵律短语末尾的音节确实是整个音节显著延长了，而句尾和韵律词尾的音节都是缩短的。而且，即使是韵律短语末尾整个音节的延长，也是由韵母的显著延长作出的贡献，而其声母却是缩短的。

表2　韵律边界前、后音段延长以及逻辑重音条件下的音段延长的比较

时长比＼位置	句首	韵律短语首	韵律词首	句尾	韵律短语尾	韵律词尾	逻辑重音	话语总体均长
声母/音节时长比	**0.444**	**0.425**	**0.386**	0.309	0.294	0.216	**0.369**	*0.319*
韵母/音节时长比	0.649	0.693	0.666	0.603	**0.962**	0.719	0.631	*0.733*

（3）边界标志性音色饱满

边界标志性音色饱满，是指韵律边界上的元音或辅音的发音很到位，其聚合（paradigmatic）特性或范畴特征很典型。譬如，韵律域起首音节的辅音，若为擦音，其摩擦能量明显大，若为塞音，其除阻破裂明显强，总之，韵律域起首辅音的发音部位和发音方法特征区别明显。又如韵律域末尾音节元音的发音，比起韵律域起首或中间位置的元音来，其舌位的高低前后更加到位，这就使得不同元音之间的舌位区别更为典型。例如，从图6中处于韵律边界与非边界音节的声谱比较，就会发现，其中第一个“说”的声母辅音的摩擦就比第二个“说”的强，而第二个“着”的元音的舌位就比第一个“着”的典型。原因就在于，第一个“说”处于语句的起首，既在句子边界上，又在韵律短语的边界上，所处的韵律域等级高，跟左右相邻音段距离较远，空间较大，因此，必要时就有可能来充分实现它的发音目标；相反，第二个“说”处于韵律短语的中间位置，只是在最低的韵律词边界上，跟左右相邻音段距离较近，空间有限，因而其声母辅音的发音实现就会受到左右相邻音段发音的制约。同样的道理，第二个“着”处于韵律短语末尾，而第一个“着”处于韵律短语内部前一个韵律词的末尾，两者所在的韵律域层级不同。因此，这两个“着”的韵母元音的发音实现就显著不同。

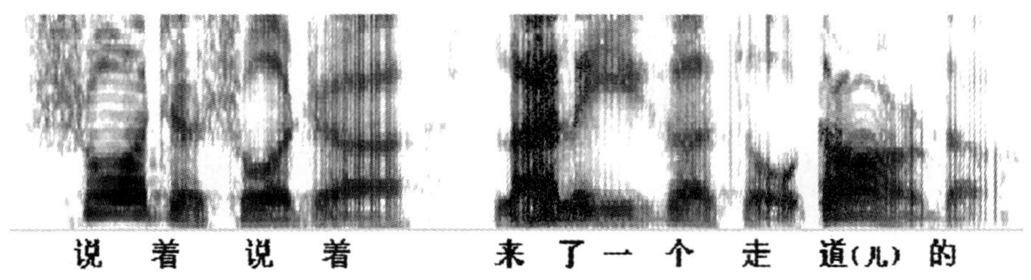

图6　韵律边界标志性音段发音增强图例

事实上，这种边界标志性音色饱满具有它的发音生理基础。国外相关研究早已表明，舌、双唇以及小舌的发音动作的尺度在语音单元起始位置上跟非起始位置上是不一样的。例如，英语的硬腭塞音和软腭塞音的发音，当它们处于词首时，舌和腭之间的接触面比处于词尾时更大（Byrd，D. M.，1994）。汉语的电子腭位资料，同样说明了这个原理（Cao，Jianfen & Zheng Yuling，2006）。

2.3.2 跟轻重对比相关的语音变化方式

话语中的轻重对比也是一种主观感知印象，所谓重音凸显，同样以不同方式的语音实现作为客观标志，包括音高突出、时长加长和音色饱满。

（1）重音标志性音高突出

重音标志性音高突出（pitch accent），知觉上是一种音高凸显（pitch prominence），客观上表现为跟周围语音单元的音高高度的显著落差。譬如，在“说着说着，来了一个走道（儿）的”这句话中，“道（儿）”是最重的。从图6中这句话的基频曲拱来看，尽管“道（儿）”处于话语末尾，显然要受到总体音高下倾的制约。但是，由于携带语句重音，其音高的突出仍然是显而易见的。相应的基频不但高于周围音节，而且比所在韵律短语起首音节的还要高。

（2）重音标志性时长加长

重音的另一个客观标志就是相关音节时长的加长（elongation）。表3是“说着说着，来了一个走道（儿）的”这句话中的重读词“走道（儿）的”跟几个轻声音节的时长对比（数据来自对男女各一个话者发音的声谱及电子腭位测量）（Cao，Jianfen & Zheng Yuling，2006）。表中的数据显示，凡是重读音节（“走”、“道”和“的”）声母的闭塞段都比轻声音节（“着1、着2、个”）的长。最有意思的是句末的“的”虽是个轻声音节，但由于是重读词的一部分，其声母闭塞时长就比其余轻声音节的明显加长。尤其是“道（儿）”这个音节，显然比句中其他音节的闭塞段都长。

表 3　　辅音闭塞时长比较

音段 闭塞时长 话者	着 1 zh1	着 2 zh2	个 g	走 z	道 d	的 d
男声	32	25	24	36	57	44
女声	21	25	33	45	63	42

此外，重音标志性时长加长跟边界标志性的音节延长方式有所不同，而且也不如边界音节的加长那么明显，根据表 2 显示的数据，携带逻辑重音的音节虽然也表现出声母的延长。但是，不如韵律域起首音节声母的延长幅度大，而且，韵母还是显著缩短的，缩短的程度仅次于句尾。这说明，相对于边界两边的音节而言，重音音节采用声、韵母相对平衡的时长分布来体现。从这种情况来看，汉语的重音表达似乎主要不是依靠时长的加长，而可能更倚重于音高音阶的突出。当然，这只是相对而言。其实，话语中重音音节的时长分布还会受声调类型和语调结构等诸多复杂因素的制约。譬如说，当重读的是第三声音节时，由于其音高为低特征的影响，往往会通过特别加长音节的时长，以补充其独特的音高凸显方式导致的听感信息的不足。

（3）重音标志性音色饱满

仍以上述例句中最重的“道（儿）”为例，从图 6 显示可以看到，不但其声母闭塞段最长，而且除阻冲直条最明显，也无浊化现象。它的韵母/ao/的发音非常饱满：共振峰模式相对典型，除了过渡音段之外，还有相当长的稳定段，不但复合色彩明显，包括儿化音色都很清晰。

总之，为了适应韵律结构的表达需要，语音的变化，不仅采用不同的发音策略，强化与弱化随机应变；而且方式灵活，无论是强化还是弱化，都涉及音色、音长、音高和音强四个要素的综合协调和音段与超音段的同时并举。例如，关键部分的发音增强，并不是四要素简单地同时平均地强化，而是有机地协调不同要素间的分布状况。譬如，突出边界的发音增强虽然同样都有音节加长的表现，但边界前跟边界前后延长的具体方式不同；而重音导向的发音增强则跟边界前、后的又不一样。

2.4 语音变化的多重载信功能

语音的变化具有多重载信功能，这是对客观表达需要的适应。譬如说，一方面，韵律边界可以通过音高起落和时长伸缩来标志；另一方面，音高起落和时长伸缩的作用，又不仅限于标志边界信息，更要顾及语调的类型、焦点和轻重分布以及话题、话论等更多的篇章信息的传达。由此可见，在韵律表达上，音高的起落和时长的伸缩身兼数职，这就决定了它们必须以不同的配合形式来实现其多重载信的功能。

首先，在实际话语里，这种配合形式不但表现为音高和时长因素的彼此关联和相互制约，而且，即使单就时长伸缩的作用而言，至少在跟知觉上的停顿与连接相关的方面存在互补关系。譬如，高层次的韵律边界，如句子或语段之间，一般都表现为显著的音高重置及较长的无声停顿；而较低层次的韵律边界，如句子内部的韵律短语之间，一般都以音节延长为主，也存在音高的重置，但不如句间的那么突出。单就时长而言，跟知觉上的停顿相关的时长行为以无声间歇为主，而跟知觉上的连接相关的时长行为则以音节的延长为主。例如，韵律短语之间的连接关系肯定比句子之间更为紧密，所以，主要就表现为显著的末尾延长或加上较短的无声间歇；而句子之间则主要表现为较长的无声停顿，一般没有末尾延长，甚至还会缩短（曹剑芬，1999）。

其次，无论是音高还是时长，又以不同的形式来体现不同的表达需求。譬如，音高的起伏变化用于指示韵律边界、语调类型或者地位轻重时，主要通过改变音节整体的音阶（即音高高度）、而不是具体的升降平曲的形状来体现。又如，音节的延长用于指示话语不同位置（如界前、界后）和地位（如重和轻）时，就采用声、韵母在音节内部的时长分布差异来体现（曹剑芬，2005）。

在这里，顺便提醒注意，通过上述分析，我们不难看出，采用什么样的语料来考察韵律结构的客观特性，这一点很重要。不但孤立的韵律词或韵律短语无法全面体现韵律结构特性，就是大规模的句子库，也不足以涵盖这个功能。因为句子库的语料都只是话语的片段，拿出来孤立地说，就失去了原来可能携带的整体结构信息。因此，把它们放在一起来考察，即使规模很大，充其量也只能反映句子内部的结构特性，而不可能正确反映自然话语韵律整体结构的本来面目。

2.5 局部的连接音变跟全局的适应性增强或减缩的关系

2.5.1 不同的动因，相同的功能

如上所述，局部的连接音变主要是由协同发音引发的，这种协同发音是由言语产生的自然机制（提前计划机制）决定的；而全局性的适应性增强或减缩则是由话语韵律结构的随机调节引发的，而这种随机调节又是由言语交际的语用需求决定的。然而，尽管触发因素各不相同，但两者的功能相同。因此，局部的连接音变跟全局的适应性增强或减缩并非完全独立，而是存在一定的相关关系。

2.5.2 彼此关联，相互制约

一方面，协同发音导致的局部连接变化的程度会受全局的适应性增强或减缩的制约；另一方面，全局的适应性增强或减缩又必须通过局部的连接音变得以实现。比较不同等级韵律边界上音段之间协同发音的程度，就可以观察到这种关系的存在。譬如，从图7出示的腭位图实例，可以说明相关韵律边界上音段发音变化的内在关系。

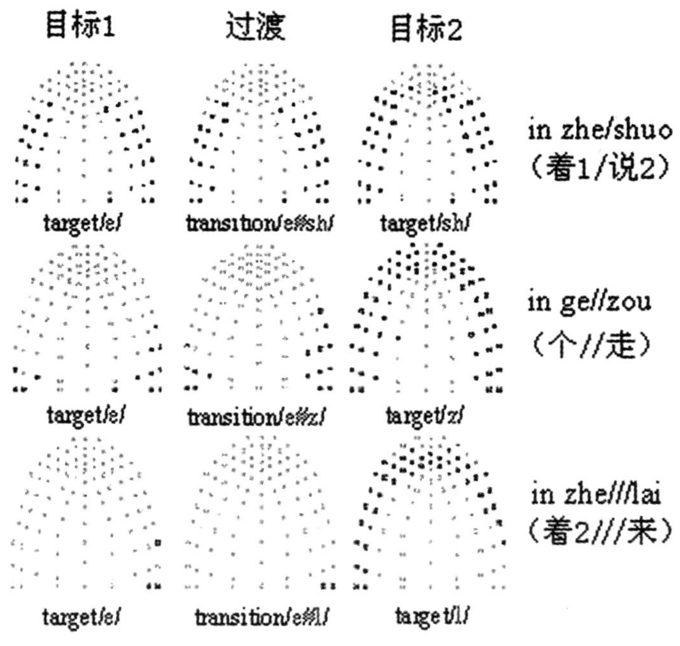

图7 不同等级韵律边界上音段之间协同发音程度比较

图7自左向右三列分别为说话时前一音段的目标位置、前后音段之间的过渡状态和后一音段的目标位置的电子腭位图显示，从舌与腭接触的具体情况就可以直观地看到当时的协同发音情况。图中自上而下三排腭位图，分别显示了“说着说着，来了一个走道（儿）的”这句话中从低到高三个不同韵律层级边界上的协同

发音情况。上排代表韵律词之间（即“说着说着”中的“着 1”与“说 2”）的情况，中排代表较小韵律短语之间（即“一个”中的“个”与“走道儿的”中的“走”）的情况，而下排代表更大的韵律短语、甚至语调短语之间（即“说着说着”中的“着 2”与“来了一个走道（儿）的”中的“来”）的情况。

首先，以左边第一列自上而下的三个腭位图为例，比较一下反映舌腭接触的深色点的位置分布和面积大小，便可看出同一个/e/元音在不同韵律层级边界上发音时的舌腭接触状况。按理说，典型的元音发音时口腔通畅，不存在舌与腭的接触；可是，这里的三个腭位图上都出现了接触点。这说明，三种情况下/e/元音的发音都受到后接辅音音段的影响而出现了程度不同的协同发音现象。只不过位置分布和接触面不一样：上排的那个/e/处于韵律词内的音节边界上，接触点最多，接触面最大；中排的那个处于较小韵律短语内的韵律词边界上，接触点次之；而下排的那个处于韵律短语边界上，接触点最少。

其次，再看第二列过渡阶段的三个腭位图，自上而下，反映舌腭接触的深色点越来越少，以至几乎不见了，这充分说明，随着韵律层级的提高，边界上音段之间的协同发音效应越来越弱了。

由此可见，韵律边界层级与协同发音程度之间显然存在着一种负相关的关系——韵律层级越低，单元之间的结构关系越密切，协同发音程度就越高，语音的连接音变也就越明显；反之则反是。它表明，韵律边界上音段间协同发音的程度随着边界等级的提高而减弱。因此，相对于底层的音系目标而言，随着韵律边界等级的提高，音段的语音特性相对于底层音系目标的偏离就越小。

3　韵律结构与语音变化的关系

综上所述，韵律结构导向的语音变化，实质上反映出话语整体结构（包括基本的句法和语义结构，而更为直接的是语用结构）信息表达需要所决定的发音上的调整。这种规律性的调整，无论是增强还是减缩，都出自两种对立面的统一：交际双方要求之间的矛盾统一和言语交流的需求跟发音局限之间的矛盾统一。其结果就是，通过规律性地调节音段发音实现的程度，突出话语的结构关系，最大限度地实施有效的言语交际。所以，探讨韵律结构与语音变化的关系，本质上既是对语音变化的由来、生成机制以及它跟话语结构表达需求之关系等方面的理性认识，也是对话语深层结构关系的进一步认识。

3.1 韵律结构与语音变化的关系可以从不同的角度来认识

从语音变化的角度看，同样的音系结构因为受不同韵律结构的制约，而产生不同的变化形式、变化程度和不同的协调配合方式。所以，作为话语结构关系的语音体现，韵律结构关系的表达需求是导致语音变化最强有力的因素。

语音的变化是成系统的、有规律的，因而能够以局部的变化体现全局的结构关系。同时，语音表达的基本手段虽然有限，但却能以多种多样的变化方式及其有机配合，来应对几乎无限的交际表达需求，从而充分发挥有限资源的无限载信功能。可以说，变化在局部，而功能在全局。所以，从韵律结构的角度看，不同的结构信息，诸如边界层级高低、轻重的相对对比、新旧信息的交替等等，都必须通过语音的不同变化形式、变化程度以及四要素不同的协调配合方式来标志和体现。因此，语音变化的系统性和规律性是体现韵律结构关系的最有效的手段。

3.2 从局部的连接音变跟全局的适应性调节变化的关系看自然话语的深层结构

局部的连接音变跟韵律结构相关的适应性调节变化并非绝对

独立，而是彼此关联、相互制约。一方面，无论是局部的连接音变，还是全局韵律结构相关的适应性调节变化，都是相对于底层的音系目标而言的。因此，无论是过渡音段的产生和目标段的不到位，还是适应性增强或减缩所导致的语音客观特性变化，本质上都是对底层音系目标的相对偏离。另一方面，局部的连接音变必须服从韵律结构导向的全局性适应性调节变化的制约，而全局性适应性调节变化也必须通过局部音段的特性变化来实施。这种既彼此独立又相互依存、既错综复杂又系统规律的语音变化，正是自然话语深层结构的表层表现。它充分揭示，自然话语本身就是一张有机统一的关系网。理清这张网的结构关系，是语音研究的根本任务；充分认识和掌握这张网的结构关系，是任何应用成功的钥匙。

3.3 实现有效交际是连接韵律结构与语音变化的共同杠杆

音段的发音和韵律结构看似相去甚远，而我们的实验研究表明，在自然话语里，两者之间却存在着不可分割的内在联系：韵律的结构层次因交际需要而存在，而语音的变化则因体现结构层次的需要而产生。因此，归根结底，客观的交际需求是连接韵律结构与语音变化的共同杠杆。

由此可见，从根本上说，无论是理论研究还是实际应用，都不可能把语音变化的研究和韵律结构的研究截然分开。研究语音的变化离不开对韵律结构的了解，通过韵律结构，不但可以认识语音变化的动因及其生成机理，还可以认识和掌握语音变化的规律。语音怎么变？随交际需求决定的环境和条件而定，随所要体现的结构关系而定。只要环境和条件有定，只要结构关系有定，变化的方向、程度和方式就有定。这就是语音变化的规律性和可预测性。同样，研究韵律结构也离不开对语音变化的认识，无论从局部性的连接变化，还是从全局性的适应性调节变化，都可以深化我们对以韵律结构为代表的话语内在结构关系的认识。所以，我们必须把音段研究与对更大辖域的超音段结构的探索结合起来，才能从理论上进一步揭示言语产生及感知的自然机理，也才可能为言语工程和语言教学等应用方面提供更为可靠的知识和规则。

参考文献

Byrd, D. M., 1994, Articulatory timing in English consonant sequences. PhD. Diss. *UCLA Working Papers in Phonetics*, 86.

Cao, Jianfen & Zheng Yuling, 2006. Articulatory Strengthening and Prosodic Hierarchy, *Proc. of SP*2006, May 2 –5, Dreston, Germany.

Cao, Jianfen, How do Speech Sounds Vary and Serve Efficient Communication? In: Fant etc. (eds), *Frontiers in Phonetics and Speech Science*, The Commercial Press (《现代语音学前沿文集》，商务印书馆，2010年)。

Fowler, C. A., Rubin, P. E., Remez, R. E., & Turvey, M. T., 1980. Implications for speech production of a general theory of action. In B. Butterworth (Ed.), *Language Production*, *Vol. I*: *Speech and Talk*. New York: Academic Press.

Keating, P., Coarticulation and timing. *UCLA Working Papers in Phonetics*, 1988, 69: 1 –2.

Liberman AM, Mattingly IG. (1985) The motor theory of speech perception – revised. *Cognition*. 21: 1 – 36.

Lindblom, B. 1990. Explaining phonetic variation: A sketch of the H&H theory. In: Marchal, A. (eds), *Speech Production and Speech Modeling*. Dordrecht: Kluwer Academic Publishers.

Xu, Y., 2001. Sources of tonal variations in connected speech. *Journal of Chinese Linguistics*, monograph series #17.

Zheng Bo, et al., 2000. The regular accent in Chinese sentences. *The Proceedings of ICSLP*' 2000, Beijing.

Zheng, Yuling & Cao, Jianfen, 2006. Coarticulation and prosodic hierarchy. *Proc. of Tal2006* (International Symposium on Tonal Aspects of Languages), April, 27 - 29, Laruchel, France.

曹剑芬:《汉语节奏的声学语音学特性》,《现代语音学论文集——第四届现代语音学学术会议论文集》,金城出版社 1999 年版。

曹剑芬:《汉语声调与语调的关系》,《中国语文》2002 年第 3 期。

曹剑芬:《音段延长的不同类型及其韵律价值》,《南京师范大学文学院学报》2005 年第 4 期。

曹剑芬:《发音增强与减缩——语言学动因及语音学机理》,第七届全国语音学学术会议暨语音学前沿问题国际论坛,北京,2006 年 10 月 20—22 日。又见《中国语音学报》第一辑,商务印书馆 2008 年版。

曹剑芬:《语音的变化——生成机制和交际意义》,《第八届中国语音学学术会议暨庆贺吴宗济先生百岁华诞语音科学前沿问题国际研讨会论文集》。北京,2008 年 4 月 18—20 日。

关于“声学不变性”的若干问题①

摘要 言语工程界一直在不懈地搜寻跟“不变的音系学认知”匹配的“声学不变量”。但它至今仍是个谜，它是人—机语音通讯，尤其是语音识别工程中的一大障碍。本文从“不变的音系学认知”切入，通过剖析语音感知的本质，发现这种不变性取决于词的音—义联结关系，而每个语言里这种音—义关联关系是不变的，与之相关的特征或发音姿态集合决定的整体声学模式也就相对不变。正是这种不变的关联关系以及对应声学模式的存在，确保了人从复杂多变的声学表现中对同一词语的轻松确认。

Abstract Particular attentions have been paid to pursue the acoustic invariance in speech perception for near half century, but the answer is still uncertain up to date. This article discusses some issues on this topic by analyzing the essence of speech perception and so - called ‘phonologically invariant cognition’, so that to find out what is the matched acoustic invariance. The investigation

① 原载《NCMMSC2011 论文集》，中国西安，2011 年 10 月。

leads to a finding that such invariance seems to depend on the sound - meaning conjunction in word level, since this sound - meaning conjunction in a language is established by usage and kept invariant corresponding, thus, a relational invariance should be referring to their global acoustic patterns. Consequently, these integrative acoustic patterns would benefit to distinguish words and help the listener to identify a word from its complex acoustic manifestations in various speech contexts.

1 关于声学不变量的探索

"声学不变性"（acoustic invariance）是人-机语音通讯研究领域一再提起的老问题，但始终未有理想的答案。这个概念是Stevens于1972年在介绍量子理论时首先提出的[1]。

这个问题的提出源自于语音识别的困顿。长期以来，人—机语音通讯、尤其是语音的自动识别一直为语音的复杂多变所困扰。然而，在一个语言集团内部，一个词或一句话由不同人说出来，或者由同一人在不同时间、以不同方式或者在不同语境下说出来，尽管其具体声学实现千变万化，听话的人却总是能够感知为相同的词或话语。于是，人们相信，在语音信号中必定存在物理声学上的invariance，即不变性，恒定性。因此，至少从20世纪七八十年代开始，人们便锲而不舍地寻找这种声学上的不变性或恒定性。

1.1 若干经典论述

Stevens自1972年首先提出这个概念以后，一直不懈地致力于这方面的探索。1979年，报道了他跟Blumstein对塞音起始处短时频谱的实验结果[2]，发现大约有85%的起首辅音除阻和末尾破裂除阻能够独特地指明它们不依赖于后接元音的发音部位特性。从而支持这样一种假设：听觉系统抽取的声学信号中的间断特性（discontinuity）显示出不依赖于邻接元音或者辅音噪音特性的不变性质。

1984年，Aditi Lahiri 及 Blumstein 等认为决定塞辅音发音部位特性的不变性是动态的相对的不变性[3]。它们是建立在从塞辅音除阻到噪音共振峰过渡开始的高频和低频能量分布基础上的。

Lisker（1985）认为，"搜索有助于听话人从语音信号中抽取语言学消息的声学性质，向来被解释为不变的物理特性跟不变的音系学认知之间的匹配任务"。可是，"对语音学来说，可以主张的知觉上不变的最小单元不是特征，而是音段，而这个尺度的最抽象的范畴平面以及感知身份就是前生成音系学的音位"。而音位的具体声学实现是不可能不依赖于环境的。因此，声学不变性本身就是一个可变物[4]。

Fant（1985）也认为，不存在绝对的不变性，只有相对的不变性（relative invariance），即关系上的不变性（relational invariance）。他曾指出[5]，"随着对言语声的一切可能的语境变化性认识的深入，探索语音特征的绝对不变性已经成为一个伪问题"。"假如我们能够把跟所有可能的语境因素有关的可变性构建为言语代码的一部分的话，就能解决那些因为语音表层缺乏不变性而使得那么多研究者气馁的问题"。

1986年，Stevens 等进一步提出了关于不变量的原理[6]："当说一个词的时候，一个独特的声学性质就出现在某个语音特征中，而这个特征无论何时都是用来识别和确认这个词、并把它跟别的词区分开来。从这个特征的出现不依赖于其他特征或音段环境这个意义上说，这种声学性质是不变的。"

1.2 国内的相关研究

在国内，也有一些零星的研究。较早的有祖漪清关于感知中心（P - center，即 perception center）的研究报道。她基于15个人语音数据库的统计分析，通过对普通话三合元音最小时间感知阈（Tlim）的研究，从声学和感知的角度寻找声学不变量。结果发现："在一个音节中存在着一个位置，听者在这个位置上可感知到该词而不需听到该词的全部"[7]。这是通过对最小时间感知阈的研究揭示了"感知中心"的声学内涵。

2005年，阳晶和陈晓霞通过对普通话不同发音部位和发音方法塞音爆破段自身谱特性的统计分析，发现这些爆破段的确存在相对稳定的声学模式，呈现出不受后接元音音色和送气不送气影响的一致性[8]。

2 声学不变性究竟在哪里？

假如从 Stevens 提出这个概念算起，人们的探索已经持续了将近半个世纪。然而，却始终未能找到理想的、跟不变的音系学认知匹配的、不变的物理特性。人们至今无法理解，人究竟是怎么实现这种匹配的？是不是说话人与听话人之间对于每一个词都有一套共享的语音行为规则？尽管这种规则性目前尚未被明确揭示和认识，但从日常交际中语音感知的高度鲁棒性表现来看，它肯定存在于自然话语之中。那么，它究竟何在？

2.1 问题的症结所在

最近，在网上拜读了一位语音识别研究专家于2006年发表的《语音识别热中的冷思考》一文[9]，深受启发。论文首先指出语音识别技术应该以言语听觉感知的研究作为理论基础。并进一步提出，难点与突破方向就在于弄清楚听觉系统对复杂的声频信号进行实时分类的模式感知能力，这是一项被认为是“比登月球还难”的研究课题。对此，要回答的三个关键问题之一就是：听觉上可感知的最小单位是什么？是区别特征？音位？双音？音节？或是词？

由此可见，寻找声学不变性的关键就在于寻找与之相关的各个变量之间的关联关系。既然寻找声学不变性的实质，是搞清楚大脑怎样实施不变的音系学认知跟多变的发音实现之间的匹配机制，那么，这里首先必须搞清楚的是：什么是“不变的音系学认知”？此前，我们只顾在纷繁复杂的语音现象里搜寻不变的声学参量，却未曾仔细思考过什么是“不变的音系学认知”。而这，正是问题的症结所在。

2.2 什么是不变的音系学认知？

什么是不变的音系学认知？这里至少涉及两个彼此相关的问题。第一，这种认知上的不变性究竟来自何方？是什么东西确保了这种对“音系学”范畴认知的不变性？第二，这个“音系学”范畴是哪个层次上的范畴？也就是说，什么是语音感知的最小单元？

2.2.1 不变的音系学认知的实质

（1）什么因素确保了这种不变的认知？

这个问题的核心就是：究竟是什么因素确保了这种对“音系学”范畴认知的不变性？是单纯跟“音系学”范畴相关的声音信号及其声学特性吗？这就涉及对语音感知本质的理解。

说到这里，我觉得我们此前对于“声学不变性”的探索可能陷入了一个单纯的、片面的搜索不变的“声学参量”的误区。其根源还在于我们对言语产生，尤其是对言语感知的机理及本质缺乏全面的认识。因此，要想搞清楚这种认知的不变性来自何方，恐怕先得了解语音感知的本质。

（2）关于语音感知的本质

关于语音的感知，《语音学和音系学词典》和网上百科全书（The free encyclopedia）的解释分别是："语音的感知是听话的人从连续的言语声信号中提取对应的语言学要素的过程"，"是语音被听到、解析和理解的过程"。

为了对语音的感知有个基本的认识，不妨先从自身的感知直觉入手。譬如，当你听到"咸"/xian2/和"甜"/tian2/这两个语音刺激时，你的感知直觉一定是对这两个语音信号所指称的语义概念区别的理解，而不是对音位/x/与/t/的对立及其特征区别的认识，尽管这种区别确实是由这两个音位的对立及其区别特征构成的。当然，这只是一种推测，但决非凭空臆测。关于这种感知直觉的生成机制稍后再作探讨。

或许，还可以从婴儿语音感知的习得过程得到某些启示。一般认为，婴儿的言语习得是从言语感知开始的，感知先于产出。但是，婴儿对一个语言的语音感知并不是先天的，而是从所处语言环境的熏陶中后天习得的；而且，婴儿语音感知能力的习得过程，也是从对接触到的语声刺激跟它们相关的事物之间的直观联系开始的。尽管实验证明，早期婴儿能够区分所有语言里的语音对立。实际上，那只不过是对跟语音对立相关的声学刺激差异的觉察或敏感；随着母语环境的熏陶，他们对非母语的语音对立就会变得不敏感，而只对母语的语音对立敏感。这个事实说明，早期婴儿对所有语言里语音的那种敏感只能叫听觉（听到了，觉察了），而并非真正的感知（理解了，认知了），起码不能叫语音的感知。根据上述关于语音感知的解释，并结合一些实验观察，可以发现，婴儿语音感知的发展过程的确要经历几个阶段：第一阶段，听到言语声，即对言语声音的听觉。例如早期婴儿对言语声刺激的眼动或转头反应，表明他们听到、并且觉察到了声音或声音的不同，但并不知道这是怎么回事。第二阶段，对言语声音及其异同的分析和归纳。譬如通过对周围环境中反复出现的语声刺激及其所指称的事物的接触和比较，婴儿慢慢学会把听到的言语声音的异同跟所指称的事物的异同联系起来，也就是把对不同人或同一人不同时间说出的、指称同一事物的言语声判断为同一类声音，把指称不同事物的言语声判断为不同类别的声音。这就开始初步习得一个语言里的音—义联结关系；不过，此时的判断和分类还是相对离散和感性的。第三阶段，对言语声刺激的理解和认知。譬如，通过潜移默化和进一步的概括、抽象，婴、幼儿逐渐比较全面、系统地掌握了该语言音—义联结的关系网络，从而能够真正听懂和理解他们所听到的言语声刺激所传达的语义，这才算是真正的语音感知。当然，这三个阶段之间并没有绝对的分野，而是一个渐进的过程；而且，这个进程非常迅速。例如，婴儿对于基本语义的理解实际上早在前语言阶段就开始了，而到两岁左右，这种能力就已经发展得相当成熟了。

由上可见，语音的感知本质上是从对语声刺激的感觉到对与之相关的语义的理解。

（3）不变的音系学认知的实质

从婴、幼儿语音认知的整个发展过程来看（其实，成人也是如此!），自始至终都离不开对某个语言的音—义联结关系的接触和认识，换句话说，总是跟对相关语义概念的认知捆绑在一起的。而通常所谓音位对立意识的形成或对区别特征的认识，那是语言学和语音学对感知过程的理论分析和解剖，并非一般人的实际感受。因此，所谓“不变的音系学认知”，实质上并不是单纯对言语声信号中的音位或特征等语言学要素认识的不变性，而是对跟诸如此类的音系范畴相关的音—义联结关系认知的不变性。正是这种音－义之间的关联关系确保了对“音系学”范畴认知的不变性。那么，究竟在什么层次上的“音系学”范畴才具备这种特质呢?

2.2.2 关于语音感知的最小单元

诚然，一个语言里数目有限的区别特征的确是最理想的语音识别单元，因为它们是所有语言共通的，具有同样的发音生理和物理声学基础。假如语音感知的最小单元真的是区别特征，那问题可能就简单多了。但是，这些特征本身只能反映语音自然类别的自然属性，而语音还具有社会特性。各个语言里的实际语音都是自然类别在各语言社会交际链上的具体应用，是自然特性与社会特性在那个语言里有机统一的体现。因此，面对实际语言的语音感知任务，决不仅限于对言语声自然类别及其基本结构关系的识别，而必须达到对言语声信号所传达的语义信息的认知。因此，当你识别出一个特征的时候，不等于识别出了音段，因为一个特征可能跟多个音段有关。所以，对于音段的识别来说，它仍然是不确定的。同样，识别出了一个音段，对于词的识别而言它仍然是不确定的，因为这个音段可能跟不止一个词有关，更谈不上对词义概念的认知。至少要到词层面才真正涉及语义的理解，才谈得上真正的语音感知。所以，就真正意义上的语音感知而言，最小感知单元应当是词。对此，有些研究提供了相关的理据。

譬如，有一项对词进行辨识的心理实验结果证明："被试对双词素（音节）词的辨识几乎跟对单词素（音节）词的辨识一样快"[10]。这就意味着，在语音感知过程中，头脑词典中用于跟外界输入语音进行匹配的模式必定是以词的整体语音模式为单位的，而不可能以离散的特征或者发音姿势的语音模式为单位；否则，双词素（音节）词包含的特征及发音姿势显然多于单词素（音节）词的，两者的辨识怎么可能一样快呢？

此外，上述提到的祖漪清[7]关于音节内存在着感知中心的发现，也提供了一个有力的旁证，它说明语音的感知是以语音单元整个（holistic）、一体化的（integrative）方式实施，而不是以离散的（discrete）、分解的（analytic）特征或音段形式感知的。既然对通常包含不止一个发音目标的音节的感知是如此，那么，对词的感知是否也应该如此？这就涉及词的语音形式及其所指词义概念的关联问题了。

2.3 不变的音系学认知的语言学基础

如上所述，不变的音系学认知实质上是对跟音系范畴相关的音-义联结关系认知的不变性。既然最小的语音感知单元应该是词，而平时觉得"感知上不变"的东西正是词的物质声音及其在头脑中的"音响印象"跟词义概念之间的关联关系，而不单纯是词的物质声音及其"音响印象"本身。那么，词的物质声音跟语义概念的关联是怎样建立起来的？跟语义概念关联的物质声音及其"音响印象"又是以怎样的形态存在着？为了对这些问题有个大概的了解，不妨先用一个简单的图解来剖析一下其中的种种关系。

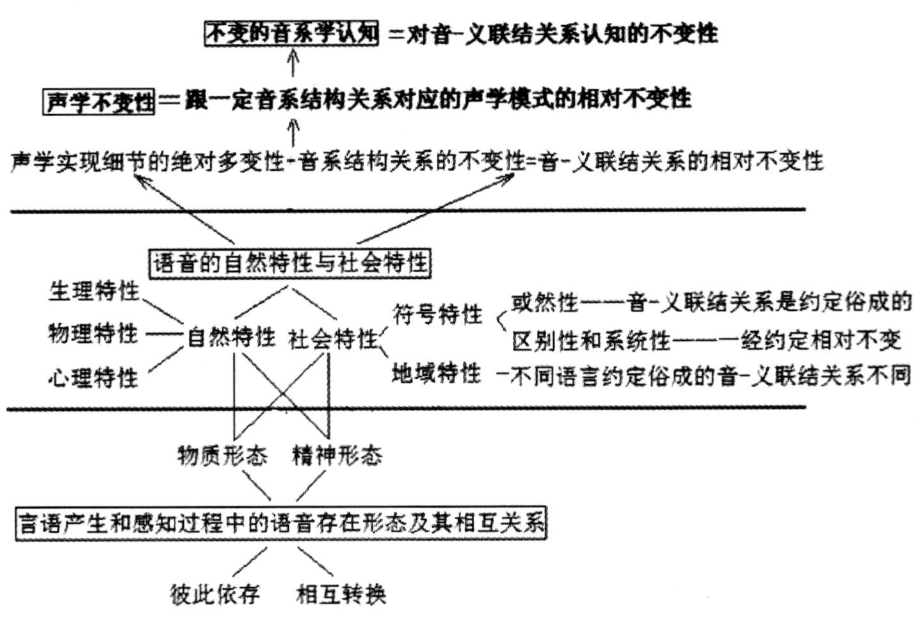

图1　不变的音系学认知与声学不变性的关系图解

这个示意图包含了三大块，跟声学不变性直接相关的是上部的第一块，其中有关“不变的音系学认知”问题已在上面讨论过了，接下来要讨论的是，“不变的音系学认知”背后是不是隐含着“不变的物理声学特性”？这种“声学不变性”究竟以什么形式在什么地方存在着？但是，从图1上可以看到，“不变的音系学认知”不是直接跟单纯的、不变的声学参量的简单对应，它跟我们要寻找的“声学不变性”之间还隔着不少复杂的关系。

通常人们把言语声音只作为一般的声音信号来看待，却忘记了最最重要的一点：语言是思维和交际的工具，语音是指称和标记语义概念的符号。不跟任何语义关联的声音根本就不是语音。因此，寻找跟不变的语音感知相应的声学不变性，就绝对离不开对语言的音-义联结关系的认识，这就必然涉及言语产生和感知过程中的语音存在形态及其相互关系以及语音的自然特性与社会特性及其内在关系等一系列问题。那就是图1中第二块和第三块的内容。要厘清第一块的问题，不能不简单了解第二块和第三块的问题。

2.3.1 言语产生和感知过程中的语音存在形态

(1) 语音的外部物质形态

语音作为语言的物质外壳不同于一般的声音。首先，它是跟人的发音动作关联的、反映发音生理特性的声音，具有系统的结构特性和自然类别（例如，不同舌位高低和前后以及唇形圆展的元音系统，各种发音部位和发音方法的辅音系统）。更为重要的是，语音的特性不仅限于物理声学的自然特性，更具有跟一定的语义区别关联的社会特性，那就是应用不同自然类别的结合体来指称和标记不同语义概念的特性。例如普通话的“沙”和“书”的语义区别就是应用/sha/与/shu/的自然特性区别实现的。从音系学的角度看，这里主要是依靠元音/a/的［+前］、［-高］特征跟/u/的［－前］、［＋高］特征及其相应的共振峰结构的区别。然而，假若它们不是用来跟“沙”和“书”的词义区别关联，那么/a/与/u/的自然特性区别就没有确定的语言学意义。由此可见，任何声学特性差异若不跟一定的语义概念区别挂钩，它就不可能成为任何确定的音系目标或音系学倾向。语音的外部形态可以大致归纳为以下两方面。

A. 自然形态

语音的自然形态是人类语言通用的形态，具有：取决于发音姿态的自然类别（如不同的元音、辅音音素类别）；对应于发音姿态的区别特征（如区别元音舌位、辅音发音部位和发音方法姿态的特征）；对应于区别特征的物理声学形式（如声波及其频谱结构模式）。

B. 社会形态

语音的社会形态是它的自然形态在具体语言中的应用，是随语言而异的存在形态。具有：取决于联结一定音系结构的音—义连接关系，即按一定配列规则结合的音素结合体（如音节或词）；对应于音素结合体的发音姿态系列结构；对应于发音姿态系列的特征系列结构；对应于特征系列结构的物理声学形式（如音节和词的声波及频谱结构模式）。

（2）语音的内部精神形态

语音的内部精神形态是它的外部物质形态在大脑意识中的存在形态。用索绪尔的话说，就是外部语言物质声音在头脑中的“音响印象”或“心理印迹”[11]。

A. 言语产生过程中的语音存在形态

言语计划阶段：对想要表达的语义概念进行编码过程中的语音存在形态，就是相关音素结合体的外部物质声音在大脑意识中的反映和高度的概括和抽象，以精神词典的形式存储。

言语实施阶段：在大脑中枢以及传出（动觉）神经上运行的

语音存在形态，就是与精神词典中各个音素结合体的发音姿态相关的神经脉冲流，以发音的机动指令（motor command）形式发出和传递[12]。

B. 言语感知过程中的语音存在形态

言语声接收阶段：在传入（感觉）神经上运行的语音存在形态，就是通过听觉器官接收的外部语音刺激并转换而来的神经脉冲流。

感知理解阶段：在大脑中枢进行解码的语音存在形态，那是通过对接收到的神经脉冲流跟大脑精神词典存储的与各个音素结合体相关的神经脉冲模式的比较匹配，解码理解为对应的发音姿态及其相应的音素结合体[12]。

（3）语音物质形态与精神形态的关系

言语的产生与感知是两个相反的过程，但是，无论是产生还是感知都是由交际和思维需求促发的语音物质形态与精神形态的双向转换过程。因此，两种存在形态之间首先是彼此依存的关系。

一方面，思维赖以进行的语音内部存在形态必须借助于跟外部存在形态一致的结构关系，才能对反映客观事物和关系的概念进行概括、分类和推理、判断；否则，思维就无法进行。另一方面，言语交际一刻也离不开思维，语音的外部物质形态所表达的正是通过语音的内部形态进行思维活动的结果，否则，交际就无法进行。

由于头脑思维过程中所用的词的语音形态就是外部语言里用以标记某种语义概念的语音物质形态在意识中的反映，因此，它们在与客观事物和概念的指称关系上必定具有同一性，它们内部必定具有同样的系统结构。所以，彼此之间才可实现双向转换，从而实现交际与思维的有机统一。

由此可见，正是语音的内、外存在形态之间相互依存和有机统一的关系，成就了语音跟语义的关联，形成了连接主、客观世界的杠杆。

2.3.2 语音跟语义的关联是怎样建立起来的？

由上可知，自然言语产生与感知过程中的音义编码和解码，就是在语音的物质形态与精神形态之间相互关联和双向转换的过程中得以实施的。转换生成语法把语言的结构分为底层和表层；现代语音学理论把语音的生成分为头脑中的计划和口头上的实施两个阶段。这些理论所说的语言的底层结构或头脑中的语音计划显然都是指语言的内部存在形态，而表层表达或口头实施就是语言的外部存在形态。这种内外语音形态之间的转换机制是人类语言共通的神经机制，是由自然特性决定的一般语言能力。

但是，具体语言的语音物质形态及相应的精神形态则随语言而定，即由社会特性决定的。因此，不变的音系学认知及其跟相应的声学模式之间的相对不变关系也因语言而异，这就涉及图 1 中第二块的问题了。

3　从语音的自然特性与社会特性看声学不变性

3.1 语音的自然特性与社会特性和“不变的音系学认知”

3.1.1 语音的自然特性与社会特性简说

对于语音的自然特性大家都很熟悉，自不必说。语音的社会特性主要表现为它的符号特性和地域特性。

语音的符号特性，一是指最初的音—义联结关系的或然性。就是说，一个语言里最初采用怎样的自然类别来指称和标记相关的语义概念原本没有什么必然性，而是由各语言社会集团约定俗成的。二是指它的区别性和系统性，即不同的语音形式及其结构关系代表不同的语义概念区别及其结构关系。因此，一个语言里的音—义联结关系一旦约定俗成，各个言语单元之间便形成既相互区别、又彼此关联的网络结构，而且以相对凝固的形式存在于这个语言集团成员的思维和交际活动之中；于是，习惯成自然，任何个人言语的产生或感知过程中的编码或解码便都摆脱不了这个音义关联网络的制约了。或许，这就是感知直觉生成的原理吧。

语音的地域特性跟它的符号特性密切相关。主要表现为不同地域的语言或方言具有不同的音—义联结关系。一是具有同样自然特性的语音在不同语言或方言里往往跟不同的语义概念关联；二是同样的语义概念在不同语言或方言里采用具有不同自然特性的语音来指称和标记。总之，一个语言里的音—义联结关系是由语音的自然特性与社会特性共同决定的。

3.1.2 自然特性和社会特性与“不变的音系学认知”

由此不难想见，跟大脑认知中的音系模式匹配的因素必定跟一个语言里的音—义联结关系具有密切联系。尽管不同语言有不同的音系结构，形成不同的音—义关联关系及其网络结构。但是，所遵循的音—义关联原则是一样的，任何一个语言里的音—义关联关系都不会因为说话人的不同或说话方式的不同而改变，也不会因为语境的变化或其他外部因素而改变，所以，对它们的“音系学认知”才可能是不变的。

3.2 语音的自然特性与社会特性和“声学不变性”

3.2.1 从语音的地域性看“声学不变性”

虽然人类的思维具有共通性，表现为对客观世界事物及其相互关系进行概括的语义概念的一致性。但是，思维不可能直接用语法或语义概念进行，而必须采用语音形式实施。语言的地域性决定了不同语言里音—义联结关系的不同。因此，同样的语义概念在不同语言里用于指称和标记它的语音形式就不同。

这就提醒我们，跟感知上的不变性相应的“声学不变性”必定跟各语言里最初的音义联结关系的建立和约定有关。尽管我们无法知道这种关系最初是怎样约定俗成的，但有一点可以肯定：不同语言具有不同的音义联结关系，因此，跟音系感知上的不变性相应的“声学不变性”不可能是语言一般性的，而是随语言而异的。

3.2.2 从语音的符号性看“声学不变性”

由于语音的符号性，决定了某个词在同一个语言里总是跟某种语音形式联结，这种约定关系不会因为周围词语的环境而改变。从这个意义上说，这个词的语音形式具有“声学不变性”。

由于语音的符号性，决定了同一个词在不同语言里总是跟具有不同自然特性的语音形式联结。这种出现在不同语言之间的、约定关系的可变性充分说明，“声学不变性”并非意味着不变的音系感知必定对应于声学特性的绝对不变，而是必定对应于以确定的音—义联结关系为基础的声学模式的相对不变，因此，从语音符号性的角度看，其实就是跟一定的音 - 义联结关系对应的声学模式的不变性。

4　小结

根据语音感知的本质，最小的语音感知单元应该是词，而不是离散的特征或发音姿态。因此，所谓“不变的音系学认知”至少是对词层面的音—义关联关系的认知，大脑认知中的音系模式应该是以音—义关联方式跟词的整体声学模式匹配的。

每一个语言里词的音—义关联关系都是约定俗成的，由这种约定关系决定的词的音系结构是不变的。因此，由词的音系结构及其特征或发音姿态集合决定的整体声学模式（包括各音素的发音姿态之间或特征之间的相互影响和制约效应）也就相对不变。这就是为说话人跟听话人所共享的自然言语行为规则。正因为这种共享的语音行为规则的存在，确保了人们对以复杂多变的声学表现出现的同一词语的认同。

这种说话人跟听话人对于每一个词都拥有的、共享的语音行为规则，大约就是我们苦苦搜索的跟“不变的音系学认知”对应的“声学不变性”吧。

主要参考文献

[1] Stevens, K. N. The quantal nature of speech: Evidence from articulatory-acoustic data [J], In *Human Communication: A Unified View* (edited by P. B. Denes & E. E. David, Jr.), New York: McGraw Hill, 1972.

[2] Sheila E. Blumstein & Kenneth N. Stevens. Acoustic invariance in speech production: Evidence from measurements of the spectral characteristics of stop consonants [J]. *JASA*, 1979.

[3] Aditi Lahiri, Letitia Gewirth and Sheila E. Blumstein. A reconsideration of acoustic invariance for place of articulation in diffuse stop consonants: Evidence from a cross-language study [J]. *JASA*, 1984.

[4] Leigh Lisker. The pursuit of invariance in speech signals [J]. *JASA* 77 (1199-1202), 1985.

[5] Fant, G. Features, fiction and fact [J]. In J. Perkell et al. (eds) *Invariance and Variability of Speech Processes, Brain and Reading.* Lawrence Erlbaum Ass Publ., 1985.)（引自 Fant, G. Speech acoustics and phonetics, Published by Kluwer Academic Publishers, P. O. Box 17, 3300 AA Dorecht, The Netherlands. 2004）

[6] Stevens, K. N., Keyser, S. J., & Kawasaki, H. Toward a phonetic and phonological theory of redundant features [A]. In J. Perkell & D. Klatt (Eds.), *Invariance and variability in speech processes.* Hillsdale, NJ: Lawrence Erlbaum Associates, 1986.

[7] 祖漪清：《汉语普通话三合元音的最小时间感知阈及其声学特性》，中

国社会科学院《语言研究所语音研究报告》RPR－IL（CASS）/1991.
[8] 阳晶、陈霄霞：《普通话塞音爆破段谱的特性分析》，中国社会科学院《语言研究所语音研究报告》RPR－IL（CASS）/2005.
[9] 志刚 zhigang324：《语音识别热中的冷思考（1）》，zhigang324 的日志—网易博客。
[10] Mark Hasegawa－Johnson. Landmark－Based Speech Recognition：Psychological Processing and the Lexicon. 在清华大学信息学院讲习教授系列学术讲座上的报告，2004 年 10 月 21 日。
[11] 索绪尔：《一般语言学教程》（中译本），商务印书馆 1980 年版。
[12] 曹剑芬：《现代语音基础知识》，人民教育出版社 1990 年版。

第　四　编

语音历史演变的现代语音学分析

汉语古今声母与声调演变关系一瞥[①]

摘要 汉语古今声母与声调演变的关系，向来是传统语言学界备受关注的经典问题之一。本文试图从古来声母的“清浊”对立在现代吴语中的语音表现，来考察声母与声调演变发展的关系。论文将采取传统分析方法与现代语音实验相结合的手段，在回顾古今声母“清浊”对立与声调阴阳对立的历史渊源的基础上，通过剖析吴语声母“清浊”语感的由来与声调高低之生成机理，探讨声母与声调演变发展的内在联系。

1 前言

汉语古今声母发展与声调演变的关系是个复杂的课题，存在一系列的疑问和争议。例如，古今声母的“清浊”对立究竟是怎么回事？为什么“清浊”对立总是跟“阴阳”对立牵连在一起？吴语浊声母“清音浊流”的“浊流”究竟跟声母有关还是跟韵母和声调有关？本文试图从吴语声母“清浊”语感的由来与声调高低之生成机理切入，通过解剖“浊流”的实质及其历史渊源，来

① 在2010年海峡两岸传统语言学研讨会上的报告，修订稿刊载《历史语言研究》第五辑，商务印书馆2012年版。此处略有修改调整。

探讨声母与声调演变发展的内在联系。

1.1 关于“浊流”归属的不同观点

如今，在大多数的语言学著作里，认为吴语里的“浊音”不是纯正的浊音，而是带有浊流或浊送气的成分，具体的描写也各不相同。大致可归纳为以下几种看法：

第一种，认为“浊流”归属声母。高本汉（1915－1926）可能是最早提出这种观点的学者之一，他认为，这类浊音伴随着一个弱送气。这种送气，比某些北部印度语言（例如印地语）里那种浊送气成分要弱一些。显然，高本汉认为“浊流”是属于辅音的，这类辅音不但在闭塞阶段就是浊的，而且除阻以后到元音开始以前还有一段浊送气。此外，王力（1956）、袁家骅（1960）、罗常培和王均（1981）也认为“浊流”属于声母辅音，他们把浊音声母描写为“前半段清后半段浊”，通常称之为“半清半浊”，因而标作［p^b，t^d，k^g］。

第二种，认为“浊流”归属韵母。例如，早在20世纪20年代，刘复就通过浪纹计对无锡话的分析，发现其实所谓的浊音在发音时并不伴随着声带的振动。赵元任（1928，1936）也认为，这类塞音的闭塞阶段并不存在声带振动，只是清音后随一段浊气流。所以，他们把吴语里的浊类阻塞音标作［$p^ɦ$，$t^ɦ$，$k^ɦ$］等等。在这里，他们似乎没有明说“浊气流”的归属。可是，赵元任在“音位标音法的多能性”（1934）中提到“浊流”［ɦ］时就已明确指出，“这气息不但从元音发音的一开始就出现，还一直延续到元音结束，形成一个同质的气息元音。这里既不是先后的问题也不是主次的问题”。从这段话来看，赵元任对“浊流”的看法不同于高本汉认为的浊送气，它根本上是属于韵母元音的。

第三种，认为“浊流”归属整个音节。例如，Ramsey（1987）把上海话里的“浊音”描写为类似印度语里的浊送气音，他跟高本汉不同的是，认为这种浊送气是“遍及整个音节，从声母辅音开始，贯穿整个音节的元音”。

1.2 从对吴语“浊流”归属的争议看声母与声调关系的历史渊源

其实，以上争议并非出于偶然。假如回顾一下古来有关“清浊”对立及其语音实质的种种描写，就不难发现这些争议背后透露出的有关声母与声调关系的历史渊源。

清浊这对术语虽然早在李登《声类》、吕静《韵集》中就已出现（见《隋书·潘徽传》：“李登《声类》，吕静《韵集》始判清浊，才分宫羽”），但具体概念一直混沌不明，有说声母的，有说韵母的，也有说声调的，且常与轻重混淆不清。例如，唐兰“论唐末以前的‘轻重’和‘清浊’”（1948）是说韵母的，大致是把前元音算清，后元音算浊；开口算清，合口算浊；韵母四等最清，一等最浊。江慎修的《音学辨微》、陈兰甫的《切韵考外篇》则是说声母的，都是拿清浊的名词只用在声纽而不用在韵，跟现代的用法相近。而《切韵》序里说：“以今声调，既自有别，诸家取舍，也复不同。吴楚则时伤轻浅，燕赵则多涉重浊。秦陇则去声为入，梁益则平声似去……欲广文路，自可清浊皆通，若赏知音，即需轻重有异”；还有孙愐《唐韵》序“后论”也说：“切韵者，本乎四声，……引字调音，各自有清浊”，显然，这里说的清浊和轻重又都是指声调的区别。因此，明代方以智（《切韵声源》）就曾明确地说“阴阳、清浊、轻重，旧为通称”。既是通称，也就意味着所指内容无异，或至少是密切相关的。

直到20世纪中叶，通过罗常培先生（1936）的研究，才廓清了这对概念，从此，清浊才专门用以指称声母的类别。遗憾的是，“清浊”对立的术语虽然廓清了，而有关其扑朔迷离的语音实质却始终廓而未清。

自古以来的上述种种描写，似乎透露出这样一个信息，清浊所代表的语音性质，或许本来就是既跟声母、韵母有关，又跟声调具有不解之缘。因此，声母的演变发展跟韵母和声调的演变发展之间必定存在某种内在联系，这就有必要作进一步探讨。

2　关于吴语声母“清浊”语感的由来与声调高低之生成机理的探索

2.1 从吴语浊声母“带不带音”的争议到“浊感”何来的探索

2.1.1 传统语音学关于吴语浊声母“带不带音”的种种看法

对于“浊流”归属的争议，实际上来源于对“浊音”实际语音性质认识的争论。最初，争论的焦点在于浊类声母跟不送气清类声母的对立是不是声带振动与不振动的区别。对此，各家的描写也是见仁见智。早在20世纪20年代，刘复就用浪纹计实验证实了吴语的浊音不浊，赵元任就指出吴语的浊音不是“真浊音”，而是“清音浊流”。此后，尽管语言学界大多数已经认同这个看法，但是，仍然有些语音学家觉得，吴语里的“浊音”是典型的浊音，或者说是真正的带音。而且，即使认同刘、赵观点的学者，对于“清音浊流”的认识也不尽一致，有的认为是前半段清后半段浊，有的认为是清音后随浊送气。

此外，对于“带不带音”或“浊感”程度的认识，还因南北地域的不同或单念跟语境的不同而有不同的报道。例如，郑张尚芳（1985）指出，中古的浊类阻塞音在浙江南部的某些方言里是读真正浊音的。罗杰瑞（1988）也指出，在大多数的北部吴语里，出现在短语起首位置上的浊类声母系列开始是个较松的清音，后随着一个浊气流或低语声（murmur/breathy voice），而在浙江南部，这类声母系列自始至终是个带音辅音，而且听不到浊气流或低语声。可是，在此之前，人们已经注意到，所谓“浊流”与“真浊音”并非南北吴语之差，而是单念跟语境的不同变体。例如，Forrest（1948）早已注意到：“在吴语里——温州、宁波、苏州、台州以及上海——这些声母的带音化是有条件的，而且只出现在词群内部；当它们独立单念的时候，或者出现在词首的时候，这些音表现为送气的清音。”同样，Sherard（1972）也曾经指出，上海话里的“浊”阻塞音在单念时伴随着浊送气，而在上下文中非起首位置上就变成了纯真的带音。因此，赵元任（1976）曾经作过如下的概括：“为概念和术语上的简化起见，我们把这些音叫做浊塞音……实际上，只有在非重读元音之间位置上，它们才是真正的浊音，而当它们处于重读位置时，它们是清音后随一个浊气流。这一特点为江苏境内的大多数方言所共有，而浙江境内的那些吴方言则具有真正带音的塞音。”

然而，所有上述这些文献中的看法绝大多数是建立在听音技巧的基础上，由于缺乏客观可靠的检测手段，无法获得确凿的根据。因此，关于吴语浊类声母的语音性质问题始终争议不休。

2.1.2 现代语音学关于吴语浊声母语音性质的实验研究

幸运的是，现代吴语方言里可能仍然保留着有关中古汉语清浊对立的语音细节，这就为浊声母语音性质的实验研究提供了客观基础。同时，自从有了仪器实验方法以后，人们得以探究“清浊”对立赖于存在的客观生理、物理基础，从而进一步认识“浊音”的语音学实质。尤其是声谱仪被引进语音研究领域以后，产生了真正意义上的“可见语言”（visible speech）。原本看不见、摸不着、一发即逝的语音，成了可见、可测、而且超越时空局限的客观记录。这就不但有可能澄清“清浊”对立是不是就是声带振动与否的长期争议，而且有可能揭示这种对立可能赖于存在的其他语音学性质。于是，采用仪器观测的客观方法，对现代吴语里清浊对立的活材料进行系统地分析考察，就成了众多学者研究中古汉语清浊对立的工具，也成了揭示现代方言里“浊音”的语音实质的首选途径。

首先是曹剑芬（1982）和石锋（1983）分别对吴语常阴沙话和苏州话的实验研究，证实了赵元任“只有在非重读元音之间位置上，它们才是真正的浊音”的看法。他们的实验研究结果表明，当音节独立单念或在语流中处于重读位置时，其中的浊声母在持阻闭塞期间声带不振动，而且也不送气，实际上是个不送气的清塞音。声谱分析表明，浊塞音声母同不送气清塞音声母之间在入渡时间（VOT）方面没有本质区别。这时，同这两类声母辅音相关的唯一显著的区别，就是它们所在音节声调的阴阳对立，即阴调的高或高起特征跟阳调的低或低起特征之间的系统区别。而当这些音节在语流中处于非重读地位时，这两类声母辅音确实各不相同：浊类声母显示为真正的带音辅音，而清类声母仍然为不带音辅音，而且，两者的声调对立随之消失。同时，从声谱上看，曹和石的调查研究都没有观察到辅音除阻跟元音起始之间存在一段浊气流的实体。图 1 是常阴沙话的宽带和窄带语图举例，从中可以大致看出以上我们所谈到的各种情况。例如，当浊母字“败”/ba/（阳去调）和清母字“拜”/pa/（阴去调）单念时，其中的/b/和/p/的闭塞期间都没有代表声带振动的浊音杠，而且在它们之间也不存在明显的 VOT 差异。可是，这种情况下彼此的声调却迥然不同，一如它们各自的窄带语图所示。然而，当“败”字作为双音节词“击败”的第二音节时，语图清楚地显示出它的声母是个真正带音的辅音［b］，它的闭塞期间存在着代表声带振动的浊音杠；而同样情况下“结拜”的“拜”的声母却仍然是个不带音辅音［p］。与此同时，“击败”的“败”和“结拜”的“拜”的声调对立也随之消失，不但主观听感相同，而且在客观上，无论是调形还是调值，都非常相似，这从它们各自的窄带语图上可以观察到。

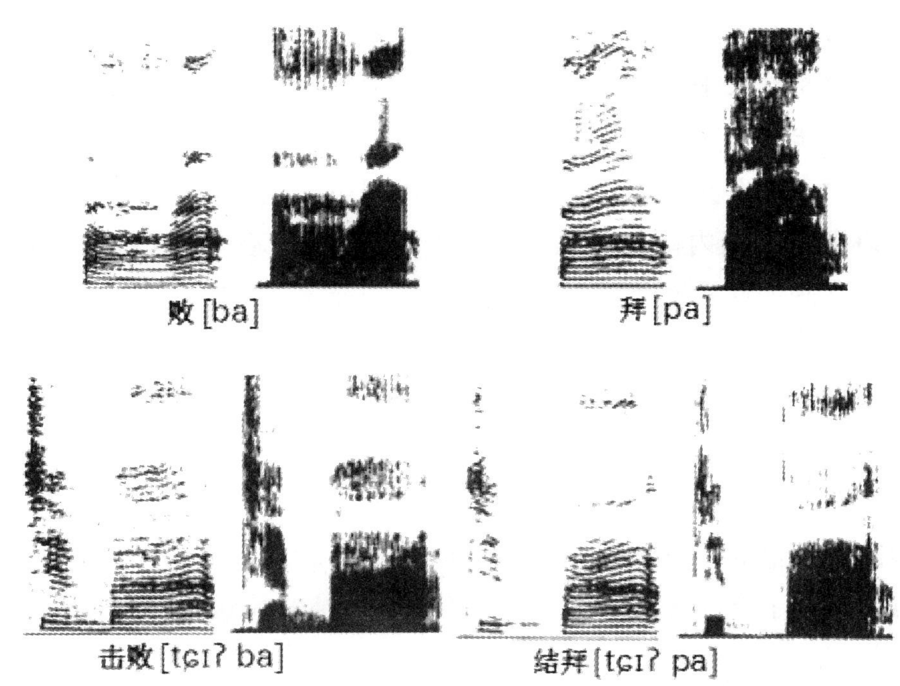

图1　常阴沙话语图举例：败/ba/，拜/pa/，击败［tɕiʔ ba］，结拜［tɕiʔ pa］

其次，任念麒（1987）对于上海话塞音的研究中也发现，单念的浊塞音同不送气清塞音之间几乎不存在 VOT 的区别。此外，Rose（1988）对浙江镇海话的研究也得出了跟曹剑芬及任念麒类似的结果。

与此同时，沈钟伟、王士元等（1987）曾在一项关于上海话清浊塞音的、更加详细的量化研究中，证实了曹剑芬 1982 年的主要研究结果，同时，还增加了对于这两类塞音闭塞时长的考察，结果表明，它们在闭塞时长方面存在显著差异。

总之，从 20 世纪 80 年代前后进行的比较系统的语音实验研究结果来看，向来被认为“浊音”之典型的吴语古全浊声母跟相应清声母的对立，在声谱图上并没有表现出传统观念上的声带振动与否的区别，而只有相关声调的阴阳区别。而且，无论从对浙江的金华、义乌、永康、温岭和武义等南部吴语次方言浊声母的声谱分析结果来看，还是从对温州话和宁波话跟常阴沙话和上海话进一步的对比研究结果来看（曹剑芬，1988），这种特性为吴语各个次方言所共有，在带不带音的出现条件上，并没有发现北部吴语跟浙江境内南部吴语之间有什么实质性区别的证据。但是，在对常阴沙话和温州话的测量数据进行变量分析时，从第一谐波跟第二谐波之间的能量差这个变量上观察到了两个方言之间的有效差异［$F(1, 68) = 7.747$，$p = 0.007$］，的确反映出北部吴语跟南部吴语在听感上的某种差异。

后来，胡方（2001）又对温州话的浊塞音作了更为全面的声学分析，他的研究结果发现，即使在单念时，也有部分发音人部分地保留了真浊音。所以，他认为温州话浊音应该曾经是真浊音，只是现在已经处于消亡期。

近来，朱晓农（2010a）通过对亚洲南部各语系和南方汉语各方言的大量田野录音材料的发声态研究，认为古全浊塞音实为听感浑浊的弛声（slack voice），而不是听感清冽的常态带声（clear voice）。

2.2 对于“浊流”的本质及“浊流”何在的探索

由于客观的实验结果已经表明，吴语浊声母在单念时基本上已经不存在声带振动，而是一种“浊流”或浊送气。可见人们听觉上“清”与“浊”的语感并非源自声带是否振动。于是，对于“浊流”本质及“浊流”归属的探索便成了实验研究的核心。

2.2.1“浊流”为何物？——一种跟清声母音节不同的谐波能量分布特性以及气流、气压特性

最初，曹剑芬（1982）从对浊声母单纯的声谱观察中，并没

有发现明显的浊流或浊送气的实体。后来（曹剑芬，1987a，1987b）通过进一步深入的声谱分析发现，在音节独立单念或重读时，清浊两类声母的后接元音之间存在着系统的谐波能量分布差异；同时，相关的空气动力学考察结果还显示，这两类声母音节在听觉上的“清浊”之别，除了跟音节声调相关的音高高低差异密切相关以外，它们的后接元音的气流、气压状况也存在着系统的差别。首先，单念的浊声母音节里的元音发声时，通过声门的气流速率往往有个低起而后渐升的过程，达到峰值的时程较长；而相应的清声母音节里的元音发声时，声门气流速率会急速陡升到峰值，即往往是高起的。其次，元音阶段声门下气压变化状况也不一样，它们各自变化的轮廓分别跟各自的音高变化的轮廓大体一致。具体如图 2 所示。

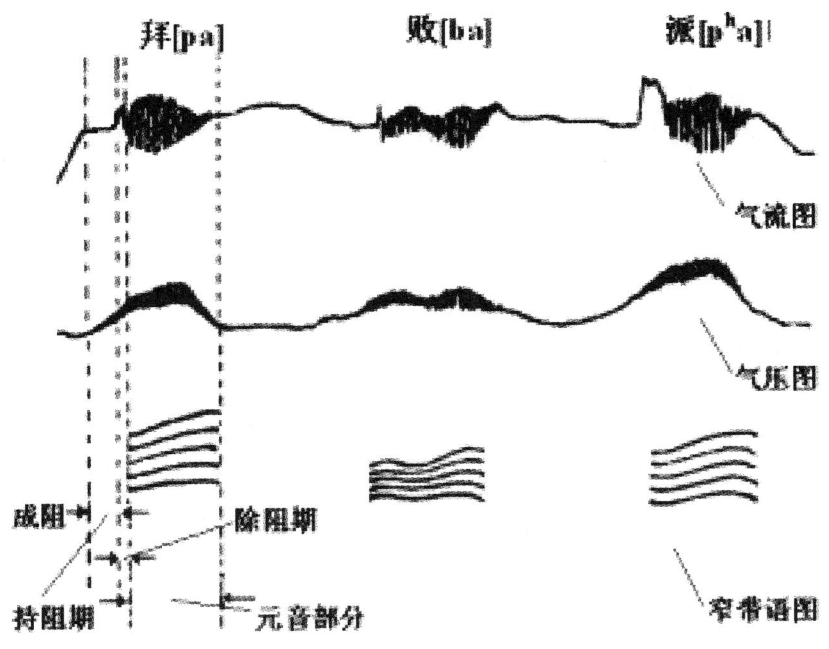

图 2 清浊声母音节发声期间的气流、气压及窄带语图比较

可是，一旦作为连读下字、或在词语非起首位置上轻读的情况下，两者不但在谐波能量分布以及气流和气压方面的系统差异消失，而且连声调的阴阳区别也同时消失，而代之以辅音的真正带音与不带音的区别了。由此可见，引起听觉上“浊感”的浊流或浊送气，客观上是一种跟清声母音节之间在谐波能量分布特性以及气流、气压状况特性方面的系统区别。

2.2.2“浊流”的本质——气嗓音的发声方式特性

根据相关文献（例如 Bickley 1982；Kirk，Ladefoged & Ladefoged 1984），语音声谱谐波能量分布的差异以及声门气流速率和声门附近气压变化的系统差异，都是语音发声方式（phonation types）区别的客观表现。它反映语音发声时声门状态和声带振动方式的不同类型。跟嗓音相关的比较常见的发声方式有气嗓音（breathy voice，也有译作‘气声’）、嘎裂嗓音（creaky voice，也有译作‘挤喉嗓音’）与常态嗓音的区别。通常，一般元音或浊（带音）辅音发音时，声门先关闭，然后因受肺气流的冲击和声门上、下气压变化的激励而急速开闭，这就是声带振动。常态的声带振动主要是声带前部音声门部分的振动，后部的气声门不振动。而发气声时则不同，声带后部的气声门不但不振动，而且稍稍分开，因而在声带振动的同时，还有肺气流从气声门摩擦而出，产生气嗓音，这就是通常说的同部位摩擦。

鉴于上述谐波能量分布的差异以及声门气流速率和声门附近气压变化的系统差异，曹认为，吴语里引起人们听觉上“浊流”或“浊送气”的感觉，实质上就是这种气嗓音发声特点的表现。由此可见，引起人们听觉上“浊感”的浊流或浊送气，实际上并不是什么独立的实体，而是依附在音节某处的气声特性。而且，统计分析（曹剑芬 1988）还证实，气声发声特性是南部和北部吴语普遍存在的共同特性，只不过程度略有不同。此外，任念麒

（1988）以及胡方（2001）的实验研究也得出了同样的结果。

2.2.3“浊流”何在？——对于发声方式区别之来源的不同认识

接下来的问题是，这种发声方式区别究竟来源于何处？这就是本文一开始就提到的“浊流”的归属问题。问题的实质就是，这种区别究竟是声母辅音本身固有的特性还是韵母元音固有的特性，或者是“覆盖”在整个音节上的发声方式区别？从音系学的角度看，大多数的音系学家习惯于把“清”与“浊”的对立看作纯粹属于辅音本身的特性区别；而语音学、特别是计算机时代或者叫信息时代的语音学的使命，迫使它必须去深究这种对立的客观生理和物理特性的细节。因此，对于“浊流”归属的探索，必然会采取不同于一般音系学的视角。

如上所述，反映吴语“浊流”客观特性的这种发声方式区别，最早是由曹剑芬（1987a，1988）通过对浊声母后接元音的气流速率和声门上、下气压变化的考察发现的。她的实验结果，一方面支持了赵元任关于“浊流”的看法，即这个“[ɦ]是元音的一种形容性成分而不是元音前的声母”；但同时也显示出，这种发声方式特性仅限于韵母元音的起始部分，而到元音中段就削弱了，到元音结尾时就消失了。这至少说明，这种发声方式特性可能不是韵母元音的固有特性。

后来，胡方（2001）对温州话浊塞音的声学分析也证实，独立单念或重读的浊声母音节的元音在起始部分有气声化现象，而在中部和尾部则没有。任念麒（1988）采用声门光纤透照技术对上海话塞音的研究结果也表明，浊塞音的后接元音确实具有某些气声的性质。但是，他同样也发现，这种特性到了元音中段就削弱了，而到了元音结尾时就消失了。因此，他认为，这种模式表明了气声特性并不是后接元音本身固有的性质，而是塞音声母同元音相互影响的产物。

事实上，曹剑芬（1988）在报道系统的发声方式差别的时候已经明确指出，气压状况是从声母辅音的持阻闭塞期间测得的，气流状况是从辅音的除阻瞬间测得的。因此，当时她就认为，这两项数据所反映的差异，实际上是辅音发声期间声门状态的不同；而后接韵母元音谐波能量分布的系统差异正是受这种声门特性影响的结果。

此外，根据沈钟伟、王士元等（1987）对上海话塞音的考察结果，清浊塞音在闭塞时长方面存在显著差异。这至少从另一个侧面说明，清浊还是跟声母本身的客观语音性质有关。

由上可见，即使根据各项客观语音特性差异，我们仍然不可能把“浊流”干净利落地划归声母或者干净利落地划归韵母。这种局面很可能来源于下述两种原因或者其中之一：第一，诚如任念麒所说，这种模式表明了气声特性并不是后接元音本身固有的性质，而是塞音声母同元音相互影响的产物。第二，从中古浊声母发展演变而来的吴语“浊流”特性，很可能本来就是既属于声母、又属于韵母的。

首先，任念麒的解释是有一定道理的，因为根据自然语音产生的理论，毗邻音段之间因普遍存在的协同发音机制而导致过渡特征，这种特征会引起毗邻音段的音征互载。吴语浊音的气声特征就类似于这种过渡特征。而且，从曹剑芬（1988）获得的空气动力学数据来看，所反映的又是两类声母辅音发声期间声门状态的不同。因此，实际情况可能是，“浊流”的气声特性起源于声母辅音本身，由于协同发音的影响而覆盖到后接元音的起始阶段，才导致那段元音的气声特性。

至于第二种原因，也是极有可能的。因为一方面，无论从说话还是听话的角度看，音节作为自然语音信息传递的最小单位，其声、韵、调结构本身就是个有机的统一体。无论哪个部分发生变化，都可能引起其余部分的适应性调整，以便尽可能减少羡余因素、而最大限度地发挥该有机统一体的载信功能。另一方面，在汉语的历史发展中，音节作为区别词义的最小单位，声、韵、调各部分所起的载信功能无不因时代、因地域而发展演变着。例如，一些方言里声母的简化往往导致韵母结构或声调类别的调整；反之亦然。因此，从中古全浊声母的声带振动发展到现代吴语的“清音浊流”，其韵母结构或声调类别就不可能不发生相应的调整，譬如，中古的四声在现代吴语里演变成了五声、六声、七声、八声，便是实例之一。同样的道理，原本由声母的带不带音承载的音系上的“清浊”对立，随着声母的带不带音区别的逐渐消亡（浊音清化），音系上的“清浊”对立功能也就有可能转移到韵母和声调上。于是，便呈现出这种无法分清“浊流”归属的错综复杂的局面。

2.3 “浊感”何来？——关于“浊感”的本质及其生成机理的实验研究

2.3.1 何谓“浊感”？

从听觉印象来看，所谓“浊感”，就是一种低沉粗糙的感觉。跟清辅音的音质高昂清脆相对，浊辅音的音质通常给人以低沉粗糙的感觉。

通常，“浊感”总是跟低调或低起调相关，当不送气清声母音节读成低调或低起调时，听音人常常会把它们听作以浊辅音为声母的音节。曹剑芬（1987a，1987b）通过一项听辨试验证实了这一点。她把通过计算机人工合成的音节（采用不送气的清塞音的特征数据、配上不同的音高模式，来合成不同声调的音节，其中有些是模拟上海话里阴调类的声调，而有些是模拟上海话里阳调类的声调）跟自然发出的音节（包括吴语里的清、浊声母音节和普通话不同声调的音节）混合起来作为听辨对象，然后，请一组熟悉吴语的中国语言学家来听辨判断哪些是清声母音节，哪些是浊声母音节。结果，他们把那些阳调类的音节、或者具有低调或低起调的音节（包括普通话的阳平和上声音节）判断成了浊声母音节。这种现象充分说明，那种低沉粗糙的"浊感"并非出自真正的声带振动，而是跟声调音域的低特征或低起特征相关的，这就是通常所谓的"清高浊低"现象。

2.3.2 为什么"清高浊低"？——"浊感"形成的生理、物理机制

需要说明的是，这里讨论的"清高浊低"现象，是指吴语（及老湘语等方言）里存在于"清浊"对立和阴阳对立之间的一种系统对应关系：古来的清声母音节如今一律配阴调，古来的浊声母音节如今一律配阳调。这种对应关系所反映的是古今语音发展过程中的一种独特的音系对立模式，是音系学上功能对立关系的历史继承性的表现。而在一般方言，尤其是北方方言里的清、浊辅音分别或阴、阳声调分别，则是汉语史上系统的"浊音清化"以后不同历史层次语音发展的结果。它们不但跟中古语音的"清浊"对立之间已经不存在严整系统的历史继承关系，而且在今天的语音平面上，这种清、浊辅音的分别跟局部的阴、阳声调的分别，在音位对立功能方面也不存在系统的对应关系。因此，不属于本文讨论之列。譬如说，天津话就属于此类情况，它的阴平跟阳平的声调高低特征就正好跟吴语相反：阴低阳高。又如潮州话，虽然也是四声各分阴阳，但其中平声和入声也都是阴低阳高（朱晓农，2010b）。

（1）气声发声方式特点解析之一——吴语浊音配低调的生理机制

如前所述，"浊流"的本质是由特殊的声门状态及特殊的声带振动方式决定的气嗓音发声特性。那么，这种特性究竟是由怎样

的生理、物理机制产生的呢？关于发声方式的研究多半是通过声学分析所作的类型学归类，至于这种发声特性的生理机制，尤其是对吴语“浊流”的产生机制，以前一般了解得不多。

20 世纪末，岩田礼（1995）运用光纤维镜和肌电测试的方法，对苏州方言浊音的发声特性进行了比较全面的生理分析。通过使用光纤维镜对发音时喉部发音器官运动的观察，和使用肌电仪对环甲肌、胸骨舌骨肌和声带肌的肌电信号的测量结果，他发现，苏州方言中清浊对立的发声特性区别是由相反的喉部状态造成的。从发音生理上看，这种相反的喉部状态是由非常复杂的肌肉和骨骼协调运动的结果。清音发音起始时，声带肌和环甲肌活动较强，胸骨舌骨肌的活动相对较弱；而浊音发音起始时，声带肌和环甲肌的活动受到抑制，胸骨舌骨肌的活动较强。通常，包括胸骨舌骨肌在内的外部肌肉的运动会产生“杓会厌肌收缩”和喉部的向下运动，使声带在外部力量的影响下，变得短而厚，减弱了声带的内转张力；而包括声带肌和环甲肌在内的喉内肌的活动使声带产生均衡紧缩，增强了声带内转的张力，同时，环甲肌也有提高音调的作用。由此可见，正是由于这两群肌肉活动对声带活动的或阻抗、或促进的相反作用，产生了浊声母跟清声母发声时声带的或松弛、或紧张的不同状态，从而导致两者声带振动快慢的差异。

（2）气声发声方式特点解析之二——“浊流”引起“浊感”的物理机制

此前已经说到，气声发声时的声门状态特殊——气声门不闭合、不振动，因而导致声带振动时伴有摩擦噪声，因而引起嗓音的粗糙感。

岩田礼的生理实验又说明了气声发声时特殊的声带振动方式——胸骨舌骨肌的活动较强，使得声带肌和环甲肌的活动受到抑制，对声带活动产生阻抗，使其振动速率减慢，降低了基频，自然就引起听觉上的低沉感。

正是上述两个因素，决定了浊声母音节的低调特性和清声母音节的高调特性，从而形成了听觉上的“清高浊低”印象。

3　从吴语浊声母的语音性质看古今声母演变与声调演变的内在联系

3.1 历史文献反映的相关线索及其对我们的启示

3.1.1 历史上术语概念含混不清所透露的相关线索

从历史音韵学所提供的相关信息来看，关于清浊的术语，时而叫轻重，时而又叫阴阳；概念内涵也长期含混不清，既像说声母，又像说韵母和声调。各家对于清浊对立的具体描写也不尽一致，有说声母的，有说韵母的，也有说声调的。但是，有一点却是共同的，那就是：声母的清浊问题总跟声调的阴阳对立牵连在一起。人们不禁要问，这种现象究竟是认识上的不同还是历史本来面目的反映，抑或兼而有之？对于探索古今声母演变与声调演变的内在联系来说，这无疑是一条不可忽视的历史线索，正好可以从中窥探语音发展的历史足迹。有些以往未曾注意的蛛丝马迹，恰恰可以为我们解读某些疑难现象提供极有价值的信息。譬如，在罗常培廓清之前，有关清浊概念的含混状态很可能反映了一种事实，说明历史上的清浊对立很可能本来就是跟整个音节的声、韵、调都有关系的。而术语概念的含混不清或争议多端，或许正是当初老祖宗们对其语音性质认识的不同角度或不同侧面的反映。

3.1.2 中古浊声母的清化与四声声调分、合演变的启示

根据《切韵》记载，中古声母的清浊划分和四声划分都很明确。那么，中古全浊声母的清化是从什么时候开始的？四声声调

的分化又是何时开始的？究竟是清化促成了声调的分化，还是声调的分化导致了浊音的清化？抑或如张吉生（2006）所说，这本身就跟“鸡和蛋”的关系一样，清母配阴调和浊母配阳调原本就是发生学上的自然匹配。果若如此，那么，如何看待古时的（至少是《切韵》时代）声母与声调的关系？又如何解释汉语史上如此势不可挡的“浊音清化”及其五花八门的清化模式？到底是什么原因导致了这种自然匹配的失调？因为毕竟大多数现代方言里已经不存在这种系统的自然匹配的现象。

（1）浊声母的清化与四声分化的时间关系。

首先说四声的变化，根据邵荣芬的《汉语语音史讲话》（1979），《中原音韵》是第一部把平声分为阴、阳两调的韵书，而该书反映的是近古中期的音系面貌，已经完全失去了全浊声母，平分阴、阳已经占了统治地位。这说明，平分阴、阳和浊声母的清化应该都是发生在近古中期之前。

再根据日本和尚安然的《悉昙藏》（公元 880 年，即中古中期）一书的记载，日本所借的汉字音平声读起来“有轻有重”，说明早在中古的中期，平声已经有分化为阴、阳两调的迹象了。另外，在比《中原音韵》早出四百多年（10 世纪中后期）的敦煌俗文学抄本里，发现了很多浊音清化的现象。这说明，中古全浊声母的清化至少也可以追溯到中古中期，这跟声调的平分阴、阳出现的时间大致相当，甚至开始得更早。

因此，可以认为，上述声母清化跟调分阴阳这两种现象出现的时间关系应该不是偶然的，它至少说明，声调的平分阴、阳是以浊声母的清化为条件的，抑或是互为条件的。最迟到中古中期，声母与声调的关系已经从古来的“异纽同调”演变到局部的“同纽异调”。同时，不但浊声母的清化现象从中原扩大到了南方，而且声调的分化也不限于平声。例如，根据尉迟治平（1986）的研究，中古时期的四声已经各分阴阳，只不过这样的阴阳之别在声母的清浊对立消失之前，还不是音位性的。这里至少透露出这样一个消息，那就是，在清浊对立消失之前的那种非音位性的阴阳之别，很可能反映了声母与声调相伴发展的一个中间过程。

（2）浊声母的清化与四声平仄和阴阳的一般关系。

从汉语语音发展历史的大趋势来看，中古全浊声母的清化存在着两种主要的类型。一种是以声调的平、仄类别为条件，基本上都是逢平声读送气清音，逢仄声读不送气清音。大多数古浊母已经完全清化的方言属于此类。另一种是以声调的阴、阳对立为条件，逢阳调读不送气清音，逢阴调读真浊音。吴语及老湘语等音系上仍然系统保留中古声母清、浊对立的方言属于这一类。这两种类型虽然很不一样，但都是与声调互为变化条件。

当然，还有很多方言介乎这两类之间，既可能是与上述两类平行的类别，也可能是不同时间、不同层次历史发展的反映。譬如，在有些方言里，尽管也是四声各分阴阳，但是，并非都像吴语那样清高（阴）、浊低（阳）。而且，有人发现，即使在吴语里也有“浊音”配高调的现象；由于未见出示详细说明，此处不便妄加判断。此外，还有种种其他因素掺杂影响所产生的复杂表现。譬如说，从“清音浊化”而来的那些“浊音”的掺杂，还有汉语史上跟“浊音清化”一样著名的“浊上变去”以及“入派三声”的掺杂（麦耘，1998，1999），等等，都足以导致声母与声调关系呈现更为复杂的面貌。这里暂不讨论。

3.2 吴语里声母与声调相伴发展的模式

3.2.1 主流模式——声带振动与否跟声调阴阳区别互补出现

跟大多数其他方言不同，声母与声调相伴发展的关系在吴语里呈现出独特的模式。首先，声母清浊类别同声调阳调区分之间的对应关系普遍存在于四声之中，不像其他许多方言里那样仅仅局部地存在于平声之中。其次，尽管有相当多方言也是调分阴阳，但跟声母清浊的来历之间的关系已经比较复杂，未必如吴语那样系统严整。最后，更为重要的是，实验研究表明，吴语里古今声母与声调发展的相互关系，既不像大多数北方方言那样浊声母的完全清化及其与阳调关系的疏远，也不像原先人们想象的吴语那样，既读真浊音，同时又读阳调；而是介乎其间的一种中间状态——声带振动与否跟声调阴阳区别的互补出现：要么完全清化（单念或重读位置上的完全不带音），但必读阳调；要么完全不清化（语句非终端轻读位置上的完全带音），但必失去阳调。这是吴语声母与声调关系的主流模式。

3.2.2 南北吴语里呈现出的若干不同面貌

根据胡方的研究，如今的温州话里的确存在真浊音，尽管是局部和偶尔现象。而且，根据对他提供的温州话塞音数据的进一步分析，在那部分人偶尔出现真浊音的样本里，显示出发声方式差异的不规则现象，似乎折射出相关声调的微妙变化。

同时，先后还有报道指出，在当代吴语中，有些方言（如金华、缙云、汤溪、广丰）的阴阳分调的现象正在逐步消失，许多浊音已经清化（张吉生，2006）。有些方言（如泰顺等）的阳调变阴调（曹志耘，2002）。

此外，最近有资料透露，西南部吴语有些方言甚至“已经没有浊音声母了”，而且“清浊对声调高低的控制能力已经完全丧失”（陶寰，2002）。

无论从地域分布还是使用人口来看，吴语都是汉语最大的方言分支之一。因此，内部出现不同面貌也属正常。何况，南部吴语跟闽语及赣语等方言毗邻交错，彼此影响恐也难免。

3.2.3 “浊上变去”在吴语里的独特表现

作为声母与声调相伴发展的另一证据，“浊上变去”在吴语里的独特表现表明，不但声调的分化常以古声母的清浊为条件，就是声调的合并也以古声母的清浊为条件。有趣的是，如今在那些古浊母已经完全清化的方言里，不但因为“浊上变去”而使整个“浊（阳）上”调类消失，而且除平声可能仍分阴阳以外，其余三声不管声母清浊来历，声调的阴阳对立早就一律消失。

可是，在吴语里，“浊上变去”则呈现独特的模式。首先，在那些四声仍然系统地各分阴阳的吴方言里，“浊上变去”只是少数，“浊（阳）上”仍为独立的调类；而且，即使“变去”的那些也是变到了“浊（阳）去”。其次，就是像上海话和宁波话那样不足八个声调的吴语方言里，调类的合并也仍然严格遵守清类与浊类不混的规律。

3.3 从“浊流”与带音和阳调的分布关系看古今声母与声调演变发展的内在联系

根据语音学的原理，如果说声调的特性跟韵母的特性密切相关，自然不难理解。因为声调在声学上是基频随时间而变化的模式，而基频主要是通过韵母元音或韵尾发音的声带振动来体现的。两者既然依存于同一个实体，当然不可能没有牵连。而声调跟声母之间，似乎没有如此密切的关系。那么，为什么吴语声母的“清浊”对立总是跟声调的阴阳对立牵连在一起？最合理的解释就是，声母与声调的演变发展本来就存在着不可分割的内在联系。相关的语音学实验研究提供了一定的理据。

3.3.1 “浊流”有无与带不带音区别的互补关系透露出声母与声调演变的内在联系

综观上述，现代语音学的种种实验研究结果，可以看到一个共同的现象，那就是，吴语里跟“清浊”对立相应的语音性质区别——发声方式区别（即“浊流”气声的有无）与带不带音，从来都不仅仅是跟声母辅音相关的孤立现象，而总是跟声调的阴阳对立有条件地互补出现：有发声方式区别和声调阴阳区别时，就没有声带振动与否的区别；反之则反是（详见表1）。表面看来，带不带音的变化似乎仅仅表现在声母辅音本身，但却是以韵母元音有无气声区别和声调阴阳对立为必要条件的，这就表明，声母与声调的演变之间具有内在联系。

表1　气声（浊流）与非气声对立、声调阴阳对立和带音与非带音对立之间的关系

重读状态	带音与非带音对立	声调阴阳对立	气声与非气声对立
重读	－	＋	＋
非重读	＋	－	－

3.3.2“浊流”体现的浊声母发声方式特性揭示出声母与声调演变之间的内在联系

从现有的实验分析结果来看，直接导致吴语阳调的低或低起特征的“浊流”主要表现在韵母元音的起始部分，这显然跟浊声母发声期间的声门状态密切相关。首先，曹剑芬（1987b，1988）用于判断发声方式的气流和气压数据都是从浊声母发声期间测得的，这些数据本身就为清、浊辅音发声期间的声门状态差异提供了客观的证据。而且，更重要的是，岩田礼（1995）的光纤维镜和肌电测试结果进一步证明，气流/气压的比值高时，反映声带比较松弛，两片声带靠得不紧，有气流的泄露；相反，气流/气压的比值低时，反映声带紧张度提高，声带闭合较全。而这种跟发声时声门状态相关的肌肉活动甚至在声母辅音成阻以前就产生了。这就进一步证明，浊声母音节中韵母元音起始阶段的声带松弛状态，实际上是跟浊声母本身的发声特点分不开的。众所周知，声带的松紧直接影响声调的高低。这就从另一个侧面揭示了声母与声调演变发展的内在联系，说明正是清、浊声母发声时不同的声门调节方式对各自后接元音的影响，不但决定了声带振动快慢的系统差异，而且造成了有无气声的系统区别。这就为调分阴（高）、阳（低）提供了生理基础。

3.3.3 “浊流”与声调阴阳的共存关系反映出声母与声调演变之间的内在联系

从前面表1反映的情况，我们还发现，与声带振动与否跟声调阴阳区别以及有无气声发声特征的互补出现相对，气声发声特征的有无与声调的阴阳对立是一对伴随特征，它们总是如影随形，共生共灭。这种相互依存关系透露出这样一个消息：吴语浊声母跟阳调必定具有同样的语音基础，那就是特殊的气声发声特征，正是它构成了声母清浊对立与声调阴阳对立之间的不解之缘。

而且，表1显示的对应情况还揭示了这样一种征兆，即有无气声或浊气流的对立，对于压低还是抬高音高所产生的影响，可能比带音与不带音的对立所产生的影响更加有力①。另一个可靠的旁证是，当浊声母在语流中变为真正带音时，它的音高反而被抬高了，所在音节的声调失去与相对阴调的区别（参见前面的图1举例），并且确实具有相对阴调的听觉印象。而且，这种现象十分系统严整。这至少说明，来自声母发声方式的强烈影响，是声调演变的一个不可忽视的促动因素。

---

① 其实，声调的高低跟声母辅音本身是否声带振动（即所谓真浊）的关系不大。譬如鼻音或边音本身都有声带振动，但它们既可出现在高调（阴调）音节，又可出现在低调（阴调）音节，此其一；其二，根据听辨实验，听觉上的声调调型（即高低升降模式）特征主要取决于韵母调型段的音高特征，而不受声母段音高（假如有的话）的影响，例如，虽然鼻音声母或边音声母本身的音高都相对较低，但并不妨碍对它们所在音节声调听感的高、低（阴、阳）之分。

4　讨论

4.1 关于南部跟北部吴语浊声母语音性质的差异及其引发的思考

关于浊声母的语音性质，语言学界向来认为南部跟北部吴语之间存在差异。主要看法有两点：一是觉得南部吴语的浊声母听起来更浊一些，二是认为南部吴语有真浊音。从目前掌握的实验研究结果看，浊声母的语音性质在南、北吴语中大同小异，主流都是声母带不带音区别跟声调阴阳区别互补出现。但是，也的确存在局部差异：一是南部吴语偶尔有真浊音跟阳调同时出现；二是南部吴语有些方言已经出现浊音完全清化和阳调变阴调的现象。

尽管吴语内部在浊声母演变与声调发展方面呈现出一些差异，但在古来声母与声调相伴演变发展的总体关系方面，却是高度的一致。而且，主流模式所反映的关系脉络清晰、系统严整。因此，某些不同程度的差异，并不能掩盖这样一个基本事实，即吴语的主流模式很可能代表着汉语声母与声调协同发展的一个重要阶段。

同时，联系到老湘语也有浊音清化呈现不同面貌的情况（陈晖，2008），如今南北吴语之间某些不同程度的差异本身也许并不奇怪。虽然尚不清楚这些复杂现象形成的历史渊源，但至少可以说明，这些差异要么是不同历史发展阶段的反映，代表着不同方言发展历程上的时间差；要么就是说明，吴语内部各方言的浊音清化模式本来就是不同的。事实究竟如何，则需更加深入的考察调查和细致的分析研究。这里就本人掌握的资料及有限的认识水平，提出几点粗浅的想法。

4.1.1 同一方言里的代际差异反映出可能的演变阶段的不同

首先，根据胡方的研究，如今的温州话里的确局部和偶尔地存在真浊音。而且，根据对他提供的温州话塞音数据的进一步分析，在那部分人偶尔出现真浊音的样本里，显示出发声方式差异的不规则现象，似乎已经折射出相关声调的微妙变化。这种现象是否意味着，在声带振动跟阳调和发声方式互补出现的局面完全形成之前，或许还存在一个较为原始的、各种区别和差异交错杂呈和逐渐消长的过渡阶段。温州话里部分人发音的偶尔混杂现象很可能就是这个演变阶段的遗留。

的确，温州话作为南部吴语的代表，弄清楚温州话浊塞音的语音性质对于认识浊声母的古今演变具有关键意义。胡方的这个研究结果，一方面证实了此前关于浙江境内的吴方言可能具有真浊音的报导，另一方面也透露出浊声母古今演变的历史层次。譬如说，根据胡方的报告，可以发现一个有趣的现象：温州话部分地保留了真浊音的那一部分人，都是50岁以上的发音人，而且即使是这部分人的发音也很不稳定，都是同一人多次发音样本中时有时无，并无规则①；而不保留真浊音的主要都是30多岁的发音人。与此相比，曹剑芬（1988年）调查分析的温州话发音人是当时在美国留学的20多岁的年轻人，大致跟2001年胡方报告中30多岁的那部分发音人属于同一个年龄段。显然，曹与胡关于温州话有无真浊音的不同结论，很像是不同年龄段的发音差异，可能反映了吴语里浊音清化的不同阶段。那就是：在一部分老辈人口中，还局部地、偶尔地保留着真浊音；而在大多数年轻人口中，则连这点遗迹也不见了，而代之以不同条件下的完全不带音（单念、词语起首、重读）跟完全带音（词语非起首、非重读）的互

① 根据VOT及H1－H2数据：发音人f1全部浊声母阳调token40个，有9个出现VOT负值；M2全部token中只出现1个VOT负值；M3全部token中出现11个VOT负值。

补出现。这种代际差异，恰好生动地展示了中古汉语浊声母在吴语里所经历的不同演变阶段。

4.1.2 不同方言里呈现的不同面貌反映出可能的演变方式的不同

从进入21世纪以来报道的资料来看，在南部吴语、尤其是西南部吴语里，有些方言已经开始出现浊声母完全清化的现象。据说，还出现了“浊音配高调”或“清音配低调”的复杂现象。在作进一步的深入探讨（譬如说，通过历史比较研究的检验）之前，我们还不能断定，这种现象究竟是不是代表着吴语历史上早就存在的不同演变方式。抑或只是意味着吴语的浊声母正在从目前的主流模式向着进一步清化的方向发展，可能代表着另一个新的阶段。

4.1.3 吴语的独特模式所反映的汉语声母与声调相伴发展的大致关系

虽然我们并不知道，其他汉语方言是否经历过像吴语经历的这些阶段，也不知道声母与声调的协同发展是否必须经历这些不同的模式。但是，由此我们想到，汉语浊声母清化的历程，虽然存在着不同地域差异及不同历史层次的差异；但是，无论是哪个方言，从中古的声带振动到最后失去声带振动，不可能是突变，中间必定经历了漫长的渐变过程。因此，会不会存在着某些相似的演变规律。果若如此，那么吴语的这种独特模式应该是汉语声母与声调相伴发展的历史进程的一个缩影。

从吴语浊声母音节的语音性质所反映的种种迹象，可以依稀看到古今声母与声调协同发展的历史足迹。概括地说，可能经历了如下几个主要阶段：

（1）异纽同调阶段。那就是中古的情况，现在一般假设为只有声母带不带音分别，而无声调阴阳区别。

（2）异纽异调阶段。就是既有声母带不带音分别，又有声调阴阳区别。譬如，现代南部吴语老辈人口中局部或偶尔出现的既读真浊音、又读阳调的情况。实际上，这正是早期传统语音学曾经假设的情况。假如历史上果真存在这么一种多数人的浊母都呈现这种局面的话，那么，它可能是介乎中古的异纽同调到局部的异纽异调的转变过程中的一个过渡阶段；而在现代南部吴语中的局部或偶尔出现，则是历史痕迹的残存。

（3）同纽异调跟异纽同调的互补出现阶段。那就是系统地出现在现代吴语多数人、尤其是新辈人口中的情况：单念、词语起首、重读时无声母带不带音分别，只有声调阴阳区别；而在非词语起首、非重读时，则变为只有声母带不带音分别，而无声调阴阳的区别。

（4）同纽异调阶段。那就是如今大多数汉语方言浊音已经清化、多数声调基本不分阴阳的情况。

在这里，异纽同调是保留历史音韵遗迹，同纽异调是历史发展的结果，而异纽异调、或者同纽异调跟异纽同调的互补出现，则代表着两个发展的中间过程。但是，我们并不清楚这两个中间过程的不同，究竟是意味着时间上的先后还是方式上的差别。

4.2 关于声母与声调究竟谁先影响了谁

探讨古今声母变化与声调变化的关系，必定涉及如下根本问题：中古的“浊”声母为什么会清化？四声为什么会有阴阳分合？究竟谁先影响了谁？

在汉语史上，声母与声调的演变遍及汉语的各个方言，具体情况各不相同，演变的原因错综复杂。因此，声母与声调究竟是谁先影响了谁，确实难以分辨清楚。

就吴语的情况而言，一般认为，是声母的演变首先影响了声调的发展。因为随着中古浊声母的语音性质由原先的声带振动演变成后来的清音浊流，原先的声母清浊对立的区别功能逐渐弱化，声调的音系区别功能逐渐强化，以至于四声各分阴阳，增为八声，以补足声母区别功能弱化的不足。同时，根据对声母清浊对立的客观语音性质的分析，就我们所观察到的气声的有无与声调阴阳对立的共生现象来看，的确也表明，来自声母发声方式的强烈影响，是声调演变的一个不可忽视的促动因素。然而，仍然存在的问题是，假如吴语浊母的这种特殊发声方式，确实是从中古浊母原本的声带振动清化而来的话，那么，又是什么促动因素引起了汉语史上如此势不可挡的“浊音清化”呢？根据《汉语语音史讲话》所反映的情况，上古时期声调不太固定，声调意识比较模糊，后来才逐渐清晰起来，到中古时期才有了明确的四声分野。联系到声调的这种发展过程，不难想象它会对声母的（自然还有对韵母的）载信功能产生冲击，从而促发了声母的发展演变，“浊音清化”很可能就是这种冲击的典型结果之一。因此，若说首先是声调的发展影响了声母的演变，那也顺理成章。因为古来的四声各分阴阳，取代了原先声母清浊对立的区别功能。这就使原先声母带音与不带音的区别成了羡余特征，于是，必要时取之，多余时弃之。

由此看来，即使单就吴语的情况而言，也仍然无法判断声母与声调究竟是谁先影响了谁。或许我们可以假设，它们本来就是不可分割的。这样假设无论从客观音理还是从交际职能的角度看，也都是说得过去的。因为声、韵、调原本就是有机的统一体，人类语言一旦产生，无论多么原始，均都具备声、韵、调的构成要素，也都具备承载辨义信息的基本条件。至于究竟由哪个部分、或主要由哪个部分来承载辨义信息，则因不同语言、不同的音系结构以及不同历史时期的载信需求而异。上古时期的声调意识淡薄，并不代表上古语言缺乏构成声调的语音要素，只是表明声、韵要素已经能够满足当时的语言交际需求。就像古汉语之所以单音节词占优势的道理一样，并不代表当时缺乏构成多音节词的基本成分；只是因为，当时社会生产力的发展水准本身尚未达到必须用双音节或多音节词来交际的地步。

其实，站在语言学的角度看，最要紧的是，通过揭示声母与声调产生与感知的内在机理，搞清楚两者怎样通过彼此关联和相互影响、来实现它们最佳载信功能的运行方式和变化规律。

参考文献

安然，880，悉曇藏。

曹剑芬：《常阴沙话古全浊声母的发音特点——吴语清浊音辨析之一》，《中国语文》1982 年第 2 期。

曹剑芬：《论清浊与带音不带音的关系》，《中国语文》1987 年第 2 期。

曹志耘：《南部吴语语音研究》，商务印书馆 2002 年版。

陈晖：《湘方言语音研究》，湖南师范大学出版社 2006 年版。

胡方：《温州话浊塞音的声学分析》，《第五届全国现代语音学学术会议论文集》，2001 年。

尉迟治平：《日本悉昙家所传古汉语调值》，《语言研究》1986 年第 11 期。

罗常培：《释清浊》（原载《中央日报·文史》第六期，1936 年 12 月 3 日。署名罗莘田），《罗常培语言学论文集》，商务印书馆 2004 年版。

罗常培、王均：《普通语音学纲要》（新版），商务印书馆 1981 年版。

罗常培：《释轻重》，手稿未刊，原副标题“等韵发疑二，释词之一”。《罗常培语言学论文集》，商务印书馆 2004 年版。

麦耘：《“浊音清化”分化的语音条件试析》，《语言研究》1998 年增刊，《中国音韵学研究会第十次学术讨论会暨汉语音韵学第五次国际学术研讨会论文集》，武汉。

麦耘：《古影母字在“平分阴阳”和“入派三声”中的表现及其他》，《立说传薪风雨人》，暨南大学出版社 1999 年版。

邵荣芬：《汉语语音史讲话》，天津人民出版社 1979 年版。

石锋：《苏州话浊塞音的声学特性》，《语言研究》1983 年第 1 期。

唐兰：《论唐末以前的“轻重”和“清浊”》，《北京大学五十周年纪念论文集》。

陶寰：《吴语的清浊音和高低调》（参见东方网 http：//www. eastling. org 帖子）。

王力：《汉语音韵学》，中华书局 1956 年版。

岩田礼：《苏州方言浊音发声的生理特性》，石锋编《汉语研究在海外》，北京语言学院出版社 1995 年版。

袁家骅：《汉语方言概要》，文字改革出版社 1960 年版。

张吉生：《从吴语方言看声母与声调的相互关系》，《当代语言学》2006 年第 2 期。

赵元任：《现代吴语的研究》，1928 年初版。

赵元任：《音位标音法的多能性》，《史语所集刊》1934 年 4 本 4 分。

郑张尚芳：《浦城方言的南北区分》，《方言》1985 年第 1 期。

朱晓农：《全浊弛声论——兼论全浊清化（消弛）低送高不送》，《语言研究》2010 年第 3 期，2010a。

朱晓农：《潮州话的入声“阴低阳高”》，《中国语言学集刊》第四卷第一期，中华书局 2010 年版，2010b。

Bickley，Corine.，1982. Acoustic analysis and perception of breathy vowels. *Working Papers*，*Speech Communication group*，*MIT* 1：71 – 81.

Cao，J.（曹剑芬），1987b. The ancient initial “voiced” consonants in modern Wu Dialects. *Proceedings of the* 11th *International Congress of Phonetic Sciences*，Vol. 4：169 – 172. Academy of sciences of the Estonian S. S. R.，Tallinn. 又见 1988 年《语言研究所语音研究年报》。

Chao，Y. R.（赵元任），1936. Types of plosives in Chinese（中国话里破裂音的类型）. *Proceedings of the* 2nd *International Congress of Phonetic Sciences*. Cambridge University Press，Cambridge：106 – 110.

Chao，Y. R.（赵元任），1976. The Changzhou Dialect. *Journal of the American Oriental Society* 90：45 – 56. Reprint in Aspects of Chinese Socialinguistics，Stanford university Press，Stanford：48 – 71.

Forrest，R. A. D.，1948. *The Chinese Language*. Faber & Faber，London.

Karlgren，Bernhard（高本汉），1915 – 1926. *Études sur la phonologie Chinoise*

（中国音韵学研究）, Archives d' études orientales, Vol. 15 (in 4 parts). Leiden: F. J. Brill; Upssala: K. W. Appelberg.

Kirk, Paul L., Peter Ladefoged and Jenny Ladefoged, 1984. Using a spectrograph for measures of phonation types in a natural language. *UCLA Working Papers in Phonetics* 59: 102 – 113.

Norman, Jerry (罗杰瑞), 1988. *Chinese*, Cambridge University Press, Cambridge.

Ramsey, S. Robert, 1987. *The languages of China*, Princeton university Press, Princeton.

Ren, N. (任念麒), 1987. An acoustic study of Shanghai stops. Unpublished manuscript, University of Connecticut, Storrs.

Ren, N. (任念麒), 1988. A fiberoptic and transillumination study of Shanghai stops. Paper presented at International Conference on Wu Dialects, Hong Kong.

Rose, 1988. Phonetics and phonology of Yang tone: phonation types in Zhenhai. Paper presented at International Conference on Wu Dialects, Hong Kong, 1988.

Shen, Z. (沈钟伟), C. Wooters and W. S. Y. Wang (王士元), 1987. Closure duration in the classification of stops: A statistical analysis. *The Ohio State University Working Papers in Linguistics*, No. 35, pp. 197 – 209.

Sherard, Michael, 1972. *Shanghai phonology*. Ph. D. dissertation, Cornell University, Ithaca.

实验方言学研究之我见①

实验方言学是个新生事物，首先祝贺她在中国的诞生！我还不怎么了解这个领域，所以这里只是说点儿随想和提一点建议。

1 关于实验方言学的缘起

实验方言学最初的动机是由方言学和社会语言学为了回答关于语言变化的各种问题的需求而促发的。例如，新派语法学家认识到，活的方言比起主流印欧语言学家的假设性构拟来是更好的资料来源，因为从历史性构拟的资源中已经很难获得那些成为英语“现代”口音之间众多区别基础的这种音变起因的信息。于是，便纷纷从活的方言中为“音变理论”寻找实验的基础（例如 Weinreich，Labov & Herzog，1968）。Angelica Vittoria Costagliola（2006）采用实验语音学的方法，通过阐明罗曼语元音（7 个元音，4 个等级）系统怎样演变发展为西西里语 Sicilian 元音（5 个元音，3 个等级）的语言学的和历史的进程，界定了实验方言学这样一个独特的语言学领域。此后，方言之间的实验对比就逐渐成为实验方言学的主要研究对象。一些大学（譬如加拿大曼尼托巴大学）还开设了类似的课程，专门讲述英语方言之间的对比。

① 在 2011 实验方言学论坛上的发言，2011 年 9 月 25—26 日，南京师范大学。

2006年，该校的 Robert Hagiwara（Californian and Canadian：A case for experimental dialectology,）在华盛顿大学一个视频会议上做了题为《加拿大英语与加利福尼亚英语：实验方言学案例》的讲演，讨论加拿大英语与美国英语的对比。

2 关于实验方言学与实验语音学

2.1 从方言学、语音学跟语言学的关系说起

传统上，尤其在我国，方言学和语音学都是语言学的分支学科，而且，至今高校的课程仍然是按照这个理念设置的；可是，随着社会的发展和科学的进步，许多学科领域的性质和地位都发生了很大的变化。以语音学为例，长期以来，大多数人都把它看成是语言学的一个分支学科，因为最初的语音研究多半作为语言研究的一种辅助手段，是为语言研究或语言教学服务的。而语言学作为一种人文学科（humanities），本身的科学地位就是深受置疑的。事实上，随着学科本身的发展和人们对于语音现象及其本质机制认识的不断深入，语音学早已突破作为语言学分支学科的范畴。它“是物理学和工程学单纯的信号处理跟语言学里语义、句法以及语言学的音系学的符号描写之间不可缺少的接口。因而无论是从纯理论研究还是从应用研究的角度看，在对言语交际（speech communication）的功能进行探索方面，语音学都处于关键的地位”，“它具有解释言语和语言现象的潜在能力和作为一门科学的本质要素”（Klaus Kohler，1995）。因此，越来越多的人现在已经承认，语音学是一门独立的、研究语音的科学（phonetic science），它同语言学一起，构成整个语言科学（language science）。语音学的研究同其他科学研究一样，作为一门科学，都有一个发展的过程。正如 J. J. Ohala 所说，起初并没有什么学科，只是有一些人提出问题，想知道言语世界的“组成和作用，言语是怎样起

源的？言语的性质是什么？……'同一个词'由不同的人说出来有不同的发音，甚至同一个说话人在不同上下文中说出来也有不同的发音，这是怎么回事？……怎样把语音传到远方？怎样使无生命的物体服从人的口令？”（J. J. Ohala，1991）。语音科学正是在人类寻求这一系列问题答案的种种努力中逐渐形成和发展起来的。由此可见，方言学应该、也完全有可能跟语音学一样，发展成为语言科学的一个构成部分。

2.2 是否采用实验手段已经不仅仅是个方法问题

现代语音学以语言的口头媒体为主要研究对象，采用以往只有在自然科学里才运用的实验手段，那已经是不言而喻、理所当然的规范；因此，如今在国外，已经很少使用“实验语音学”这个术语。科学实验方法在语音学研究中的应用意味着语音学从传统到现代的革命性转折，因为应用实验方法的最初动机就是为了想知道自然言语的“起源、组成和性质”，一句话，就是为了揭开自然言语产生和感知的秘密；而这一切，仅仅依靠原始的口耳之功已经无法解决了。同样的道理，实验方言学的出现也是由方言学自身发展需要决定的必由之路。由此可见，无论是语音学还是方言学今天的发展，无不得益于研究方法和手段的发展进化。

从我们老祖宗传统的口耳之术到今天的精湛技艺绝非一日之功，而是长期积累的结果，也是社会发展为我们提供了这个机遇。我们的前辈不是没有能力掌握这些技艺，而是生不逢时或生不逢缘，大多数人没有这样的条件和机会。在那个时代，赵元任为什么能够成为大师？除了他那过人的智商和学术修养以外，最最重要的是他有机会接触到当时世界上最先进的技术和最先进的理论观念，因而能用独特的视角看待中国语言，既看到它跟别的语言的共通之处，又看到它的独特之处。所以才既不会局限于老祖宗的传统，也不会生搬硬套外来理论；而是真正地“中西结合”，

“洋为中用”。而且，更为难能可贵的是，用从中国无比丰富多彩的语言资料的研究中得出的宝贵结论丰富了世界语言学和语音学的宝库，推动了整个语言学和语音学的发展。例如，他关于声调五度制的发现和创制便是最突出的例子，这是世界公认的、对各种语言的音调描写作出了不可磨灭的贡献。如果说实验语音学的出现代表着语音学研究领域的革命性转折，那么，实验方言学的出现同样是科学发展的必然、历史发展的必然，它代表着新时期方言学研究的革命性转折。在座的每个人不但都具备当初赵元任那样的机遇，更是具备比赵先生当年优越得多的机遇与条件。所以，希望你们都有机会像赵元任一样成为影响中国、乃至世界语言学和语音学发展的大师！

3 实验方言学面临的历史重任与当务之急

3.1 探讨汉语方言的历史发展规律以及发展的不同层次

汉语史上曾经发生过几次大规模的历史音变，最最著名的要推浊音清化、浊上变去和入派三声。这些在各大方言里普遍存在的音变现象是汉语历史发展足迹的典型代表，曾经吸引了多少代方言、音韵学者，他们呕心沥血，在这个领域创造了历史的辉煌。然而，由于社会发展和科技水平的限制，以往的探索难免时代的局限。同时，以往的研究似乎多半从历史语言学的角度着眼，可能相对缺乏方言学本身的独特视角。更重要的是，语音的历史变化虽然相对缓慢，但无论哪种语音毕竟不可能一成不变；有些东西在某个或某些方言里似乎已经固化，但若仔细考察，还是会发现某些变化的暗流在涌动；而这些暗流很可能预示着历史发展的某种新动向。这就需要我们及时发现和追踪调查，以便不断深化和完善我们对汉语方言乃至人类语言发展规律的认识。

如今，无论是人才队伍和理论基础，还是研究手段和设备条件，都应该可以克服以往的某些时代局限。因此，能不能组织力量，通过对汉语史上这些重大音变事件的全面系统的调查研究，从理论上揭示汉语方言的历史发展规律及发展的不同层次。而这是传统的历史语言学或音韵学可能至今尚不具备条件来完成的历史重任。

这里主要以鼻音声母的“清浊”对立及其语音性质为例，通过它在吴语里的具体表现，重新审视一下“浊音”及其“清化”的问题。

3.1.1 浊音清化在吴语各方言中发展的不平衡性说明了什么

古“全浊”母的“清化”，别说在汉语各方言平面上发展极不平衡性，就是在吴语的各个次方言里也不尽一致。更值得注意的是，近期的研究发现了一些看起来不合一般规律的现象。譬如，浊音清化在吴语里的一般表现是，以声调阴、阳对立为条件的带、不带音与有没有发声状态差异的互补出现（例如，曹剑芬，1982；石锋，1983；曹剑芬，1987；Ren，N. 1987；Cao & Maddieson，1992）。可是，温州话里却发现少数说话人局部和偶尔仍读声母带音、同时读阳调的情况（胡方，2001）。而且，根据对他提供的温州话塞音数据的进一步分析，在那部分人偶尔出现真浊音的样本里，显示出发声方式差异的不规则现象，似乎折射出相关声调的微妙变化。此外，还有文献报道，在浙江南部和西南部的有些方言里（如金华、缙云、汤溪、广丰）的阴阳分调的现象正在逐步消失，许多浊音已经清化（张吉生，2006）。有些方言（如泰顺等）的阳调变成了阴调（曹志耘，2002）。此外，最近有资料透露，西南部吴语有些方言甚至“已经没有浊音声母了”，而且“清浊对声调高低的控制能力已经完全丧失”（陶寰，2002）。以上这些现象究竟是怎么回事？究竟是汉语古音历史遗迹的保留，还是意味着新的发展动向？

3.1.2 关于“全浊”与“次浊”和浊音的清化

有些语音类别似乎自古以来就没有什么变化，因而往往不被人们注意。譬如说，中古的“次浊”声母就是个典型例子。但是，它们在今天方言平面上的某些表现似乎又不那么简单。例如，在音系的清浊跟声调的阴阳对立之间的关系方面，它跟“全浊”声母的表现存在某些类似之处。这说明，对于这类语音至少还有不少值得澄清的问题。首先，为什么这类声母会如此稳定？其次，它究竟有没有变化？它跟“全浊”类表现的类似之处又说明了什么？这旦仅以吴语的鼻音声母为例，作一简要讨论。

吴语鼻音声母的清浊与声调阴阳

在今天的方言平面上，尤其在吴语方言里，无论在听感上还是音系描写上，鼻音声母也分“清浊”两类，“清”类配阴调，“浊”类配阳调，尽管这种声母跟声调的配列关系，并不像塞音、塞擦音等情况下那样系统严整。

可是，从客观语音性质上看，根据对局部方言的发声型（即发声方式或发声状态 phonation types）考察（Cao，Jianfen，1990），至少没有发现“清”类和“浊”类鼻辅音本身在语音性质上有什么本质区别，只是在相应韵母元音的起始部分表现出带不带气声（即气嗓音，breathy voice）的区别。令人奇怪的是，这种情况跟吴语塞音声母清浊对立的语音表现十分相似。由此便产生一个问题：这两类声母古代来历各不相同，而今天的音系对立和语音表现为什么会如此相似？究竟是怎样的历史事实和发展过程导致了这种奇妙的现象？这是否意味着，在这现象背后，可能隐藏着迄今为止我们尚未真正揭开的古来“清浊”对立的语音基础之秘密？这里至少存在以下一些问题。

中古的“次浊”声母跟“全浊”声母究竟是根据什么标准划分的？

实质上，这还牵涉“清”与“浊”划分的语音基础问题。假如“清”与“浊”果真是以辅音本身带音、不带音作为划分标准的话，那么，显然无法解释为什么我们的祖先会把［b，d，ɡ］等称为全浊类，而把［m，n，l］等称为次浊类。因为迄今为止，对于古代［m，n，l］本身的带音性质未见任何疑义，对于古代［b，d，ɡ］本身的带音似乎也是没有疑义的，否则也就无所谓“浊音”的清化了。因此，只有一种可能：除非“浊”与“清”的界定还有别的语音根据。这个猜测也不全是空穴来风，试看历史文献中有关“清浊”概念曾经是多么的错综混杂，有指声母特性的，也有指韵母和/或声调特性的。后来，尽管通过罗常培先生的研究，基本廓清了这对概念，从此“清浊”这对术语便固定用以描写声母的音系对立。然而，有关清浊对立的语音性质却始终存在争议。这就使我们有理由置疑：汉语古来的“浊”与“清”音系对立的客观语音基础是否单纯就是辅音的带音与不带音的区别？假如是的话，那么如何解释“全浊”与“次浊”的划分？如何解释“全浊”类如此势不可挡的清化，而“次浊”类却如此惊人的稳定不变？假如不是、或不单纯是辅音本身带音、不带音区别的话，那么，又是什么因素既能把浊类跟清类区别开，还能把“全浊”与“次浊”划分开？

从“全浊”与“次浊”后接韵母元音起始部分发声状态特性的比较中获得的启示

如上所述，无论是“全浊”类还是“次浊”类，它们在今天吴语里的“清浊”对立，都表现为相应韵母元音起始部分的发声型区别以及同时并存的声调阴阳区别。不过，值得注意的是，尽管都是发声状态区别，但两者的性质有所不同。

首先，如今吴语“全浊”类韵母元音起始部分的气声特性似乎是历史发展、即“浊音清化”的结果；而“次浊”类的这种特性究竟是历史发展的结果，还是古来就是如此，我们还不得而知。

其次，“全浊”类韵母元音起始部分的这种气声特性是跟声母本身的带音特性互补出现的；而“次浊”类的这种气声特性的出现或消失跟声母本身的带音特性无关，因为无论是读阳调还是阴调，“次浊”声母本身总是带音的。

最后，迄今为止的实验研究（曹剑芬，1987；Cao，Jianfen & Ian Maddieson，1992；Ren，Nianqi，1988；Iwata，Ray，1995）已经证明，吴语“全浊”声母读阳调时，本身的声门开度、肌肉活动等有别于“清”类声母。可是，“次浊”声母在读阳调和阴调情况下的声门状态或声带振动方式是否有别目前尚不十分清楚。

然而，从上述对“全浊”与“次浊”后接韵母元音起始部分发声状态特性的比较中，似乎透露出这样一个消息：或许，这种发声状态性质的不同正是“全浊”与“次浊”的分水岭。也就是说，会不会古时原始的“全浊”类声母既有带音特性，又有特殊的气化发声特性？若果真如此，这对于构成清与浊的音系对立来说，就是存在着冗余信息，因而促发“浊音”的“清化”也就顺理成章。而古时的“次浊”类声母本身，可能就只有单纯的常态声带振动，而无气化发声特性，因而也就没有发生像“全浊”母那样的“清化”演变。

当然，这只是一种假设，目前，我们还无法证实历史本来面目究竟如何，亟待进一步的实验研究来证实或证伪。假如历史面貌的确如此，那么就既可以解释古代“全浊”与“次浊”赖以划分的语音根据（即声母辅音本身的发声类型区别：“全浊”声母本身是气化嗓音——声带振动和气化发声特性兼备；“次浊”声母是常态嗓音——只有声带振动，而无气化发声特性），又可以理解“全浊”声母的“浊音清化”为何如此势不可挡。同时，还可以解释“浊音清化”在不同方言平面上发展的不平衡性和不同的历史层次。例如，在吴语里，一方面是带音的音系作用的弱化，另一方面是发声状态特性的音系作用的强化，其结果就形成了现在这种声母带音特性跟发声状态特性有规律的“轮流坐庄”局面；而在其他大多数方言里的结果则是完全失去声带振动，而代之以全面的发声状态区别，即以声调的平仄为条件，进一步演变成了送气与不送气清音的区别。当然，“浊音清化”在有些方言中的表现还可能处于上述两者之间，这里暂且勿论。

从“全清”与“次清”的发声状态特性比较获得的启示

说到这里，不妨看看另外两大声类、即“全清”与“次清”声母的情况，或许会对古来声母本身音系对立的实质有所启发。“全清”与“次清”的划分是以送气与不送气为标准的。根据现有的认识，送气与不送气实际上也是以发声时声门状态的区别为基础的，主要表现为除阻前后声门开度的大小及定时关系的不同。例如，早在 1971 年，p. Ladefoged 在 Preliminaries to Linguistic Phonatics（University of Chicago Press）一书中就指出，不送气音几乎在除阻的同时就开始声带振动，而送气音在除阻时声门仍处于敞开状态，持续一段时间后才开始振动。吴宗济（1988）关于普通话不送气/送气辅音的生理实验研究也证明，送气清音和不送气清音的主要区别，就在于它们声门敞开的程度和持续时间的不同。我们可以用图 1 来概括，送气音发声时，声门开度大，而且持续时间明显地比不送气音的长。这是因为，不送气音在发音器官闭塞破裂的一瞬间紧接着声门就关闭，声门下积聚的气压迫使声带开始振动；而送气音在发音器官的闭塞破裂之后，声门仍然敞开着，延续一段时间后才关闭，这段时间，声门下气压便迫使肺气流急速通过声门而辐射出口外，这就是通常看到的送气现象及其形成机制。

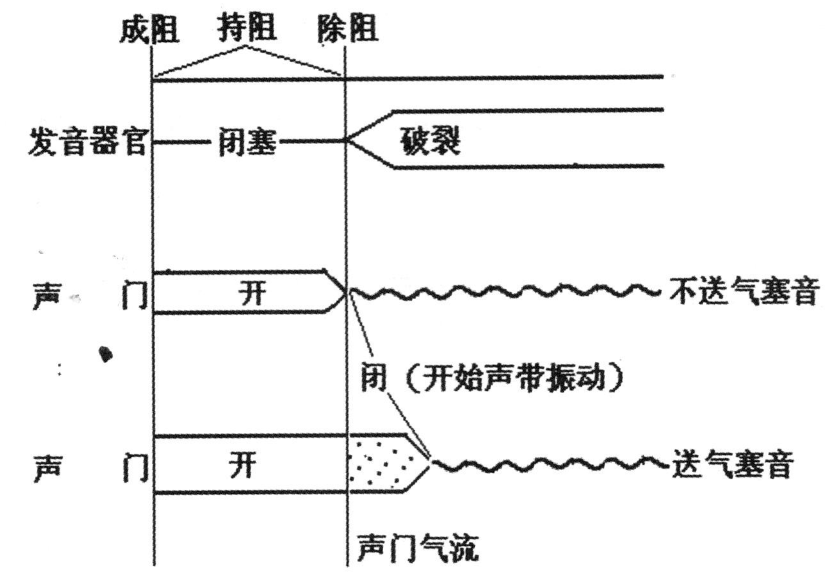

图1　送气和不送气清音发声方式示意图

从上述“全清”与“次清”声母的情况可以看出，发声状态的差异归根结底还是源于声母辅音本身，具体表现为持阻闭塞期间声门开度以及从开始除阻到后接元音声带振动之间的时间关系方面的区别。由此不难推测，“全清”与“次清”是如此，“全浊”与“次浊”、整个“浊”类与“清”类的划分应该也是建立在声母辅音本身发声方式区别的基础之上。而且，就整个“浊”类与“清”类的发声方式区别而言，在读阳调时也是表现为除阻前的声门开度明显大于相应“清”类声母的情况，这是已经被不同方面的实验研究所共同证实的（Ren，Nianqi，1988；曹剑芬，1987，1992；Iwata，Ray，1995）。所不同的仅仅在于：“全浊”母在语流中变读阴调时会失去气声而恢复常态声带振动，而“次浊”母由于无论读阳调还是阴调都有声带振动，过去和现在本来就不存在带音与不带音的区别。可是，由于目前对鼻声母本身测量分析的数据还很不足，因此，对于听感上“清浊”对立的鼻音本身是否存在发声状态区别，现在还很难做出确切的判断。

此外，从英语里浊塞音的表现也可获得某些启发。英语里浊塞音的表现跟吴语的情况类似，随位置和地位的不同而交替实现为不同的语音性质；只不过吴语里是气声与非气声区别跟带音与不带音区别的交替，而英语里是送气与不送气的差异跟带音与不带音的差异的交替出现。气声的有无跟送气与否看起来是两回事，而实质上都是发声方式区别的表现。由此联想到“浊音清化”在汉语大多数方言里，也都是普遍表现为以声调平仄为条件的送气与否的区别，由此不难猜想，这种现象很可能也是直接由声－韵（辅－元）交界附近的发声型差异触发的，而这种差异本身又是直接跟声调音区的高低特征（即阴与阳的对立）共存亡的（参见曹剑芬 2010－2012）。这正好说明了为什么自古以来“清浊”这对概念总是跟“阴阳”彼此混淆、纠缠不清，因为它们来源于同样的客观语音基础。

3.2 建立系统、全面的汉语方言音档

准确地说，不是建立传统意义上的音档，而应该是建立系统、全面的方言语料库。主要目的不是一般所说的抢救方言，而是抢救方言演变发展的历史。事实上，方言是不必、也无法抢救的，因为它们一般不可能突然消亡，但却会不断发展变化，谁也无法阻止。因此，我们必须抢救方言发展的历史，记录下方言演变的足迹。这是当务之急，迫在眉睫，时不我待。为什么这么说？我想以常阴沙话短短几年间发生的变化为例（此处从略，详见曹剑芬 2013），说明语言的变化并不总是像一般想象的那样缓慢，那样允许人们从容地去慢慢琢磨。所以，希望不要因为现在一时的疏忽而给在座各位今后的研究以及咱们的子孙后代留下太多的遗憾。

事实上，现在已经有不少方言或语音研究团队或个人正在实施此类规划，而且成果丰硕。但是，这是一项系统工程，应当由

专门的组织领导和统筹规划，它跟理论探讨同样重要（或许应该申请个国家级大项目，做个五年或十年规划，统一组织，统一标准，分工合作，尽快实现。对于现有的局部方言音档，可以参考利用或互相补充）。我相信，这项工作的潜在价值一定不亚于《切韵》的历史贡献。如果说我们的老祖宗由于当时社会发展水平以及文化背景的局限，因而不可能给我们留下任何方言"活"材料，那是纯属无奈的话；那么，今天的我们，假如因为一时忽略而错失了记录历史的良机，那就不是什么无奈或遗憾，而简直就是失职、甚至犯罪了！大家不要以为我这是危言耸听，谓予不信，拭目以待！

当然，这是一个极其艰巨的任务，不可能在短期内通过某一个项目完成。但是，总可以通过某一个或某些方言试点逐步推广。譬如说，作为第一步，这样的资料库起码应当具备该方言最起码（譬如单音节和双音节）的有声资料和可视资料，以便为日后的方言、音韵以及历史语言学等方面的研究提供原始语音的活资料和基本的客观特性描写，也可为后人将来的研究提供不可复得的宝贵历史资料。第二步是实验分析和数据提取，以便为相关规律的归纳和更加深入的研究探索提供可靠的数据支持。第三步，则应当在单音节语料库的基础上，进一步把这样的资料库扩展到单词和连续的话语；当然，这个任务就更艰巨了，但至少应当留下比较系统的原始活语料音档，起码让后来人有据可查。

参考文献

Weinreich, U., Labov, W. & Mavin, I. H., 1968. Empirical foundations for a theory of language change. In W. P. Lehmann & Y. Malkeil (Eds.), *Directions for historical linguistics*: A Symposium, 97 – 195. Austin, TX: University of Texas Press.

Angelica Vittoria Costagliola, 2006. Dialectology and experimental phonetics: an acoustic, articulatory and perceptive analysis of some central Salentinian varieties. Doctoral theses at Paris 3.

Klaus Kohler, 1995. Phonetics - - A Language Science in Its Own Right? *The Proc. of ICPhS'* 95.

J. J. Ohala, 1991. The Integration of Phonetics and Phonology, Proc. of the 12th ICPhS, Vol. 1, 1991.（石锋译：《语音学和音系学的总合》，《国外语言学》1992 年第 2 期。）

曹剑芬：《常阴沙话古全浊声母的发音特点》，《中国语文》1982 年第 4 期。

石锋：《苏州话浊塞音的声学特性》，《语言研究》1983 年第 1 期。

曹剑芬：《论清浊与带音不带音的关系》，《中国语文》1987 年第 2 期。

Ren, N., 1987. An acoustic study of Shanghai stops. Unpublished manuscript, University of Connecticut, Storrs.

胡方：《温州话浊塞音的声学分析》，《第五届全国现代语音学学术会议论文集》，2001 年。

张吉生：《从吴语方言看声母与声调的相互关系》，《当代语言学》2006 年第 2 期。

曹志耘：《南部吴语语音研究》，商务印书馆 2002 年版。

陶寰：《吴语的清浊音和高低调》，东方网。

Cao, Jianfen, 1990. On phonation types of initial nasals and some related considerations in Chinese Wu Dialects. *Proc. of ICSLP'* 1990, Kobe, Japan, Nov. 18 - 22.（《论吴语鼻音声母的发声型对立及其它》，《第一届国际言语处理学术会议论文集》，日本，1990 年。）

曹剑芬：《论清浊与带音不带音的关系》，《中国语文》1987 年第 2 期。

Cao, Jianfen & Ian Maddieson, 1992. An exploration of phonation types in Wu dialects of Chinese, *Journal of Phonetics*, Vol. 20, No. 1. First appeared in：中国社会科学院语言研究所《语音研究年报》，1988 and *UCLA Working Papers in Phonetics* 1989.

Ren, Nianqi, 1988. A fiberoptic and transillumination study of Shanghai stops. Paper presented at International conference on Wu Dialects, Hong Kong.

Iwata, Ray, 1995. Physiological characteristics of the voiced consonants in Suzhou dialect. In：Shi, Feng Ed. *Chinese Research Abroad.* Beijing

Language Institute Press.

Peter Ladefog ed., 1971. *Preliminaries to Linguistic Phonetics*. University of Chicago Press.

曹剑芬：《汉语古今声母与声调演变关系一瞥》，2010 年在海峡两岸传统语言学研讨会上的报告，修订稿载《历史语言研究》第五辑，商务印书馆 2012 年版。

曹剑芬：《一个新方言的形成及其发展给我们的启示》，《第二届国际中国境内语言语音学学术会议论文集》，ICPLC－2013，香港。

“浊音”及其“清化”的语音基础探索[①]

摘要 关于汉语古来的浊声母及其清化问题存在诸多疑团。譬如，浊音清化为什么如此普遍，如此势不可挡？浊音清化为什么总跟声调的演变紧密相关？浊音清化为什么只发生在古全浊类声母、而不发生在古次浊类声母？中古全浊与次浊的划分究竟建立在什么样的语音基础之上？这些问题看起来似乎只是些历史音变问题，实质上却不但涉及对汉语语音古今演变发展的理论认识，而且直接关乎现代汉语及其方言分支的计算机语音处理。本文尝试以吴语声母清浊对立和声调阴阳对立的声学、生理分析为基础，解析“浊音”及其“清化”的语音基础，探索浊音清化的促发因素及作用机理。

1 前言

汉语史上曾经发生过几次大规模的历史音变，最最著名的要

① 原载《大江东去——王士元教授80岁贺寿文集》，香港城市大学出版社2013年版。

推浊音清化、浊上变去和入派三声。这些在各大方言里普遍存在的音变现象是汉语历史发展足迹的典型代表，曾经吸引了多少代方言、音韵学者，他们呕心沥血，在这个领域创造了历史的辉煌。然而，由于社会发展和科技水平的限制，仍然留下种种难解之谜。

1.1 浊音清化为什么如此势不可挡？

首先，浊音清化遍及所有汉语方言，无一例外；尚未听说哪个汉语方言至今仍然完全保留古来的浊声母，只不过不同方言里清化的程度和时间进程不一而已。

其次，浊音清化的历程悠长，根据相关历史记载，中古全浊声母的清化至少可以追溯到中古中期，实际生活中开始得更早（邵荣芬，1979；安然，880）。而且，这个过程在一些方言里至今尚未完成。譬如，古浊声母在今天吴语各次方言里的发音差异，就充分说明这个过程仍在继续（参见曹剑芬，2010）。

1.2 浊音清化为什么总跟声调的演变存在剪不断、理还乱的关系？

相关的历史文献表明，自古以来，浊音的清化就是跟声调的演变纠结在一起。

首先，不同的历史音变现象本身，就充分反映出声母演变与声调演变之间存在着不可分割的内在联系。例如，历史上最早出现的平分阴阳和普遍存在的浊上变去，就是跟浊音的清化密切相关的。

其次，从不同方言的浊音清化现象来看，不是以声调的平仄分野为条件，就是以声调的阴阳对立为条件。如今，在大多数古浊母已经完全清化的方言里，古浊母就是逢平声读送气清音，逢仄声读不送气清音；在吴语及老湘语等音系上仍然系统保留中古声母清、浊对立的方言里，则是逢阳调读不送气清音，而在词语中变读阴调时就读真浊音了。这两种清化的类型虽然很不一样，但都跟声调的变化密切关联。

1.3 浊音清化为什么只发生在古全浊类、而不发生在古次浊类？

古来的浊声母虽然分为全浊和次浊两类，可是，清化现象却只发生在全浊类、而不发生在次浊类，这是一个令人不解的现象。同时，在系统保留古来声母清浊区别和声调阴阳对立的方言里，全浊类声母一般只跟阳调相配，而次浊类则阴调、阳调皆可，这也很是发人深省。我们不禁要问，中古的全浊与次浊究竟是根据什么划分的？

上述这些问题看起来似乎只是历史音变问题，实质上却直接关乎对现代语音客观特性及其变化的认识。语音的历史变化虽然相对缓慢，但无论哪种语言的语音毕竟不可能一成不变。有些语音现象在某个或某些方言里似乎已经固化，但若仔细考察，还是会发现某些变化的暗流在涌动。而这些暗流既可能是某种历史遗迹的反映，也可能预示着历史发展的某种新动向。这就需要我们及时发现和追踪调查，以便不断深化和完善我们对汉语乃至人类语言发展规律的认识。因此，加强这方面的探索，不但是提高语音学理论水平的需要，而且跟语言的对比研究、语言教学以及自然语音信息处理等各个应用领域的需要息息相关。

本文尝试以古来声母的“清浊”对立跟声调的“阴阳”对立之间的关系为例，通过对它们在现代吴语里的语音性质的考察，进一步探讨中古“浊音”的语音性质及其“清化”的语音基础和发生机理。

2 从浊音清化在吴语里的表现看“浊音”及其“清化”的语音基础

2.1 浊音清化在吴语里的语音表现

关于浊音清化在吴语里的语音表现，自从20世纪20年代以来，语音学界一般都已接受赵元任的“清音浊流”说。但是，大家对“清音浊流”的理解并不一致。尤其是对“浊流”究竟归属声母还是归属韵母具有不同看法，有的认为是声母的“浊送气”，而有的认为是韵母的形容性成分。实质上，分歧的根本还是对于吴语全浊声母语音性质的认识问题。

2.1.1 关于吴语浊声母语音性质实验研究的简要回顾

在中国语音学界，比较系统地采用现代语音实验方法对吴语浊声母语音性质的探讨，始于20世纪80年代初期，并且经历了一个逐步深入的认识过程。

起初的声学分析结果显示，在现代吴语里，全浊声母的语音既不像传统上想象的那样完全保留古来面貌、即所谓“真浊音”，也不像有些方言里那样变成了完全没有声带振动的清辅音；而是以声调的阴阳对立为条件，带音与不带音两套音值互补出现（曹剑芬，1982；石锋，1983；Rose，1988）。当初的这些认识还比较粗浅，在学界引起了不少的疑议和不解。而正是这些疑议和不解，逐步把这方面的探索引向了深入。

随后，曹剑芬（1987）在讨论清浊与带音和不带音关系的时候，专门对“浊感”和“浊流”进行了分析考察。当时，主要关注声母本身是否存在“浊流”或者叫“浊送气”。然而，从一般的声谱图上，却并不能直观地观察到“浊流”或者“浊送气”的实体。不过，通过空气动力学测试，从相关的气流、气压图上观测到了后接韵母元音起始阶段的气声（breathy voice）表现。那就是，单念的浊声母音节里的元音发声时，通过声门的气流速率往往有个低起而后渐升的过程，达到峰值的时程也较长，这就是导致阳调的低或低起特征的来源，同时还可以看到，窄带语图显示的声调走势跟声门下气压变化趋势大体一致（如图 1“败”字的气流图、气压图和语图所示）；而相应的清声母音节里的元音发声时，声门气流速率会急速陡升到峰值，所以往往是高起的（如图 1“拜”字的气流图、气压图和语图所示）。因此，当时得出的看法是，“浊流”可能是属于韵母元音的，而不是声母本身的音质特征。

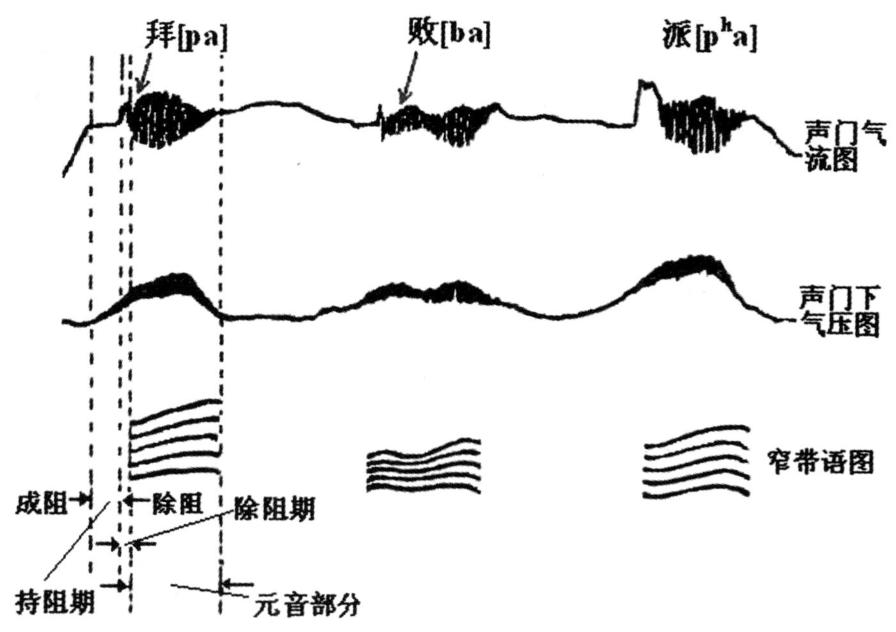

图 1　吴语常阴沙话清浊声母音节发声期间的气流、气压及窄带语图比较

差不多与此同时，任念麒（Ren，1987）在对上海话塞音的实验研究中也发现，浊塞音的后接元音确实具有某些气声性质；

不过，这种特性到了元音中段就削弱了，而到元音结尾时就消失了。所以他怀疑气声可能并不是韵母元音本身的固有特征。因此，气声的发声特征究竟属于声母还是韵母、“浊流”和“浊感”的根源究竟何在，却仍然是个问题。

为了寻找进一步的答案，我们又对吴语常阴沙、上海、宁波和温州四个方言的浊声母进行了系统的发声类型（发声方式 phonation types）考察，包括韵母元音起始处的谐波能量分析和声母闭塞持阻期间和除阻瞬间的空气动力学检测（Cao, J. & I. Maddieson, 1988－1992）。实验结果，尤其是从空气动力学检测获得的气流、气压数据表明，浊塞音跟不送气清塞音之间存在系统的发声方式差异，“浊流”实质上起源于声母发声期间声门状态的不同，而后接韵母元音谐波能量分布的系统差异正是受这种声门特性影响的结果。这也可以从图 2 的直观比较中观察到。

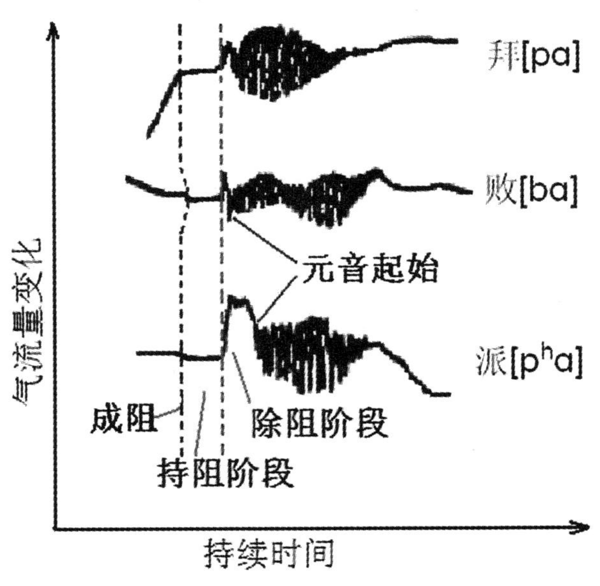

图 2　常阴沙话全清［p］、全浊［b］和次清［pʰ］声母持阻和除阻期间的声门气流比较

图2仍以常阴沙话的清母字和浊母字为例，是对它们闭塞持阻阶段和除阻阶段发声状态的进一步剖析。从中可以看到，首先，在闭塞持阻阶段，这三类声母的气流图都显示为平滑直线，说明都不存在声带振动。其次，在除阻期间，次清类“派”的除阻时间最长，气流量也最大，而全浊类的“败”跟全清类的“拜”除阻时间倒是相当接近。若从这个角度看，全浊塞音与不送气的清塞音之间似乎没有多大差异。可是，进一步的比较发现，它们之间存在两方面看似细微、但却不可忽视的差异。一个是“败”的除阻瞬间气流量略大于“拜”的，图上看虽然不很显著，但从它们后接元音的谐波能量表现（详见 Cao，J. & I. Maddieson，1988－1992）可以确认。另一个是“败”的闭塞持阻时间略短于“拜”的。这不但证实了沈钟伟、王士元等（1987）的量化研究所发现的清、浊塞音在闭塞时长方面的显著差异，而且也说明，全浊类持阻时间虽然略短，但由于持阻期间的声门开度要比全清类的更大（任念麒，1988），所以在除阻瞬间就具有更大的气流量，因而产生“浊送气”或浊流的听感。

更重要的是，岩田礼（1995）对苏州方言浊音的光纤维镜和肌电测试结果，为清、浊辅音发声期间的声门状态差异提供了更为可靠的证据。通过使用光纤维镜对发音时喉部发音器官运动的观察，和使用肌电仪对环甲肌、胸骨舌骨肌和声带肌的肌电信号的测量，他发现，苏州方言中清浊对立的发声特性区别是由相反的喉部状态造成的。从发音生理上看，这种相反的喉部状态是由非常复杂的肌肉和骨骼协调运动的结果。清音发音起始时，声带肌和环甲肌活动较强，胸骨舌骨肌的活动相对较弱；而浊音发音起始时，声带肌和环甲肌的活动受到抑制，胸骨舌骨肌的活动较强。通常，包括胸骨舌骨肌在内的外部肌肉的运动会产生“杓会厌肌收缩”和喉部的向下运动，使声带在外部力量的影响下，变得短而厚，减弱了声带的内转张力；而包括声带肌和环甲肌在内的喉内肌的活动使声带产生均衡紧缩，增强了声带内转的张力。正是由于这两群肌肉活动对声带活动的或阻抗、或促进的相反作用，产生了浊声母跟清声母不同的发声状态。而且，这种跟发声时声门状态相关的肌肉活动甚至在声母辅音成阻之前就产生了。

由此可见，构成全浊与全清声母音系对立的语音基础，是它们本身发声状态方面的本质区别。正是这种发声状态的不同，导致了它们后接元音起始部分系统的、有无气声（breathy voice）的区别。而且，这种发声方式区别总是跟相应声调的阴阳对立同时并存；一旦因为阳调在语流中变读、而失去阴阳对立时，发声状态区别也随之消失，而代之以辅音的声带振动。这种以声调阴阳对立为条件的、有无发声状态区别跟有无声带振动区别的互补出现，就是浊音清化在吴语里语音表现的主流模式。

2.1.2 浊音清化在吴语各方言中的不平衡现象说明了什么

然而，浊音的清化在吴语各方言中也不平衡。赵元任（1976）曾经作过如下的概括："为概念和术语上的简化起见，我们把这些音叫做浊塞音……实际上，只有在非重读元音之间位置上，它们才是真正的浊音，而当它们处于重读位置时，它们是清音后随一个浊气流。这一特点为江苏境内的大多数方言所共有，而浙江境内的那些吴方言则具有真正带音的塞音。"郑张尚芳（1985）和罗杰瑞（1988）等也指出，中古的浊类阻塞音在北部吴语里是"清音浊流"，而在浙江南部的某些方言里是读真正浊音的。除此以外，还有不少文献报道，在浙江南部和西南部有些方言里（如金华、缙云、汤溪、广丰）的阴阳分调现象正在逐步消失，许多浊音已经清化（张吉生，2006）。有些方言（如泰顺等）的阳调变成了阴调（曹志耘，2002）。此外，还有资料透露，西南部吴语有些方言甚至"已经没有浊音声母了"，而且"清浊对声调高低的控制能力已经完全丧失"（陶寰，2002）。尤其是近期的实验研究，也发现了一些很值得注意的现象。譬如，胡方（2001）的研究发现，温州话里少数说话人会局部地和偶尔地把浊声母读“真浊音”（即带音）、同时又读阳调，这看起来不符合浊音清化在吴语里的一般表现规律。同时，根据对他所提供的温州话塞音数据的进一步分析，在那部分人偶尔出现真浊音的样本里，还显示出发声方式差异的不规则现象，似乎折射出相关声调的微妙变化。

浊音清化在吴语里的这些不平衡表现究竟说明了什么？它们是代表着某些演变阶段的历史遗迹，还是反映了新的发展动向？这就必然涉及古时清浊对立的语音基础问题了。

2.2 从浊音清化在吴语里的语音表现获得的启示

2.2.1 从浊音清化在吴语里的语音表现看中古清浊对立的语音基础

综上所述，浊音清化在吴语里主要表现为以声调阴阳对立为条件的、声带振动与否跟有无发声方式区别的互补出现。具体地说，在读阳调时，也就是在单念、连读首字或虽非首字、但须重读的情况下，浊声母已变成了完全没有声带振动的清音，但必定带有气声；而在词语非首字位置变读阴调的情况下，它就复现为声带振动的“真浊音”，但必定同时失去气声。由此可见，就吴语方言而言，作为构成音系上清浊对立的语音基础，不是涉及声带的振动与否，就是涉及气声的有无，两者必居其一。

那么，这是否意味着，原本中古声母的清浊对立也许就是建立在以下几种可能的语音基础之上：第一种，声带的振动与不振动的区别，这是经典语音学的观点；第二种，发声状态区别，譬如有无气声的区别；第三种，声带振动与否跟发声状态区别同时并存。尽管我们并不知道实际情况究竟如何，但从现代吴语里的这种二者必居其一的表现来看，中古的清浊对立更像是建立在第三种语音基础上的。当然，这只是一种推测，如今，我们不可能获得任何活的古音材料的验证。但是，这也绝不是凭空臆测。我们可以从仍然活着的吴语清浊对立的语音基础入手，结合相关的语音史料，分析一下浊音清化的促发因素和孕育过程。

2.2.2 从声带振动与否跟气声有无区别之间的互补关系看浊音清化的促发因素——区别特征羡余

作为构成吴语清浊对立的语音基础，是声带的振动与否跟气声的有无互补出现，二者必居其一。从浊音清化的角度看，这种情况最大的可能应该是从上述第三种语音基础演变而来。之所以这么说，起码具有以下几方面的理由。

首先，从音系学或信息论的角度看，中古的浊声母如果既有声带振动，又具有气声特征，这对于构成清浊的音系对立而言，显然存在着信息的冗余。因此，理论上可能导致以下几种演化结果：要么保留声带振动特征而舍弃发声状态特征，即完全保留“真浊音”（但现代方言似乎没有发现这种类型）；要么保留发声状态特征而舍弃声带振动特征（譬如普通话的情况就属于这一类）；要么就是二者互补出现，吴语就属于这种情况。

其次，从发生学的角度看，声带的振动与否跟发声状态的区别，两者都跟闭塞持阻阶段的声门和声带状态密切联系：声带的振动与否，主要涉及声门是否作有规律的急速开闭转换；而发声状态的区别，则主要涉及声门的开度和持续时间以及声带的松紧程度。如若两者同时并用，可能会给声门及声带振动的调节和控制带来一定的困难。这是一种来自发音生理的制约，久而久之，必然会引发自然选择：要么单纯运用声带的振动与否；要么单纯运用声门或声带状态的区别；抑或两者互补运用，吴语的浊音清化模式很可能就是这种自然选择的结果。

现代汉语各个方言浊音清化的具体情况尽管不同，但都不外乎以上的某个基本模式。就以完全清化的方言为例，譬如普通话，就是以声调的平仄为条件，把中古全浊声母分别归入了不送气和送气的清辅音系统，这表明，它选择的是声门状态的区别模式。因为辅音的送气与不送气构成的音系对立，原本就是以发声状态区别为基础的（Ladefoged，P.，1971；吴宗济，1988）。

2.2.3 从声调阴阳对立跟气声有无区别的共存关系看浊音清化的促发因素和孕育过程

从浊音清化在吴语里的语音表现来看，声带振动与否跟发声状态区别的互补关系，实际上造成的感知直觉或者直观表现，却是声母的声带振动与否同声调阴阳区别的互补出现；与此相对的是，发声状态区别与声调的阴阳对立则是一对伴随特征，它们总是如影随形，共生共灭。这个现象提醒我们，或许可从声调区别的孕育过程、特别是阴阳分调和浊上变去的历史渊源得到某种启发。从汉语的历史发展来看，声调的别义功能相对于声母、韵母而言是后起的，包括四声概念的建立和阴阳的分调都经历了一个逐步孕育和演变发展的过程。

首先，根据相关文献所反映的情况，上古时期声调不太固定，声调意识比较模糊，后来才逐渐清晰起来，中间经历了漫长的孕育过程。这个过程是否跟声母的发声状态有关值得推敲。例如，根据段玉裁的“古无去声”说（《六书音韵表·古四声说》），上古时代只有平、上、入三声；魏晋以后，由部分上声和入声转为去声，才四声大备。这个从声调意识模糊到四声概念的建立，是个随着社会的发展而日益成熟的过程。不难想象，社会的发展，交际的扩大，必然会对语言手段提出越来越高的诉求。因此，声母、韵母的演变发展和声调手段的启用和完善发展也就势在必行。而当时的情况是：一方面，声母用于清浊对立这个局部的区别特征信息存在冗余（带音特征跟发声状态特征并存），另一方面，整体的音系对立功能单纯由声母、韵母承担，其所需的区别特征信息很可能已经不足。于是，语言内部的区别特征的系统调整也就势在必行。而从信息论的角度看，最经济、最合理的调整莫过于最大限度地利用声母的发声状态特征。因为从发声机制来看，它是一个既可维持声母的清浊对立之需、又可满足声调区别（也包括阴阳和平仄）要求的共轭特征；而声母的带音特征却无法充当这个特殊角色。正因为如此，保留发声状态特征而舍弃、或局部舍弃声母的带音特征，也就成了浊音清化的最佳选择。

其次，中古的上声系统地、有规律地并入去声的“浊上变去”，也是汉语方言里的普遍现象，尽管在不同方言里的具体情况并不一样。在大多数北方方言里，浊上已经都并入了去声；即使在像吴语这样仍然系统保留浊上的方言里，也已有相当多的浊母上声并入了浊母去声。譬如，在北部吴语的常阴沙话里，许多中古的上声字，例如“部、弟、柱、舅、社、父，等等”，本应读阳上，而实际上却读阳去。这就发人深省：为什么“浊上变去”也跟“浊音清化”一样如此普遍、如此势不可挡？更有意思的是，跟别的方言的情况不同，吴语的部分上声虽也并入去声，但原先的阴阳对立关系仍然不乱。这说明，“浊上变去”在一个方言里究竟变成怎样的去声（有无阴阳对立），完全取决于声母的发声状态区别是否依然存在，而不是取决于声母是否还有带音特性。这就意味着，中古浊母本身的发声状态特征，可能是促发其带音特征消失的更为直接的因素。结果，既消除了声母原先的羡余特征，又促进了声调区别特征的孕育和发展，从而分担、并扩大了原先单纯由声、韵母区别承载的别义功能。

最后，最早出现在平声中的阴阳分调现象与浊音清化的时间关系，也很说明问题。根据邵荣芬的《汉语语音史讲话》（1979），《中原音韵》是第一部把平声分为阴、阳两调的韵书，而该书反映的是近古中期的音系面貌，已经完全失去了全浊声母，平分阴、阳已经占据了统治地位。这说明，平分阴、阳和浊声母的清化应该都是发生在近古中期之前。日本僧人安然的《悉曇藏》（公元880年，即中古中期）以及了尊的《悉昙轮略图抄》记载的情况就是很好的佐证。《悉曇藏》列举了前后数十年的日本僧人以及汉人、高丽人所学汉语声调的情形。据该书的记载，日本所借的汉字音平声读起来“有轻有重”，说明早在中古的中期，浊声母语音性质的变化对声调听感的影响已经初露端倪，具备了阴、阳分调的语音基础。而了尊的《悉昙轮略图抄》抄录整理了此前的日本僧人在中国所学汉语声调的具体描述，在该书的“八声事”部分，已经明确地按四声的声母清浊各分轻重，列为八声。这是一方面。另一方面，在比《中原音韵》早出四百多年（十世纪中后期）的敦煌俗文学抄本里，发现了很多浊音清化的现象。这说明，中古全浊声母的清化至少也可以追溯到中古中期。从这些历史文献的记载来看，浊音的清化至少是跟声调平分阴阳出现的时间大致相当；而文献的记载肯定滞后于实际语言现象的出现，所以，浊声母的清化在实际语言里应该开始得更早。这一切表明，与声母清浊对立相关的发声状态区别，可能早已触发了声调音区的高低差异，对声调的听感产生了明显的影响，只是最初听起来觉得有些异样、但并不影响交际而已。

总之，上述这些历史资料，为浊声母从古时的声带振动与发声方式特征的同时并存、到声带振动逐渐被发声方式取代的发展过程提供了有力的佐证。

2.3 关于“全浊”与“次浊”的划分和浊音的清化

古来的浊声母虽然分为全浊和次浊两类，可是，清化现象却只发生在全浊类、而不发生在次浊类，这是一个令人不解的现象。可是，在声母的清浊对立跟声调的阴阳对立之间的关系方面，它跟“全浊”声母的表现又似乎很相像。这说明，对于这类语音至少还有不少问题需要澄清。譬如，它跟“全浊”类究竟是根据什么标准划分的？为什么它不像“全浊”声母那样必须清化？

2.3.1 中古的“次浊”跟“全浊”究竟是根据什么标准划分的？

说到“次浊”跟“全浊”的划分，当然不可能不牵涉整个“清”类与“浊”类的划分。根据传统语音学理论，中古的“清”类与“浊”类好像单纯就是根据辅音的带音、不带音来区分的。如若果真如此，那么，显然无法解释为什么我们的祖先会把［b，d，g］等等称为全浊类，而把［m，n，l］等等称为次浊类。因为迄今为止，对于古代［m，n，l］等的带音性质未见多大疑义，对于古代［b，d，g］等的带音性质似乎也是没有疑义的，否则也就无所谓“浊音清化”了。因此，只有一种可能：除非“浊”与“清”的界定还有别的语音根据。这个猜测也不全是空穴来风，试看历史文献中有关“清浊”概念曾经是多么的错综复杂，有指声母特性的，也有指韵母和/或声调特性的。后来，尽管通过罗常培先生的研究，基本廓清了这个概念，从此“清浊”这对术语便固定用以描写声母的音系对立。然而，有关清浊对立的语音性质却始终存在争议。这就使我们有理由置疑：汉语古来的“浊”与“清”音系对立的客观语音基础是否单纯就是辅音的带音与不带音的区别？假如是的话，那么如何解释“全浊”与“次浊”的划分？如何解释“全浊”类如此势不可挡的清化，而“次浊”类却如此惊人的稳定不变？假如不是，或不单纯是辅音本身带音与不带音的区别的话，那么，又是什么因素既能把浊类跟清类区别开，还能把“全浊”与“次浊”划分开？这里仅以吴语的鼻音声母为例，对“次浊”类的语音性质作一简要讨论。

2.3.2 吴语鼻音声母的清浊与声调的阴阳

在今天的方言平面上，尤其在吴语方言里，无论在听感上还是音系描写上，鼻音声母一般也分“清浊”两类，“清”类配阴调，“浊”类配阳调，尽管这种声母跟声调的配列关系，并不像塞音、塞擦音等情况下那样系统严整。可是，从客观语音性质上看，根据对局部方言的发声类型考察（曹剑芬，1990），至少没有发现“清”类和“浊”类鼻声母本身在语音性质上有什么本质区别，只是在相应韵母元音的起始部分表现出带不带气声的区别。令人奇怪的是，这种情况竟然跟吴语塞音声母清浊对立的语音表现十分相似。由此便产生一个问题：这两类声母古代来历各不相同，而今天的音系对立和语音表现为什么会如此相似？究竟是怎样的历史渊源和发展过程导致了这种奇妙的现象？这是否意味着，在这现象背后，可能隐藏着迄今为止我们尚未真正揭开的古来“清浊”对立的语音基础之秘密？

2.3.3 从浊塞音与鼻音发声状态特性比较看浊音清化的触发机制

综上所述，在今天吴语里，无论是“全浊”塞音还是“次浊”类的鼻音，它们跟“清”类声母的对立，都表现为相应韵母起始部分的发声状态区别及其同时共存的声调阴阳区别。不过，两者的语音性质有所不同。

首先，在实际话语中，“全浊”类的发声状态特性是声母本身的特性，它跟带音特性互补出现，当它们在语流中变读阴调时会失去气声而恢复常态声带振动；而“次浊”类的这种特性的出现或消失跟声母本身的带音特性无关，因为无论是读阳调还是阴调，次浊声母本身总是带音的。

其次，迄今为止的实验研究，尤其是生理实验研究（曹剑芬，1987；Cao，J. & I. Maddieson，1988；1989；1992；Ren，N.，1988；Iwata，R.，1995）已经证明，吴语“全浊”声母读阳调时，尽管它在持阻闭塞期间跟“清”类声母一样，声带并不振动；

但它在持阻闭塞期间的发声状态、即声门开度和肌肉活动等确实有别于“清”类声母。可是，“次浊”声母就不一样，即使在读阳调的情况下，也没有发现它在持阻闭塞期间跟阴调情况下的发声状态有何确切的区别（Cao，J.，1990）。

从上述对“全浊”与“次浊”的对比情况中，似乎透露出这样一个消息：或许，“全浊”与“次浊”闭塞期间的发声状态的不同正是两者之间的分水岭。也就是说，会不会古时的“全浊”类声母既有带音特性，又有发声状态特性。因此，对于构成清与浊的音系对立来说，可能存在着冗余信息，因而促发了“浊音”的“清化”。而古时的“次浊”类，声母本身可能就只有带音特性，而没有发声状态特性，因而也就没有促发“清化”的因素，所以至今仍然保留带音特性。当然，这只是一种假设，目前，我们还无法证实历史本来面目究竟如何。

假如历史面貌的确如假设的那样，那么就既可以解释古代“全浊”与“次浊”赖以划分的语音根据（那就是：“全浊”类——带音和发声状态特性兼备；“次浊”类——只有带音，而无发声状态特性），又可以理解“浊音清化”为何如此势不可挡（带音和发声状态特性同时存在，造成区别特征冗余），还可以解释为什么自古以来“清浊”这对概念总是跟“阴阳”彼此混淆，声母的演变为什么总是跟声调的发展纠缠不清。同时，还能理解“浊音清化”在不同方言平面上发展的不平衡性和不同的历史层次。例如，在吴语方言里，一方面是声母带音特性音系作用的弱化，另一方面是发声状态特性音系作用的强化，其结果就形成了现在这种声母带音特性跟发声状态特性有规律的“轮流坐庄”的局面。而在其他大多数方言里，清化的结果则是完全失去声带振动，而代之以全面的发声状态区别，并以声调的平仄为条件，进一步演变成了送气与不送气的清音区别。

3 结语

根据对吴语浊音清化状况的现有认识，或许可以对汉语浊音清化的历史渊源和发育过程作如下推测：

像吴语里这种与声母清浊对立及声调阴阳对立相关的发声方式区别，很可能自古已经存在。在古代汉语里，全浊声母的带音特征与发声方式特征（譬如气声的发声状态、但不限于气声发声状态）很可能就是同时兼备的。早期语音学之所以只注意到带音特征，而没有发现发声状态特征，其主要原因当然跟当初科技水平的局限有关。而且，发声状态差异是个客观存在，个人嗓音音质的不同就是个很好的明证；但是，绝大多数情况下并不用作语言学上系统的别义手段，所以通常也就未必引起注意。同时，也不排斥那样一种可能：由于古代交际需求相对有限，这种发声状态特征的语言学功能尚处于忽隐忽现阶段，因而不被人们所认识。

从上古的声调意识模糊逐渐发展到中古的四声概念分明，再从中古阴、阳分调雏形的隐约出现，发展到近、现代阴调和阳调的明确划分（当然这不是唯一的发展方向，但至少吴语里如此）及其与浊声母清化的种种表现的交叉，说明这种发声状态差异及其对声母和声调发展的作用实际上一直存在着，只是其别义的功能是逐步显现出来的。譬如，史料所透露的日本僧人当初关于汉语平声有轻有重的感觉，就说明，在当初这种发声状态差异就已经触发了声调音区的高低差异，具备了阴、阳分调的语音基础，其别义功能已隐约出现。后来，随着浊声母的进一步清化，带音特征的音系区别功能逐步弱化，发声状态特征的音系区别功能不断强化，导致原先由声母承载的那部分别义功能局部地转向了声调，也就促使阴、阳调的差异越来越显著。

作为浊音清化促发因素的发声方式特征，在不同方言里的出现状态和作用方式不同，导致的清化结果不同。在吴语这样仍然系统保留声母清浊对立的语言里，发声方式特征以有无气声的状态出现，跟带音与不带音交互行使音系区别的职责，与之相伴的是声调的阴、阳对立。而在其他大多数方言里，发声方式特征以送气与不送气的状态出现，并完全取代了带音与不带音区别所承载的音系功能，与之相伴的是声调的平仄对立。

以上看法仅仅是基于个人的不完全认识，亟待更多的、进一步的实验研究来证实或证伪。

参考文献

安然，880，《悉曇藏》。

曹剑芬：《常阴沙话古全浊声母的发音特点——吴语清浊音辨析之一》，《中国语文》1982 年第 2 期。

曹剑芬：《论清浊与带音不带音的关系》，《中国语文》1987 年第 2 期。

曹剑芬：《汉语古今声母与声调演变关系一瞥》，在海峡两岸传统语言学研讨会上的报告，2010 年 10 月 16—18 日。

曹志耘：《南部吴语语音研究》，商务印书馆 2002 年版。

段玉裁：《六书音韵表·古四声说》。

胡方：《温州话浊塞音的声学分析》，《第五届全国现代语音学学术会议论文集》。

了尊：《悉昙轮略图抄》，日本《大正新修大藏经》84 卷，转引自吴宗济：《汉语声调研究的两个发展阶段》，《吴宗济语言学论文集》，商务印书馆 2004 年版。

邵荣芬：《汉语语音史讲话》，天津人民出版社 1979 年版。

石锋：《苏州话浊塞音的声学特性》，《语言研究》1983 年第 1 期。

陶寰：《吴语的清浊音和高低调》，（参见东方网 http：//www. eastling. org 帖子）。

岩田礼：《苏州方言浊音发声的生理特性》，石锋编《汉语研究在海外》，北京语言学院出版社 1995 年版。

张吉生：《从吴语方言看声母与声调的相互关系》，《当代语言学》2006 年第2期。

郑张尚芳:《浦城方言的南北区分》,《方言》1985年第1期。

Chao, Y. R. (赵元任), 1976. The Changzhou Dialect. *Journal of the American Oriental Society* 90: 45 – 56. Reprint in *Aspects of Chinese Socialinguistics*, Stanford University Press, Stanford: 48 – 71.

Norman, J., 1988. *Chinese*, Cambridge University Press, Cambridge.

Ren, N. (任念麒), 1987. An acoustic study of Shanghai stops. Unpublished manuscript, University of Connecticut, Storrs.

Ren, N. (任念麒), 1988. A fiberoptic and transillumination study of Shanghai stops. *Paper presented* at *International Conference on Wu Dialects*, Hong Kong.

Rose, P., 1988. Phonetics and phonology of Yang tone: phonation types in Zhenhai. *Paper presented at International Conference on Wu Dialects*, Hong Kong, 1988.

Shen, Z. (沈钟伟), C. Wooters and W. S. Y. Wang (王士元), 1987. Closure duration in the classification of stops: A statistical analysis. *The Ohio State University Working Papers in Linguistics*, No. 35, pp. 197 – 209.

浅谈中古全浊声母清化的语音基础及历史层次[①]

摘要 关于汉语古全浊声母的今读类型与历史层次，一直是语音学界，尤其是方言学界广为关注和争议最多的问题，它实质上是对汉语史上规模最大、影响最广的历史音变——“浊音清化”的认识问题。本文试图从中古全浊声母的清化在现代吴语中的语音表现入手，探讨浊音清化的触发因素及演变发展的历史层次。

1 前言

笔者最初受的训练虽然是传统语言学，但工作以后由于长期从事现代语音的实验研究，很少关注语音的历史演变，所以对今天这个会议的主题完全不熟悉。30 多年前，曾经通过语音实验，探讨过中古全浊声母在吴语里的语音性质问题，后由于种种原因，不得不中断了刚刚开始、还未及深入的研究。

不过，这几十年来，脑子里关于吴语浊声母的情结依然未减。尤其是相关领域的探索成果时时牵动着我的心，激励着我去思考

① 在“汉语方言古全浊声母的今读类型与历史层次研讨会”上的报告，2013 年 8 月 30—31 日，香港中文大学。

一些问题。譬如说，尽管中古全浊母在现代吴语里清化的主流模式是清楚的，可是越来越多的关于读音分歧的报道就使人不得不联想到语言历史发展的层次问题。尤其是最近，又有些研究不断揭示出人们一向不大关注的中古全清母和次清母的“浊化”面貌。这就使得原本就错综复杂的“浊音清化”问题的讨论变得更加扑朔迷离。也许有人会说，这是两码事么，有什么关系啊。然而，现在看来，要搞清楚中古全浊类声母的清化问题，还真不能不关注全清和次清类的历史发展。因为事实上，它们已经开始干扰我们对古全浊声母的今读类型与历史层次的认识。谓予不信，且待稍后分解。

其实，语言作为交际工具，是个有机统一的整体，牵一发而动全身，其历史发展必定牵涉其内在结构的方方面面。“浊音清化”也不例外，因为无论它在各个方言里的具体表现多么驳杂多样，但都逃不过一条规则，那就是：必须满足作为一个自足的交际系统的需要。因此，“浊音清化”也好，“清音浊化”也罢，都不可能是孤立的现象。只有统筹考虑具体语言的结构系统，既理清古今关系，又鉴别层次差异，才能更好地揭示和认识语言发展的客观规律。

至于笔者，因囿于学说经历和认识水平，只能依据迄今为止已经掌握的现代语音实验资料，并吸收其他学者的相关研究成果，就中古全浊声母在吴语里的语音表现，对“浊音清化”的触发因素以及演变发展的历史层次问题，谈些不成熟的看法。

2　“浊音清化”在吴语里的语音表现

2.1 吴语声母清浊对立的实验研究概述

2.1.1 单纯的声谱分析研究

20 世纪 70—80 年代，中国语言学界陆续开始采用语音实验的方法，比较系统地探讨吴语里古全浊声母的语音性质问题。最初只是通过语图仪进行声谱分析，从单纯的语图显示来看，“清音浊流”中的“清音”的不带音性质是非常清楚的，但却并没有发现“浊流”的实体所在。譬如，曹剑芬对常阴沙话古全浊声母的实验结果（1982）发现，全浊声母具有带音和不带音两套互补的音值：单念、语流起首或重读情况下，持阻期间声带不振动；语流中非起首、非重读情况下，持阻期间声带振动。因此，在单念、语流起首或重读情况下，它跟相应清声母的对立表现为所在音节声调的阴阳对立；而在语流中非起首、非重读情况下，它跟相应清声母的对立才真正表现为带音与不带音的区别，同时，所在音节的声调失去阴阳对立。图 1 出示的就是这样的实例，从中可以看到，同样的全浊母字“瓶”，在单念时或在语流中重读时，声谱显示其声母闭塞期间没有声带振动，跟相应清声母字“冰”的一样，都不存在低频浊音杠；而在语流中非重读时，例如在“电瓶箱”中的“瓶”字，其声母闭塞期间就出现体现声带振动的低频浊音杠了。

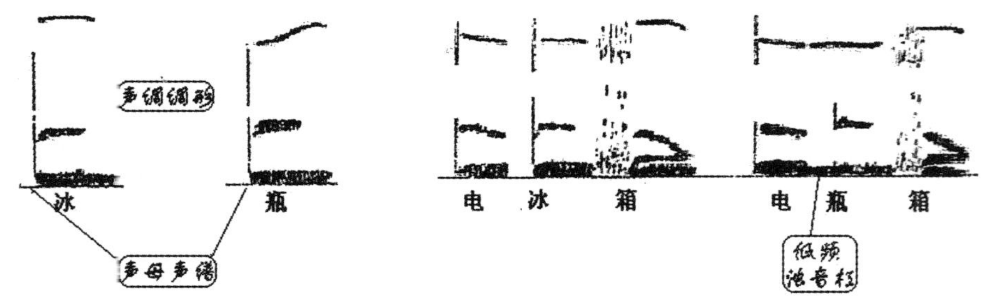

图 1　常阴沙话“冰”、“瓶”以及“电冰箱”和“电瓶箱”的声谱比较

稍后，苏州话的实验研究也得出了同样的结论（石锋，1983）。此外，曹剑芬还对常熟、老沙、江阴、启东、海门、上海、宁波、永康、温岭、武义、金华、义乌等吴语方言的声母清浊对立做了实验分析，所见结果也大同小异（未刊实验报告），具体情况取决于各个次方言里的变调规则和轻重音规则（Cao Jian-fen，1987）。

后来，任念麒（1987）对上海话塞音的研究以及 Rose（1988）对浙江镇海话的实验研究也得出了跟曹剑芬和石锋类似的结果。

以上情况表明，在现代吴语里，古全浊声母的语音表现出以下两方面的特性：第一，在单念的情况下，这类声母只是保留着与相应清声母的音系学对立，而不是语音上的带音与非带音的区别。而且，相关的感知试验（曹剑芬，1987）也表明，在这种情况下，它的“浊感”主要是由音节的阳调来体现的。第二，在语流中，它存在着两套互补的音值：当它处于词首或者在语流中重读的情况下，跟单念时的一样，也是不带音辅音；而在非词首位置或相对轻读的情况下，它就会变成真正带音的辅音，声调失去阴阳对立。而且，这两套音值的交替都是非常系统的。

但是，单纯的声谱只能显示发声期间声带是否振动，却并不能解决“浊流”何在的问题。为了进一步认识“清音浊流”的语音实质，笔者借助频谱能量分布分析以及气流、气压实验，对吴语声母的清浊对立进行了发声状态考察。

2.1.2 发声状态考察

音系上的清浊对立及声调阴阳对立主要跟声带振动与否及送气与否的发声状态相关。

（1）发声状态区别原理及测试方法简介。

所谓发声状态（phonation），是指发出语音时声门的状态或声带振动的方式。传统上把辅音的带、不带音和送、不送气纳入发音方法或叫发音方式（manner of articulation）区别的范畴；其实，这两项都属于发声状态或叫发声类型、发声方式（type of phonation）区别的范畴。因为发音方式跟发声方式不是一回事，前者是指不同的声腔形状对声带振动产生的噪音或声腔某处湍流产生的噪音进行共鸣调节的机制；而发声方式是指生成语音时跟声门的状态或声带振动方式相关的机制。

在语言学上有意义的发声类型区别主要有常态嗓音、气嗓音以及嘎裂嗓音等等，最常见的是气嗓音（气声，breathy voice）跟常态嗓音（moderate voice）的区别。这种区别可以用图2加以说明。

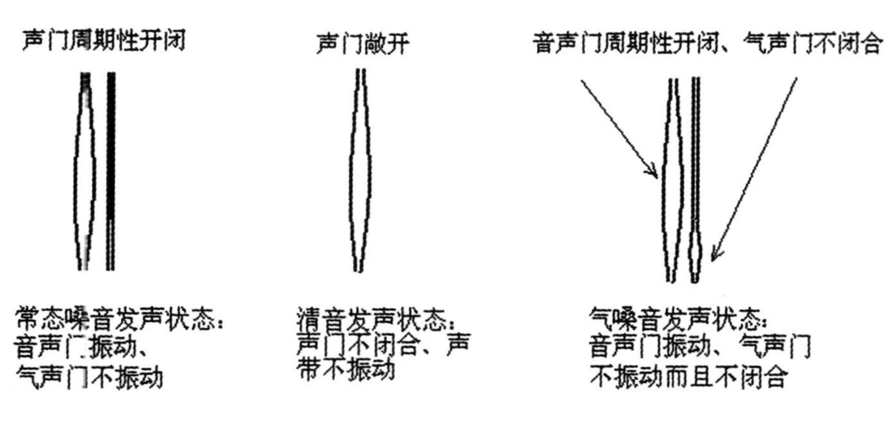

图2　不同类型辅音发声期间声门状态示意

常态嗓音、也就是单纯的带音辅音发声时，音声门有规律地交替开、合，声带振动，气声门闭合，但不振动，如图2左侧的声门状态所示。气嗓音、也就是气化的带音辅音发声时，音声门有规律地交替开、合，声带振动；但气声门既不振动也不闭合，如图2右侧的声门状态所示，所以在声带振动的同时就有气流从气声门泄出，形成了带有摩擦噪声的气嗓音。

声门状态或声带振动的方式是语音发声期间的生理特性，这种特性既可以通过声门光纤维镜透照、肌电仪测试以及电子声门仪（EGG）的声门开闭相测量等多种手段，直接观察和测量声门、声带状态以及相关的发声肌肉和骨骼的活动，也可通过频谱能量分布或声门上下的空气动力学数据进行分析研究。相对说来，受实验仪器及条件的限制，直接的声门及声带活动观察和测量尚不太普遍，而频谱能量分布或声门上下的气流和气压测量则比较容易实施，所以，这两方面的测量资料在其他语言的类似研究中早已用作检验发声状态异同的标准。

语音的频谱能量分布特性是发声时生理特性的物理表现，能够比较客观地反映声门状态和声带振动的方式。根据言语产生的相关理论（Fant，1983），当声带在比较紧张的状态下振动时，第一谐波相对于较高次谐波的能量较小；而当声带在比较松弛的状态下振动时，第一谐波相对于较高次谐波的能量就相对大一些。在发气嗓音的情况下，声带相对松弛，同时由于气声门不闭合，在声带振动的同时，会有较强的气流从声门泄出，因此，相对于常态嗓音而言，气嗓音的第一谐波总是具有相对较大的能量，这是一种系统性的差异。因此，通常采用第一谐波（H1）跟第二谐波（H2）的能量差（H1 – H2）或者第一谐波跟第一共振峰区域最强谐波（f1）的能量差（H1 – f1），来衡量是否存在发声状态差异。具体如图 3 所示。

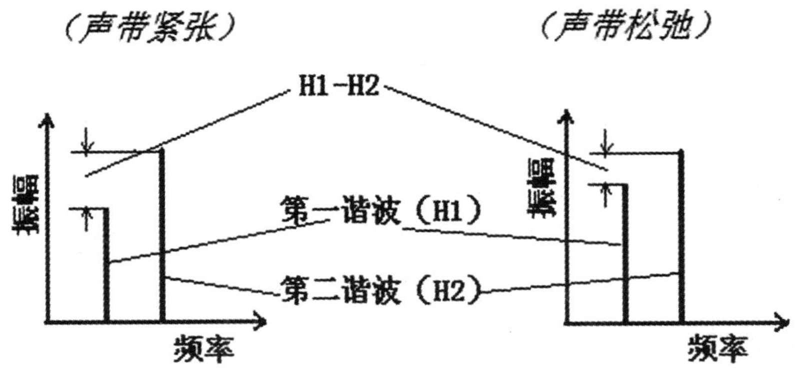

图 3　不同声带紧张度情况下声谱谐波能量分布示意图

（2）吴语清浊声母发声状态考察概述。

为了进一步认识吴语声母清浊对立的语音性质，搞清楚“浊流”何在和“浊感”何来？我们通过频谱能量分布分析和空气动力学测量两种方法对清浊声母的发声状态进行考察。

首先，采用快速付利哀分析方法（FFT），对上海、常阴沙、宁波和温州四个方言10个发音人的语音资料进行频谱能量分布分析。统计结果表明，每一个方言里清、浊两类之间的频谱能量分布差异都是非常显著的（Cao Jianfen & Ian Maddieson，1988－1992），这就进一步证实，吴语声母的清浊对立确实是跟发声状态差异分不开的。

与此同时，又通过测量清浊声母发声期间的声门气流与气压之比进行考察。四个方言的全部空气动力学数据的综合比较和检验结果显示，清浊两类声母的发声状态确实存在着显著的差异（风险率为0.0001）。这里以图4（见次页）的气流、气压记录为例，简要介绍一下观测到的清、浊两类声母发声期间的空气动力学表现。

第一，首先看持阻期间，在单念、语流起首或重读情况下，浊声母与清声母一样，持阻期间声带都不振动。譬如图4中无论是清母字“岛”还是浊母字“稻”的辅音持阻期间，声门气流都表现为平滑直线，声门上气压都表现为陡升尖峰。这说明，此时两者的声门都是敞开的，都是不带音的“清音”。

然而，到了除阻前后、即辅元交界附近，浊声母就表现出了不同于相应清声母的气化特征：比起“岛”来，在“稻”的除阻瞬间，通过声门的气流较强，气流速率有个低起而后渐升的过程，达到峰值的时程较长。同时，声调为低或低起的阳调。这说明，浊声母发声时由于气声门不闭合，在声带振动的同时会有漏气，不但造成伴有噪声的气嗓音，而且对声带振动产生阻抗，从而降低了声调的音高，引起了低沉粗糙的“浊感”。

第二，在语流非起首、非重读情况下，两者在持阻期间就明显不同：浊声母持阻期间气流图为周期性浪线，同时，声门上气压图也表现为周期性脉冲形式，具体如图 4 中“籼稻”中的“稻”的气流图和气压图所示。这表明此时的浊声母具有声带振动，是“真浊音”，跟相应清声母（“仙岛”中的“岛”）的“清音”形成显著区别。此时，“稻”的除阻前后、即辅元交界附近就不存在气化特征，不但声门的气流速率跟清声母的类似，而且声调也变同相应清声母的声调，音区特征失去高低区别。这说明，在语流非起首、非重读的情况下，声母的清、浊对立确实是以声带振动与否的区别取代了发声状态的差异。因此，此时的浊声母听起来自始至终是个带音辅音，而且感觉不到浊气流或低语声了。

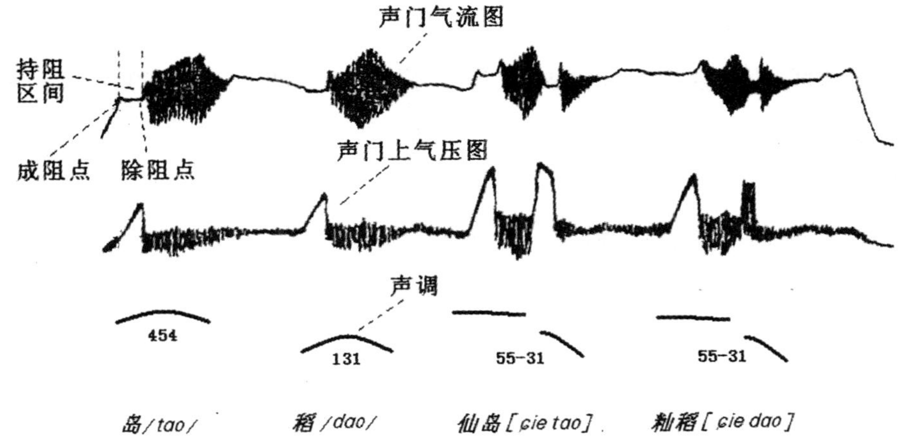

图 4　常阴沙话清、浊声母音节发声期间的气流、气压及声调高低比较举例

（3）关于发声状态差异的归属。

然而，由于单念的清、浊母字的辅音持阻期间都不存在声带振动，无法直接对其频谱进行观测。因此，上述频谱分析的样本都取自尽可能接近辅音除阻的后接韵母元音的开始阶段①，观测到的发声状态差异也显示为韵母元音的气声化表现。所以，当时就产生了发声状态差异的归属问题，不能完全确认这种发声状态差异究竟是源自声母的固有特性还是韵母元音的特性。不过，相关的风险统计检验表明，元音的气声化表现只在起始阶段是足够显著的，到了元音中段，气声化表现就大大削弱，及至元音末段，气声化现象就几乎消失了（Cao Jianfen & Ian Maddieson，1988－1992）。而且，任念麒（Ren Nianqi，1988）以及胡方（2001）的实验研究也发现，气声化现象仅仅在元音起始阶段是显著的。同时，还有一点也是肯定的，那就是：我们的空气动力学数据都是从发声的持阻和除阻期间测得的，这无疑反映了清浊塞音发声期间的声门状态差异；由于当时这项测量仅限于双唇塞音，因而还不能肯定其他部位的清浊塞音之间是否也是如此。而幸运的是，不久便有其他学者的一系列实验研究提供了更为可信的证据，说明气化现象虽然明显地表现在元音起始部分，而其根源还在于声母辅音的固有发声状态差异。

首先是沈钟伟和王士元等（Shen，Z.，C. Wooters and W. S. Y. Wang，1987）的统计分析结果，不但证实了上述曹剑芬1982年的主要研究结果，同时，还增加了对于这两类塞音闭塞时长的考察，注意到吴语清浊两类声母本身，在闭塞持阻段的时长方面存在着系统的差异。

其次，任念麒（Ren Nianqi，1988）在美国利用声门光纤维镜透照方法对上海话的实验研究，就观察到了清、浊塞音声母发声时的声门宽度不一样。

更重要的是，岩田礼（Iwata，Ray，1995）通过光纤维镜和肌电测试仪对吴语苏州话浊声母发声的生理特性研究，不但表明

① 根据音征互载的原理，认为后接元音的前30毫秒内载带着辅音的特性。

清浊声母发声期间的声门状态及声带紧张度不同，而且发现，这种跟发声时声门状态相关的肌肉活动的不同甚至在声母辅音成阻以前就出现了。

最近，宋益丹（2012）又通过电子声门仪，对吴语清、浊声母发声期间的声门开闭相状况进行了系统的比较研究。结果进一步证实了吴语清、浊声母的发声状态区别，其 EGG 数据表明，这种发声状态区别并非属于元音本身。

上述所有的实验资料进一步说明，此前所有有关吴语声母清、浊对立的语音性质的实验报导，无论是韵母元音起始阶段频谱能量分布的系统差异，还是韵母元音起始阶段的声带紧张与松弛状态的不同，实际上都是跟清、浊声母本身的不同发声状态分不开的。也就是说，吴语“清音浊流”中的“浊流”（即气声）归根结底，并不是韵母元音的固有特征，而是浊声母本身的发声特性，只是由于协同发音的缘故而扩展到了后接元音的起始阶段。这不但澄清了“浊流”本质上是声母的气化发声的表现，而且找到了“浊感”的由来。

2.2“浊音清化”的语音表现在吴语里的主流模式及内部差异

2.2.1 主流模式

从目前掌握的实验研究结果来看，在现代吴语里，中古全浊母既不像大多数北方方言里那样的完全清化及其与阳调关系的疏远，也不像早先人们想象的那样既读“真浊音”，同时又读阳调，而是介乎其间的一种中间状态，那就是：以声调阴阳对立为条件的“真浊音”跟“清音浊流”的互补出现。

具体地说，在单念、语流中起首位置或重读情况下是“清音浊流”，声调为阳调；在语流中非起首位置或非重读情况下是“真浊音”，声调变同相应的阴调。在这里，“清音”的实质是持阻发声期间声带不振动；“浊流”的实质是以气化的方式发声，它跟阳调同生共灭。

2.2.2 内部差异

关于吴语浊声母的语音性质，语言学界向来认为南部跟北部吴语之间存在差异。主要看法可概括为以下两个方面。

（1）认为南部吴语更浊，或更多保留中古浊母性质。

持这种观点的早期主要有赵元任（1928）、郑张尚芳（1985），他们认为北部的“浊音”性不如南部的强，在北部是浊流，在南部是真正的浊音。罗杰瑞（1988）也指出，大多数北部吴语里出现在短语起首位置上的浊类声母系列开始是个较松的清音，后随着一个浊气流或低语声，而在浙江南部，这类声母系列自始至终是个带音辅音，而且听不到浊气流或低语声。

此外，胡方（2001）的实验研究发现，如今温州话里仍有少数说话人局部和偶尔仍有声母读带音、同时读阳调的情况。所以，他认为温州话浊音应该曾经是真浊音，只是现在已经处于消亡期。

（2）认为南部或西南部吴语某些方言不同程度地呈现出更加清化的趋势。

随着调查研究的不断深入，陆续出现了不少有关南部吴语出现浊音完全清化和阳调变阴调现象的报道。例如，陶寰（2002）的资料透露，西南部吴语有些方言甚至已经没有浊音声母了，而且清浊对声调高低的控制能力已经完全丧失；曹志耘（2002）发现有些方言（如泰顺等）甚至阳调已经变阴调；张吉生（2006）报道浙江南部和西南部的金华、缙云、汤溪、广丰的阴阳分调的现象正在逐步消失，许多浊音已经清化。朱蕾（2009）则发现，宣州吴语铜泾古全浊塞音、塞擦音、擦音今都读为同部位的擦音、通音，并伴随强送气特征。

2.2.3 笔者关于吴语内部差异的粗略考察

20世纪80年代，为了了解南、北吴语浊声母的读音究竟有多大差异，笔者曾对浙江的温州、金华、义乌、永康、温岭和武义等南部吴语次方言和江苏的启东、海门、苏州、无锡、江阴、常熟以及张家港地区的常阴沙、老沙、橙东、虞西等北部吴语次方言的浊声母做过比较系统的声谱分析，每个方言的实验语料都是采自 3 -5 个人的发音（曹剑芬，未刊实验报告）；后来，又对常阴沙和上海与宁波和温州的浊声母做过系统的发声类型考察（Cao Jianfen & Maddieson，1988 -1992）。

以上两方面的结果都表明，在带、不带音的出现条件上，并没有发现南部吴语跟北部吴语之间有什么实质性区别的证据。不过，在对常阴沙话和温州话的空气动力学测量数据进行变量分析时，从第一谐波跟第二谐波之间能量差的程度上，观察到了两个方言之间的有效差异［F（1，68）=7.747，p=0.007］。这说明，南部吴语比北部吴语听起来更浊，的确具有一定的客观基础。至于罗杰瑞所说的“在浙江南部，这类声母系列自始至终是个带音辅音，而且听不到浊气流或低语声”的现象，倒很像我们从语流中非起首、非重读位置上观测到的情况；不过，这是南、北吴语的共同特点，并非仅限于浙南。

3 从古全浊声母在吴语中的语音表现看“浊音清化”的触发因素

从目前掌握的实验研究结果看，浊声母的语音性质在南、北吴语中大同小异，主流都是声母带不带音区别跟声调阴阳区别互补出现。尽管吴语内部在浊声母演变与声调发展方面呈现出一些差异，但在古来声母与声调相伴演变发展的总体关系方面，却是高度的一致。而且，主流模式所反映的关系脉络清晰、系统严整。因此，某些不同程度的差异，并不能掩盖这样一个基本事实，即吴语的主流模式很可能代表着汉语全浊声母发展的一个重要阶段。

从古全浊声母在吴语里的语音表现，或许可以对它的清化动因及演变层次获得某些启发。

3.1 吴语“浊音清化”的语音表现引发的思考和设想

3.1.1 清浊对立跟阴阳对立的不解之缘究竟跟语音的什么性质有关？

语音学上向来认为，两者密切相关的语音基础就是声母的带不带音的区别。然而，从“浊音清化”在吴语中的主流模式来看，就可以发现声母清浊对立与声调阴阳对立共同的语音基础，并非声母辅音的带不带音区别，而是其发声状态区别。

根据上述实验研究结果，我们不难看到，声母清浊对立和声调阴阳对立跟发声状态区别之间存在着一种微妙的关系。这种关系可以用表 1 来概括。

表 1　　清浊对立、阴阳对立跟发声状态区别的关系

音系对立 / 语音区别特征 / 重读状态	声母清浊对立		声调阴阳对立	
	带音/非气化	非带音/气化	高	低
重读	−	+	−	+
非重读	+	−	+	−

具体地说，在单念或重读时声母没有带、不带音的区别，这时，音系上的清浊对立就表现为发声状态区别以及声调音区的高低之别：非带音、气化、低调头，如表 1 倒 2 行的特征所示；而当语流中非重读时，音系上的清浊对立就表现为带、不带音的区别，同时失去发声状态区别以及声调高低之别：带音、非气化、高调头，如表 1 倒 1 行的特征所示。这三者关系的微妙之处就在于：第一，音系上的声母清浊对立在语音上总是表现为辅音的带音与否跟有无发声状态区别的互补出现。有气化与否的发声状态

区别，就无带音与否区别；反之，有带音与否区别，就无气化与否的发声状态区别。第二，音系上的声调阴阳对立在语音上总是表现为调头的高低区别与否跟有无发声状态区别的同生共灭。有辅音发声状态的区别，就有声调调头的高低区别；反之，声调阴阳高低之别也随之消失，而且听感上也无区别。

以上情况充分说明，引起低沉粗糙“浊感”的阳调与声带振动没有必然联系，而是与气化的发声方式存在必然的联系。至此，我们不仅明白了“浊流”的实质，而且找到了“浊感”的由来。由此可见，构成吴语里清浊对立跟阴阳对立的不解之缘的语音基础，不是声带振动，而是发声状态特性。

那么，这种发声状态特性从何而来呢？

3.1.2 古来的全浊声母是不是单纯的带音辅音？

综上所述，（1）声调阴阳的高低跟声母是否带音没有必然关系；（2）声母清浊对立跟声调阴阳对立都是以发声状态区别为基础的。这就引发这样的思考：古来的全浊声母是不是单纯的带音辅音？如果是单纯带音的话，那么它在清化过程中怎么会凭空生出发声状态差异来？如果是单纯带音的话，那么它跟次浊声母又有什么区别？两者同样都是带音辅音，为什么只有全浊声母会如此势不可挡地“清化”，而次浊声母却至今仍然为带音？显然，古来的全浊声母不可能是单纯的带音辅音。

为了认清古全浊声母的本来面貌，我们不妨从音系配列关系与客观语音表现两个方面，对全浊母与次浊母的异同做一比较分析。

首先，从音系配列关系上看，中古的全浊类只配阳调，而次浊类阴、阳调皆可配合；现代吴语里也是如此，全浊类只配阳调，而次浊类阴、阳调皆可配合。但是，在吴语里，全浊类只在没有声带振动的条件下（即单念或语流中重读时）才读阳调，在有声带振动的条件下（即语流中非重读时）则变同相应的阴调。也就是说，全浊类的阳调跟声带振动从不并存；而次浊类则无论读阳调还是阴调都跟声带振动并存。这是一个不可忽略的事实。

其次，如上所述，吴语全浊类跟次浊类不一样，在语流中读真正带音的“真浊音”时，并不像传统上想象的“浊音”与听觉上低沉粗糙的阳调的共现；相反，它的调头音高反而被抬高了，所在音节的声调失去与相对阴调的区别，并且确实具有相对阴调的听觉印象。这就充分说明，既然听觉上的“浊感”有无和声调的高低区别并不是由声母的带不带音决定的，那就必定存在其他的决定因素。也就是说，全浊与次浊声母之间必定存在除了声带振动以外的语音差异，全浊声母可能本来就不是单纯的带音辅音。

为此，我们又对吴语里这两类浊声母的语音性质做了对比分析。首先是声学分析和生理观测，迄今为止的实验研究（曹剑芬，1987；Cao，Jianfen & Ian Maddieson，1992；Ren，Nianqi，1988；岩田礼，1995）结果已经证明，吴语“全浊”声母读阳调时，本身的声门开度、肌肉活动等都有别于它变读阴调时的情况；而“次浊母”在读阳调和阴调时，尚未发现其本身在两种情况下存在确切的发声状态区别。其次，最近的电子声门测量（EGG）考察（陈中敏，2012），也进一步证实了上述声学和生理考察的结果。

从上述两类浊母的这种语音性质差异不难看出，全浊类和次浊类最初划分的语音基础很可能就是：次浊类声母辅音只有常态的声带振动，而全浊类声母辅音除了常态的声带振动以外还伴有气化的发声特点。也就是说，持阻期间气化发声状态的有无是构成“全浊”跟“次浊”声母划分的语音基础。

由此看来，古来的“全浊”母很可能不是单纯的带音辅音，而是具有带音加气化的双重特征。所以，古时的声母“清浊”对立很可能原本就是建立在声带振动与否和发声状态差异的双重区别基础之上的。

3.2 从古来声母清浊对立的语音基础看“浊音清化”的动因及实质

3.2.1 从吴语“浊音清化”的语音表现获得的启示

综上所述，古时的声母“清浊”对立很可能不仅仅是单一的带、不带音区别，而是同时存在发声状态差异。

若真的如此，那么在构成音系对立的功能上，这种双重特征显然存在区别信息的冗余，也造成语音结构上的不平衡性，既不符合音系对立的最小区别原则，也不符合信息论的经济原则，因而必然导致变化。由此可以推测，正是中古全浊声母的这种双重特征的冗余性，可能是导致其“清化”的根本动因，也是引发调分阴阳的促动因素。

而且，由此也获得启示：这种发声状态差异亦非中古时期凭空出现的，它也许发源于更加古老的发声状态特征，譬如，类似于浊母的送气与不送气的发声特征区别。当然，这只是一种推测，事实究竟如何，则需要更加深入的探讨；而历来对于“浊音清化”的相关讨论，可以为我们提供许多有益的启示。

3.2.2 从对“浊音清化”的相关讨论获得的启示

语言学界不乏有关“浊音清化”的论述，从中可以获得诸多启发。譬如，麦耘（1998）《“浊音清化”分化的语音条件试释》一文认为，《切韵》时代的全浊声母为不送气音，在《切韵》以后，有不少证据表明全浊声母读为送气音。黄笑山（1994）的《试论唐五代全浊声母的“清化”》认为，全浊声母在中唐五代时已经清化为像现代吴方言那样的“清音浊流”。此后的浊音清化就是声母浊流成分的消变：这个成分转变成送气成分，声母就与次清音合流，若这个成分消失，声母便变为全清音。对此，麦耘则认为，“全浊声母在中唐五代时就是气声化音，而不是像黄先生认为的那样，气声化音是后来这类声母在仄声字中变不送气清音的过渡”。

由此看来，尽管麦、黄两位先生的看法有所不同，但至少都认为，《切韵》时代的全浊声母仍然是带音辅音，但不送气。而《切韵》以后，至迟到中唐五代时，全浊声母已经清化为不带音辅音，而且可能进一步清化为送气音。那么，清化之前的全浊声母究竟是怎样的呢？它在分化为送气与不送气清音之前，是否首先经历了某个或某些从完全带音到完全不带音的中间过程呢？

（1）从对吴语浊母“送气”的描写获得的启示——清化前的“全浊母”可能本来就带有类似送气的“气化”发声特征

一般认为，在清化之前，中古汉语的全浊母是不送气的，而吴语的全浊母被认为是保留了中古汉语的面貌。然而，无论从历史音韵学的描写所透露的消息来看，还是从对吴语古浊母活材料的实验研究所揭示的信息来看，清化之前的全浊母其实还是带有某种气化的发声特征的。譬如，上述麦、黄两位先生的看法之间虽然存在些许差异，但都从另一个侧面印证了我们的推测，即：清化之前（至少中古前期）的声母“清浊”对立，很可能是建立在声带振动与否和发声状态差异的双重区别基础之上的，而这种差异很可能发源于更加古老的、类似于浊音的送气与不送气的发声特征区别。

其实，早在一百年前的高本汉的《中国音韵学研究》就认为，这类浊音伴随着一个弱送气。这种送气，比某些北部印度语言（如印地语）里那种浊送气成分要弱一些。后来，Ramsey 在他的《中国的语言》（1987 年）中也把上海话里的“浊音”描写为类似印度语的浊送气音。由于这种气化特性在听感上不像清声母的送气那么强、那么明显，所以不同文献对于古浊母语音性质的描写总是模模糊糊、难以捉摸。

如今，尽管我们无法知道古代那种浊声母确切的语音性质，但从现在某些语言里仍然存在的浊送气声母的语音表现来看，我们有理由推测，吴语“清音浊流”中的“浊流”很可能跟古浊声母的送气（或经由清音浊送气）形式具有某种联系。

首先，从音系分类的角度看，浊送气声母的存在是汉藏语系语言的一种特色。藏缅语不少语言的“浊母”至今仍分为送气与不送气两套，譬如佤语（鲍怀翘、周植志 1990）、侗语（石锋，1990）、苗语（孔江平，2001），等等。因此，古汉语曾经存在浊送气声母也不是不可能的。

其次，现代汉语方言里也不乏浊声母送气的活材料，例如赣语南昌话（熊振辉，1979）、湘语邵阳话（据杨耐思口述），还有江淮的泰州话、如皋话和南通话（易作霖，1920 年），等等。

譬如说，根据易作霖的《国音学讲义》，古浊母在江浙一般读“全清音的浊音”，而在泰州、如皋、南通等处读为“次清音的浊音”。他所谓的“全清音的浊音”，实际上就是“清音浊流”，即不送气清音读阳调；而所谓“次清音的浊音”，实质上就是送气清音读阳调。因为他认为“‘清浊’是‘调子’关系”，因而他所谓的“浊”实质上就是来自阳调的听感效应。易作霖的这些描写跟晚近的鲍明炜、王均（2002）关于南通话的描写一致（如皋也如此），即古全浊母不论声调平仄今一律并入送气清音；但是，这类声母音节都读阳调，而原本的送气清声母音节都读阴调。显然，这里的古全浊母虽然已经清化为送气清音，但跟声调的配合关系却仍然遵循历史音系的规则。实际上，南通地区方言里的这种“送气”类似于江浙话的“气化”，但气流能量要比气化强得多，以至于在听感上跟原本清声母的送气一样强烈。由此联想到，这会不会是古时原始浊母送气状态的遗迹，而吴语的“清音浊流”很可能从这种清音浊送气的形式演变而来。

(2) 从中唐五代时“清音浊流”中“清音”的特性获得的启示——清化前的“浊母”可能是“浊音浊流”的音

根据黄笑山（1994，1995）的研究，全浊声母在中唐五代时已经清化（例如当时唐代的日语“汉音”以清音对译汉语的全浊声母），但又未与清声母相混，其读音近于次清音（正如北宋的西夏文－汉文对音所表现的那样）。这个判断至少为我们提供了这样一条重要的线索：清化了的浊音虽然失去了声带振动，变成了像现代吴方言那样的“清音浊流”，但它在听感上还是既不同于全清母的音质，也不完全等同于次清母的音质，说明它可能跟对应的清声母的发声状态依然有别，而且仍然保持它在“清浊”对立方面的音位作用。

由此看来，清化之前的全浊声母或许实质上就是一种“浊音浊流”的辅音，即由常态的声带振动产生的常态嗓音后随气化的声带振动产生的气嗓音。到《切韵》时代开始，常态的声带振动丧失以后，就清化成了一种前半段为清音，后半段为气嗓音的“清音浊流”的音。所以，才有“半清半浊”、“先清后浊”或“清音后随一段浊气流”的感觉与描写（例如赵元任，1928；王力，1956）。这个情况实际上就说明了“浊音”在“清化”之前并不是单纯的带音，而是伴随着某种形式的发声状态特征（譬如“浊流”或叫“浊送气”）的“浊音浊流”的音。如今，吴语里单念或重读时的“清音浊流”很可能就是“浊音浊流”失去声带振动以后的表现；而语流中非重读时“真浊音”的出现则是失去气化特征的表现。根据麦、黄两位的讨论，浊母在中唐五代时期的清化实际上是从“浊音”段的声带振动消失开始的，这个“浊音”段变成了没有声带振动的“清音”段，而后半段的“浊流”成分依然存在，因而就从原来的“浊音浊流”变成了“清音浊流”的辅音。这种变化不但符合发声机理（发声的由弱渐强原理，参见徐通锵，1990），而且既保证了音系上的清浊对立，又消除了区别特征的冗余。

（3）从现代民族语言或方言里“浊音浊流”的活材料获得的启示——“浊流”很可能是原始的浊声母送气特性的遗迹

从对现代语言里真正送气浊声母活材料的实验研究来看，它们在发声状态上跟上述“浊音浊流”的性质很相似。

首先，根据鲍怀翘等对佤语的声学分析（1990）和孔江平对苗语的声谱分析（2001），这种送气浊声母除了具有前浊段的浊音杠以外，其“浊送气”阶段也是表现为后接元音起始部分的同部位摩擦，跟低调头的声调共现。这种特点跟我们观测到的浊声母在吴语里的“浊流”或叫“浊送气”的表现一样，实质上就是一种特殊的发声类型——气嗓音。这种发声类型的声母在音韵学里通常被描写为浊音后附弯头 h 成分的音（即元音起始部分的同部位摩擦）。根据发声机理，它是由于勺状软骨的作用，声带只有前三分之二（即音声门）振动，后三分之一（即气声门）外展，大量肺气流就从声门外展处冲出，产生摩擦，从而不但形成了送气的感觉（孔江平，2001 年），而且也降低了声带振动的频率。

由此也有理由推测，清化之前的“浊母”是一种“浊音浊流”的音，而其“浊流”很可能来源于原始浊声母的送气特性。

综观以上分析，无论从吴语“浊音清化”的语音表现看，还是从与“浊音清化”相关的讨论获得的启示，或者从现代语言中与浊母送气相关的讨论所提供的信息来看，古来的“全浊母”显然不是单纯的带音辅音，而是伴有气化之类的特征；而这种特征既是引起听觉上“浊感”的源头，又是触发“浊音清化”和声调演变的根本原因。

4 对汉语古全浊声母清化类型与历史层次的思考

早年，说到浊母清化的类型，学界最熟知的莫过于官话模式和吴语模式，而介乎其间的某些类型则较少为人注意。后来，随着调查研究的不断深入，许多不同的清化模式被不断揭示出来。如今，不但不同方言的清化类型可能不同，就是同一方言里也可能不完全一致，吴语的情况便是最好的例子。

关于官话模式的清化，学界的一般看法是：以声调平仄为条件，平声的变为送气清音，仄声的变为送气清音。但是，对具体的演变过程并没有一致的看法。如若官话模式果真如此直接的话，那这种清化过程就必定发生在四声对立形成之后，这就牵涉到一系列的其他问题。不但涉及声母演变与声调形成和演变的关系，还涉及跟韵母演变等复杂关系。对此笔者未做过任何调查研究，因而不可能在此做任何探讨。关于吴语模式的清化，也存在不同看法，下面仅就笔者掌握的资料和实验研究结果作些探讨。

4.1 根据历史与现实资料对全浊声母“清化”过程的初步假设

根据上述历史资料和如今仍然活着的送气浊声母资料，我们今天看到的吴语“清音浊流”中的“浊流”跟中古清化之前全浊母的“浊送气”的语音性质十分相像，都显示为后接元音起始部分的同部位摩擦，都是由同样的发声状态产生的，只是“浊送气”比“浊流”显得更为强烈一些。因此，有理由推测，古汉语的全浊母很可能曾经有过送气与不送气两分的局面，只是后来合并了。这种音系上的合流至少在浊音清化之前就已经发生了。清化前的全浊母的气化发声特征可能就是原始的浊声母送气特征的遗留，而“清音浊流”中的气化特征则是从这种更为原始的“浊送气”

或“浊后流”演变而来的。其过程可大致假设如下：

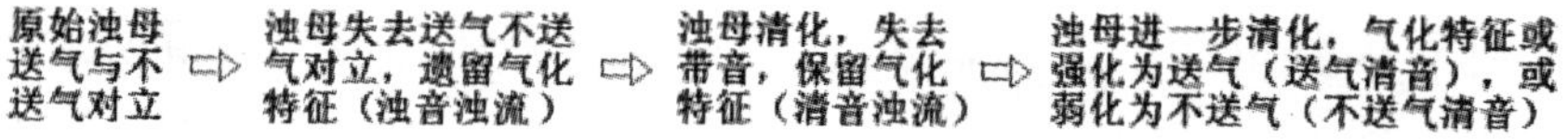

原始浊母送气与不送气对立 ⇨ 浊母失去送气不送气对立，遗留气化特征（浊音浊流） ⇨ 浊母清化，失去带音，保留气化特征（清音浊流） ⇨ 浊母进一步清化，气化特征或强化为送气（送气清音），或弱化为不送气（不送气清音）

4.2 对浊母清化类型与历史层次的若干思考

本文一开始我就声明，以本人的研究经历，在这个领域是没有什么发言权的；然而，也正因为如此，对某些问题的思考可能会少一些框框，或许会提供一些另外的视角；当然，这些思考也可能完全“不入调”，权当是借此机会求教于大方。

4.2.1 关于浊母在吴语里的清化类型及历史层次

就吴语而言，根据目前已为实验证实的资料，“清音浊流”作为古浊母在吴语里清化的主流模式是无疑的。尽管南北之间存在某些程度上的差异，但所反映的古今演变发展的关系脉络清晰、系统严整，南北之间在古今演变发展的总体关系方面还是高度一致的。至于晚近发现的南部和西南部边沿地区种种更为清化的现象倒是非常值得注意的。虽然尚不清楚这些复杂现象形成的历史渊源，但至少可以说明，这些差异要么是同一类型不同历史发展阶段的反映，代表着不同方言发展历程上的时间差；要么就是说明，吴语内部的这些方言本来就存在着不同的浊音清化类型。事实究竟如何，则有待更加深入的考察调查和细致的分析研究。这里就本人掌握的资料及有限的认识水平，提出几点粗浅的想法。

（1）同一方言里的代际差异反映出可能的演变阶段的不同

首先，根据胡方的研究，如今的温州话里的确局部和偶尔地存在真浊音。这个现象很值得注意。温州话作为南部吴语的代表，弄清楚温州话浊塞音的语音性质对于认识浊声母的古今演变具有关键意义。胡方的这个研究结果，一方面证实了此前关于浙江境内的吴方言可能具有真浊音的报道，另一方面也透露出浊声母古今演变的历史层次。譬如说，根据胡方的报告，可以发现一个有趣的现象：温州话部分地保留了真浊音的那一部分人，都是50岁以上的发音人，而且即使是这部分人的发音也很不稳定，都是同一人多次发音样本中时有时无，并无规则①；而不保留真浊音的主要都是30多岁的发音人。与此相比，曹剑芬（Cao Jianfen & Ian Maddieson，1988－1992）调查分析的温州话发音人是当时在美国留学的20多岁的年轻人，大致跟2001年胡方报告中30多岁的那部分发音人属于同一个年龄段。显然，曹与胡关于温州话有无真浊音的不同结论，很像是不同年龄段的发音差异，可能反映了吴语里浊音清化的不同阶段。那就是：在一部分老辈人口中，还局部地、偶尔地保留着真浊音；而在大多数年轻人口中，则连这点遗迹也不见了，而代之以不同条件下的完全不带音（单念、词语起首、重读）跟完全带音（词语非起首、非重读）的互补出现。这种代际差异，恰好生动地展示了中古汉语浊声母在吴语里所经历的不同演变阶段。

同时，根据对胡方提供的温州话塞音数据的进一步分析，在那部分人偶尔出现真浊音的样本里，显示出发声方式差异的不规则现象，似乎已经折射出相关声调的微妙变化。这种现象是否意味着，在声带振动跟阳调和发声方式互补出现的局面完全形成之前，或许还存在一个较为原始的、各种区别和差异交错杂呈和此消彼长的过渡阶段。温州话里部分人发音的偶尔混杂现象很可能就是这个演变阶段的遗留。

（2）不同方言里呈现的不同面貌反映出可能的演变类型的不同

---

① 根据VOT及H1－H2数据：发音人f1全部浊声母阳调token40个，有9个出现VOT负值；M2全部token中只出现1个VOT负值；M3全部token中出现11个VOT负值。

从进入 21 世纪以来报道的资料来看，在南部吴语，尤其是西南部吴语里，有些方言已经开始出现浊声母完全清化的现象。据说，还出现了“浊音配高调”或“清音配低调”的复杂现象。在作进一步的深入探讨（譬如说，通过历史比较研究的检验）之前，我们还不能断定，这种现象究竟是意味着吴语历史上早就存在的演变类型的不同，还是意味着吴语的浊声母正在从目前的主流模式向着进一步清化的方向发展；而且，我们也不清楚，吴语里这种形式各异的清化表现究竟是向着官话模式靠拢，还是向着官话以外的清化模式靠拢，或者代表着另一些新的清化类型的开始。事实究竟怎样，还需要结合对官话和吴语以外方言的清化模式的探索才能确定。

4.2.2 关于浊母在其他方言里的清化类型及历史层次

除了官话和吴语的两种典型清化类型以外，古全浊声母在汉语其他方言里的清化表现得更加驳杂多样，由浊母清化而导致的音系类别的演变也更为错综复杂。因此，我认为可能不是“三分”还是“二分”或者“留浊”还是不“留浊”就能轻易说清楚的。因为这里不仅涉及历史演变的时间层次区别（譬如历史音系上的层次与现代方言音系上的层次），还有同一时间层次不同演变类型的不同与交叉（譬如“三分”与“二分”的模式因方言而异），甚至还涉及音系学跟语音学的层次区别（譬如历史音系上的“三分”与“二分”跟现代语音性质上的“三分”与“二分”的交叉）。再说“留浊”的提法，也是模棱两可的。它既可指浊类在语音上保留带音特性，也可指音系分类上虽然保留浊类，但语音性质上已经失去带音特性（譬如吴语的“清音浊流”），甚至还有从清母浊化而来的所谓“浊音”的掺杂。由此可见，稍不留意，就难免陷入李荣（1983）先生早就指出的“古今混杂、层次不分”的局面。因此，建议在具体讨论古全浊声母的今读类型与历史层次问题之前，首先澄清一下概念上的古今异同与层次分别。

(1) 本来意义上的“三分”与“二分”

所谓“三分”，本来是指音系上的三级分法。这个概念是赵元任（1928）先生当初专门用来定义吴语特点的，是指塞音、塞擦音声母“帮滂并、端透定、见溪群”在音系类别上继承中古的“全浊”、“全清”和“次清”的三级分法；而不是指“全浊声母”在清化过程中读音类型上的“三分”（即带音、跟送气的不带音和不送气的不带音的三分）。因为一方面，音系上的所谓“留浊”，不等于语音实质上就读带音，譬如吴语的“清音浊流”；另一方面，语音实质上读带音，也不等于保留音系上的三级分法，譬如“次清化浊”读为带音以后，音系上只有两级区分了（不是“全浊”跟“全清”、就是“全浊”跟“次清”的区分）。同样，“二分”的本意也是指塞音、塞擦音在“全浊”类已经完全清化以后的方言（例如官话）里音系上的“全清”和“次清”的两级分法；而不是指现代方言里“全浊声母”在清化过程中读音类型上的种种“二分”（譬如，带音跟不送气的不带音的二分，或者带音跟送气的不带音的二分，以及送气的不带音跟不送气的不带音的二分）。

所以，在讨论古全浊声母的今读类型与历史层次的时候，最好不要笼统地使用“三分”和“二分”或“留浊”和“浊音”等比较模糊的术语，以免引起误解或误导。

(2) 关于现代方言平面上的“三分”与“二分”问题

现代方言平面上的“三分”与“二分”之所以显得分外错综复杂，事实上涉及两个方面的问题。第一，所谓“全浊声母”的“从三分演变为二分”的问题；第二，“全清”或“次清”併入“全浊”后的“二分”问题。

关于第一问题，前面说过，根据赵元任的原意，从三分演变为二分是指全浊声母的清化所带来的音系类别上从三级分法到两级分法的演变。可是，在现在的许多文献中，有的或（同一人）有时遵循赵先生的原意；而有的或有时则完全不是这个意思，而是指全浊声母“清化”的三种（“清音浊流”与不送气清音和送气清音的）区分或两种（不送气清音与送气清音，或者“清音浊流”与“不送气清音”或“送气清音”其中之一的）区分的类型。

关于第二问题，即“全清”或“次清”并入“全浊”后的“二分”问题。其实，这个问题并不属于全浊母清化所讨论的范畴，因为并入全浊母的“次清”或“全清”读真正的带音，根本就谈不上什么“浊音清化”，而是地地道道的“清音浊化”。有人或有时之所以不经意间把它纳入了浊母清化讨论的范畴，就是因为这种“出身”于历史音系上的“清”类，由于其语音性质已从原本的不带音演变成了带音，于是就以笼统的“浊音”或“浊母”的名义被稀里糊涂地裹挟进来了。这样一来，不但容易导致历史音系类别上的“三分”与“二分”跟现代方言平面上音系类别的“三分”与“二分”的“古今混杂”，而且还会造成现代方言平面上音系类别的区分跟实际语音性质区别之间的“层次不分”。

记得20多年前，根据李荣（1983）先生关于避免“古今混杂，层次不分”的教导，我曾经写过一篇小文（曹剑芬，1987），力图澄清音系分类上的“清浊”与客观语音性质上的带音、不带音的关系。并且主张语音学跟音系学分用不同的术语。当初的主要目的在于强调两点：第一，语音的音系分类跟语音实质是两个不同范畴的概念，前者属于功能范畴，后者属于自然属性。因此，不能不分层次，不能把功能类别跟客观属性混为一谈。第二，语音的古今变化，既有功能类别上的分合，更有客观语音性质上的变迁。因此，不能古今混杂，既要分清音系类别的古今异同，又要辨明语音实质的古今异同。现在看来，这两点或许还有再次强调一下的必要。

下面，不妨就以赣语为例来剖析一下这个问题。

4.2.3 关于中古全浊声母在赣语里的演变模式

一般认为，“全浊”与“次清”的合流是中古全浊声母在赣语里的独特演变模式。其实，这种所谓“合流”也是一个颇为模糊的概念。细究起来，这里的“合流”，无论从音系分类的角度看还是从语音实质的角度看，实际上涉及完全不同的两种性质的语音演变。

首先，在赣语里，虽然从音系分类上看，由于中古“全浊”与中古“次清”的合流，多半形成了今天的“全浊”与“全清”或“全清”与“次清”的两级分法。表面看来，虽然都是这两类合流的结果，而实质上却代表着完全不同的语音演变过程。今天赣语的“全浊”与“全清”的两级分法是因为中古的“次清”并入了如今的“全浊”而形成的局面，应当说这是“清音浊化”的结果。而今天绝大多数赣语的“全清”与“次清”的两级分法，则是因为中古的“全浊”并入如今的“次清”而形成的局面，那才真正是中古全浊声母演变的结果，即完全的“浊音清化”的结果。

其次，若从“全浊”今读的语音表现来看，根据万波（2009）的详细记述，可以大致归纳如下五种不同的情况：

a. 音类和音质上都保持不变，即音系上仍然三分，语音上仍读不送气浊音（即带音），如昌靖片的武宁；

b. 完全清化，与次清合流，读送气清音（这里既有类的合并，又有音质的变化——浊母的“清化”及“送气化”），如大部分赣语；

c. 完全清化，与全清合流，读不送气清音（这里既有类的合并，又有音质的变化——浊母的“清化”），如通山；

d. 不但不清化，而且吸收了“浊化”的次清母，读为送气浊音（这里既有类的合并，又有音质的变化——清音的“浊化”加上浊音的“送气化”），如修水、平江、通城；

e. 不但不清化，而且吸收了“浊化”的次清母，读不送气浊音（这里虽有类的合并，但浊母本身音质没有变化，只有次清母的“浊化”），如土塘、都昌及湖口。

然而，细究起来，除了 b（清化、送气化）和 c（单纯清化）以外，a 和 d、e 其实不完全与“浊音清化”有关。因为 a 是根本没有清化（而且保留历史音系的三分局面，跟吴语和湘语类似）；而在 d 和 e 情况下，不但没有改变原来中古全浊母的带音性质，而且还吸收了“浊化”的次清母，扩大了地盘。可是，这个扩大进来的部分实际上并不属于中古的全浊母，而是中古的次清母，它所涉及的语音变化是次清声母的“浊化”，所以，不能把 d 和 e 的情况纳入中古全浊母“清化”的账单。

由此可见，上述赣语里如此复杂多端、令人眼花缭乱的读音现象，其实不仅涉及中古全浊声母在赣语里的变与不变和怎样变，而且涉及中古次清声母在赣语里的变与不变和怎样变。按理说，只有中古全浊声母的变与不变和怎样变是这里讨论的主题，而中古次清声母的变与不变和怎样变，跟这里讨论的主题并不搭嘎；它之所以被牵涉进来，仅仅因为它的“浊化”而今读带音的缘故。由于这种似“古浊”而非“古浊”的语音表现，干扰和搅乱了我们的视线，造成了“一叶障目”现象，才会误把这种由于次清的“浊化”而读带音的现象当作中古全浊声母的今读问题来讨论。这就不但陷入了“古今混杂”（把古来“次清”母在现代读音上的带音性质混同于古代“全浊母”的读音）的局面，而且也陷入了“层次不分”（把音系分类层面上的“浊”混同于语音性质层面上的带音）的局面，这就是为什么中古全浊声母的“清化”问题显得如此扑朔迷离的重要原因。

澄清了音类的古今，撇开了古清母“浊化”表现的干扰，再来看中古全浊声母在赣语里的今读类型和层次就显得眉清目楚了（可简单图解如下）：

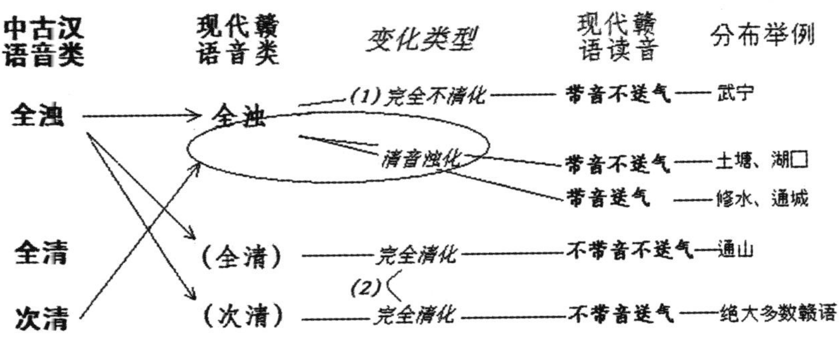

首先，从上图可以一目了然，在赣语里，真正的中古全浊声母只有完全不清化和完全清化两种模式：

（1）完全不清化模式。如武宁，其音系类别与语音实质都不变，读带音不送气。

（2）完全清化模式。其中又分两类，一类是并入现代音系的“全清”类，读不送气的不带音；另一类是并入现代音系的“次清”类，读送气的不带音。

至于图中椭圆形所辖的那部分虽然今读带音，但它们显然是从中古清母浊化而来，跟中古全浊声母的清化及其读音问题根本无关。

综上所述，中古的“全浊”类并入今天的“次清”类，读为送气或不送气的不带音，说到底还是地道的浊母“清化”现象，这跟其他方言里中古全浊声母的清化现象相仿，并没有什么特殊之处。至于中古的“次清”类并入今天的“全浊”类，读为送气或不送气的带音，则是典型的中古清母的“浊化”现象，而并不是中古全浊声母在赣语里的独特演变模式。因此，无论从音系渊源还是从语音实质的角度，都不应该把它混同于中古全浊声母的变化。

鉴于此，其他方言的类似现象也值得仔细甄别，既不能只是根据现代读音现象进行简单归类，而不问其古今层次；也不能只是根据现代的音系类别（从古代类别分、合演变而来），而不管它们的历史渊源。

4.3 关于对“清音浊化”后语音表现的认识与处理问题的若干思考

综上所述，“次清”归浊本质上是中古清类声母的浊化问题，按理说，跟中古全浊声母的今读类型与历史层次无关；然而，由于这种现象实际上已经干扰了学界对古全浊声母的今读类型与历史层次的认识，因此，有必要在此略加讨论。

4.3.1 “清音浊化”并不罕见

在汉语史上，“清音浊化”也是重要的历史音变种类之一，只不过不像“浊音清化”那样引人关注，研究的资料也相对较少。

首先是中古“全清”声母的浊化现象早已被注意到。例如，许宝华等的《上海市与江苏省、浙江省交界地区方音的内部差异》（1987）早已发现，江浙地区的浦东、和永康以及金山县的部分地区有一种缩气音读真正的带音，但它们都来源于中古的帮母和端母，后来廖蓉蓉以及周同春的实验分析证实了这一点。可是，在语音学界，并没有怎么引起关注。最近，宋益丹应用 EGG 实验方法，通过对吴语阻塞音的系统实验分析发现，这种来源于中古的帮母和端母的缩气音在江浙地区分布相当广，它们的特点不仅是缩气发音，而且有声带振动，所以被称为浊内爆音。

其次是中古“次清”声母的浊化现象也早已被注意到。记得早在 30 年前，张归璧（1980）就曾经报道过，在湖北通城大坪话里古“次清”的塞音和塞擦音声母基本上都读真正的带音辅音。后来，万波（2009）在他的《赣语声母的历史层次研究》也发现，尽管大多数赣语全浊声母清化，混入次清，一律读送气清音；但有少数赣语是次清化浊，混入全浊，读为送气或不送气的浊音。

这些语言事实说明，中古清类声母在现代方言平面上的“浊化”并不罕见。

4.3.2 澄清“清音浊化”后的语音性质及音系地位是关键

如今，学界普遍关注中古全浊声母清化（通常称之为“浊音清化”）之后的实际读音类型及其历史层次，因为正如李如龙（2013）先生所说，全浊声母字占了《方言调查字表》总字数的将近四分之一，全浊声母的清化牵动着汉语语音发展和方言分化的全局。

然而，在事实上，由于对清母“浊化”以后语音性质的认识比较模糊，只是用读“浊音”或“带音”一言以蔽之，因而已经严重影响到对“清浊对立”和具体方言音系类别的分合以及对中古全浊声母今读类型与历史层次的认识。这里的关键就在于怎样看待清母“浊化”后的语音性质及其音系地位。对于汉语语音发展和方言分化的全局来说，这个问题也是不能忽视的。

此前，曾经不止一人拿着他们方言里读作带音的清声母跟我讨论声母的“清浊”问题。当时，我还认为这可能只是少数方言的个别现象，所以只是提醒不要把历史音系上的“清”与“浊”跟现代方言平面上的“带音”与“不带音”混为一谈，但却并没有真正从语言发展的历史层次的角度去认真思考。

现在看来，古清类声母的“浊化”并不是少数方言的个别现象，尤其是“次清化浊”的现象很是发人深省，有不少问题的确值得进一步探讨。譬如，最近，万波和余鹏（2013）的实验报告又进一步发现，少数赣语里“次清化浊”的那部分声母，不但语音实质上既不同于大多数赣语里中古全浊母清化以后的送气清音，也不同于吴语里中古全浊母清化以后的“清音浊流”，而是“浊音浊流”的音。而且，这类声母音节的声调（根据现代赣语音系类别，归入阳调）调值甚至高于相应阴调的。这种声调表现看起来很奇怪；可是，如果仔细分析，其实并不奇怪。

如一开始我申明的那样，本人对这个领域并不熟悉，尤其对赣语，既不占有第一手语言资料，也没有做过任何实验分析，本来对此是没有发言权的。不过，从其他学者的相关语言资料及研究结果来看，西北赣语的这种“次清化浊”现象，跟吴语仙居话的浊内爆音的情况一样，都是属于历史音变中的“清音浊化”的范畴，只是由于今读带音而归入现代方言平面上的“全浊”类声母和阳调调类，于是，就进而被阴差阳错地纳入了中古全浊母的“浊音清化”之列。可是，由于它们实质上都是来源于中古的清类声母，所以仍然继承历史上的清母配阴调的底层音系配列规则，其声调较高也就不奇怪了。因为就语音的历史演变而言，通常是音类的古今关系比较密切，而论实际的语音性质，则古今相去甚远。因此，虽然它们的语音性质已经从不带音演变成了带音，而在音系配列关系上仍然存在某些滞后现象。何况，据说这种声调现象也不影响日常交际。因此，这种看似古怪的语音现象，或许正好体现出语音演变的某种渐变过程。当然，这只是一种推论，事实究竟如何，需要进一步的深入探讨。

参考文献

鲍怀翘、周植志：《佤语浊送气声学特征分析》，《民族语文》1990 年第 2 期。

鲍明炜、王均主编：《南通地区方言研究》，江苏教育出版社 2002 年版。

曹剑芬：《常阴沙话古全浊母的发音特点——吴于语清浊音辨析之一》，《中国语文》1982 年第 2 期。

曹剑芬：《论清浊与带音不带音的关系》，《中国语文》1987 年第 2 期。

Cao Jianfen（曹剑芬）. The ancient initial "voiced" consonants in Modern Wu Dialects. *Proceedings of* 11th *ICPhS*, Tallin, USSR, August, 1987（《现代吴语里古全浊声母的语音特性》,《第十一届国际语音科学会议论文集》, 苏联, 格林）;

Cao Jianfen & Ian Maddieson（曹剑芬, 麦迪逊）, 1988; 1992. An exploration of Phonation types in Wu Dialects of Chinese. *RPR – IL*（*CASS*）/ 1988（《吴语方言发声类型考察》,《中国社会科学院语言研究所1988年语音研究报告》）; 全文刊载 *Journal of Phonetics*, Vol. 20, No. 1: 77 – 92, 1992（美国《语音学杂志》1992年第20卷第1期）。

曹志耘:《南部吴语语音研究》, 商务印书馆2002年版。

陈忠敏:《清音浊流与声调发生学理论》, 2012吴语国际研讨会, 2012年11月17—18日, 浙江师范大学。

Fant, G. 1983. Preliminaries to analysis of the human voice source. *Quarterly Progress Report*, *Speech Transmission Laboratory*, *Royal Institute of Technology*, Stockholm 1982（4）.

胡方:《温州话浊塞音的声学分析》,《第五届全国现代语音学学术会议论文集》。

黄笑山:《试论唐五代全浊声母的"清化"》,《古汉语研究》1994年总第24期, 长沙。

黄笑山:《<切韵>和中唐五代音位系统》, 文津出版社1995年版。

Karlgren, Bernhard（高本汉）, 1915 – 1926. *tudes sur la phonologie Chinoise*（《中国音韵学研究》）, *Archives d' tudes orientales*, Vol. 15（in 4 parts）. Leiden: F. J. Brill; Upssala: K. W. Appelberg.

孔江平:《论言语发声》, 中央民族大学出版社2001年版。

李荣:《方言研究中的若干问题》,《方言》1983年第2期。

李如龙:《全浊声母清化的类型与层次》（"汉语方言古全浊声母的今读类型与历史层次研讨会"报告, 2013年7月30—31日, 香港中文大学）。

麦耘:《"浊音清化"分化的语音条件试释》,《语言研究》1998年增刊。

Ramsey, S. Robert, 1987. *The languages of China*, Princeton University Press, Princeton.

Norman, Jerry（罗杰瑞）, 1988. *Chinese*, Cambridge University Press, Cambridge.

Ren Nianqi（任念麒），1987. An acoustic study of Shanghai stops（《上海话塞音的声学研究》），Unpublished manuscript，University of Connecticut，Storrs.

Ren Nianqi（任念麒），1988. A fiberoptic and transillumination study of Shanghai stops. Paper presented at International conference on Wu Dialects，Hong Kong.

Rose，P.，1988. Phonetics and phonology of Yang tone ：phonation types in Zhenhai，International Conference on Wu Dialects，Hong.

宋益丹：《基于 EGG 的吴语阻塞音发声研究》，世界图书出版公司 2012 年版。

Shen，Z.，C. Wooters and W. S. Y. Wang（沈钟伟、王士元等）1987. Closure duration in the classification of stops：A statistical analysis. *The Ohio State University Working Papers in Linguistics*，No. 35，pp. 197 –209.

石锋：《苏州话浊塞音的声学特性》，《语言研究》1983 年第 1 期。

石锋：《汉语和侗台语的声调格局》，南开大学博士论文，1990 年。

石锋：《吴江话的声调格局》，石锋、廖荣蓉《语音丛稿》，北京语言学院出版社 1994 年版。

陶寰：《吴语的清浊音和高低调》，东方网。

万波：《赣语声母的历史层次研究》，商务印书馆 2009 年版。

万波、余鹏：《西北部赣语古全浊声母的今读类型与层次》，“汉语方言古全浊声母的今读类型与历史层次研讨会”报告，2013 年 7 月 30—31 日，香港中文大学。

王力：《汉语音韵学》，中华书局 1956 年版。

熊正辉：《南昌方言的声调及其演变》，《方言》1979 年第 4 期。

徐通锵：《结构的不平衡性和语言演变的原因》，《中国语文》1990 年第 1 期。

许宝华等：《上海市与江苏省、浙江省交界地区方音的内部差异》，《语言研究集刊》第 1 辑，复旦大学出版社 1987 年版。

易作霖：《国音学讲义》，商务印书馆 1920 年版。

岩田礼（Iwata，Ray）：《苏州方言浊音发声的生理特性》，石锋编《汉语研究在海外》，北京语言学院出版社 1995 年版。

张归璧：《大坪方言的浊音和入声》，《第一届北京市语言学会年会论文》，北京，1980 年。

张吉生：《从吴语方言看声母与声调的相互关系》，《当代语言学》2006 年第 2 期。

赵元任：《现代吴语的研究》，1928 年初版。

郑张尚芳：《浦城方言的南北区分》，《方言》1985 年第 1 期。

朱蕾：《宣州吴语铜泾型古全浊声母的演变》，《方言》2009 年第 2 期。

一个新方言的形成及其发展给我们的启示[①]

摘要 本文以吴语常阴沙话的形成历史与发展历程为主要线索，尝试从语音学的角度，循着一个新方言孕育和诞生的足迹，通过与其源头方言的语音比较，考察语言接触的不同层次，分析其影响语音演变发展的不同方式和大致方向。

1 前言

在汉语吴方言中，常阴沙话是个历史相当短的新方言。但是，它却具有悠久的历史源头和丰富的演变发展经历，充分折射出长江三角洲地区的沧海桑田和人文繁衍与方言发展的关系，不但为研究语言接触与语言变化跟社会因素及地理变迁的关系提供了极好的案例，而且为探索汉语方言语音的演变方向与发展规律提供了不可多得的参考资料。

长三角本身仅有六七千年的历史。在这之前，长江入海口位

① 原载《国际中国境内语言和方言语音学学术会议论文集》，香港城市大学，2013年12月2—4日。

于镇江一带。万里长江，滚滚东流，一泻千里，奔流不息。到了入海口附近，由于江面开阔、水势趋缓，从上游冲刷夹带而来的大量泥沙，便逐渐淤积成了无数个大小不等的沙洲。一方面，这些沙洲先后与江口两岸连接成陆，形成了长三角这个河相海相沉积平原。另一方面，由于入海口附近江流摆动不定，两岸的这些陆地往往由于江流的日久冲刷和侵蚀而涨坍不定。而且，这个沉积平原至今仍在向着东海延伸。

常阴沙处于长三角最年幼的新沙地区，这块新沙的成陆最早的也就是在 19 世纪。常阴沙是其中成陆较早的沙洲之一，大约距今 140 多年。明末清初，今常阴沙的北部，即锦丰、三兴一带，开始形成江心沙洲。所以，即使从此时算起，也只有不足 200 年的历史。而其东南部的围垦则一直延续到 20 世纪末期。例如，常阴沙农场东沙镇一带的成陆和围垦仅仅是最近几十年的事，而最短的如滨江一带的现代农业示范区的开发历史只有十年左右[1]。

长江入海口的沧海桑田，不但铸就了长三角地区独特的人文环境和经济发展模式，而且孕育和诞生了常阴沙话这样的新方言。

2 常阴沙话的历史渊源

常阴沙人通常自称崇明人，说崇明话。尽管现在的常阴沙话跟崇明话存在着不少差异，但它们确实同出一源。根据相关史志记载[2]，作为常阴沙话的源头，至少可以追溯到历史上的句容、太仓一带的方言。需要说明的是，这里所说的句容话是指历史上句容土著居民的吴语方言，而不是现代笼统意义上的句容话。因为现在句容的主流方言并不是吴语，而是历史上由于北方人为逃避战乱和民族冲突纷纷举族南迁带来的北方方言，而句容土著居民的吴语早就被挤压在极有限的乡村地区使用。

据史志记载，自西晋末年起，由于异族入侵、连年战乱引起的大规模北方人的举族南迁，再加上长江入海口附近的地理变迁，导致了这个地区此后一系列连锁性的人口迁徙。首先是句容和太仓人迁徙崇明，然后是崇明人迁徙海门和启东，再后来是海门和启东人迁徙常阴沙。所以，崇、海、启方言及常阴沙话的语音至今极为相似。从历史上的句容、太仓一带的方言到现代的常阴沙话，大致发展脉络可概括如下。

2.1 从句容话、太仓话到崇明话

在历史上，崇明岛是长江泥沙冲积形成的一个岛屿，大约在唐代武德年间涨露出水面。初涨时，岛上人烟稀少。当时，正值因异族入侵而北方移民大规模涌入句容一带，导致句容土著居民被迫大举外迁谋生。据《崇明县志》[2]记载，696 年，有黄、顾、董、施、陆、宋六姓在岛上“辟草垦土，易而为田”，大多来自句容一带。1101 年，三沙涨成，因“有鱼盐之利，民乐居焉。”句容人朱、陈、张三姓来此定居。

另据史料考据[11]，自明弘治十年（1497 年）设太仓州起，崇明就一直隶属太仓管辖，所以太仓居民迁徙崇明新地垦殖自然顺理成章。这些来自句容、太仓的垦殖移民便成了崇明岛最早的居民。他们的方言同属吴语，日久交融而形成了崇明话。

2.2 从崇明话到海门话和启东话

海门地区曾几经成陆—海浸坍塌—再成陆的沧桑巨变。早在唐末五代之前，古海门岛即已形成，但跟现在的海门没有关系。宋代以后的涨沙成陆，才形成了海门县境的大部分，但此后的三百多年中，这块新涨陆地复又坍塌殆尽。直至清代康熙四十年（1701）前后，长江主泓由北偏南，导致南岸坍塌，而北岸附近的江心积涨，就在原先坍入江中的海门附近普生沙洲。至 1705 年左右，大小不等的涨滩绵延百余里，形成了今天海门、启东的中部

与南部。公元1706年前后，崇明人陈朝玉（1688—1761）携妻刘氏来到这里垦殖，并带动了一大批崇明人迁来江北。这些前来垦殖的崇明人便是今天海启方言地区最早的先民[3]。

启东最早成陆是在清朝嘉庆年间，长江主流重入南泓道，长江口崇明北侧陆续涨出成群的江心沙洲，至清末连成一片，这便是启东的雏形。最初分属海门、南通和崇明三县，直至1928年，三部分才合并，设置启东县[2,3]。由此可见，启东话跟海门话一样，早就跟崇明话结下了不解之缘。

2.3 从海门话到常阴沙话

明末清初，由于长江泥沙淤积，在今常阴沙的北部，先后形成了大小数十个江心沙洲。最大的分别叫做北沙和中沙，后来两沙并连，因地处常熟和江阴之间，故名常阴沙。

19世纪中叶，清咸丰年间（1851—1861），这里开始大规模地围圩造田，垦殖开发。据相关史志和文献记载[4、5、6、8]，最早在这个区域大量围垦沙田的是海门豪绅顾七斤、顾老八父子，还有张渐陆（鸿翔）、杨在田（字锦龙，又名杨老九）等，也都是海门籍人士。他们大量占围沙田，经商、办实业，有的还创办教育。在此过程中，其家人及大批海门亲友便随之迁移到这块新沙沃土上来。此时，正值海门再次坍塌而被江水吞没之际，因此，沿江一带失地农民和一些渔民船民，也都携儿带女，纷纷来此谋生。就这样，海门话被带到了常阴沙。

到了民国时期，随着江心沙洲的不断积涨，围垦规模不断扩大，南通、海门、如皋以及启东、崇明等地的农民也陆续受雇前来围垦，还有不少因经商或婚嫁而来此定居的外地移民。在这个过程中，来自海门、启东和崇明的移民占绝大多数，他们的语音、词汇、语法大同小异，聚居此地之后，互相融合渗透，逐步形成了一种新的方言，那就是常阴沙话。

3　常阴沙话的变化与发展

语言演变的因素多种多样，最常见的就是因语言接触而导致的变化。常阴沙话的形成及其变化也不例外。

3.1 从跟源头方言的比较看常阴沙话的变化发展

综上所述，常阴沙话的源头至迟可追溯到句容土著居民的吴语。据文献记载[11]，那是由古越语跟早期北方移民带来的官话融合而形成的古吴语底层，后来逐渐演变成了现代吴语。如今，尽管我们已经难以考查古吴语的实际语音情况，但从常阴沙话跟现在的句容话（吴语句容小片）、太仓话以及崇、海、启话的比较来看，虽因多次转转迁徙和多种语言接触而表现出种种变异，但可以看出，其基本音系结构和词汇系统仍然保持得很好。

由于是初步探讨，尚未来得及对句容话和太仓话的语音资料进行实地调查核实和系统的实验分析。所以，跟句容和太仓话的比较，只是通过一些日常词汇的粗略分析。因此，对于常阴沙话语音的演变发展，主要通过它跟崇明和海门两个方言的语音资料[12]、[13]的对比以及通过它本身的内部变异进行考察。

3.1.1 跟句容和太仓方言的比较

据相关文献记载[7]，句容土著居民的现代吴语口音虽然因受多次北方移民方言的冲击而带有不少类似江淮官话的成分。但是，仍然以吴语成分为主。譬如，许多常用词语的说法都跟崇、海、启话以及常阴沙话的一样。只是由于尚未调查核实其实际读音，还不能确定它跟崇、海、启话以及常阴沙话在语音上的差异程度究竟有多大。

至于太仓话，根据早年的《太仓县志》以及相关文献[11]的描述，“太仓、崇明仅一水之隔，近在咫尺，鸡犬相闻，两地间人员来往频繁，关系密切，虽非同邑，亦如同一地”，可见它与崇明话相当接近。同时，从最近在网上看到太仓话（词汇）水平测试题（参见网上百度文库），从其中词语的特殊叫法和用字来看，十之七八跟常阴沙话的一致。笔者试测了一下，总体正确率可达80%以上，常用的词汇部分则高达93%以上。但是，估计语音上已有较大差异。同时，根据笔者接触过的太仓人说话，总体听觉印象上觉得有不少跟上海话和苏州话的口音相当接近。

3.1.2 跟崇、海、启方言的比较

总体来说，常阴沙话跟崇、海、启方言，无论是音系结构还是词汇系统，都具有高度的一致性：音韵系统相当一致，声调完全一致，只有少数声、韵母的语音性质略有差异。但是，韵律上有比较明显的差异。

就声母而言，只有个别差异。例如，第三人称代词“它、他或她”，崇明话读［i²］（“伊”，零声母）[13]。常阴沙话作宾语时也读［i²］，而做主语时则读［gi²］（“佢”）。海门话里像是一种过渡状态，多数人说［i²］，少数人说［gi²］，而且只在做主语时读［gi²］，作宾语时仍读［i²］[12]。

韵母方面，主要表现为韵母中主要元音前［a］与后［ɑ］的分合上。例如，崇明话里区分［aŋ］与［ɑŋ］和［aʔ］与［ɑʔ］；海门话只区分［aʔ］与［ɑʔ］，至于［aŋ］与［ɑŋ］，以往老派区分，现在几乎无人区分，都合并为［aŋ］；常阴沙话的情况跟海门话一样。此外，第一人称代词“我”，崇明和启东话读自成音节的［ŋ⁴］，而常阴沙话读［ŋu⁴］，声调一样。海门话里既有人读自成音节的［ŋ⁴］，也有读［ŋu⁴］的。

但是，韵律特性差异较大，主要表现在变调格局方面。譬如，常阴沙话跟崇、海、启话单字调一致，调值也相当。但是，连读

变调格式却存在较大差异。拿崇明话跟常阴沙话作比较，以首字为例，音节组合一样，变调格局却有所不同。大致说来，除了阴平、阴入和阳入作首字的变调格局大体一致以外，其余各类作首字时，变调格局都存在程度不同的差异。

首先，崇明话首字阳平（调2）基本不变调，首字阳上（调4）变同阳去（调6）；而常阴沙话首字阳平、阳上都变同阳去，两个方言里的这个差异相当系统。譬如，“寻开心”跟“老先生”和“树丫枝”三个词的原字调组分别为211、411和611，在常阴沙话里，变调结果都是611；可在崇明话里，“老先生”和“树丫枝”变为611，而“寻开心”仍为211。

此外，阴上或阴去首字在这两个方言里的变调多半合并，但具体情况不完全相同。在崇明话里，阴上和阴去作首字的变调格式大都相同，而常阴沙话里有少数的变化格式有些交叉。有的首字阴上变阴去，如“古老”读同“顾老”；而有的保持阴上不变，如“故事”的读音不同于“顾字”。又如“水仙花”“水果糖”“水彩画”中的“水”字，在崇明话里变调相同；而在常阴沙话里变调就不一样：“水仙花”中的“水”保持阴上不变，而“水果糖”、“水彩画”中的“水”则由阴上变同阴去。同样，阴去做首字时也有差异，例如“正主任”、“靠背椅”等的首字，在崇明话里跟阴上的变化一样，而在常阴沙话里则保持阴去调不变。

当然，这里还仅仅是以首字为例，尚未涉及后字变调可能存在的差异。由此可见，常阴沙话跟崇明话的语音已经存在相当明显的区别了。

3.2 从内部不同变体的发音对比看常阴沙话的发展与变化

跟其他方言一样，常阴沙话的发音既有新、老派之分，又有因地域分布的不同而产生的变异。这里暂不介绍新老派的差异，只重点讨论因不同地域分布而产生的语音变异。由于地域分布的差异，各自所接触的其他方言不同，产生的变体也就不一样。常阴沙话比较典型的地域变体可大致归纳为两大类型。一类是受张家港地区另一大方言老沙话的影响而产生的变体，一类是受苏州话影响的变体。

3.2.1 夹杂老沙口音的常阴沙话

常阴沙话最早主要分布在现在张家港东北部沿江的三兴、乐余和锦丰一带，后来，逐渐渗透到兆丰、南丰等地。随着新沙地域的不断向东南方向迅速扩展，特别是20世纪五六十年代开始，政府组织了大规模的经济开发式移民，不但使得常阴沙农场的大部分地区成了常阴沙话属地，同时也进一步扩大了常阴沙话跟其他方言的接触范围。其中主要受老沙话影响较大。

兆丰、南丰等地本身就是地处老沙、新沙交界附近，常阴沙话跟老沙话的接触历史更长，因此明显地杂有老沙口音。

此外，在靠近杨舍镇（今张家港市市府所在地）的店岸、东来、合兴一带，本来就散布有常阴沙话村落和人群，他们跟老沙话的接触历史更久；尤其是作为老沙话主要根据地的杨舍镇成为沙洲县（今张家港市的前身）的县治以后，它对常阴沙话的微妙影响更是不可低估。

因此，以上三个地区人所说的常阴沙话已经跟三兴、乐余一带的口音有所不同，明显杂有老沙话因素。这种变异主要表现在一些音段的替换。譬如，有些常阴沙人、特别是那些长期在杨舍镇生活工作的常阴沙人，往往把“吾里”（即“我们”）［ŋu^{4}li^{0}］说成［ŋəu^{4}li^{0}］，因为老沙话就是说［ŋəu^{3}li^{0}］，尽管两者声调不同，但常阴沙“我”字的韵母［u］被替换成了老沙话的［əu］。又如，“在（干什么）”中的“在”字，常阴沙话本来读作［lə^{ʔ8} ho$^{ʔ8-7}$］；老沙话读［lə^{ʔ8}laŋ$^{2-1}$］或［lə^{ʔ8} hei^{1}］。于是，有的常阴沙人也就改说［lə^{ʔ8} laŋ$^{6-1}$］或［lə^{ʔ8}hə^{ʔ7}］了。又如，常阴沙话和老沙话的“什么”都叫“啥个”，但读音不同。常阴沙话本来说［ɣɑ^{2} gə^{ʔ0}］，老沙话说［sɑ^{3} kə^{ʔ7}］；现在有些常阴沙人也说成［sɑ^{2} gə^{ʔ0}］了。此类语音变异零零星星，不胜枚举，但都不成系统。

3.2.2 夹杂苏州口音的常阴沙话

第二种最重要的变体是受苏州话影响而产生的语音变异。20世纪六七十年代的上山下乡运动期间，大批苏州知青下放到常阴沙农场，与当地居民密切生活劳作在一起。尽管几年后他们返回了苏州，但是，苏州话对常阴沙话的影响却永远地沉淀了下来。

前面说过，常阴沙农场的居民大多数是20世纪六七十年代由政府安排、集体从三兴、乐余一带迁来垦殖的“东迁户”，我家也在此列。有一段时间，我三四年没有回家探亲，当我四年后回到家乡时，便明显地感觉到，家人以及这些“东迁户”邻里亲友说话的口音怎么一下子变了，变得跟三兴和乐余等地的常阴沙话有点儿不一样了。最明显的是连读变调格式的变异。例如“看电视”与“救护车”在常阴沙话里原本属于两个不同的变调格式，前者应该是由546变为310（［kiø$^{5-3}$die$^{4-1}$zɿ$^{6-0}$］）或565［kiø^{5}die$^{4-6}$zɿ$^{6-5}$］，后者是由541变为540（［tɕiə^{w5}wu$^{6-4}$tso$^{1-0}$］）；而现在却都说成了一样的变调格式：前者是311（［kiø$^{5-3}$die$^{4-1}$zɿ$^{6-1}$］），后者也是311（［tɕiə$^{w5-3}$wu$^{6-1}$ts^{h}o^{1}］）了。而且，这种变异在常阴沙话里不分男女老幼，概莫能外。一开始我不知道为什么会发生这样奇怪的变化；再一听当时不绝于耳的苏州知青的话音，才猛然意识到，这是受苏州话影响的结果。因为苏州话的变调基本上也是遵循首字定调的原则，“看电视”和“救护车”首字都是阴去调，所以变调格式一致；在这里，常阴沙话局部地把苏州话的变调规则拷贝过来了。

此外，苏州话的影响还表现在使常阴沙话前高元音的高化，使它变得很紧。譬如“稀奇”一词，常阴沙话本来读［ɕi^{1}dʑi$^{2-1}$］，［i］元音较松，尤其是后字“奇”相当于读轻声，其中的元音更松，近似于［I］；而现在却都读成了很紧的［i］，以至带有轻微的摩擦。

而上述这一切，就发生在苏州知青下乡的头三、五年间，这不能不令人惊讶！

4　从常阴沙话的历史演变看语言接触的不同层次及不同结果

4.1 常阴沙话涉及的语言接触种种

通常，语言接触多以地缘式的局部接触为主，上面所述与老沙话的接触就属于这种。其实，类似的还有跟张家港地区的橙东话和虞西话的接触，以及跟南通、如皋和靖江等江淮方言的接触[4、5、5、10]。

此外，在常阴沙话的形成和发展过程中，还有一种非地缘式语言接触的影响。那就是来自上海、苏州等方言的影响。相对于张家港的其他地区而言，常阴沙是个较早开放、很早就跟外界有很多交流的地区，整体文化水准也较高。由于历史的原因（譬如曾经的行政隶属关系等）和天然的地理条件（地处通往上海的长江港口附近），无论是本地人外出求学、谋生或经商，还是外地人来此谋生或经商都比较方便。所以，很早就接触到像上海这样大城市文化的熏陶，语言也就或多或少受到一些潜移默化的影响。

然而，对于常阴沙话的形成和发展来说，最最重要的还是由于大规模人口迁徙所导致的语言接触，包括外族入侵以及战乱导致的大规模北方移民对其源头方言——早期土著句容话的冲击，长江口附近急剧的地理变迁产生的大规模移民的影响，20 世纪五六十年代开始的政府经济开发式移民的影响，以及六七十年代大规模苏州知青移民对常阴沙话的冲击，等等。

4.2 语言接触的不同层次与不同结果

在常阴沙话的形成和发展过程中，我们看到了语言接触中的语言地位、接触时间以及规模大小等综合因素所产生的不同层次和不同结果。这种影响和结果主要取决于相关语言地位的强势与弱势，这是最常见的一般通则。然而，强势与弱势不是绝对的，强势对弱势语言的影响层次也不一样。从常阴沙话的历史渊源及其发展过程中，我们看到了一些有趣的现象。

4.2.1 同样的强势对弱势——不同的接触结果

首先，大规模、强势、长期接触的影响，就可能使弱势一方产生比较系统的变化，甚至导致新的方言的产生。譬如，当年句容土著人的吴语方言如今已经渐行渐远，这就是被北方移民方言的大规模、强势、长期包围的结果。并且，从现在的相关讨论和争议所反映的情况来看，如今尚存不多的句容土著人的吴语，还真有向着类似江淮方言、但又不是江淮方言的方向发展的趋势[7]。

其次，大规模、强势但是短期的接触，可能产生局部的、不一定成系统的变化。譬如苏州话对常阴沙农场范围内的常阴沙话所产生的影响。尽管接触时间不长，但由于既是强势，又是大规模地铺天盖地而来，便以迅雷不及掩耳之势完成了通常需要几十年或几百年才能显现的变化，这恐怕不能不算是一种突变了。

由上可见，同样是强势对弱势，接触影响的结果可以大不相同：有的只是零星变化；有的是比较系统的变化；有的甚至导致新方言的产生。

4.2.2 语言接触中强势与弱势是可能会转换的

如前所说，夹杂老沙口音是常阴沙话的两个主要变体之一。尤其是作为老沙话主要根据地的杨舍镇成为沙洲县县治以后，它实际上是以一种强势方言的身份影响着常阴沙话的变化。

然而，有意思的是，老沙话对常阴沙话的影响不但有限和零散，而且其强势地位很快就削弱了。如今，常阴沙话已经逐渐占据了张家港地区社交语言的主导地位，在机关、团体、学校等公众场合，人们都以常阴沙话作为社交语言。主要原因就在于，在张家港市的经济和文化建设中，常阴沙人发挥了、并且继续发挥着越来越大的作用。

常阴沙话取代老沙话强势地位的这个实例说明，语言接触中的强势与弱势地位是相对的、可能会转换的，对于决定一个语言或方言的强势还是弱势来说，这个语言或方言社团的经济文化地位可能比政治地位具有更为重要的影响。

4.2.3 影响大小跟接触时间长短没有必然关系

从上述常阴沙话受苏州话影响而发生语音演变的这种历史罕见的速度，自然不难理解影响的大小跟接触时间长短没有必然关系。其实，我们还可以从相反的情况中得出同样的看法。

在常阴沙话的形成与发展过程中，始终还有南通、如皋、靖江、泰兴以及扬中等“江北话”的人群杂居其中，而且人数不算很少，约占张家港总人口的4%左右[9]。可是，时至今日，常阴沙话几乎没有怎么受这些江北话的影响。显然，因为南通、如皋、靖江等地处长江以北，相对于地处江南的鱼米之乡而言，是相对不发达地区。因此，江南人（包括常阴沙人，尽管其先民本来也是来自江北海门）向来瞧不起江北人。所以，江北人在江南是个弱势群体，平时交际力图学说常阴沙话，而常阴沙人却不去学江北话。因此，尽管这些江北移民与海门移民几乎同时来到常阴沙，跟常阴沙话的接触历史也远比老沙话等长得多，但常阴沙话却并不受其影响。这个事实进一步充分说明，语言接触的影响大小跟时间长短没有必然关系。

5　小结

常阴沙话的形成和演变至少给我们如下两点启示。

第一，从千百年前的句容话，到崇、海、启话，直至今天的常阴沙话，虽经转辗迁徙和跟周边多种不同方言的接触，语音上已经发生了种种变异。但是，从整体音系结构和音系配列关系来看，都保持得相当完好；声、韵母方面只有少数元、辅音音值存在差异，单字声调调值非常接近，唯有连读变调格局存在比较明显的差异。这是否说明：语音的历史演变先从语音开始，而韵律首当其冲。也就是说，一个语言或方言的变异最早可能是从韵律因素开始的。难怪人们常用“南腔北调”来形容说话的口音不正。这也可以从如今合成语音的自然度问题中得到印证，韵律特征的处理总是很难得到完满的解决。

第二，面对方言普遍会发生变异这个事实，我们语音学工作者怎么看？怎么办？最近，发现不少地方都在搞方言保护和传承，还有不少人士纷纷呼吁抢救他们的方言，这充分反映出各地方言正在迅速演变的严酷事实。因为这些人已经明显地感觉到自己的母语方言正在变得越来越不像他们记忆中的样子了，因而产生了一种“族群所依”行将不存的忧患意识。其实，无论多么强势的方言的影响，也只能逐步“蚕食”改造弱势一方，而不可能一口“吞噬”消灭它，句容吴语的现状便是最好的说明。所以，总体说来，方言决不会消亡，也不用刻意去抢救，因为它们的变化与发展是必然规律，不是任何人阻止得了的。至于，就某个具体方言的演变前途而言，也完全取决于各该方言社会的内在因素，假如某个方言的种种内在因素使它无法适应社会发展的需要、而它又不做任何变化发展的话，那么它终将会走向濒危而逐渐消亡。所以，面对方言普遍发生变异这个事实，实质上真正需要抢救的，不是方言本身，而是方言或语言的演变和发展的宝贵历史！以前，我们总以为这种演变速度很慢，可以从从容容地慢慢研究和琢磨；岂知它的实际速度和程度已经远远超乎我们的想象了。更不要以为表面上音系结构特点或词汇用语基本没变，这个语言或方言就没变，事实上语音变异的暗流一直在涌动不止。可是，我们的研究和认识（甚至于连“意识”）都远远跟不上语言发展的步伐，以至于在归纳总结语言类型或演变规则的时候，常常会碰到某些“不合规则”的所谓“例外”，其实，那很可能就是由于对历史上某种语言事实了解的缺失和脱节所造成的，而语言变化发展的客观实际并无例外。

以上事实警示我们，不要以为语音的演变一定都需要长期的潜移默化，因而可以慢慢地去研究和琢磨。那样，可能会使我们丢失大量无比生动的、不可复得的语言活材料，从而错失许多考察语言或方言语音演变规律的极好机会。

参考文献

[1] 曹剑芬：《常阴沙话的历史渊源》，《沙上春秋》，上海文艺出版社 2009 年版。

[2]《崇明县志》，明代，正德年间。

[3]《海门县志·文献辑录》，江苏科技出版社 1996 年版。

[4] 锦丰镇地方志编撰委员会编：《乐余镇志》，凤凰出版社 2012 年版。

[5] 锦丰镇地方志编撰委员会编：《锦丰镇志》，方志出版社 2001 年版。

[6] 锦丰镇地方志编撰委员会编：《三兴镇志》，广陵书社 2012 年版。

[7]《句容方言在太平天国以前应该是吴方言》（引自句容热线网，原文地址：http：//bbs. jrhot. com/thread－154135－1－1. html）。

[8] 秦豪：《优柔的新沙话》，凤凰出版社 2013 年版。
[9]《沙洲县志》，江苏人民出版社 1992 年版。
[10] 曹剑芬：《沙洲县方言的分区、语音差异和常用词汇》，《沙洲县志》，江苏人民出版社 1992 年版。
[11] 陶辛农：《太仓地方志考评》，《苏州大学学报》1986 年第 1 期。
[12] 王洪钟：《海门方言研究》，中华书局 2011 年版。
[13] 张惠英：《崇明方言研究》，中国社会科学出版社 2009 年版。